Carl Prior

**Die Förderung des Breitbandausbaus
im EU-beihilfenrechtlichen Fokus**

**Neue Juristische Beiträge**

herausgegeben von

Prof. Dr. Klaus-Dieter Drüen (Ludwig-Maximilians-Universität München)
Prof. Dr. Georg Steinberg (Universität Potsdam)
Prof. Dr. Fabian Wittreck (Westfälische Wilhelms-Universität Münster)

Band 135

Zugl.: Diss., Bonn, Univ., 2020

Bibliografische Information der Deutschen Nationalbibliothek: Die Deutsche Nationalbibliothek verzeichnet diese Publikation in der Deutschen Nationalbibliografie; detaillierte bibliografische Daten sind im Internet über http://dnb.d-nb.de abrufbar.

Das Werk ist urheberrechtlich geschützt. Sämtliche, auch auszugsweise Verwertungen bleiben vorbehalten.

Copyright © utzverlag GmbH · 2021

ISBN 978-3-8316-4907-5

Printed in EU
utzverlag GmbH, München
089-277791-00 · www.utzverlag.de

**Vorwort**

Die vorliegende Arbeit wurde im September 2020 von der Rechts- und Staatswissenschaftlichen Fakultät der Rheinischen Friedrich-Wilhelms-Universität Bonn als Dissertation angenommen. Für die Drucklegung konnten Literatur, Rechtsprechung und Kommissionsentscheidungen bis Dezember 2020 ergänzt werden.

Die Arbeit entstand während meiner Tätigkeit als wissenschaftlicher Mitarbeiter am Lehrstuhl für Öffentliches Recht von Professor Dr. Christian Koenig, LL.M. an der Rheinischen Friedrich-Wilhelms-Universität Bonn. Meinem Doktorvater, Professor Dr. Christian Koenig, LL.M., danke ich für die Möglichkeit zur Promotion sowie seine wertvollen Ratschläge und konstruktiven Anregungen. Dem Zweitgutachter, Professor Dr. Dr. Wolfgang Durner, LL.M., danke ich für die zügige Erstellung des Zweitgutachtens.

Dank gebührt darüber hinaus meinen Kolleginnen und Kollegen am Lehrstuhl, welche insbesondere durch Korrekturlesen und administrative Unterstützung zum Gelingen des Promotionsprojektes beigetragen haben.

Für die weitere Unterstützung beim Korrekturlesen und den mir während der Zeit des Promotionsprojektes gebotenen Rückhalt bedanke ich mich schließlich bei Freunden und meiner Schwester.

Ganz besonderer Dank gilt zuletzt meinen Eltern, die mich stets vorbehaltslos unterstützt haben. Ihnen ist diese Arbeit gewidmet.

Bonn, im Februar 2021                                           *Carl Prior*

# Inhaltsverzeichnis

Abkürzungsverzeichnis .................................................................. VIII

A. Einleitung ............................................................................... 1

   I. Problemstellung und Untersuchungsgegenstand ........................... 1

   II. Gang der Untersuchung ............................................................ 5

B. **Technische Grundlagen** ............................................................ 7

   I. Telefonfestnetz ......................................................................... 8

      1. Kupferbasierte Zugangstechnologien ...................................... 8

      2. Glasfaserbasierte Zugangstechnologien .................................. 9

   II. Kabelnetz ............................................................................. 10

   III. Mobilfunknetz ..................................................................... 11

      1. Technologiebeschreibung .................................................... 11

      2. Mobile und stationäre Mobilfunk-Breitbandzugänge ............. 12

C. **Staatliche Fördermaßnahmen des Breitbandausbaus** ............... 14

   I. Marktstufen im Telekommunikationsmarkt ............................... 14

   II. Klassische (angebotsseitige) Förderung .................................. 15

   III. Ergänzende Nachfragefördermaßnahmen .............................. 18

D. **Das Vorliegen von Beihilfen nach Art. 107 Abs. 1 AEUV bei der Förderung des Breitbandausbaus** ............................................. 20

   I. Gewährung staatlicher Mittel ................................................... 20

   II. Unternehmen ........................................................................ 21

   III. Begünstigung ...................................................................... 23

      1. Keine marktüblichen Transaktionsbedingungen nach dem Grundsatz des marktwirtschaftlich handelnden Wirtschaftsbeteiligten ....... 24

      2. Wettbewerbliche Ausschreibungsverfahren als Instrument zur Begrenzung der Beihilfenhöhe .............................................. 26

      3. Begünstigte unterschiedlicher Fördermodelle ....................... 28

      4. Mittelbar begünstigte Drittbetreiber und Endnutzer ............. 29

I

    a. Drittbetreiber .................................................................................. 29

    b. Endnutzer ..................................................................................... 30

IV. Selektivität ......................................................................................... 31

V. Wettbewerbsverfälschung und Handelsbeeinträchtigung ..................... 34

VI. Nachfrageförderprogramme ............................................................... 36

    1. Das Verhältnis Staat zu Nachfrageseite ............................................ 36

        a. Beihilfen zugunsten gewerblicher Endnutzer................................. 36

        b. Ausschluss des Beihilfentatbestandes als De-Minimis-Beihilfen ...... 39

        c. Die Entscheidung der Kommission „Greece Superfast Broadband
(SFBB) Project" .................................................................................. 40

        d. Zwischenergebnis ......................................................................... 41

    2. Das Verhältnis Staat zu Anbieterseite („mittelbare Beihilfen") .......... 42

        a. Mittelbare Begünstigungen ........................................................... 42

            aa. Mittelbare Begünstigungen durch erhöhte Nachfrage ................ 42

            bb. Die Entscheidung der Kommission „Greece Superfast Broadband
(SFBB) Project" .................................................................................. 44

            cc. Mittelbare Begünstigungen in unterschiedlichen
Ausgestaltungsvarianten der Breitbandnachfrageförderung ................. 45

        b. Die übrigen Beihilfentatbestandsmerkmale .................................... 47

        c. Zwischenergebnis ......................................................................... 49

VII. Fazit ................................................................................................. 49

**E. Beihilfen bei der Förderung des Breitbandausbaus auf
Rechtfertigungsebene............................................................................... 52**

    I. Vereinbarkeitsprüfung nach Maßgabe der Breitbandleitlinien auf Grundlage
von Art. 107 Abs. 3 lit. c) AEUV ............................................................ 53

        1. Bedeutung der Breitbandbandleitlinien für die auf Art. 107 Abs. 3
lit. c) AEUV beruhende Vereinbarkeitsprüfung ..................................... 53

        2. Sektorspezifische Abwägungsprüfung .............................................. 54

        3. Die Unterscheidung von NGA- und Breitbandgrundversorgungs-
netzen ................................................................................................. 59

4. Förderzielgebietsweise Differenzierung der Genehmigungsvoraussetzungen für NGA-Netze .................................................................................. 61

   a. Die farbliche Einordnung von Förderzielgebieten in Bezug auf das Vorliegen von Marktversagen und wesentlichen Ungleichheiten ............ 61

      aa. Weiße NGA-Flecken .................................................................. 62

      bb. Graue NGA-Flecken .................................................................. 63

      cc. Schwarze NGA-Flecken ............................................................ 66

      dd. Keine Berücksichtigung vorhandener Breitbandgrundversorgungsinfrastruktur ............................................. 70

   b. Das Erfordernis der wesentlichen Verbesserung zum Nachweis der positiven Auswirkungen der Fördermaßnahme ...................................... 71

   c. Das Markterkundungsverfahren zur Ermittlung der privatwirtschaftlichen Investitionstätigkeit und „farblichen" Einordnung von Förderzielgebieten ................................................................... 73

      aa. Hohe Anforderungen an die Eigenausbauansagen privater Investoren ........................................................................... 73

      bb. Keine Unterscheidung nach Farbe des Förderzielgebietes .......... 75

5. Weitere allgemeine Genehmigungsvoraussetzungen ......................... 75

6. Zusammenfassung und Beurteilung der breitbandleitlinienbasierten Vereinbarkeitsprüfung ............................................................................... 80

II. Vereinbarkeit und Freistellung vom Notifizierungserfordernis des Art. 108 Abs. 3 AEUV nach der Allgemeinen Gruppenfreistellungverordnung .......... 85

1. Die Freistellungsvoraussetzungen nach Art. 52 AGVO im Lichte der Breitbandleitlinien ................................................................................... 86

2. Freistellungsvoraussetzungen nach Art. 52 AGVO ............................. 87

3. Beurteilung der Freistellungsvoraussetzungen der AGVO ................. 89

III. Regionalbeihilfen ........................................................................................ 91

1. Spezielle Freistellungsvoraussetzungen für Regionalbeihilfen für den Ausbau von Breitbandinfrastrukturen nach der AGVO .......................... 92

2. Spezielle Anforderungen für Regionalbeihilfen für den Ausbau von Breitbandinfrastrukturen nach den Regionalbeihilfeleitlinien ................ 94

3. Beurteilung der Förderung als Regionalbeihilfen ............................... 95

III

IV. Nachfrageförderprogramme ............... 96
  1. Die Anforderungen der Breitbandleitlinien ............... 96
  2. Die Entscheidung der Kommission „Greece Superfast Broadband (SFBB) Project" ............... 98
  3. Bewertung der vorgeschlagenen Ausgestaltungen von Nachfrageförderprogrammen ............... 101
V. Mobilfunk ............... 105
  1. Die Genehmigungsvoraussetzungen der Breitbandleitlinien als Beurteilungsmaßstab ............... 105
  2. Versorgungsauflagen ............... 107
    a) Die Erfüllung von Versorgungsauflagen im Verhältnis zu staatlicher Ausbauförderung ............... 108
    b) National Roaming als Ansatz der Förderung des Ausbaus im Rahmen von Versorgungsauflagen? ............... 110
  3. Anbindung von Mobilfunkstandorten im Rahmen der Festnetzförderung ............... 113
  4. Beurteilung ............... 115

**F. Staatliche Förderung des Breitbandausbaus im Rahmen der Erbringung von Dienstleistungen von allgemeinem wirtschaftlichen Interesse ..... 117**

  I. Die Systematik der Zulässigkeit staatlicher Ausgleichsleistungen für die Erbringung von DAWI ............... 117
  II. Breitbanddienste als DAWI ............... 119
    1. Festlegungsspielraum der Mitgliedstaaten bei der Definition von DAWI ............... 119
    2. Keine Einschränkung des Festlegungsspielraumes der Mitgliedstaaten für den Breitbandausbau ............... 122
    3. Sektorspezifische Anforderungen der Kommission in den Breitbandleitlinien: Marktversagen ............... 124
    4. Weitere Anforderungen der Kommission an die Definition von DAWI ............... 127
    5. Breitbandausbau in grauen und schwarzen Flecken als DAWI ........ 129
      a. Keine Beschränkung auf weiße Flecken ............... 129

b. Anforderungen an den Ausbau grauer und schwarzer Flecken als DAWI ..................................................................................................................... 131

6. Zwischenergebnis .......................................................................................... 132

III. Ausschluss des beihilfenrechtlichen Begünstigungsmerkmals bei Erfüllen der *Altmark-Trans*-Kriterien ................................................................................ 132

1. Überblick ........................................................................................................ 132

2. Betrauung mit der Erfüllung klar definierter gemeinwirtschaftlicher Verpflichtungen ................................................................................................... 133

3. Objektive und transparente Aufstellung der Ausgleichsparameter, nach denen der Ausgleich berechnet wird .................................................................... 134

4. Nettomehrkostenprinzip ................................................................................. 134

    a. Allgemeine Vorgaben ................................................................................. 134

    b. Sektorspezifische Erläuterungen der Breitbandleitlinien zum Ausbau weißer Flecken mit rentablen Gebietsteilen ..................................................... 135

        aa. Beschränkung der Ausgleichsleistungen auf den Ausbau rein weißer Flecken ................................................................................................. 135

        bb. Ausschluss rentabler Gebietsteile bereits durch das Markterkundungsverfahren ................................................................................ 136

5. Effizienzkriterium .......................................................................................... 137

    a. Vorrangige Bestimmung der Höhe der Ausgleichsleistungen über Ausschreibungsverfahren .................................................................................. 137

    b. Ex ante vs. ex post Festlegung der Ausgleichsleistungen zur Vermeidung von Überkompensationen ............................................................ 138

6. Zwischenergebnis .......................................................................................... 140

IV. Keine erweiterten Möglichkeiten für den Breitbandausbau als DAWI nach den weiteren Instrumenten des DAWI-Pakets ..................................................... 141

V. Fazit .................................................................................................................. 143

**G. Verpflichtungen zum Netzausbau im Rahmen von Universal- und zusätzlichen Pflichtdiensten sowie Finanzierungsfragen ................................. 145**

I. Der Universaldienst als Breitband-Grundversorgungsgewährleistung ........ 145

1. Universaldienst nach dem bisherigen EU-Rechtsrahmen und § 78 TKG ......................................................................................................... 145

2. Universaldienst nach dem neuen EU-Kodex ................................... 148
   a. Universaldienstumfang ............................................................. 148
   b. Subsidiarität der Sicherstellungsmechanismen ....................... 150
3. Zwischenergebnis ........................................................................... 151
II. Höhere Bandbreiten im Rahmen von zusätzlichen Pflichtdiensten .......... 151
   1. Zusätzliche Pflichtdienste nach Art. 32 UDRL bzw. Art. 92 EU-Kodex ................................................................................................ 151
   2. Bandbreiten jenseits des universaldienstrechtlich gewährleisteten Grundversorgungsniveaus als zusätzlicher Pflichtdienst ................... 153
      a. Unzulässige Bandbreitenfestlegung wegen bereits universaldienstrechtlich zu gewährleistender Mindestbandbreiten ......... 153
      b. Das EuGH-Urteil „Base Company NV und Mobistar NV" ..... 154
      c. Zusätzliche Pflichtdienste als zulässige Erweiterung der universaldienstrechtlich gewährleisteten Mindestbandbreiten ............ 156
   3. Zwischenergebnis ........................................................................ 158
III. Finanzierung ..................................................................................... 158
   1. Unionsrechtliche Finanzierungsoptionen von Universal- und zusätzlichen Pflichtdiensten .............................................................. 158
      a. Finanzierungsoptionen nach der UDRL bzw. dem EU-Kodex ... 158
      b. Die Finanzierung von zusätzlichen Pflichtdiensten: Verbot der Anlastung an das einzelne benannte Unternehmen ....................... 159
      c. Die Finanzierung von zusätzlichen Pflichtdiensten: weitergehende Möglichkeiten? ......................................................... 160
   2. Beihilfenrechtliche Aspekte von Umlagefinanzierungen .................. 162
      a. Universaldienstrechtliches brancheninternes Umlageverfahren ....... 162
         aa. Staatliche Mittel .................................................................. 163
         bb. Zurechenbarkeit .................................................................. 164
         cc. Zwischenergebnis ............................................................... 165
      b. Endnutzerfinanzierter Breitbandfonds .................................... 166
         aa. Keine staatlichen Mittel bei gesetzlicher Verwendungsanordnung bei Fonds- bzw. Umlagefinanzierungen ............................... 166

  (1) Das *Preussen-Elektra*-Urteil und weitere Rechtsprechung ..... 166

  (2) Das *EEG-2012*-Urteil ............................................................. 168

 bb. Bedeutung für eine Finanzierung über einen endnutzerfinanzierten Breitbandfonds im Breitbandbereich ................................................. 170

 cc. Zwischenergebnis .............................................................................. 173

3. Finanzverfassungsrechtliche Aspekte ........................................................ 173

 a. Universaldienstrechtliches brancheninternes Umlageverfahren ........ 173

  aa. Die finanzverfassungsrechtliche Einordnung der Universaldienstabgabe als Sonderabgabe ................................... 174

  bb. Verfassungsrechtliche Rechtfertigung ..................................... 177

 b. Endnutzerfinanzierter Breitbandfonds ............................................... 180

  aa. Sonderabgaben im Rahmen der Finanzierung über einen endnutzerfinanzierten Breitbandfonds ..................................... 180

  bb. Verfassungsrechtliche Rechtfertigung ..................................... 181

4. Ergebnis ..................................................................................................... 183

**H. Zusammenfassung ........................................................................................... 185**

**Literaturverzeichnis ................................................................................................ 190**

# Abkürzungsverzeichnis

| | |
|---|---|
| 3G | 3. Generation |
| 4G | 4. Generation |
| 5G | 5. Generation |
| a.A. | andere Ansicht |
| a.E. | am Ende |
| ABl. EU | Amtsblatt der Europäischen Union |
| ADSL | Asymmetric Digital Subscriber Line |
| AEUV | Vertrag über die Arbeitsweise der Europäischen Union |
| AGVO | Allgemeine Gruppenfreistellungsverordnung |
| Art. | Artikel(n) |
| Az. | Aktenzeichen |
| Begr. | Begründer |
| Beschl. | Beschluss |
| BGH | Bundesgerichtshof |
| BMVI | Bundesministerium für Verkehr und digitale Infrastruktur |
| BNetzA | Bundesnetzagentur |
| BVerfG | Bundesverfassungsgericht |
| BVerfGE | Entscheidungen des Bundesverfassungsgerichts |
| bzw. | beziehungsweise |
| DAWI | Dienstleistungen von allgemeinem wirtschaftlichen Interesse |
| Diss. | Dissertation |
| DOCSIS | Data Over Cable Service Interface Specification |
| DÖV | Die Öffentliche Verwaltung |
| DSL | Digital Subscriber Line |
| DSLAM | Digital Subscriber Line-Access Multiplexer |
| EC | European Commission |

| | |
|---|---|
| EEG | Erneuerbare-Energien-Gesetz |
| EG | Europäische Gemeinschaft |
| Einl. | Einleitung |
| EL | Ergänzungslieferung |
| E-Mail | Electronic Mail |
| endg. | endgültig |
| EnWZ | Zeitschrift für das gesamte Recht der Energiewirtschaft |
| EStAL | European State Aid Law Quartely |
| EU | Europäische Union |
| EuG | Europäisches Gericht erster Instanz |
| EuGH | Europäischer Gerichtshof |
| EU-Kodex | Europäischer Kodex für die elektronische Kommunikation |
| EuR | Europarecht |
| EUV | Vertrag über die Europäische Union |
| EuZW | Europäische Zeitschrift für Wirtschaftsrecht |
| EWeRK | Zeitschrift für Energie- und Wettbewerbsrecht in der Kommunalen Wirtschaft |
| f. | folgende |
| ff. | fortfolgende |
| Fn. | Fußnote |
| FTTB | Fibre to the Basement |
| FTTC | Fibre to the Curb |
| FTTH | Fibre to the Home |
| FTTN | Fibre to the Node |
| FTTx | Fibre to the "x" |
| FWA | Fixed Wireless Access |
| GA | Generalanwalt |

| | |
|---|---|
| Gbit/s | Gigabit pro Sekunde |
| GG | Grundgesetz |
| HFC | Hybrid-Fibre-Coax |
| Hrsg. | Herausgeber |
| HSPA | High Speed Packet Access |
| HVt | Hauptverteiler |
| insbes. | insbesondere |
| IR | Infrastrukturrecht |
| ISDN | Integrated Services Digital Network |
| iSv. | im Sinne von |
| iVm. | in Verbindung mit |
| JA | Juristische Arbeitsblätter |
| K&R | Kommunikation & Recht |
| Kbit/s | Kilobit pro Sekunde |
| km | Kilometer |
| KMU | Kleine und mittlere Unternehmen |
| KommJur | Kommunaljurist |
| KvZ | Kabelverzweiger |
| lit. | litera |
| LTE | Long Term Evolution |
| m.w.N. | mit weiteren Nachweisen |
| Mbit/s | Megabit pro Sekunde |
| MEIP | Market Economy Investor Principle |
| MHz | Megahertz |
| Mio. | Millionen |
| MMR | Multimedia und Recht |
| N&R | Zeitschrift für Netzwirtschaften und Recht |

| | |
|---|---|
| NGA | Next Generation Access |
| NJW | Neue Juristische Wochenschrift |
| Nr. | Nummer |
| NRW | Nordrhein-Westfalen |
| NVwZ | Neue Zeitschrift für Verwaltungsrecht |
| OTT | Over-the-top |
| PC | Personal Computer |
| RL | Richtlinie |
| Rn. | Randnummer |
| RRL | Rahmenrichtlinie |
| Rs. | Rechtssache |
| Rspr. | Rechtsprechung |
| S. | Seite |
| SFBB | Superfast Broadband |
| Slg. | Sammlung |
| TAL | Teilnehmeranschlussleitung |
| TK | Telekommunikation |
| TKG | Telekommunikationsgesetz |
| u.a. | unter anderem |
| UAbs. | Unterabsatz |
| UDRL | Universaldienstrichtlinie |
| UMTS | Universal Mobile Telecommunications System |
| Urt. | Urteil |
| v. | vom |
| VATM | Verband der Anbieter von Telekommunikations- und Mehrwertdiensten e.V. |
| VDSL | Very High Data Rate Digital Subscriber Line |

| | |
|---|---|
| verb. | verbunden |
| vgl. | vergleiche |
| VO | Verordnung |
| VoIP | Voice over Internet Protocol |
| vs. | versus |
| WIK | Wissenschaftliches Institut für Kommunikationsdienste |
| WLAN | Wireless Local Area Network |
| z.B. | zum Beispiel |
| Ziff. | Ziffer |

Im Übrigen wird verwiesen auf *Kirchner, Hildebert*, Abkürzungsverzeichnis der Rechtssprache, 9. Auflage, Berlin 2018

## A. Einleitung

## I. Problemstellung und Untersuchungsgegenstand

Die Verfügbarkeit schneller Internetzugänge – *Breitbandzugänge* – auf Grundlage von leistungsfähiger Telekommunikationsinfrastruktur hat in den letzten Jahren stetig an Bedeutung gewonnen. Breitbandzugänge sind aus der Gesellschaft gegenwärtig nicht mehr wegzudenken. Sowohl im privaten als auch im geschäftlichen Bereich sind sie Grundlage für Kommunikation und Informationsaustausch. Nicht nur die technischen Möglichkeiten haben sich im Laufe der Zeit verbessert, auch die Leistungsanforderungen an Breitbandzugänge sind gestiegen. Exemplarisch kann das in Deutschland über Festnetz abgewickelte Datenvolumen herausgegriffen werden. Dieses erhöhte sich 2019 – in ähnlicher Größenordnung bereits die Jahre zuvor – um mehr als ein Viertel auf monatlich rund 137 Gigabyte pro Breitbandanschluss.[1] Die Gesellschaft und insbesondere die gesamte digitale Wirtschaft stützen sich auf den die Internetzugänge bereitstellenden Telekommunikationssektor.[2]

Unbestritten ist, dass auch künftig die weitere wirtschaftliche und soziale Entwicklung der Gesellschaft maßgeblich von der Verfügbarkeit von – besonders leistungsfähigen – Breitbandzugängen abhängt. So sind digitale Technologien, beispielsweise in den Anwendungsbereichen Industrie 4.0, Gesundheit, Internet der Dinge oder autonomes Fahren, auf schnelle Datenanbindungen angewiesen.[3] Im Bereich Industrie 4.0 etwa kann eine intelligente Vernetzung von Maschinen und Abläufen nur dann erreicht werden, wenn die Möglichkeit der Übertragung großer Datenmengen in Echtzeit besteht. Im Bereich autonomes Fahren müssen die erheblichen Mengen an Informationen, die sich aus der Interaktion mit der Umwelt ergeben, verarbeitet und übertragen werden, um im Zusammenspiel mit anderen Verkehrsteilnehmern einen flüssigen und sicheren Ablauf zu ermöglichen. Die Digitalisierung wirtschaftlicher Aktivitäten und öffentlicher Dienste, künftige Innovation und Wirtschaftswachstum, aber auch gegenwärtige wie künftige Aktivitäten im kulturellen und sozialen Bereich[4] setzen letztlich allesamt leistungsfähige Telekommunikationsinfrastrukturen voraus.[5]

---

[1] *Dialog Consult/VATM*, 21. TK-Marktanalyse, S. 20.
[2] Kommission, Mitteilung COM(2016) 587 final, Konnektivität für einen wettbewerbsfähigen digitalen Binnenmarkt – Hin zu einer europäischen Gigabit-Gesellschaft, S. 1.
[3] *Krämer*, ifo Schnelldienst 7/2018, 12, 14; siehe auch etwa Kommission, Towards 5G, https://ec.europa.eu/digital-single-market/en/towards-5g (zuletzt abgerufen am 20.02.2021).
[4] Man denke etwa an die Nutzung sozialer Netzwerke, Video-Streaming etc.
[5] Kommission, Mitteilung COM(2016) 587 final, Konnektivität für einen wettbewerbsfähigen digitalen Binnenmarkt – Hin zu einer europäischen Gigabit-Gesellschaft, S. 1; Kommission, Mitteilung COM(2015) 192 final, Strategie für einen digitalen Binnenmarkt für Europa, S. 16.

Doch die Verfügbarkeit von besonders leistungsfähigen Breitbandzugängen ist unzureichend. Zwar sind basale Breitbandzugänge nahezu flächendeckend verfügbar. In Bezug auf besonders leistungsfähige Breitbandzugänge – insbesondere welche Datenübertragungsraten im dreistelligen Megabit bzw. gar im Gigabitbereich ermöglichen – bestehen jedoch mitunter erhebliche Ausbaudefizite. Hintergrund ist, dass der Ausbau von Breitbandinfrastrukturen für private Investoren in dichter besiedelten Gebieten (insbesondere in Ballungsgebieten wie Städten) wegen zu erzielender Dichtevorteile eher rentabel ist. Der Ausbau findet daher vornehmlich in diesen Gebieten statt, während weniger dicht besiedelte ländliche Gebiete mehr oder weniger erhebliche Versorgungslücken aufweisen. Aber auch dort, wo der Ausbau grundsätzlich rentabel ist, kann er hinter dem versorgungstechnischen Optimum zurückbleiben: Hohe, d.h. im oberen dreistelligen Megabit- oder gar im Gigabitbereich liegende Datenübertragungsraten, sind nur schwer monetarisierbar. Das zeigt sich anhand geringer *Take-up*-Raten: Der Anteil der Haushalte, die leistungsfähige Glasfaseranschlüsse nutzen, liegt deutlich unter der tatsächlichen Verfügbarkeit von solchen Anschlüssen.[6] Die Nachfrage nach hochbitratigen Breitbandzugängen ist daher (noch) gering.

Vor diesem Hintergrund wurden von politischer Seite ehrgeizige Ausbauziele gesetzt: Auf europäischer Ebene formulierte bereits die Digitale Agenda der Europäischen Kommission im Jahr 2010 das Ziel, bis zum Jahr 2020 Datenübertragungsgeschwindigkeiten von mindestens 30 Mbit/s für jeden europäischen Haushalt verfügbar zu machen.[7] In ihrer Gigabit-Mitteilung hat die Kommission die Ausbauziele erweitert. Bis zum Jahr 2025 sollen für alle Haushalte mindestens 100 Mbit/s und für alle „sozioökonomischen Schwerpunkte" wie Schulen oder stark digitalisierte Unternehmen mindestens 1 Gbit/s an Datenübertragungsgeschwindigkeiten verfügbar sein.[8] Europa soll in eine „Gigabitgesellschaft" verwandelt werden. Auf nationaler – deutscher – Ebene besteht ebenfalls die Zielvorgabe, bis zum Jahr 2025 eine gigabitfähige konvergente Breitbandinfrastruktur zu schaffen und dadurch den Schritt in eine „Gigabitgesellschaft" zu vollziehen.[9] Auch eine hochleistungsfähige mobile 5G-Netzanbindung soll er-

---

[6] *Henseler-Unger*, ifo Schnelldienst 7/2018, 15, 16; *Krämer*, ifo Schnelldienst 7/2018, 12, 13; 2017 wurden 28,1 % der verfügbaren FTTB/H-Anschlüsse auch tatsächlich nachgefragt. 2018 erhöhte sich der Anteil auf 29,8 % und 2019 – Schätzungen zufolge – auf 33,8 %; mit anderen Worten: es werden weniger Anschlüsse genutzt, als tatsächlich vorhanden sind; siehe *Dialog Consult/VATM*, 21. TK-Marktanalyse 2019, S. 14; siehe hierzu auch *BNetzA*, Jahresbericht 2018, S. 49 ff.
[7] Kommission, Mitteilung KOM(2010) 245 endg., Eine Digitale Agenda für Europa, S. 22.
[8] Kommission, Mitteilung COM(2016) 587 final, Konnektivität für einen wettbewerbsfähigen digitalen Binnenmarkt – Hin zu einer europäischen Gigabit-Gesellschaft, S. 1; Kommission, Mitteilung COM(2015) 192 final, Strategie für einen digitalen Binnenmarkt für Europa, S. 5 ff.
[9] BMVI, Zukunftsoffensive Gigabit-Deutschland, https://www.bmvi.de/SharedDocs/DE/Publikationen/DG/netzallianz-digitales-deutschland.pdf?__blob=publicationFile, S. 9 (zuletzt abgerufen am 20.02.2021).

reicht werden, welche bis zum Jahr 2025 zumindest Stadtgebiete vollständig abdeckt. Da der Markt selbst aber die Versorgungslücken durch privatwirtschaftliche Investitionen (jedenfalls in naher Zukunft) nicht zu schließen vermag, stellt sich die Frage nach Möglichkeiten der staatlichen Einflussnahme.

Im Telekommunikationssektor gilt das sektorspezifische Telekommunikationsregulierungsrecht. Die als natürliche Monopole anzusehenden Telekommunikationsinfrastrukturen müssen danach grundsätzlich auch potenziellen Wettbewerbern zur Nutzung zur Verfügung gestellt werden, damit diese auf nachgelagerter Ebene Endnutzer erreichen können. Dadurch wird Wettbewerb auf dem durch monopolistische Strukturen geprägten Telekommunikationsmarkt ermöglicht. Die Verpflichtung, Infrastrukturen auch Wettbewerbern zur Verfügung stellen zu müssen, senkt aber auch Investitionsanreize, da die Infrastrukturen nicht den Investoren zur alleinigen und ausschließlichen Nutzung vorbehalten bleiben. Das sektorspezifische Telekommunikationsrecht bewegt sich damit in einem Spannungsfeld zwischen der Schaffung eines nachhaltigen Wettbewerbs einerseits und dem Erhalt von Investitionsanreizen andererseits. Anreize zu privatwirtschaftlichen Investitionen können hier zwar – etwa über gelockerte Zugangsverpflichtungen – verbessert werden. Der Grundsatz, dass Investitionen in (leistungsfähige) Breitbandinfrastrukturen häufig – insbesondere aber in ländlichen Gebieten – unrentabel sind und daher nicht (oder nur sehr zögerlich) getätigt werden, bleibt dadurch aber bestehen.

In den Vordergrund rücken, insbesondere auch im Hinblick auf die Erreichung der vorgenannten Ausbauziele, staatliche Fördermaßnahmen[10], die durch den Einsatz öffentlicher Mittel die Rentabilitätslücken bei Breitbandinfrastrukturausbauprojekten schließen und dadurch den Breitbandausbau vorantreiben. Die Gewährung öffentlicher Mittel an Unternehmen ist häufig mit der Gewährung staatlicher Beihilfen iSv. Art. 107 Abs. 1 AEUV verbunden, welche im Hinblick auf den Erhalt des unverfälschten Wettbewerbs in der EU grundsätzlich untersagt sind. Beihilfen – eben auch solche zur Förderung des Breitbandausbaus – können von der Kommission ermessensabhängig genehmigt werden. Im Hinblick auf die Grundidee des Beihilfenrechts, unverfälschten Wettbewerb zu gewährleisten, ist dies aber nur ausnahmsweise zulässig; namentlich dann, wenn die von der Kommission aufgestellten Vereinbarkeitsanforderungen erfüllt und dadurch geringstmögliche negative Auswirkungen auf den Wettbewerb zu erwarten sind. Stets vorrangig bleibt der Ausbau aufgrund von (geplanter) privatwirtschaftlicher Investitionstätigkeit.

---

[10] Unter den Begriff der Förderung lassen sich sämtliche staatlichen Maßnahmen – insbesondere Beihilfen-, regulatorische Maßnahmen, aber auch sonstige, etwa die Nachfrage ankurbelnde Informationskampagnen – subsumieren. Gemeinhin sind mit staatlichen Breitbandfördermaßnahmen aber Beihilfenmaßnahmen gemeint, welche Rentabilitätslücken durch die Gewährung staatlicher Mittel schließen.

Bestehende Forschungsarbeiten bewegen sich vornehmlich in dem Bereich des sektorspezifischen Telekommunikationsregulierungsrechts. Bislang – jedenfalls aus Sicht des Verfassers – nicht hinreichend Beachtung gefunden haben hingegen die Herausforderungen des Beihilfenrechts bei der Förderung des Breitbandausbaus. Es stellt sich die Frage nach den beihilfenrechtlichen Anforderungen an die Förderung von Breitbandausbauprojekten.

Konkret soll folgenden Fragestellungen schwerpunktmäßig nachgegangen werden:

- Inwiefern liegen bei der staatlichen Breitbandausbauförderung staatliche Beihilfen vor?

- Welche Vereinbarkeitsanforderungen für eine Zulässigkeit von Beihilfen zur Förderung des Breitbandausbaus bestehen auf Rechtfertigungsebene?

- Wie sind – neben der klassischen angebotsseitigen Förderung – alternative nachfrageseitige Fördermodelle beihilfenrechtlich zu bewerten?

- Welche Besonderheiten ergeben sich bei der staatlichen Mobilfunkausbauförderung?

- Unter welchen Voraussetzungen können Breitbandausbaumaßnahmen im Rahmen von Dienstleistungen von allgemeinem wirtschaftlichen Interesse (DAWI) vorgenommen werden?

Neben staatlichen Fördermaßnahmen, die durch den Einsatz öffentlicher Mittel Breitbandausbauprojekte wirtschaftlich attraktiv machen und dadurch – zunächst nicht bestehende – wirtschaftliche Anreize für einen Breitbandausbau setzen, kommt die Auferlegung von Verpflichtungen zur Bereitstellung leistungsfähiger Breitbandzugänge für private Unternehmen in Betracht. Ansatzpunkte hierzu bietet das sektorspezifische Telekommunikationsregulierungsrecht, welches im Rahmen von Universaldienstverpflichtungen die Verfügbarkeit einer bestimmten Telekommunikationsdienste-Mindestversorgung vorschreibt. Weitergehende Verpflichtungen kommen als sogenannte zusätzliche Pflichtdienste in Betracht. Die Defizite, die den privaten Telekommunikationsunternehmen dabei entstehen, müssen aber ausgeglichen werden. Es stellt sich die Frage, ob – neben einer Finanzierung über den allgemeinen Staatshaushalt – Fonds-basierte Finanzierungsmodelle mit unions-, insbesondere beihilfenrechtlichen, aber auch nationalen finanzverfassungsrechtlichen Maßstäben in Einklang zu bringen sind. Die Untersuchung hat auch außerhalb der sektorspezifischen Verpflichtungsoptionen Bedeutung für eine etwaig in Betracht zu ziehende Fonds-basierte Mittelbeschaffung für Breitbandausbauprojekte.

Konkret soll folgenden weiteren Fragestellungen schwerpunktmäßig nachgegangen werden:

- Inwiefern kann die Verfügbarkeit von leistungsfähigen Breitbandzugängen im Rahmen von Universal- und zusätzlichen Pflichtdiensten verpflichtend auferlegt werden?
- Inwiefern kommen Fonds-basierte Finanzierungsoptionen als Defizitausgleich in Betracht?
- Sind diese mit beihilfen- und finanzverfassungsrechtlichen Maßstäben in Einklang zu bringen?

## II. Gang der Untersuchung

Der Gang der Untersuchung der aufgeworfenen Fragestellungen ist schließlich wie folgt:

Zunächst sollen die technischen Grundlagen der Breitbandversorgung erläutert werden (B.). Die rechtlichen Vorgaben im Telekommunikationssektor sind nämlich in hohem Maße technisch geprägt. Nur auf Grundlage des Verständnisses der tatsächlichen – technischen – Gegebenheiten können sachgerechte rechtliche Beurteilungen vorgenommen werden. Anschließend an die Erörterung der technischen Grundlagen werden staatliche Fördermaßnahmen des Breitbandausbaus im Hinblick auf die folgende beihilfenrechtliche Bewertung vorgestellt (C.). Unterschiedliche Fördermodelle können Anwendung finden. Neben Fördermodellen im Bereich der klassischen angebotsseitigen Förderung kommt der Einsatz von nachfrageseitig ansetzenden Fördermodellen in Betracht. Über Gutscheine werden die öffentlichen Mittel hierbei (potenziellen) Endnutzern von leistungsfähigen Breitbandanschlüssen gewährt. Neben Fördermodellen werden auch die für das Verständnis der Untersuchung notwendigen Marktstufen im Telekommunikationsmarkt skizziert.

Unter D. erfolgt sodann die beihilfenrechtliche Bewertung staatlicher Breitbandausbaufördermaßnahmen im Tatbestand von Art. 107 Abs. 1 AEUV. Es werden die Beihilfentatbestandsmerkmale im Hinblick auf unterschiedliche Ausgestaltungsvarianten von Fördermodellen erörtert, welche jedoch stets nach denselben Grundsätzen zu beurteilen sind. Im Fokus steht die gängige und am häufigsten angewandte Förderung über direkte finanzielle Zuschüsse an private Telekommunikationsunternehmen. Das Vorliegen der Beihilfentatbestandsmerkmale kann letztlich vergleichsweise eindeutig festgestellt werden. Dieses Ergebnis lässt sich auch für nachfrageseitig ansetzende Förderinstrumente festhalten, welche im Anschluss gesondert behandelt werden.

Die Untersuchung schließt mit der Bewertung der Beihilfen zur Förderung des Breitbandausbaus auf Rechtfertigungsebene an (E.). Zentraler Vereinbarkeitsmaßstab sind die Breitbandleitlinien der Kommission. Daneben wird die beihilfenrechtliche Beurteilung auf Grundlage der Allgemeinen Gruppenfreistellungsverordnung (AGVO) sowie den Regionalbeihilfeleitlinien vorgenommen. Gesondert behandelt werden wiederum nachfrageseitig ansetzende Förderinstrumente. Ein letzter Teil des Abschnitts beschäftigt sich speziell mit dem Mobilfunknetzausbau.

Breitbandausbaumaßnahmen im Rahmen von Dienstleistungen von allgemeinem wirtschaftlichen Interesse (DAWI) als weitere Ausnahme vom Beihilfenverbot des Art. 107 Abs. 1 AEUV werden unter F. untersucht. Ausgehend vom Begriff der DAWI wird aufgezeigt, inwiefern die Bereitstellung von Breitbandzugängen als DAWI verstanden werden kann und welche Voraussetzungen an die Zulässigkeit zu stellen sind. Beachtung findet die dogmatische Differenzierung zwischen Entfallen des Beihilfentatbestandes aufgrund der *Altmark-Trans*-Kriterien und der Zulässigkeit von DAWI-Projekten aufgrund einer Rechtfertigung.

Die Arbeit schließt mit der Erörterung von verpflichtungsbezogenen Breitbandausbauansätzen und daran anschließenden Finanzierungsfragen (G.). Universaldienstverpflichtungen und Verpflichtungen als zusätzliche Pflichtdienste werden dargestellt, wobei das geltende Recht dem künftigen Recht – der Ende 2018 verabschiedete europäische Kodex für die elektronische Kommunikation (EU-Kodex) – gegenübergestellt wird. Der letzte Teil des Abschnitts betrifft die Finanzierungsfragen. Die Möglichkeit Fonds-basierter Finanzierungsoptionen wird ausgelotet und anschließend beihilfen- und finanzverfassungsrechtlich bewertet.

## B. Technische Grundlagen

Ein Breitbandzugang (oder auch Breitbandanschluss) ist der Zugang zum Internet mit ständiger Verbindung und verhältnismäßig hoher Datenübertragungsrate, also mit einem Vielfachen der Geschwindigkeit älterer Zugangstechniken wie etwa Telefonmodem- oder ISDN-Einwahl („Schmalband").[11] „Breitband" kennzeichnet die Kapazität einer Kommunikationsverbindung und ist Oberbegriff für die Datenübertragungsraten („Bandbreite") bzw. die Übertragungsgeschwindigkeiten.[12] Die Kommission spricht von einem breitbandigen Internetzugang ab einer Datenübertragungsrate von 2 Mbit/s im Downstream.[13]

Breitbandzugänge können über unterschiedliche Technologien realisiert werden. Sie können über das herkömmliche Telefonfestnetz kupferbasiert gewährleistet werden (I. 1.). Werden die kupferbasierten Zugangsleitungen teilweise oder vollständig durch Glasfaserleitungen ersetzt, so können deutlich höhere Bandbreiten bereitgestellt werden (I. 2.). Breitbandige Internetzugänge sind auch über das Kabelnetz realisierbar (II.). Schließlich existiert das Mobilfunknetz, welches drahtlos Breitbandzugänge für Endnutzer bietet (III. 1.) Dabei kommt der Mobilfunk als drahtlose Breitbandzugangstechnologie zwar als Ersatz für die vorgenannten leitungsgebundenen Technologien für die Anbindung von Endnutzern mit stationären Breitbandzugängen (über ortsfeste Endgeräte) in Betracht. Eigentlich ist er aber auf die parallele Bereitstellung von mobilen Breitbandzugängen neben stationären Breitbandzugängen für Endnutzer gerichtet (hierzu III. 2.).

---

[11] *Rosenfeld/Holtmann*, in: Münchener Kommentar Beihilfenrecht, Teil 8. Rn. 5.
[12] *Woesler/Heinen-Hosseini*, in: Säcker, TKG, § 9 Rn. 172; *Reents*, Ausbau und Finanzierung einer flächendeckenden Breitbandversorgung in Deutschland, S. 7 m.w.N.
[13] Siehe beispielsweise Kommission, Beschl. v. 26.05.2016, Staatliche Beihilfe Nr. SA.40720 (2016/N) (National Broadband Scheme for the UK for 2016-2020), Rn. 15; Kommission, Beschl. v. 10.04.2018, Staatliche Beihilfe Nr. SA.46613 (2017/N) (The Netherlands Broadband Rivierenland Region), Rn. 13; Kommission, Beschl. v. 14.08.2009, Staatliche Beihilfe Nr. N 243/2009 (Deutschland Ausbau der Breitbandinfrastruktur in Niedersachsen), Rn. 9; Kommission, Mitteilung COM(2016) 587 final, Konnektivität für einen wettbewerbsfähigen digitalen Binnenmarkt – Hin zu einer europäischen Gigabit-Gesellschaft, Fn. 8; im Folgenden ist – sofern nicht anders beschrieben – mit der Angabe von Datenübertragungsraten die Geschwindigkeit für den Downstream (Herunterladen von Daten) gemeint. Siehe hierzu ausführlich *Reents*, Ausbau und Finanzierung einer flächendeckenden Breitbandversorgung in Deutschland, S. 6.

## I. Telefonfestnetz

### 1. Kupferbasierte Zugangstechnologien

Eine breitbandige Datenübertragung kann über das kupferkabelbasierte herkömmliche Telefonfestnetz unter Einsatz der DSL-Technik realisiert werden. Die bereits zu den Endnutzern verlegten und ursprünglich für die Sprachübertragung vorgesehenen Kupferkabel (Kupferdoppeladerkabel) werden hierbei nicht nur für die Übertragung von Sprachinhalten genutzt, sondern zugleich auch für die breitbandige Datenübertragung. Die über das Kupferkabel übertragenen Frequenzbereiche müssen in einen unteren Frequenzbereich für den Sprachverkehr und einen oberen Frequenzbereich für den Datenverkehr („Digital Subscriber Line", DSL) aufgeteilt werden. Die Trennung der Frequenzbereiche für Sprach- und Datenverkehr erfolgt durch Splitter jeweils an den Enden der Kupferkabel.

Das Kupferkabel verläuft vom Endnutzer (bzw. der Teilnehmeranschlusseinheit) zum Hauptverteiler (HVt). Der HVt bündelt in einem bestimmten Gebiet zu unterschiedlichen Endnutzern verlaufende Kupferkabel. Dieser kupferbasierte Netzabschnitt zwischen HVt und Endnutzer bezeichnet die Teilnehmeranschlussleitung (TAL, „letzte Meile").

Beim HVt befindet sich ein DSL Access Multiplexer (DSLAM). Der DSLAM beim HVt stellt die Verbindung in das übergeordnete *glasfaserbasierte* Breitbanddatennetz (Backhaul und Backbone bzw. Konzentrator- und Kernnetz) her. Er wandelt die über das Kupferkabel übertragenen elektronischen Signale der Datenübertragung in optische Signale um.[14]

Der DSL-Technik unterfallen verschiedene Übertragungsstandards (z.B. ADSL, ADSL2+). Der schnellste ADSL2+-Standard kann zumindest theoretisch Datenübertragungsraten von bis zu 25 Mbit/s gewährleisten.[15] Die konkret verfügbare Übertragungsgeschwindigkeit hängt indes von der Länge der Kupfer-TAL ab: Je länger die Verbindung, desto größer sind die Übertragungsverluste und desto geringer die Übertragungsgeschwindigkeiten.[16] Gerade in ländlichen Gebieten, in denen die Bevölkerungsdichte und die Anzahl der HVts geringer und die Kupfer-TALs dementsprechend länger sind, können in Anwendung der DSL-Technik wegen erheblich reduzierter Übertragungsgeschwindigkeiten (unter 1 Mbit/s) – selbst unter Verwendung des schnellsten ADSL2+-Standards – einstweilen keine breitbandigen Internetzugänge bereitgestellt werden.[17]

---

[14] Zu den technischen Erläuterungen siehe *Neumann/Koch*, Telekommunikationsrecht, S. 14 f. Rn. 30 f.; *Kühling/Schall/Biendl*, Telekommunikationsrecht, Rn. 98 ff.
[15] *Kühling/Schall/Biendl*, Telekommunikationsrecht, Rn. 101, 104; *Elixmann/Neumann*, The broadband State aid rules explained, S. 60.
[16] *Neumann/Koch*, Telekommunikationsrecht, S. 15, Rn. 31.
[17] Etwa ab 5 km Länge, siehe *Kühling/Schall/Biendl*, Telekommunikationsrecht, Rn. 101.

## 2. Glasfaserbasierte Zugangstechnologien

Deutlich höhere Übertragungsgeschwindigkeiten können erreicht werden, wenn die Länge der für den Datenverkehr genutzten Kupfer-TAL reduziert und stattdessen Glasfaserleitungen als Übertragungsmedium zum Einsatz kommen. Je nach Glasfaserausbaustufe reichen die Glasfaserleitungen unterschiedlich nah – ausgehend vom HVt – an die Räumlichkeiten der Endnutzer heran. Es lassen sich im Wesentlichen die folgenden Glasfaserausbaustufen unterscheiden.[18]

Bei der Glasfaserausbaustufe Fiber To The Curb (FTTC)[19] werden Glasfaserleitungen ausgehend vom HVt bis zum „Bordstein" (Curb), d.h. zum Kabelverzweiger (KVz), verlegt. Der KVz als grauer Kasten am Straßenrand verzweigt die vom HVt zum KVz gebündelt verlaufenden TALs zu den einzelnen Endnutzern. Am KVz wird ein DSLAM installiert, welcher den Datenverkehr in optische Signale umwandelt und den bisherigen Konzentrations- und Übergabepunkt zum übergeordneten glasfaserbasierten Breitbanddatennetz vom HVt an den KVz verlegt. Mit der Glasfaserausbaustufe FTTC können als VDSL – wiederum abhängig von der verbleibenden Kupferkabellänge – Übertragungsgeschwindigkeiten von bis zu 50 Mbit/s realisiert werden. Über die (VDSL2-)*Vectoring*-Technik erhöhen sich die Übertragungsgeschwindigkeiten auf bis zu 100 Mbit/s.[20] Mit der Vectoring-Technik können zwar kurzfristig und mit geringem Aufwand (lediglich die KVz sind mit Glasfaser zu erschließen) vergleichsweise leistungsfähige Internetzugänge bereitgestellt werden; einen weitergehenden Glasfasernetzausbau kann die Vectoring-Technologie allerdings nicht ersetzen.[21]

Die höchsten Übertragungsgeschwindigkeiten – von bis zu mehreren Gbit/s – ermöglichen nämlich reine Glasfaseranbindungen von Endnutzern (Fiber To The Basement/Home, FTTB/H). Die Glasfaserleitungen werden hierbei bis an oder sogar in die Räumlichkeiten der Endnutzer verlegt. Erst dort wird das optische Signal in ein elektronisches Signal umgewandelt. Die FTTB/H-Zugangstechnologie gilt in ihren wesentlichen technischen Leistungsmerkmalen – Übertragungsgeschwindigkeit (Up- und Downloadraten), aber auch Latenzzei-

---

[18] *Kühling/Schall/Biendl*, Telekommunikationsrecht, Rn. 104 ff.
[19] Auch bisweilen als Fiber to the Node (FTTN) bezeichnet.
[20] *Kühling/Schall/Biendl*, Telekommunikationsrecht, Rn. 105; *Elixmann/Neumann*, The broadband State aid rules explained, S. 62; eine weitere Erhöhung der Übertragungsgeschwindigkeiten kommt perspektivisch mit der „G.fast"-Technologie bzw. der „Super-Vectoring"-Technologie in Betracht.
[21] Siehe hierzu etwa *Offenbächer*, MMR 2019, 294, 294; *Offenbächer*, Die Regulierung des Vectoring, S. 61 ff.; *Neumann/Koch*, Telekommunikationsrecht, S. 16 f., Rn. 32.

ten und Störanfälligkeit – als überlegen gegenüber den bisher verfügbaren Technologien und wird als *zukunftssicher* erachtet.[22]

## II. Kabelnetz

Breitbandige Internetzugänge können leitungsgebunden auch über das ursprünglich für die unidirektionale Übertragung von Fernseh- und Hörfunkprogrammen errichtete Kabelnetz realisiert werden.[23] Die Kabelnetzinfrastrukturen – die bundesweit Haushalte zu einem hohen Anteil erreichen (ca. 63 %)[24] – wurden hierzu entsprechend umgerüstet bzw. modernisiert.

Die weitere Aufrüstung des Kabelnetzes zur Gewährleistung höherer Übertragungsgeschwindigkeiten erfolgt durch den Einsatz von Glasfaserleitungen, welche netzseitig bis in die Nähe der Endnutzer herangeführt werden. Die Endnutzer auf dem letzten Teil des Netzes sind dabei weiterhin über die bestehenden Koaxialkabel angebunden. Auf diese Weise aufgerüstete Kabelnetze sind mit der FTTC-Glasfaserausbaustufe vergleichbar.[25] Der Aufbau des Kabelnetzes unterscheidet sich im Übrigen jedoch von dem vorstehend behandelten telefonfestnetzbasierten Netzaufbau.[26]

Die aufgerüsteten Kabelnetze (auch genannt HFC-Netze, Hybrid Fiber Coax) können mit dem Übertragungsstandard DOCSIS 3.0 bereits Übertragungsgeschwindigkeiten von bis zu 400 Mbit/s gewährleisten; mit dem Nachfolgeübertragungsstandard DOCSIS 3.1 können die Übertragungsgeschwindigkeiten sogar im Gigabitbereich liegen.[27]

Wegen der hohen Übertragungsgeschwindigkeiten und der weiten Verbreitung von Kabelnetzinfrastrukturen steht die breitbandige Internetzugangsbereitstellung über Kabelnetze im Wettbewerb zu den telefonfestnetzbasierten Technolo-

---

[22] Siehe etwa Kommission, Beschl. v. 18.12.2018, Staatliche Beihilfe Nr. SA.48418 (2018/N) (Deutschland Bayerische Gigabit-Pilotförderung), Rn. 40; zum glasfaserbasierten Breitbandzugang siehe auch https://www.inside-digital.de/ratgeber/glasfaser-internet-unterschiede-ftth-fttb-fttc (zuletzt abgerufen am 20.02.2021).
[23] *Neumann/Koch*, Telekommunikationsrecht, S. 21, Rn. 41.
[24] *Monopolkommission*, Sondergutachten 78, Rn. 110.
[25] Unterschieden werden im Kabelnetz vier Netzebenen. Das Signal wird von der Sendeanstalt (Ebene 1) auf eine regionale Netzebene (Ebene 2) geführt. Schließlich läuft das Signal über lokale Verteilnetze (Netzebene 3) in das Hausverteilnetz (Netzebene 4). Durch die Glasfaseraufrüstung des Kabelnetzes werden Glasfaserleitungen bis zur Netzebene 3 verlegt. Siehe hierzu etwa *Kühling/Schall/Biendl*, Telekommunikationsrecht, Rn. 108 ff.; *Koch/Neumann*, Telekommunikationsrecht, S. 21 ff., Rn. 41 ff.
[26] *Neumann/Koch*, Telekommunikationsrecht, S. 21 ff., Rn. 41 ff.
[27] *Neuhetzki/Kuch* auf teltarif.de, https://www.teltarif.de/internet/tv-kabel/docsis.html, auch mit Ausblick auf den Übertragungsstandard 4.0 (zuletzt abgerufen am 20.02.2021).

gien.[28] Die Koaxialkabel sind besser abgeschirmt, weswegen sie auch über längere Strecken die hohen Übertragungsgeschwindigkeiten aufrechterhalten.[29] Es handelt sich bei Kabelnetzen allerdings um ein „shared medium", was bedeutet, dass sich Endnutzer die maximal zur Verfügung stehenden Bandbreiten in ihrem Netzabschnitt teilen müssen.[30] Auch fallen die Uploadgeschwindigkeiten vergleichsweise gering aus und die Störanfälligkeit im Vergleich zu FTTB/H-Netzen ist aufgrund komplexerer Netzinfrastrukturen mit aktiven Verstärker- und Verteilerpunkten höher. Perspektivisch sind hier jedoch Verbesserungen zu erwarten. Gigabitfähige[31] Breitbandzugänge könnten künftig jedenfalls auch über Kabelnetze mit dem Übertragungsstandard DOCSIS 3.1 bereitgestellt werden.[32]

### III. Mobilfunknetz

#### 1. Technologiebeschreibung

Im Unterschied zu den vorstehend behandelten leitungsgebundenen Zugangstechnologien erhalten Endnutzer im Mobilfunknetz drahtlos Breitbandzugänge. Die Datenübertragung erfolgt mittels Funkwellen über – zumeist mobile – Endgeräte der Endnutzer (insbesondere Mobilfunktelefone), welche mit den Abschlusseinrichtungen des Mobilfunknetzes (Mobilfunksendemasten) drahtlos kommunizieren.[33] Dem Funkzugangsnetz übergeordnet ist das glasfaserbasierte leitungsgebundene Kernnetz.[34] Die Mobilfunksendemasten kommunizieren mit dem Kernnetz drahtlos, über Kupferleitungen oder über Glasfaserleitungen.[35]

Die Mobilfunksendemasten selbst sind mit Sendeeinrichtungen ausgestattet, welche in Senderadien von bestimmter Größe Gebiete mit Sendeleistung versorgen. Die Größe der mit Sendeleistung versorgten Fläche hängt dabei von den geografischen Gegebenheiten ab (Senkungen, Erhebungen, Hindernisse etc.).

---

[28] Siehe hierzu etwa *Offenbächer*, Die Regulierung des Vectoring, S. 75 ff. m.w.N.
[29] *Kühling/Schall/Biendl*, Telekommunikationsrecht, Rn. 111.
[30] *Kliemann/Stehmann*, EStAL 2013, 493, 496.
[31] Gigabitfähig bringt zum Ausdruck, dass von den Nutzern auch unterhalb der Maximalgeschwindigkeit liegende Übertragungsgeschwindigkeiten in Anspruch genommen werden können, siehe *Dialog Consult/VATM*, 21. TK-Marktanalyse 2019, S. 16.
[32] Siehe etwa golem.de, Unitymedia schafft weitere Gigabit-Städte, https://www.golem.de/news/docsis-3-1-unitymedia-schafft-weitere-gigabit-staedte-1902-139715.html (zuletzt abgerufen am 20.02.2021); Kommission, Beschl. v. 18.12.2018, Staatliche Beihilfe Nr. SA.48418 (2018/N) (Deutschland Bayerische Gigabit-Pilotförderung), Rn. 94.
[33] *Neumann/Koch*, Telekommunikationsrecht, S. 17, Rn. 33.
[34] *Neumann/Koch*, Telekommunikationsrecht, S. 17, Rn. 33.
[35] *Elixmann/Neumann*, The broadband State aid rules explained, S. 66.

Die Senderadien überlappen sich teilweise, damit eine durchgehend versorgte Fläche gewährleistet werden kann (zellulare Mobilfunknetze).[36]

Die Leistungsfähigkeit von Mobilfunknetzen hängt von der Art des Mobilfunknetzes und der eingesetzten mobilen Übertragungstechnologie ab. Breitbandige Internetzugänge über das Mobilfunknetz konnten erstmals Mobilfunknetze der dritten Generation (3G) gewährleisten (bis zu 42 Mbit/s im schnellsten HSPA+-Standard).[37] Die seit 2010 errichteten Netze der vierten Generation (4G, LTE-Netze) können bereits Übertragungsgeschwindigkeiten von bis zu 1 Gbit/s (im schnellsten LTE-Advanced-Standard) und die aktuellsten Netze der fünften Generation (5G) von bis zu 10 Gbit/s ermöglichen.[38]

Indes handelt es sich bei den angegebenen Übertragungsgeschwindigkeiten um theoretische Maximalwerte.[39] Tatsächlich fallen sie deutlich geringer aus. Denn zum einen handelt es sich beim Mobilfunk wiederum um ein „shared-medium" (Übertragungsgeschwindigkeit hängt von der Anzahl der Endnutzer eines Mobilfunksendemastes ab) und zum anderen beeinflussen die geografischen Gegebenheiten sowie die Entfernung des Empfangsgerätes von der Sendeeinrichtung die maximal verfügbaren Übertragungsgeschwindigkeiten.[40]

## 2. Mobile und stationäre Mobilfunk-Breitbandzugänge

Das Mobilfunknetz ist auf die Anbindung mobiler Endgeräte gerichtet (insbesondere Mobilfunktelefone) und bietet daher vornehmlich mobile Breitbandzugänge für Endnutzer. Daneben kommt der Einsatz der Mobilfunktechnik aber auch als Ersatz für die vorgenannten leitungsgebundenen Technologien für die Anbindung von Endnutzern mit stationären Breitbandzugängen (über ortsfeste Endgeräte) in Betracht. Unter dem Begriff „Fixed Wireless Access" (FWA) werden solche stationären Breitbandzugänge geführt, die über Mobilfunknetze (4G oder 5G) drahtlos mit entsprechenden stationären Endgeräten ermöglicht werden.[41] Solche stationären Breitbandzugänge können im Übrigen auch über Satellitennetze, welche bis zu 150 Mbit/s an Übertragungsgeschwindigkeit leisten, bereitgestellt werden.

---

[36] *Neumann/Koch*, Telekommunikationsrecht, S. 18, Rn. 35.
[37] *Elixmann/Neumann*, The broadband State aid rules explained, S. 67.
[38] *Kühling/Schall/Biendl*, Telekommunikationsrecht, Rn. 117; welt, Jetzt wird das Internet 100 Mal schneller, https://www.welt.de/wissenschaft/article176189726/Mobiles-Internet-mit-5G-10-000-Megabit-pro-Sekunde.html (zuletzt abgerufen am 20.02.2021).
[39] *Kühling/Schall/Biendl*, Telekommunikationsrecht, Rn. 117, Fn. 446.
[40] *Elixmann/Neumann*, The broadband State aid rules explained, S. 67; *Monopolkommission*, 11. Sektorgutachten Telekommunikation, Rn. 205.
[41] ITWissen.info, https://www.itwissen.info/FWA-fixed-wireless-access.html (zuletzt abgerufen am 20.02.2021).

Indes wird – jedenfalls gegenwärtig – der Einsatz drahtloser Technologien, insbesondere Mobilfunk, nicht als gangbare Alternative einer leitungsgebundenen Festnetzanbindung angesehen.[42] Wegen der technisch bedingten Restriktionen von Mobilfunk im Vergleich zu glasfaserbasierten Festnetzanschlüssen – etwa im Hinblick auf die Eigenschaft als „shared medium" – können keine gleichwertigen Breitbandzugänge ermöglicht werden.[43] Dies gilt auch für stationäre Breitbandzugänge über Satellitennetze, welche vergleichsweise geringe Übertragungsgeschwindigkeiten bieten, hohe Latenzen (Signallaufzeiten) aufweisen und dadurch die Nutzung bestimmter Anwendungen erschweren (etwa Videotelefonie) und insgesamt mit hohen Kosten verbunden sind.[44] Der Einsatz insbesondere der Mobilfunktechnik kommt als Ersatz für die leitungsgebundenen Technologien für die Anbindung von Endnutzern mit stationären Breitbandzugängen (über ortsfeste Endgeräte) nur als Übergangslösung in Betracht: Endnutzer in entlegenen Gebieten könnten dadurch bis zur Erschließung mit Glasfaser beispielsweise mit der 5G-Technik leistungsfähige Breitbandzugänge erhalten.[45]

Letztlich sollen leistungsfähige mobile und stationäre Breitbandzugänge parallel bereitgestellt werden. Der Aufbau einer (flächendeckenden) leistungsfähigen 5G-Versorgung erfordert eine (Mobilfunksendemast-)Netzverdichtung, die Aufrüstung von Sendeeinrichtungen an den Mobilfunksendemasten sowie die Anbindung von Mobilfunksendemasten mit Glasfaserleitungen.[46] Der Ausbau der Mobilfunkversorgung wird maßgeblich durch staatliche Versorgungsauflagen beeinflusst, die an die staatlich vergebenen Mobilfunkfrequenzen gebunden sind und einen bestimmten Versorgungsgrad vorschreiben.[47] Auf die Besonderheiten staatlicher Ausbauförderung von Mobilfunkinfrastrukturen und Versorgungsauflagen wird an geeigneten Stellen dieser Arbeit zusätzlich zu der im Fokus liegenden Festnetzausbauförderung eingegangen.

---

[42] *Monopolkommission*, 11. Sektorgutachten Telekommunikation, Rn. 18.
[43] *Fornefeld/Breide/Holznagel*, Nachhaltiger NGA-Netzausbau als Chance für Nordrhein-Westfalen, S. 37.
[44] *Kühling/Schall/Biendl*, Telekommunikationsrecht, Rn. 119.
[45] 5G-Anbieter.info, 5G Fixed Wireless Access (FWA), https://www.5g-anbieter.info/zuhause/fwa/fixed-wireless-access.html; ITWissen.info, https://www.itwissen.info/FWA-fixed-wireless-access.html (jeweils zuletzt abgerufen am 20.02.2021).
[46] *Monopolkommission*, 11. Sektorgutachten Telekommunikation, Rn. 313.
[47] *Monopolkommission*, 11. Sektorgutachten Telekommunikation, Rn. 195.

## C. Staatliche Fördermaßnahmen des Breitbandausbaus

Die im Telekommunikationssektor grundlegende Unterscheidung von Marktstufen[48] ist auch für den Bereich der staatlichen Förderung des Breitbandausbaus von Bedeutung und soll daher eingangs skizziert werden (I.). Sodann erfolgt eine Beschreibung von staatlichen Fördermaßnahmen, die in Bezug auf den Ausbau von Breitbandinfrastrukturen unterschiedlich ausgestaltet sein können (II. und III.).

### I. Marktstufen im Telekommunikationsmarkt

Der Telekommunikationsmarkt ist durch das Vorliegen von Marktstufen bzw. Wertschöpfungsebenen gekennzeichnet. Es lassen sich im Wesentlichen die folgenden drei Marktstufen unterscheiden.[49]

Die *erste* Stufe erfasst den Aufbau und die Bereitstellung von passiven Netzinfrastrukturen. Passive Netzinfrastrukturen sind die physischen Elemente der Netzinfrastrukturen, also insbesondere Leerrohre, unbeschaltete Glasfaserleitungen, Kabelverzweigerkästen und Mobilfunksendemasten ohne Sendeeinrichtungen.[50]

Die *zweite* Stufe erfasst den eigentlichen Netzbetrieb im Sinne einer Funktionsherrschaft über das Netz,[51] was insbesondere Aufbau und Betrieb von aktiven Netzinfrastrukturen auf passiven Netzinfrastrukturen bedeutet. Aktive Netzinfrastrukturen sind Komponenten mit eigener Stromversorgung, die für das Empfangen und Senden von Signalen benötigt werden.[52] Die ersten beiden Stufen lassen sich als Vorleistungsebene zusammenfassen.

Die *dritte* Stufe ist die Diensteebene, welche sich auf das Angebot insbesondere von (Breitband-)Internetzugangsdiensten zur Übertragung von Daten für End-

---

[48] Siehe weiterführend *Bary*, Kommunaler Netzausbau in der Telekommunikation, S. 36 ff.
[49] *Kliemann/Stehmann*, in: von der Groeben/Schwarze/Hatje, Europäisches Unionsrecht, Rn. 756 ff.; BMVI, Die Wertschöpfungsstufen des Telekommunikationsmarktes, https://www.bmvi.de/SharedDocs/DE/Artikel/ZukunftBreitband/umsetzung-wertschoepfungsstufen-des-telekommunikationsmarktes.html?nn=12830 (zuletzt abgerufen am 20.02.2021); *Bary*, Kommunaler Netzausbau in der Telekommunikation, S. 36 ff.; allgemein in Bezug auf Infrastrukturen *Kleve/Gayger*, NVwZ 2018, 273, 277 f.
[50] Kommission, Leitlinien der EU für die Anwendung der Vorschriften über staatliche Beihilfen im Zusammenhang mit dem schnellen Breitbandausbau, Mitteilung der Kommission ABl.EU 2013 C 25 1 v. 26.01.2013, „Breitbandleitlinien", Anhang II.
[51] *Schütz*, in: Beck TKG, § 6 Rn. 55 ff.
[52] BMVI, Die Wertschöpfungsstufen des Telekommunikationsmarktes, https://www.bmvi.de/SharedDocs/DE/Artikel/ZukunftBreitband/umsetzung-wertschoepfungsstufen-des-telekommunikationsmarktes.html?nn=12830 (zuletzt abgerufen am 20.02.2021).

nutzer bezieht („Access Provider"). Auch etwa Voice over IP (VoIP)-Dienste unterfallen der Diensteebene für Endnutzer. Sogenannte Over-the-Top-Dienste (OTT-Dienste) wie etwa (Video-)Telefonie (z.b. Skype) oder Video- und Musik-Streaming (z.b. Youtube, Netflix) hingegen sind Kommunikations- und Inhaltsdienste, welche auf Grundlage bestehender (Breitband-)Internetzugänge erbracht werden können. Sie setzen keine eigenen (oder jedenfalls auf Vorleistungsebene in Anspruch genommenen fremden) Netzinfrastrukturen für die Erbringung voraus.[53]

Auf der Vorleistungsebene wird Zugang zu den Netzinfrastrukturen angeboten. Der Zugang ermöglicht die Nutzung der passiven und aktiven Netzinfrastrukturen neben dem Netzbetreiber durch dritte Unternehmen (Drittbetreiber). Unterschiedliche Zugangsprodukte ermöglichen in unterschiedlicher Weise die Nutzung fremder passiver und aktiver Netzinfrastrukturen. Die Nutzung fremder Netzinfrastrukturen ermöglicht neben dem Netzbetreiber Drittbetreibern das Angebot eigener (Breitband-)Internetzugangsdienste auf der nachgelagerten Diensteebene für Endnutzer. Die Verpflichtung von Netzbetreibern, dritten Unternehmen Zugang zu den Netzinfrastrukturen zu gewähren, damit diese die bestehenden passiven und aktiven Netzinfrastrukturen zur Erbringung eigener Internetzugangsdienste nutzen können, ist Kernstück des sektorspezifischen Telekommunikationsregulierungsrechts. Die Öffnung bestehender – als natürliche Monopole verstandene – Netze etablierter Netzbetreiber zur Nutzung durch alternative Anbieter ermöglicht Wettbewerb auf der nachgelagerten Diensteebene. Ist der zugangsverpflichtete Netzbetreiber vertikal integriert, d.h. ist er selbst – was regelmäßig der Fall ist – auch auf der nachgelagerten Diensteebene für Endnutzer tätig, so steht er mit den Nachfragern seiner Vorleistungsprodukte auf der Diensteebene für Endnutzer im Wettbewerb.[54] Anderenfalls handelt es sich um einen reinen Anbieter von passiven und/oder aktiven Vorleistungsprodukten („Wholesale only").

## II. Klassische (angebotsseitige) Förderung

Bei der klassischen staatlichen Förderung des Breitbandausbaus werden die Zuwendungen den Anbietern von Telekommunikationsdiensten – also der Anbieterseite – gewährt. Die staatlichen Zuwendungen für den Ausbau von Breitbandinfrastrukturen können dabei auf unterschiedliche Weise gewährt werden.[55]

---

[53] *Kühling/Schall/Biendl*, Telekommunikationsrecht, Rn. 137.
[54] *Neumann/Koch*, Telekommunikationsrecht, S. 39, Rn. 86; da Netzbetreiber in der Regel vertikal integriert sind, sind mit der Bezeichnung „Netzbetreiber" im Folgenden vertikal integrierte Netzbetreiber gemeint.
[55] Siehe hierzu auch Breitbandleitlinien, ABl. 2013/C 25/1, Anhang I sowie *Knapp*, N&R 2017, 199.

Die häufigste und auch in Deutschland regelmäßig angewendete Form staatlicher Förderung des Ausbaus von Breitbandinfrastrukturen ist die Gewährung direkter finanzieller Zuschüsse an private Netzbetreiber bzw. Telekommunikationsunternehmen, welche den Ausbau von (aktiven und passiven) Breitbandinfrastrukturen vornehmen (Wirtschaftlichkeitslückenfördermodell bzw. Ergänzungsfinanzierung[56]).[57] Dabei erhalten die privaten Netzbetreiber einen finanziellen Zuschuss in der Höhe ihrer Wirtschaftlichkeitslücke, d.h. der Differenz zwischen den Kosten der Infrastrukturmaßnahme und den erwarteten Gewinnen für die Netzbetreiber für eine geplante Nutzungsdauer von regelmäßig sieben Jahren.[58] Im Rahmen eines wettbewerblichen Auswahlverfahrens wird grundsätzlich der Netzbetreiber mit der geringsten Wirtschaftlichkeitslücke ausgewählt. Der ausgewählte Netzbetreiber errichtet das geförderte Breitbandnetz, hält es als Eigentum und betreibt es.[59] Alle drei Marktstufen liegen in der Hand des geförderten Netzbetreibers.[60]

Eine andere Form der staatlichen Förderung des Ausbaus von Breitbandinfrastrukturen ist das in Deutschland regelmäßig alternativ zum Wirtschaftlichkeitslückenfördermodell vorgesehene Betreibermodell.[61] Danach errichten nicht private Netzbetreiber, sondern die Gebietskörperschaften, also Gemeinden oder deren Zusammenschlüsse in der Rechtsform einer juristischen Person des öffentlichen Rechts, passive Breitbandinfrastrukturen. Diese im staatlichen Eigentum stehenden passiven Breitbandinfrastrukturen – Kabelkanäle, Leerrohre, Ausstattung solcher Leerrohre mit unbeschalteten Glasfaserleitungen sowie Schächte, Kabelverzweigerkästen und Abschlusseinrichtungen – werden privaten Netzbetreibern zum Netzbetrieb und zur Installation eigener aktiver Infrastrukturen pachtweise als Sachleistung zur Verfügung gestellt.[62] Die privaten Netzbetreiber

---

[56] „Ergänzungsfinanzierung" heißt es in den Breitbandleitlinien, ABl. 2013/C 25/1, Anhang I Nr. 1; „Wirtschaftlichkeitslückenfördermodell" heißt es in der von der Kommission genehmigten deutschen NGA-Rahmenregelung, BMVI, Rahmenregelung der Bundesrepublik Deutschland zur Unterstützung des Aufbaus einer flächendeckenden Next Generation Access (NGA)-Breitbandversorgung v. 15.6.2015, („NGA-Rahmenregelung").
[57] *Knapp*, N&R 2017, 199, 203, siehe dort auch eingehend zum Breitbandförderprogramm des Bundes; *Bary*, Kommunaler Netzausbau in der Telekommunikation, S. 256.
[58] Breitbandleitlinien, ABl. 2013/C 25/1, Anhang I, Fn. 1; *Bertenrath/Fritsch*, Fördermodelle für den Breitbandausbau, S. 8; BMVI, Richtlinie Förderung zur Unterstützung des Breitbandausbaus in der Bundesrepublik Deutschland v. 15.11.2018, im Folgenden: „NGA-Richtlinie", Ziff. 3.1; NGA-Rahmenregelung, § 3 Abs. 1.
[59] Kommission, Beschl. v. 29.11.2019, Staatliche Beihilfe Nr. SA.54668 (2019/N) (Deutschland Bayerische Gigabitrichtlinie), Rn. 6.
[60] *Bertenrath/Fritsch*, Fördermodelle für den Breitbandausbau, S. 8.
[61] Siehe NGA-Rahmenregelung, § 3 Abs. 1 lit. b); *Monopolkommission*, 11. Sektorgutachten Telekommunikation, Rn. 134.
[62] NGA-Rahmenregelung, § 3 Abs. 1 lit. b); siehe auch Breitbandleitlinien, ABl. 2013/C 25/1, Anhang I, Nr. 2; Bekanntmachung des Bayerischen Staatsministeriums der Finanzen und für Heimat vom 29. Januar 2020, Az. 75-O 1903-8/198, Richtlinie zur Förderung des Aufbaus

werden wiederum durch ein wettbewerbliches Auswahlverfahren – im Hinblick auf den höchsten Pachtzins[63] – ausgewählt. Hier liegt die erste Marktstufe beim Staat, während die zweite und dritte Marktstufe bei privaten Telekommunikationsunternehmen liegen.[64]

In die ähnliche Richtung geht das bei der staatlichen Mobilfunkausbauförderung angewendete Mietmodell. Danach errichten wiederum die Gebietskörperschaften, also Gemeinden oder deren Zusammenschlüsse in der Rechtsform einer juristischen Person des öffentlichen Rechts, selbst die geförderten (passiven) Mobilfunkinfrastrukturen (insbesondere Mobilfunksendemasten) oder übertragen dies auf einen Baukonzessionär.[65] Die geförderten passiven Mobilfunkinfrastrukturen werden danach entweder von der Gebietskörperschaft selbst oder von dem Baukonzessionär an die interessierten Mobilfunknetzbetreiber zur Nutzung und Ertüchtigung mit aktiven Netzkomponenten (insbesondere Sendeeinrichtungen) vermietet.[66]

Neben den vorgenannten Formen staatlicher Förderung des Breitbandausbaus kommt freilich auch der Einsatz von weiteren (abgewandelten) Formen einer staatlichen Förderung des Breitbandausbaus für die Förderpraxis in Betracht.[67] Für alle Formen staatlicher Förderung des Breitbandausbaus gelten jedoch grundsätzlich die im Rahmen dieser Arbeit darzustellenden beihilfenrechtlichen Bewertungskriterien gleichermaßen.[68] Die Ausführungen in dieser Arbeit beziehen sich – sofern nicht anders vermerkt – auf die häufigste und regelmäßig an-

---

von gigabitfähigen Breitbandnetzen im Freistaat Bayern (Bayerische Gigabitrichtlinie – BayGibitR), https://www.verkuendung-bayern.de/files/baymbl/2020/76/baymbl-2020-76.pdf (zuletzt abgerufen am 20.02.2021).
[63] Kommission, Beschl. v. 29.11.2019, Staatliche Beihilfe Nr. SA.54668 (2019/N) (Deutschland Bayerische Gigabitrichtlinie), Rn. 34.
[64] *Bertenrath/Fritsch*, Fördermodelle für den Breitbandausbau, S. 8; BNetzA, Hinweise zur Gestaltung der Zugangsverpflichtungen nach NGA-RR, https://www.bundesnetzagentur.de/SharedDocs/Downloads/DE/Sachgebiete/Telekommunikation/Unternehmen_Institutionen/Breitband/Ausbau/Beihilfen/HinweiseVertragsgestaltungNGA.pdf?__blob=publicationFile&v=3 (zuletzt abgerufen am 20.02.2021).
[65] Kommission, Beschl. v. 16.11.2018, Staatliche Beihilfe Nr. SA.48324 (2018/N) (Deutschland Mobilfunk Bayern), S. 3 f.; zu den Ausgestaltungformen wirtschaftlicher Tätigkeit des Staates im Infrastrukturbereich siehe *Kleve/Gayger*, NVwZ 2018, 273, 274 f.
[66] Kommission, Beschl. v. 16.11.2018, Staatliche Beihilfe Nr. SA.48324 (2018/N) (Deutschland Mobilfunk Bayern), S. 3 f.; Richtlinie zur Förderung des Ausbaus der Mobilfunkversorgung im Freistaat Bayern (Mobilfunkrichtlinie – MFR) vom 28. November 2018, Az. 28-7370/46/1, Ziff. 2.2; Vgl. auch Breitbandleitlinien, ABl. 2013/C 25/1, Anhang I, Nr. 4; ähnliche Fördermodelle sind in anderen Bundesländern geplant. In Betracht kommt freilich auch ein Investitionskostenzuschuss an das Unternehmen mit dem geringsten Zuschussbedarf.
[67] Siehe hierzu Breitbandleitlinien, ABl. 2013/C 25/1, Rn. 30, Anhang I; *Bary*, Kommunaler Netzausbau in der Telekommunikation, S. 260 ff.
[68] Siehe auch Breitbandleitlinien, ABl. 2013/C 25/1, Rn. 30, Anhang I.

gewendete Form der staatlichen Förderung im Wirtschaftlichkeitslückenfördermodell.

## III. Ergänzende Nachfragefördermaßnahmen

Ein privatwirtschaftlicher Ausbau von Breitbandinfrastrukturen – insbesondere auch von solchen, die besonders hohe Übertragungsgeschwindigkeiten ermöglichen können – wird grundsätzlich nur vorgenommen, soweit er wirtschaftlich, d.h. rentabel ist. Geringe Nachfrage gilt als ein Grund für fehlende Rentabilität und damit einen unzureichenden Ausbau von besonders leistungsfähigen Breitbandinfrastrukturen. Hohe Übertragungsgeschwindigkeiten sind gegenwärtig (noch) schlecht zu monetarisieren: So liegt der Anteil der Haushalte, die Glasfaseranschlüsse (FTTB/H) nutzen, deutlich unter der tatsächlichen Verfügbarkeit von solchen Anschlüssen (*Take-up*-Rate).[69] Kann die Nachfrage durch staatliche Maßnahmen erhöht werden, so verbessern sich die Rentabilitätsaussichten für einen privatwirtschaftlichen Ausbau von leistungsfähiger Breitbandinfrastruktur.

Neben beispielsweise Informationskampagnen, welche mittelständische Unternehmen adressieren, um diesen das wirtschaftliche Potenzial leistungsfähiger Breitbandanschlüsse für ihre Geschäftstätigkeiten aufzuzeigen,[70] können insbesondere auch finanzielle Anreize über Gutscheine (Voucher) die Nachfrage nach den Breitbandanschlüssen stimulieren.[71] Bei der Nachfrageförderung über Gutscheine erhalten die Endnutzer – also die Nachfrager – staatliche Zuschüsse zu den Kosten, die mit der Nutzung von leistungsfähigen Breitbandanschlüssen verbunden sind.

Eine Nachfrageförderung über Gutscheine kommt in der Form von *Vertragsvouchern* in Betracht. Bei Vertragsvouchern sollen die Endnutzer einen Zuschuss zu den Kosten erhalten, die aufgrund des Abschlusses eines Vertrags

---

[69] *Henseler-Unger*, ifo Schnelldienst 7/2018, 15, 16; *Krämer*, ifo Schnelldienst 7/2018, 12, 13; 2017 wurden 28,1 % der verfügbaren FTTB/H-Anschlüsse auch tatsächlich nachgefragt. 2018 erhöhte sich der Anteil auf 29,8 % und 2019 – Schätzungen zufolge – auf 33,8 %, siehe *Dialog Consult/VATM*, 21. TK-Marktanalyse 2019, S. 14; siehe hierzu auch *BNetzA*, Jahresbericht 2018, S. 49 ff.
[70] BMVI, Breitband@Mittelstand, https://www.bmvi.de/SharedDocs/DE/Artikel/DG/breitband-roadshow-infokampagne.html (zuletzt abgerufen am 20.02.2021); *Monopolkommission*, Sondergutachten 78, Rn. 209.
[71] Siehe etwa *Monopolkommission*, 11. Sektorgutachten Telekommunikation, Rn. 167 ff.; VATM, Gigabit-Voucher für einen effizienten Ausbau, https://www.vatm.de/2019/12/13/gigabit-voucher-fuer-effizienten-ausbau/ (zuletzt abgerufen am 20.02.2021); Kommission, Beschl. v. 7.1.2019, Staatliche Beihilfe Nr. SA.49935 (2018/N) (Greece Superfast Broadband (SFBB) Project); *Kühling/Toros*, in: Rechtliche Herausforderungen bei der Schaffung von Anreizen für einen flächendeckenden Ausbau von Glasfaserinfrastrukturen, S. 90 ff.

über die Bereitstellung von besonders leistungsfähigen Breitbanddiensten anfallen.[72] Vorgeschlagen wird, dass etwa Übertragungsgeschwindigkeiten von mehr als 250 Mbit/s in Anspruch genommen werden müssen, welche auf Basis von Breitbandinfrastrukturen erbracht werden, die auch Übertragungsgeschwindigkeiten von mindestens 1 Gbit/s zuverlässig zur Verfügung stellen können.[73]

Bei einer Nachfrageförderung über Gutscheine in Form von *Anschlussvouchern* hingegen sollen die Kosten, die für den leistungsfähigen (Glasfaser-)Netzanschluss einzelner Häuser anfallen, staatlich bezuschusst werden. Diese Gutscheine reduzieren die Kosten des (Glasfaser-)Netzanschlusses für den Hauseigentümer (einschließlich Wohnungseigentümergemeinschaft-Berechtigten bzw. hierzu ermächtigten Mieter[74]), wenn dieser auf eigene Kosten seine Immobilie (mit Glasfaser) erschließen lässt.[75]

Diese beiden Grundkonstellationen einer staatlichen Nachfrageförderung über Gutscheine sollen – ergänzend neben der klassischen Angebotsförderung – im Rahmen dieser Arbeit aus beihilfenrechtlicher Sicht näher beleuchtet und dabei mögliche Ansätze für eine beihilfenrechtskonforme Ausgestaltung gegeben werden.

---

[72] Siehe etwa *Gerpott* auf teltarif.de, https://www.teltarif.de/glasfaser-netzausbau-gigabit-voucher-gerpott/news/78995.html (zuletzt abgerufen am 20.02.2021).
[73] Siehe VATM, Glasfaser-Gutscheine stärken die Nachfrage und bringen so den Glasfaserausbau weiter voran, https://www.vatm.de/2019/09/30/glasfaser-gutscheine-starken-die-nachfrage-und-bringen-so-den-glasfaserausbau-weiter-voran/ (zuletzt abgerufen am 20.02.2021).
[74] *Briglauer/Schmitz*, Gutachten zur ökonomischen und rechtlichen Sinnhaftigkeit von nachfrageseitigen Förderungen, S. 17 f.
[75] *Gerpott* auf teltarif.de, Gigabit-Voucher: Gravierende Schwächen, https://www.teltarif.de/glasfaser-netzausbau-gigabit-voucher-gerpott/news/78995.html (zuletzt abgerufen am 20.02.2021).

## D. Das Vorliegen von Beihilfen nach Art. 107 Abs. 1 AEUV bei der Förderung des Breitbandausbaus

Das Beihilfenrecht nach Art. 107 – 109 AEUV ist Teil des EU-Wettbewerbsrechts, welches den Wettbewerb vor Verfälschungen schützen soll.[76] Beihilfen verfälschen den Wettbewerb, da sie begünstigten Unternehmen Wettbewerbsvorteile verschaffen, die nicht auf eigener Leistung basieren.[77] Nach Art. 107 Abs. 1 AEUV „*sind staatliche oder aus staatlichen Mitteln gewährte Beihilfen gleich welcher Art, die durch die Begünstigung bestimmter Unternehmen oder Produktionszweige den Wettbewerb verfälschen oder zu verfälschen drohen, mit dem Binnenmarkt unvereinbar, soweit sie den Handel zwischen Mitgliedstaaten beeinträchtigen.*". Für die Beurteilung, ob eine staatliche Maßnahme zur Förderung des Breitbandausbaus dem Beihilfentatbestand des Art. 107 Abs. 1 AEUV unterfällt, sind folgende Voraussetzungen zu überprüfen: Es müssen *erstens* staatliche Mittel an *zweitens* Unternehmen gewährt werden, woraus diesen *drittens* ein wirtschaftlicher Vorteil (Begünstigung) erwächst. *Viertens* muss dieser Vorteil selektiv sein und *fünftens* muss die staatliche Fördermaßnahme den Wettbewerb verfälschen (oder zu verfälschen drohen) und den zwischenstaatlichen Handel beeinträchtigen.

### I. Gewährung staatlicher Mittel

Staatliche Mittel iSv. Art. 107 Abs. 1 AEUV umfassen sämtliche Mittel des öffentlichen Sektors.[78] In der Regel handelt es sich bei den staatlichen Fördermaßnahmen um direkte Finanzzuschüsse, welche aus dem allgemeinen Staatshaushalt gewährt werden und damit Mittel des öffentlichen Sektors darstellen. Sie werden im Hinblick auf die Errichtung von Breitbandinfrastrukturen von staatlichen Bewilligungsbehörden gewährt. Neben den direkten Finanzzuschüssen kommt auch die Gewährung etwa von Steuervergünstigungen, zinsvergünstigten Darlehen oder auch Sachleistungen in Betracht; Letzteres kann der Fall sein, wenn der Staat die in seinem Eigentum stehende passive Breitbandinfrastruktur privaten Netzbetreibern zur Nutzung zur Verfügung stellt.[79] Auch bei diesen

---

[76] *Mestmäcker/Schweitzer*, in: Immenga/Mestmäcker, Wettbewerbsrecht, Einl A. Rn. 2, 8.
[77] *Mestmäcker/Schweitzer*, in: Immenga/Mestmäcker, Wettbewerbsrecht, Einl A. Rn. 4.
[78] Kommission, Bekanntmachung zum Begriff der staatlichen Beihilfe, ABl. EU 2016/C 262/01, Rn. 48; EuG, Urt. v. 12.12.1996, Rs. T-358/94, ECLI:EU:T:1996:194, Rn. 56 – *Air France/Kommission*.
[79] Breitbandleitlinien, ABl. 2013/C 25/1, Rn. 10 und Anhang I; Kommission, Bekanntmachung zum Begriff der staatlichen Beihilfe, ABl. EU 2016/C 262/01, Rn. 51; hierzu auch *Holznagel/Beine*, MMR 2015, 567, 568; zu den Fördermodellen siehe oben unter C. II.

Formen der Förderung handelt es sich um einen beihilfenrechtlich relevanten Einsatz staatlicher Mittel.[80]

Sollen hingegen EU-Fördermittel, also nicht solche des Mitgliedstaates selbst, zum Einsatz kommen, so handelt es sich zunächst um keine beihilfenrechtlich relevanten (mitglied-)staatlichen Mittel.[81] Anders fällt die Bewertung jedoch aus, wenn den Mitgliedstaaten bei der Verwendung dieser Mittel Ermessen – insbesondere ob und wie sie zu verwenden sind – zusteht. Denn die Herkunft der Mittel wird als nicht relevant angesehen, solange die Mittel, bevor sie an die Empfänger weitergegeben werden, unter staatlicher Kontrolle standen.[82] Ein nationalen Behörden bei der Verwendung von – ursprünglich nicht-(mitglied-)staatlichen – Mitteln zustehendes Ermessen begründet eine solche staatliche Kontrolle über diese Mittel, weswegen sie als staatlich iSv. Art. 107 Abs. 1 AEUV anzusehen sind.[83]

## II. Unternehmen

Im EU-Wettbewerbsrecht und damit auch im Beihilfenrecht gilt der funktionale Unternehmensbegriff: Er erfasst jede eine wirtschaftliche Tätigkeit ausübende Einheit, unabhängig von ihrer Rechtsform und der Art ihrer Finanzierung.[84] Maßgeblich ist damit das Vorliegen von wirtschaftlicher Tätigkeit, welche weit zu verstehen ist und in jeder Tätigkeit liegt, die darin besteht, Güter oder Dienstleistungen auf einem bestimmten Markt anzubieten.[85] Auch der Staat selbst – unabhängig vom Grad der organisatorischen Verselbstständigung oder dem Vorliegen einer Gewinnerzielungsabsicht – kann wirtschaftlich tätig sein und damit in Bezug auf die jeweilige Tätigkeit als Unternehmen iSv. Art. 107 Abs. 1

---

[80] Breitbandleitlinien, ABl. 2013/C 25/1, Rn. 10.
[81] Siehe etwa Kommission, European funding for broadband, https://ec.europa.eu/digital-single-market/en/news/european-funding-broadband (zuletzt abgerufen am 20.02.2021); nicht dem Beihilfenrecht unterfallen Förderungen, die direkt von Stellen der EU vergeben werden (Unionsbeihilfen), hierzu *von Wallenberg/Schütte*, in: Grabitz/Hilf/Nettesheim, EUV/AEUV, AEUV Art. 107 Rn. 128.
[82] Kommission, Bekanntmachung zum Begriff der staatlichen Beihilfe, ABl. EU 2016/C 262/01, Rn. 57, 60.
[83] Breitbandleitlinien, ABl. 2013/C 25/1, Rn. 10; Kommission, Beschl. v. 17.01.2013, Staatliche Beihilfe Nr. SA. 35562 (2012/N) (Deutschland Entwicklungskonzept Brandenburg – Glasfaser 202), Rn. 23; Kommission, Bekanntmachung zum Begriff der staatlichen Beihilfe, ABl. EU 2016/C 262/01, Rn. 60.
[84] Ständige Rechtsprechung seit EuGH, Urt. v. 23.4.1991, Rs. C-41/90, ECLI:EU:C:1991:161, Rn. 21 – *Höfner und Elser*; *Arhold*, in: Münchener Kommentar Beihilfenrecht, Art. 107 Rn. 441.
[85] Siehe etwa EuGH, Urt. v. 23.3.2006, Rs. C-237/04, ECLI:EU:C:2006:197, Rn. 29 m.w.N – *Enirisorse*; EuGH, Urt. v. 19.2.2002, Rs. C-309/99, ECLI:EU:C:2002:98, Rn. 47 – *Wouters*; hierzu *Koenig/Förtsch*, in: Streinz, EUV/AEUV, AEUV Art. 107 Rn. 74 ff.

AEUV qualifiziert werden.[86] Ist der Staat hingegen in seiner Eigenschaft als Träger öffentlicher Gewalt tätig – etwa in Erfüllung originärer Hoheitsaufgaben, für die kein Markt existiert – so unterfällt dies nicht dem Unternehmensbegriff.[87] Bereits seit dem Urteil des EuG *Flughafen Leipzig/Halle* gilt, dass die Errichtung bzw. der Ausbau von Infrastrukturen eine wirtschaftliche Tätigkeit ist, wenn die geförderte Infrastruktur später auch kommerziell, also wirtschaftlich, genutzt wird.[88] Die Errichtung von Breitbandinfrastrukturen ist eine wirtschaftliche Tätigkeit, da auch die Nutzung grundsätzlich wirtschaftlich – etwa im Hinblick auf den Betrieb oder die Bereitstellung von Breitbandanschlüssen für Endnutzer – ist.[89] Bei dem geförderten Ausbau von Breitbandinfrastrukturen kommt es sogar darauf an, diese anschließend in dem stark wettbewerblichen (liberalisierten) Umfeld des Breitbandsektors wirtschaftlich zu nutzen, auch durch den Staat selbst oder Drittbetreiber.[90] Errichtet also der Staat selbst – insbesondere Gemeinden oder deren Zusammenschlüsse in der Rechtsform einer juristischen Person des öffentlichen Rechts – Breitbandinfrastrukturen, um diese anschließend privaten Netzbetreibern zum Betrieb – gegen Entgelt – zur Verfügung zu stellen,[91] so ist dies als wirtschaftliche Tätigkeit zu qualifizieren und die öffentliche Stelle handelt in Bezug auf diese Tätigkeit als Unternehmen.[92] Eine nichtwirtschaftliche Tätigkeit bei der Förderung des Breitbandausbaus kommt allenfalls in Betracht, wenn Breitbandinfrastrukturen mit staatlicher Förderung allein mit der Bestimmung errichtet werden, behördenintern genutzt zu werden („geschlossene Netze"). In diesen Fällen liegt die Nutzung der Breitbandinfrastruk-

---

[86] *Haratsch/Koenig/Pechstein*, Europarecht, Rn. 1154; *Arhold*, in: Münchener Kommentar Beihilfenrecht, Art. 107 AEUV Rn. 441 ff.
[87] Kommission, Bekanntmachung zum Begriff der staatlichen Beihilfe, ABl. EU 2016/C 262/01, Rn. 17 f.
[88] EuG, Urt. v. 24.3.2011, Rs. T-443/08 und T-455/08, ECLI:EU:T:2011:117, Rn. 95 – *Freistaat Sachsen u. a./Kommission*, bestätigt durch EuGH, Rs. C-288/11 P, E-CLI:EU:C:2012:821, Rn. 39 ff. – *Mitteldeutsche Flughafen AG und Flughafen Leipzig-Halle GmbH/Kommission*; siehe auch EuGH, Urt. v. 24.10.2002, Rs. C-82/01 P, E-CLI:EU:C:2002:617, Rn. 120 ff. – *Aéroports de Paris*; siehe hierzu ausführlich *Ghazarian*, Quersubventionen und Verbundvorteile im EU-Beihilferecht, S. 162 ff.; *Arhold*, in: Münchener Kommentar Beihilfenrecht, Art. 107 AEUV Rn. 311 ff.; *Mestmäcker/Schweitzer*, in: Immenga/Mestmäcker, Wettbewerbsrecht, Art. 107 Abs. 1 Rn. 20 ff.; *Petzold*, KommJur 2017, 401, 402.
[89] Kommission, Bekanntmachung zum Begriff der staatlichen Beihilfe, ABl. EU 2016/C 262/01, Rn. 201, 216; siehe allgemein hierzu *Mestmäcker/Schweitzer*, in: Immenga/Mestmäcker, Wettbewerbsrecht, Art. 107 Abs. 1 Rn. 20 ff., Rn. 26.
[90] Breitbandleitlinien, ABl. 2013/C 25/1, Rn. 11.
[91] Was etwa beim Betreibermodell der Fall sein kann, siehe hierzu unter C. II.
[92] Hierzu Kommission, Bekanntmachung zum Begriff der staatlichen Beihilfe, ABl. EU 2016/C 262/01, Rn. 18 sowie generell zur unternehmerischen Tätigkeit von Kommunen *Kleve/Gayger*, NVwZ 2018, 273, 274 f.

turen nicht im kommerziellen bzw. nicht wirtschaftlichen, sondern im hoheitlichen Bereich, weswegen keine unternehmerische Tätigkeit vorliegt.[93]

Die Tätigkeiten, auf die sich die staatlichen Fördermaßnahmen für den Breitbandausbau beziehen, sind neben der Errichtung bzw. dem Ausbau, der Betrieb und die Zugangsgewährung auf Vorleistungsebene sowie die Bereitstellung von Breitbandanschlüssen für Endnutzer.[94] Für all diese Tätigkeiten besteht jeweils ein Markt, sodass im Allgemeinen wirtschaftliche Tätigkeiten anzunehmen sind und somit die Unternehmenseigenschaft iSv. Art. 107 Abs. 1 AEUV erfüllt ist.[95]

## III. Begünstigung

Eine staatliche Maßnahme ist unabhängig von der Form und Ausgestaltung (direkter Finanzzuschuss, Steuervergünstigung, zinsvergünstigtes Darlehen etc.) dann als Begünstigung iSv. Art. 107 Abs. 1 AEUV anzusehen, wenn dem Zuwendungsempfänger ein wirtschaftlicher Vorteil zukommt, den er unter normalen Marktbedingungen nicht erhalten hätte, d.h. wenn er eine Leistung ohne angemessene (marktübliche) Gegenleistung (Kompensation) erlangt.[96] Erhält der Zuwendungsempfänger staatliche Mittel also nicht zu marktüblichen Transaktionsbedingungen, so ist er beihilfenrechtlich begünstigt. Nach dem Grundsatz des marktwirtschaftlich handelnden Wirtschaftsbeteiligten liegen marktübliche Transaktionsbedingungen vor, wenn private marktwirtschaftlich handelnde Wirtschaftsbeteiligte diese (aus ex ante Perspektive) ebenfalls vereinbart hätten.[97]

---

[93] Breitbandleitlinien, ABl. 2013/C 25/1, Rn. 11, Fn. 14; Kommission, Bekanntmachung zum Begriff der staatlichen Beihilfe, ABl. EU 2016/C 262/01, Rn. 216; *Rosenfeld/Holtmann*, in: Münchener Kommentar Beihilfenrecht, Teil 8. Rn. 14.

[94] Breitbandleitlinien, ABl. 2013/C 25/1, Rn. 11; Kommission, Bekanntmachung zum Begriff der staatlichen Beihilfe, ABl. EU 2016/C 262/01, Rn. 216.

[95] Breitbandleitlinien, ABl. 2013/C 25/1, Rn. 11; Kommission, Bekanntmachung zum Begriff der staatlichen Beihilfe, ABl. EU 2016/C 262/01, Rn. 216.

[96] *Haratsch/Koenig/Pechstein*, Europarecht, Rn. 1242.

[97] *Mestmäcker/Schweitzer*, in: Immenga/Mestmäcker, Wettbewerbsrecht, AEUV Art. 107 Abs. 1 Rn. 62; Kommission, Bekanntmachung zum Begriff der staatlichen Beihilfe, ABl. EU 2016/C 262/01, Rn. 73 ff.; *Haratsch/Koenig/Pechstein*, Europarecht, Rn. 1246 f.; *Kühling*, in: Streinz, EUV/AEUV, AEUV Art. 107 Rn. 28 m.w.N.; abhängig von der Art der staatlichen Mittelzuführung gibt es spezielle Unterformen dieses Grundsatzes. Dieser Grundsatz wurde ursprünglich zur Überprüfung von Kapitalbeteiligungen der öffentlichen Hand an öffentlichen oder privaten Unternehmen entwickelt, kann jedoch in gleicher Weise auch bei Darlehen, Bürgschaften, Garantien etc. angewendet werden. Siehe hierzu etwa *Arhold*, in: Münchener Kommentar Beihilfenrecht, Art. 107 AEUV Rn. 191 ff. oder *Bartosch*, EU-Beihilfenrecht, Art. 107 Abs. 1 Rn. 5 ff.

## 1. Keine marktüblichen Transaktionsbedingungen nach dem Grundsatz des marktwirtschaftlich handelnden Wirtschaftsbeteiligten

Rn. 16 (wie auch schon Rn. 12) der Breitbandleitlinien stellt klar, dass der Grundsatz des marktwirtschaftlich handelnden Wirtschaftsbeteiligten auch bei staatlichen Mittelzuführungen für den Breitbandausbau anzuwenden ist. Weisen staatliche Mittelzuführungen zur Förderung des Breitbandausbaus im Einklang mit dem vorgenannten Grundsatz marktübliche Transaktionsbedingungen auf, stellen sie keine beihilfenrechtlich relevante Begünstigung dar.

Rn. 17 der Breitbandleitlinien führt die Entscheidung der Kommission *Citynet Amsterdam* als Maßstab zur Beurteilung der Marktkonformität der Transaktionsbedingungen in Bezug auf staatliche *Eigenkapitalzuführungen* an ausbauende Unternehmen auf. Es ist die bislang einzige Entscheidung der Kommission, in welcher das beihilfenrechtliche Begünstigungsmerkmal als nicht gegeben angesehen wurde. In dieser Entscheidung ging es um gemeinsame – staatliche wie auch private – Investitionen in Form von Eigenkapitalzuführungen an ein ausbauendes Unternehmen auf dem Stadtgebiet Amsterdams.

Die Marktkonformität der Transaktionsbedingungen – insbesondere zumindest langfristig bestehende angemessene Renditeaussichten – muss hiernach gründlich und umfassend nachgewiesen werden. Dies kann durch eine erhebliche Beteiligung privater Investoren an dem Projekt erfolgen.[98] Von erheblicher Beteiligung kann ausgegangen werden, wenn die Beteiligung von realer wirtschaftlicher und nicht nur von symbolischer oder marginaler Bedeutung ist.[99] Dies ist insbesondere dann der Fall, wenn ein Drittel des Gesellschaftskapitals durch private Wirtschaftsbeteiligte erworben wird.[100] Betont wird zudem, dass für den staatlichen Investor die gleichen Transaktionsbedingungen (gleich hohe Risiken und Erträge) gelten müssen wie für den privaten Investor.[101] Insgesamt also muss die Transaktion von dem staatlichen Investor und privaten Wirtschaftsbeteiligten zu gleichen Bedingungen („*pari-passu*-Transaktion") durchgeführt werden.[102] Die Beteiligten müssen sich in einer vergleichbaren Lage befinden (Nebenabreden etwa könnten die Gleichwertigkeit der Transaktionsbedingungen verfälschen) und die Transaktion zeitgleich durchführen (andernfalls könnten

---

[98] Breitbandleitlinien, ABl. 2013/C 25/1, Rn. 17.
[99] Kommission, Bekanntmachung zum Begriff der staatlichen Beihilfe, ABl. EU 2016/C 262/01, Rn. 87 lit. c).
[100] Kommission, Bekanntmachung zum Begriff der staatlichen Beihilfe, ABl. EU 2016/C 262/01, Rn. 87 lit. c) mit Fn. 142.
[101] Breitbandleitlinien, ABl. 2013/C 25/1, Rn. 17; Kommission, Bekanntmachung zum Begriff der staatlichen Beihilfe, ABl. EU 2016/C 262/01, Rn. 87 lit. b).
[102] Kommission, Bekanntmachung zum Begriff der staatlichen Beihilfe, ABl. EU 2016/C 262/01, Rn. 84 – 88; siehe weiterführend zur *Citynet Amsterdam*-Entscheidung *Fechtner*, Breitband-Förderung im Lichte des EG-Beihilfenrechts, S. 56 – 74.

andere wirtschaftliche Rahmenbedingungen vorliegen).[103] Neben dieser in der *Citynet Amsterdam*-Entscheidung spezifisch für den Breitbandausbau angewendeten Bewertungsmethode zur Feststellung der Marktkonformität ist auch die Anwendung weiterer Methoden (etwa Benchmarking oder sonstige allgemein anerkannte Standard-Bewertungsmethoden, insbesondere unabhängige Gutachten[104]) denkbar.

Während die *Citynet Amsterdam*-Entscheidung Eigenkapitalzuführungen durch staatliche Unternehmensbeteiligungen betraf, so stellt die Kommission in Rn. 17 der Breitbandleitlinien klar, dass die in der *Citynet Amsterdam*-Entscheidung angewendeten Maßstäbe auch für andere Formen staatlicher Unterstützung wie etwa *Darlehen* oder *Garantien* gelten. Auch hierbei müssen freilich marktübliche Transaktionsbedingungen vorliegen, sodass sie von einem marktwirtschaftlich handelnden Wirtschaftsbeteiligten ebenfalls vorgenommen worden wären und das beihilfenrechtliche Begünstigungsmerkmal dadurch ausgeschlossen werden könnte. Darlehen müssen insofern insbesondere zu Zinssätzen gewährt werden, die dem Investitionsrisiko gerecht werden und auch für Garantien müssen marktgerechte Entgelte geleistet werden.[105] Die Marktüblichkeit kann wiederum mit gängigen Bewertungsmethoden (*pari-passu*-Transaktion, Benchmarking oder sonstigen allgemein anerkannten Standard-Bewertungsmethoden[106]) ermittelt werden.

Marktübliche Transaktionsbedingungen bei der Zuführung staatlicher Mittel in Breitbandausbauprojekte – wie auch der Umstand der bislang einzigen Entscheidung hierzu im Fall *Citynet Amsterdam* verdeutlicht – können jedoch grundsätzlich nicht angenommen werden. Denn die staatlichen Mittelzuführungen für den Breitbandausbau sollen sich auf Fälle beschränken, in denen private Investoren wegen negativer Renditeaussichten keine eigenen Investitionen in den Ausbau von leistungsfähigen Breitbandnetzen (insbesondere FTTB/H-

---

[103] Kommission, Entscheidung v. 11.12.2007, Citynet Amsterdam, ABl. EU 2008, L 247, 27, Rn. 91 – 94; Kommission, Bekanntmachung zum Begriff der staatlichen Beihilfe, ABl. EU 2016/C 262/01, Rn. 84 – 88; siehe weiterführend zur *Citynet Amsterdam*-Entscheidung *Fechtner*, Breitband-Förderung im Lichte des EG-Beihilfenrechts, S. 56 – 74.

[104] Zu den Bewertungsmethoden siehe Kommission, Bekanntmachung zum Begriff der staatlichen Beihilfe, ABl.EU 2016/C 262/01, Rn. 83 ff.; Kommission, Entscheidung v. 11.12.2007, Citynet Amsterdam, ABl. EU 2008, L 247, 27, Rn. 95 und 121 ff. zu unabhängigen Gutachten.

[105] Siehe hierzu Kommission, Bekanntmachung zum Begriff der staatlichen Beihilfe, ABl. EU 2016/C 262/01, Rn. 108 ff.

[106] Breitbandleitlinien, ABl. 2013/C 25/1, Rn. 17; Kommission, Bekanntmachung zum Begriff der staatlichen Beihilfe, ABl.EU 2016/C 262/01, Rn. 51, 103, 108 ff.; siehe auch Kommission, Mitteilung der Kommission über die Anwendung der Artikel 87 und 88 des EG-Vertrags auf staatliche Beihilfen in Form von Haftungsverpflichtungen und Bürgschaften, ABl. EG 2008/C 155/02, „Bürgschaftsmitteilung".

Anschlüsse) tätigen.[107] Staatliche Mittelzuführungen in Form von Kapitalbeteiligungen an Unternehmen, die Breitbandnetze ausbauen, haben daher ebenfalls keine Aussicht auf eine für den Ausschluss des beihilfenrechtlichen Begünstigungsmerkmals erforderliche angemessene Rendite. Allein im Fall *Citynet Amsterdam* konnte eine Marktüblichkeit der staatlichen Kapitalbeteiligung festgestellt werden, da das Projektgebiet Amsterdam als Ballungsraum positive Renditeaussichten für Ausbau von FTTH-Anschlüssen bot.[108] Entsprechend marktunüblich niedrig verzinst – und dadurch beihilfenrechtlich begünstigend – müssen staatlich gewährte Darlehen sein, um Ausbauprojekte zu realisieren. Gleichfalls marktunüblich günstig müssen staatliche Garantien ausfallen, welche dann die Aufnahme von Kapital zu einem marktunüblich günstigen Zinssatz von Dritten ermöglichen. Schließlich sind *nicht rückzahlbare Finanzzuschüsse* („verlorene Zuschüsse", direkte finanzielle Zuschüsse) als häufigste Form staatlicher Mittelzuführungen für den Breitbandausbau nach den dargestellten Grundsätzen erst recht marktunüblich und begünstigen deswegen den Zuwendungsempfänger beihilfenrechtlich.

## 2. Wettbewerbliche Ausschreibungsverfahren als Instrument zur Begrenzung der Beihilfenhöhe

Zwar stellen wettbewerbliche Ausschreibungsverfahren – neben *pari-passu*-Transaktionen, Benchmarking oder sonstigen allgemein anerkannten Standard-Bewertungsmethoden[109] – ein grundsätzlich geeignetes und von der Kommission und der Rechtsprechung auch bevorzugtes[110] Instrument zur Bestimmung der Marktkonformität von Transaktionsbedingungen dar und ermöglichen daher grundsätzlich auch den Ausschluss des beihilfenrechtlichen Begünstigungsmerkmals.[111] Die Kommission geht in Rn. 12 ihrer Breitbandleitlinien – wie auch in der Entscheidungspraxis[112] – jedoch davon aus, dass im Rahmen der

---

[107] Siehe hierzu A. Einleitung; *Chirico/Gaal*, EStAL 2014, 28, 32 f.
[108] Ausführlich zu der Entscheidung *Citynet Amsterdam Fechtner*, Breitband-Förderung im Lichte des EG-Beihilfenrechts, S. 73.
[109] Breitbandleitlinien, ABl. 2013/C 25/1, Rn. 17; Kommission, Bekanntmachung zum Begriff der staatlichen Beihilfe, ABl. EU 2016/C 262/01, Rn. 51, 103, 108 ff.; siehe auch Kommission, Mitteilung der Kommission über die Anwendung der Artikel 87 und 88 des EG-Vertrags auf staatliche Beihilfen in Form von Haftungsverpflichtungen und Bürgschaften, ABl. EG 2008/C 155/02, „Bürgschaftsmitteilung".
[110] *Haratsch/Koenig/Pechstein*, Europarecht, Rn. 1253 m.w.N.
[111] Kommission, Bekanntmachung zum Begriff der staatlichen Beihilfe, ABl. EU 2016/C 262/01, Rn. 89 – 96.
[112] Siehe beispielsweise Kommission, Beschl. v. 22.07.2015, Staatliche Beihilfe Nr.SA.41416 (2015/N) (Deutschland – NGA-Förderregelung Baden-Württemberg), Rn. 32; Kommission, Beschl. v. 20.11.2012, Staatliche Beihilfe Nr.SA 35000 (2012/N) (Deutschland NGA Bay-

Förderung des Breitbandausbaus trotz Durchführung wettbewerblicher Ausschreibungsverfahren ein beihilfenrechtlich relevanter Vorteil bei den mittels Ausschreibungsverfahren erwählten Zuwendungsempfängern verbleibt. Dieser wird darin gesehen, dass der erfolgreiche Bieter zu Konditionen geschäftstätig werden kann, die ohne die staatliche Fördermaßnahme nicht bestehen.[113] Die Kommission erachtet wettbewerbliche Ausschreibungen bei staatlichen Mittelzuführungen für den Breitbandausbau also *nicht* als geeignetes Instrument, die begünstigungsausschließende Marktkonformität von Transaktionsbedingungen zu ermitteln, da in der Möglichkeit des geförderten Tätigwerdens ein Vorteil gesehen wird, der das wettbewerbliche Ausschreibungsverfahren nicht kompensiert.[114] Vielmehr wird der Zweck der Durchführung von wettbewerblichen Ausschreibungsverfahren in der Auswahl des Beihilfenempfängers gesehen, wobei die Höhe der gewährten Beihilfe für das jeweilige Vorhaben dadurch auf das (für eine Genehmigung der Maßnahme auf Grundlage von Art. 107 Abs. 3 AEUV[115]) erforderliche Minimum beschränkt werden kann.[116] In diesem Zusammenhang führt die Kommission auch in ihrer Bekanntmachung zum Begriff der staatlichen Beihilfe allgemein – also nicht breitbandspezifisch – aus: *„Wenn ein Mitgliedstaat hingegen aus politischen Gründen beschließt, eine bestimmte Tätigkeit zu fördern, und beispielsweise den Umfang der Förderung ausschreibt – etwa zur Förderung der Erzeugung von Strom aus erneuerbaren Energiequellen oder der bloßen Bereitstellung von Stromerzeugungskapazitäten –, so fällt dies nicht in den Anwendungsbereich dieses Unterabschnitts ii [Ausschluss einer beihilfenrechtlich relevanten Begünstigung durch Ausschreibungsverfahren]. In einem solchen Fall kann die Vergabe im Wege einer Ausschreibung nur die Höhe des gewährten Betrages minimieren, jedoch nicht die Gewährung eines Vorteils ausschließen."*[117]

Die Durchführung wettbewerblicher Ausschreibungsverfahren bei staatlichen Mittelzuführungen für den Ausbau von Breitbandinfrastrukturen kann damit nicht zu marktüblichen Transaktionsbedingungen führen, welche das beihilfenrechtliche Begünstigungsmerkmal ausschließen.[118] Dies gilt insbesondere für die

---

ern), Rn. 37; Kommission, Beschl. v. 17.01.2013, Staatliche Beihilfe Nr. SA.35562 (2012/N) (Deutschland Entwicklungskonzept Brandenburg – Glasfaser 2020), Rn. 24.
[113] Breitbandleitlinien, ABl. 2013/C 25/1, Rn. 12.
[114] Kritisch hierzu: *Nicolaides/Kleis*, EStAL 4/2007, 615; *Rosenfeld/Holtmann*, in: Münchener Kommentar Beihilfenrecht, Teil 8. Rn. 15 ff.; *Koenig*, N&R 2009, 136; weiterführend *Fechtner*, Breitband-Förderung im Lichte des EG-Beihilfenrechts, S. 83 ff.; zu Hafenanlagen *Eitner/Jennert*, EuZW 2014, 172, 174.
[115] Siehe hierzu unter E.
[116] Breitbandleitlinien, ABl. 2013/C 25/1, Rn. 12.
[117] Kommission, Bekanntmachung zum Begriff der staatlichen Beihilfe, ABl. EU 2016/C 262/01, Rn. 89, siehe dort auch Fn. 329: *„Ein Vorteil für den Träger/Eigentümer einer Infrastruktur kann dagegen nicht durch ein Ausschreibungsverfahren ausgeschlossen werden; durch ein solches Verfahren wird lediglich die Höhe der Beihilfe möglichst gering gehalten."*.
[118] Statt vieler *Rosenfeld/Holtmann*, in: Münchener Kommentar Beihilfenrecht, Teil 8. Rn. 16.

in den meisten Fällen in Form von direkten Finanzzuschüssen im Rahmen von wettbewerblichen Ausschreibungsverfahren an private Netzbetreiber zum Zwecke des Ausbaus gewährten staatlichen Zuwendungen.

### 3. Begünstigte unterschiedlicher Fördermodelle

Nach den dargestellten Grundsätzen sind die beihilfenrechtlich unmittelbar Begünstigten bei der klassischen und häufigsten Form staatlicher Breitbandausbauförderungen in Form von direkten Finanzzuschüssen die privaten Netzbetreiber, welche die Zuschüsse zum Zwecke des Ausbaus von Breitbandinfrastrukturen erhalten (Wirtschaftlichkeitslückenfördermodell). Wettbewerbliche Auswahlverfahren begrenzen hierbei die Höhe der Beihilfen auf das erforderliche Minimum, um für eine Genehmigung durch die Kommission auf Grundlage von Art. 107 Abs. 3 AEUV in Betracht zu kommen.

Errichtet hingegen der Staat selbst – die Gebietskörperschaften, also Gemeinden oder deren Zusammenschlüsse in der Rechtsform einer juristischen Person des öffentlichen Rechts – passive Breitbandinfrastrukturen und stellt diese gegen Entgelt pachtweise privaten Netzbetreibern zur Verfügung (etwa im Rahmen eines Betreibermodells), so handelt es sich um eine die beihilfenrechtliche Unternehmenseigenschaft begründende wirtschaftliche Tätigkeit.[119] Nach Art. 106 Abs. 1 AEUV gilt die EU-wettbewerbs- und insbesondere beihilfenrechtliche Gleichbehandlung von öffentlichen und privaten Unternehmen. Auch die staatliche Unternehmenseinheit kann mithin als beihilfenrechtlich Begünstigte angesehen werden.[120] Sie kann im Bereich des Breitbandinfrastrukturausbaus zu Konditionen tätig werden, die ohne die staatlichen Mittelzuführungen nicht bestünden. Daneben ist der private Netzbetreiber, der die passiven Breitbandinfrastrukturen mit aktiven Komponenten ertüchtigt und betreibt, beihilfenrechtlich begünstigt.[121] Auch hier vermögen wettbewerbliche Ausschreibungsverfahren

---

[119] Siehe bereits oben unter D. II. sowie Breitbandleitlinien, ABl. 2013/C 25/1, Anhang I; Kommission, Beschl. v. 29.11.2019, Staatliche Beihilfe Nr. SA.54668 (2019/N) (Deutschland Bayerische Gigabitrichtlinie), Rn. 31; *Kleve/Gayger*, NVwZ 2018, 273; anders dürfte die Bewertung ausfallen, wenn die Gebietskörperschaften lediglich Tiefbaukapazitäten für private Netzbetreiber als Sachbeihilfe zur Verfügung stellen.
[120] *Bary*, Kommunaler Netzausbau in der Telekommunikation, S. 261.
[121] Siehe hierzu Breitbandleitlinien, ABl. 2013/C 25/1, Anhang I; Kommission, Beschl. v. 29.11.2019, Staatliche Beihilfe Nr. SA.54668 (2019/N) (Deutschland Bayerische Gigabitrichtlinie), Rn. 31; Kommission, Beschl. v. 26.07.2018, Staatliche Beihilfe Nr. SA.48325 (2018/N) (Austria Breitbandausbau in Oberösterreich), Rn. 22 ff., 45, 74; Kommission, Beschl. v. 26.05.2016, Staatliche Beihilfe Nr. SA.40720 (2016/N) (National Broadband Scheme for the UK for 2016-2020), Rn. 27, 40; sowie Kommission, Entscheidung v. 22.12.2009, Staatliche Beihilfe Nr. N 368/2009 (Deutschland Änderung der Breitbandbeihilferegelung N 115/2008 - Breitbandversorgung ländlicher Räume in Deutschland), Rn. 38 ff.; siehe hierzu

zur Auswahl des aktiven Netzbetreibers – grundsätzlich derjenige, der die Zahlung der höchsten Pachtzinsen in Aussicht stellt – eine beihilfenrechtsrelevante Begünstigung in der Regel nicht auszuschließen.

### 4. Mittelbar begünstigte Drittbetreiber und Endnutzer

Von staatlichen Mittelzuführungen können nicht nur die unmittelbaren Zuwendungsempfänger profitieren, sondern auch mittelbar Dritte – beispielsweise auf nachgelagerter Marktstufe tätige Unternehmen –, die an dem wirtschaftlichen Vorteil der unmittelbaren Zuwendungsempfänger teilhaben. Der Beihilfentatbestand und insbesondere das Tatbestandsmerkmal der Begünstigung sind wirkungsbezogen zu beurteilen, sodass auch diese mittelbaren wirtschaftlichen Vorteile beihilfenrechtlich relevante Begünstigungen darstellen können.[122] Eine staatliche Mittelzuführung kann daher nicht nur zu einer beihilfenrechtlichen Begünstigung beim unmittelbaren Zuwendungsempfänger führen, sondern zugleich auch mittelbar dritte Unternehmen – insbesondere im Bereich staatlicher Infrastrukturförderung – beihilfenrechtlich begünstigen.[123] Neben den vorgenannten beihilfenrechtlich Begünstigten können daher weitere Unternehmen beihilfenrechtlich (mittelbar) begünstigt sein.

#### a. Drittbetreiber

Rn. 12 der Breitbandleitlinien bestimmt, dass neben den unmittelbaren Zuwendungsempfängern – zumeist die den Ausbau vornehmenden privaten Netzbetreiber – auch Drittbetreiber, die auf Vorleistungsebene Zugang zu der geförderten Infrastruktur erhalten und auf nachgelagerter Ebene Endnutzer bedienen, mittel-

---

*Mestmäcker/Schweitzer*, in: Immenga/Mestmäcker, Wettbewerbsrecht, AEUV Art. 107 Abs. 1 Rn. 177, Fn. 552; zum öffentlichen Unternehmen als Beihilfengeber siehe Kommission, Bekanntmachung zum Begriff der staatlichen Beihilfe, ABl.EU 2016/C 262/01, Rn. 49.
[122] *Soltész/Hellstern*, EuZW 2013, 489 492; *Arhold*, in: Münchener Kommentar Beihilfenrecht, Art. 107 AEUV Rn. 129 f.; EuGH, Urt. v. 19.9.2000, Rs. C-156/98, E-CLI:EU:C:2000:467, Rn. 27 – *Deutschland/Kommission*; siehe hierzu auch etwa *Bartosch*, EU-Beihilfenrecht, Art. 107 Abs. 1 Rn. 101 f.; *Mestmäcker/Schweitzer*, in: Immenga/Mestmäcker, Wettbewerbsrecht, AEUV Art. 107 Abs. 1 Rn. 57; *Bonhage/Dieterich*, EuZW 2018, 716 speziell zu Infrastrukturförderungen.
[123] *Mestmäcker/Schweitzer*, in: Immenga/Mestmäcker, Wettbewerbsrecht, AEUV Art. 107 Abs. 1 Rn. 57; Kommission, Bekanntmachung zum Begriff der staatlichen Beihilfe, ABl. EU 2016/C 262/01, Rn. 115; *Soltész/Hellstern*, EuZW 2013, 489, 489; in Bezug auf die Infrastrukturbetreiber bei der Einführung von DVB-T *Koenig/Kühling*, K&R 2004, 202; a.A. *Heidenhain*, EuZW 2007, 623, welcher sich für die Aufgabe der Rechtsfigur der „mittelbaren Beihilfe", insbesondere wegen der Gefahr einer uferlosen Ausweitung des Beihilfentatbestandes, ausspricht.

bar begünstigt sein können. In Fn. 16 bestimmt die Kommission, dass es sogar „*wahrscheinlich [ist], dass die Förderung zumindest teilweise an die Drittbetreiber weitergegeben wird, selbst wenn diese für den Zugang auf Vorleistungsebene ein Entgelt zahlen. Bei den Vorleistungspreisen handelt es sich nämlich häufig um regulierte Preise. Preisregulierung führt zu einem niedrigeren Preis als dem, den der Vorleistungsanbieter sonst auf dem Markt erzielen könnte (möglicherweise ein Monopolpreis, wenn kein Netzwettbewerb herrscht). Wenn die Preise nicht reguliert sind, wird der Betreiber auf Vorleistungsebene in jedem Fall aufgefordert, seine Preise mit den Durchschnittspreisen in anderen, stärker wettbewerbsorientierten Gebieten (siehe Randnummer (78) Buchstabe h [der Breitbandleitlinien]) zu vergleichen, was wahrscheinlich zu einem niedrigeren Preis als dem führt, den der Betreiber sonst auf dem Markt erzielen könnte.*". Unterliegt das geförderte Netz also nicht ohnehin einer telekommunikationssektorspezifischen Zugangs- bzw. Vorleistungsentgeltregulierung, welche marktübliche und damit das beihilfenrechtliche Begünstigungsmerkmal ausschließende Vorleistungspreise verhindert, so lassen jedenfalls die im Hinblick auf eine Genehmigung der Fördermaßnahme zu erfüllenden beihilfenrechtlichen Zugangs- bzw. Vorleistungspreiserfordernisse nach Rn. 78 lit. h) der Breitbandleitlinien marktunübliche Vorleistungspreise für Drittbetreiber erwarten. Denn auch im letztgenannten Fall können die Vorleistungspreise für Drittbetreiber nicht frei im Markt gebildet werden, sondern sind in Abstimmung mit den nationalen Regulierungsbehörden unter Berücksichtigung der gewährten Beihilfen festzulegen.[124] Deswegen sind auch Drittbetreiber, die auf Vorleistungsebene Zugang zu den geförderten Breitbandinfrastrukturen erhalten, um eigenständig Breitbanddienste für Endnutzer anzubieten, als beihilfenrechtlich mittelbar Begünstigte anzusehen.[125]

### b. Endnutzer

In Betracht kommt schließlich auch eine mittelbare Begünstigung gewerblicher Endnutzer – privaten Endnutzern hingegen fehlt es bereits an der Unternehmenseigenschaft.

Zwar behandeln die Breitbandleitlinien mittelbare Begünstigungen von gewerblichen Endnutzern nicht explizit, auch nicht bei den Ausführungen zum Vorliegen von beihilfenrechtlich relevanten Begünstigungen bei staatlichen Mittelzu-

---

[124] Breitbandleitlinien, ABl. 2013/C 25/1, Rn. 78 lit. h).
[125] Siehe etwa Kommission, Entscheidung v. 19.07.2006, Breitbandnetzausbau in Appingedam, ABl. EU 2007, L 86, 1, Rn. 57; Kommission, Beschl. v. 26.07.2018, Staatliche Beihilfe Nr. SA.48325 (2018/N) (Breitbandausbau in Oberösterreich), Rn. 75; Kommission, Beschl. v. 18.12.2018, Staatliche Beihilfe Nr. SA.48418 (2018/N) (Deutschland Bayerische Gigabit-Pilotförderung), Rn. 57.

führungen für den Breitbandausbau in Rn. 12. In Rn. 13 der Breitbandleitlinien jedoch erörtert die Kommission das beihilfenrechtliche Selektivitätsmerkmal gerade auch in Bezug auf gewerbliche Endnutzer. Die Möglichkeit deren (mittelbarer) Begünstigung kann dadurch als vorausgesetzt angesehen werden. Auch in der Bekanntmachung der Kommission zum Begriff der staatlichen Beihilfe ist allgemein – also nicht breitbandspezifisch – bestimmt, dass staatlich geförderte Infrastrukturbetreiber beihilfenrechtlich relevante Begünstigungen an Endnutzer vermitteln können.[126]

In einigen Entscheidungen zur Genehmigung staatlicher Fördermaßnahmen in Bezug auf den Breitbandausbau hat die Kommission mittelbare Begünstigungen gewerblicher Endnutzer auch ausdrücklich festgestellt. Gewerbliche Endnutzer können danach insofern von den staatlich geförderten Breitbandinfrastrukturen profitieren, als sie eine über die reine kommerzielle Nutzung hinausgehende Leistungsabdeckung erhalten und die Preise hierfür unter dem gegenwärtigen Marktniveau liegen.[127] Diese Umstände sind aber nicht nur in einigen Fällen, sondern regelmäßig bei staatlich geförderten Breitbandausbauprojekten anzunehmen. Gewerbliche Endnutzer der geförderten Breitbandinfrastrukturen, die die leistungsfähigen geförderten Breitbandinternetzugänge erhalten, sind ebenfalls als beihilfenrechtlich mittelbar begünstigt anzusehen.

## IV. Selektivität

Von Art. 107 Abs. 1 AEUV erfasst sind nur Begünstigungen „*bestimmter Unternehmen oder Produktionszweige*" (Tatbestandsmerkmal der Selektivität). Allgemeine wirtschaftspolitische Maßnahmen zugunsten der Gesamtheit der Unternehmen sollen hierdurch von der Beihilfenkontrolle ausgenommen werden.[128] Selektivität liegt vor, wenn Unternehmen gegenüber solchen anderen Unternehmen begünstigt sind, die sich mit Blick auf das mit der staatlichen Maßnahme verfolgte Ziel in einer vergleichbaren tatsächlichen und rechtlichen Si-

---

[126] Kommission, Bekanntmachung zum Begriff der staatlichen Beihilfe, ABl. EU 2016/C 262/01, Rn. 225; siehe hierzu auch *Arhold*, in: Münchener Kommentar Beihilfenrecht, Art. 107 AEUV Rn. 322 f.
[127] Kommission, Entscheidung v. 19.07.2006, Breitbandnetzausbau in Appingedam, ABl. EU 2007, L 86, 1, Rn. 58; Kommission, Entscheidung v. 20.10.2005, Staatliche Beihilfe N 263/2005 (Österreich Breitband Kärnten), Rn. 25; Kommission, Beschl. v. 28.06.2010, Staatliche Beihilfe N 626/2009 (Italy NGA for industrial districts of Lucca), Rn. 39; Kommission, Beschl. v. 26.05.2016, Staatliche Beihilfe Nr. SA.40720 (2016/N) (National Broadband Scheme for the UK for 2016-2020), Rn. 173.
[128] EuGH, Urt. v. 13.02.2003, Rs. C-409/00, ECLI:EU:C:2003:92, Rn. 47, 52 – *Spanien/Kommission*; *Koenig/Förtsch*, in: Streinz, EUV/AEUV, AEUV Art. 107 Rn. 82; eingehend zur Bedeutung des Selektivitätsmerkmals für nationale Fördermaßnahmen siehe *Bartosch*, EuZW 2015, 99.

tuation befinden.[129] Dies ist insbesondere dann der Fall, wenn die rechtlichen Kriterien für die Gewährung einer Fördermaßnahme förmlich an bestimmten Unternehmenseigenschaften anknüpfen, etwa einer bestimmten Unternehmensgröße oder der Tätigkeit in bestimmten Wirtschaftszweigen.[130] Selektivität kann aber nicht nur *materiell*, d.h. wegen eines Bezugs der Maßnahme auf bestimmte (Gruppen von) Unternehmen oder bestimmte Wirtschaftszweige, sondern auch *regional* vorliegen. Regionale Selektivität ist regelmäßig anzunehmen, wenn sich die Maßnahme auf bestimmte Gebiete beschränkt.[131]

In Bezug auf staatliche Breitbandfördermaßnahmen gilt, dass diese Unternehmen begünstigen, die nur in bestimmten Segmenten des gesamten Marktes für elektronische Kommunikationsdienste tätig sind.[132] Es erhalten nur solche Unternehmen einen wirtschaftlichen Vorteil, die die leistungsfähigen Breitbandzugänge realisieren und Endnutzern bereitstellen können.[133] Andere Anbieter von elektronischen Kommunikationsdiensten, die weniger leistungsfähige Internetdienste bereitstellen, werden nicht bevorteilt. Überhaupt werden Unternehmen, die wirtschaftliche Tätigkeiten ausüben, die über den Bereich der Telekommunikation hinausgehen und damit andere Sektoren betreffen, von der wirtschaftlichen Bevorteilung ausgeschlossen.[134] Die regelmäßig begünstigten ausbauenden Netzbetreiber sowie Drittbetreiber, die auf Vorleistungsebene Zugang zu den geförderten Breitbandinfrastrukturen erhalten, sind mithin *materiell* selektiv begünstigt.

Neben einer materiellen Selektivität ist auch *regionale* Selektivität anzunehmen: Es werden nur bestimmte Gebiete mit staatlicher Unterstützung ausgebaut, weswegen Unternehmen, die in diesen Gebieten nicht tätig sind, kein vergleichbarer Vorteil zuteilwird.[135] Staatliche Maßnahmen zur Förderung des Breitband-

---

[129] *Mestmäcker/Schweitzer*, in: Immenga/Mestmäcker, Wettbewerbsrecht, AEUV Art. 107 Abs. 1 Rn. 168 m.w.N.; Kommission, Bekanntmachung zum Begriff der staatlichen Beihilfe, ABl. EU 2016/C 262/01, Rn. 117 ff.
[130] Kommission, Bekanntmachung zum Begriff der staatlichen Beihilfe, ABl. EU 2016/C 262/01, Rn. 121 m.w.N.
[131] Kommission, Bekanntmachung zum Begriff der staatlichen Beihilfe, ABl. EU 2016/C 262/01, Rn. 142.
[132] Kommission, Beschl. v. 18.12.2018, Staatliche Beihilfe Nr. SA.48418 (2018/N) (Deutschland Bayerische Gigabit-Pilotförderung), Rn. 58.
[133] Kommission, Beschl. v. 18.12.2018, Staatliche Beihilfe Nr. SA.48418 (2018/N) (Deutschland Bayerische Gigabit-Pilotförderung), Rn. 58.
[134] Kommission, Beschl. v. 18.12.2018, Staatliche Beihilfe Nr. SA.48418 (2018/N) (Deutschland Bayerische Gigabit-Pilotförderung), Rn. 58; zum Begriff der sektoriellen Selektivität siehe *Arhold*, in: Münchener Kommentar Beihilfenrecht, Art. 107 AEUV Rn. 560 f.
[135] Kommission, Beschl. v. 18.12.2018, Staatliche Beihilfe Nr. SA.48418 (2018/N) (Deutschland Bayerische Gigabit-Pilotförderung), Rn. 58.

ausbaus sind daher insgesamt in Bezug auf die regelmäßig ausbauenden Netzbetreiber und Drittbetreiber als selektiv begünstigend anzusehen.[136]

Für gewerbliche Endnutzer hingegen formuliert Rn. 13 der Breitbandleitlinien: *„Nicht selektiv im Hinblick auf die gewerblichen Endnutzer der geförderten Infrastruktur können hingegen Maßnahmen dann sein, wenn Teilnehmern aller Wirtschaftszweige Zugang zu der geförderten Infrastruktur gewährt wird. Selektivität liegt vor, wenn der Breitbandausbau speziell auf bestimmte gewerbliche Nutzer ausgerichtet ist, z. B. wenn die staatliche Unterstützung in den Breitbandausbau vorab ausgewählten Unternehmen zufließt, die nicht nach den allgemeinen, ansonsten für das gesamte Zuständigkeitsgebiet einer bestimmten Bewilligungsbehörde geltenden Kriterien ausgewählt werden."*. Erforderlich für die Annahme von Selektivität ist danach also die Ausrichtung des geförderten Breitbandausbaus speziell auf bestimmte – wie auch der in Fn. 18 der Breitbandleitlinien beispielhaft angeführte Fall der Förderung von Industriegebieten in Italien verdeutlicht – gewerbliche Endnutzer. Dies ist jedoch in der Regel nicht der Fall: Staatliche Breitbandfördermaßnahmen sind generell auf die Versorgung unterversorgter Gebiete ausgerichtet und nicht speziell auf die Versorgung bestimmter Endnutzer, etwa solchen in Industriegebieten. Nach der Aussage in Rn. 13 der Breitbandleitlinien wären gewerbliche Endnutzer daher regelmäßig auch nicht selektiv begünstigt.

Abgesehen von dem angeführten Beispiel einer Förderung von Industriegebieten in Italien wird die Selektivität der Begünstigungen von Endnutzern in der Entscheidungspraxis der Kommission jedoch in einigen Entscheidungen angenommen, ohne dass dafür eine Ausrichtung der jeweiligen Förderprogramme auf spezielle gewerbliche Endnutzer nach vorstehender Maßgabe der Breitbandleitlinien zu erkennen ist. Die Selektivität wird in diesen Fällen in wirtschaftlichen Vorteilen der gewerblichen Endnutzer gegenüber Unternehmen in anderen (nicht mit geförderten Breitbandinfrastrukturen versorgten) Regionen gesehen.[137] Dieser Ansatz verdient Zustimmung: Es werden nämlich – jedenfalls nicht zeitgleich – nur bestimmte Gebiete mit staatlicher Unterstützung ausgebaut, sodass gewerbliche Endnutzer, die in den ausgebauten Gebieten nicht tätig sind, keinen vergleichbaren Vorteil erhalten. Das Beihilfenrecht ist insofern kein Instrument zum Ausgleich weniger attraktiver Standortbedingungen, weswegen Maßnahmen mit regionalem oder lokalem Anwendungsbereich grundsätzlich als

---

[136] Beispielsweise Kommission, Beschl. v. 15.06.2015, Staatliche Beihilfe Nr. SA.38348 (2014/N) (Deutschland Aufbau einer flächendeckenden NGA-Breitbandversorgung in Deutschland), Rn. 49.
[137] Kommission, Entscheidung v. 19.07.2006, Breitbandnetzausbau in Appingedam, ABl. EU 2007, L 86, 1, Rn. 58; Kommission, Beschl. v. 26.05.2016, Staatliche Beihilfe Nr. SA.40720 (2016/N) (National Broadband Scheme for the UK for 2016-2020), Rn. 169, 173; Kommission, Entscheidung v. 20.10.2005, Staatliche Beihilfe N 263/2005 (Österreich Breitband Kärnten), Rn. 25.

selektiv anzusehen sind.[138] Gewerbliche Endnutzer der geförderten Breitbandinfrastrukturen sind mithin als *regional* selektiv begünstigt anzusehen.[139]

## V. Wettbewerbsverfälschung und Handelsbeeinträchtigung

Eine staatliche Maßnahme verfälscht oder droht den Wettbewerb zu verfälschen iSv. Art. 107 Abs. 1 AEUV, wenn sie geeignet ist, die Stellung eines Unternehmens gegenüber (potenziellen) Wettbewerbern zu verbessern.[140] Im Allgemeinen sind keine hohen Anforderungen an die Darlegung des Kriteriums der (drohenden) Wettbewerbsverfälschung zu stellen,[141] da eine selektive staatliche Vorteilsgewährung eine wettbewerbsverfälschende Wirkung – insbesondere in einem wettbewerbsintensivem Marktumfeld[142] – bereits indiziert.[143] Die Kommission hat jedoch stets zumindest die Umstände, aus denen sich eine (drohende) Wettbewerbsverfälschung ergibt, darzulegen.[144]

Die (drohende) Wettbewerbsverfälschungen begründenden Umstände führt die Kommission in Entscheidungen zu Breitbandfördermaßnahmen und in Rn. 14 der Breitbandleitlinien an. Regelmäßig betont wird der bestehende Wettbewerb auf Vorleistungs- sowie auf nachgelagerter Diensteebene.[145] Die Kommission

---

[138] Kommission, Bekanntmachung zum Begriff der staatlichen Beihilfe, ABl. EU 2016/C 262/01, Rn. 142 f.; *Mestmäcker/Schweitzer*, in: Immenga/Mestmäcker, Wettbewerbsrecht, AEUV Art. 107 Rn. 176 f.; *Koenig/Förtsch*, in: Streinz, EUV/AEUV, AEUV Art. 107 Abs. 1 Rn. 100.
[139] *Kliemann/Stehmann*, in: von der Groeben/Schwarze/Hatje, Europäisches Unionsrecht, Rn. 773.
[140] *Cremer*, in: Calliess/Ruffert, EUV/AEUV, AEUV Art. 107 Rn. 32; Kommission, Bekanntmachung zum Begriff der staatlichen Beihilfe, ABl. EU 2016/C 262/01, Rn. 187.
[141] *Kliemann/Mederer*, in: von der Groeben/Schwarze/Hatje, Europäisches Unionsrecht, Art. 107 Rn. 59; *Cremer*, in: Calliess/Ruffert, EUV/AEUV, AEUV Art. 107 Rn. 32; *Mestmäcker/Schweitzer*, in: Immenga/Mestmäcker, Wettbewerbsrecht, AEUV Art. 107 Abs. 1 Rn. 299 ff. m.w.N.
[142] Kommission, Bekanntmachung zum Begriff der staatlichen Beihilfe, ABl. EU 2016/C 262/01, Rn. 187.
[143] *Cremer*, in: Calliess/Ruffert, EUV/AEUV, AEUV Art. 107 Rn. 32 ff.; *Koenig/Förtsch*, in: Streinz, EUV/AEUV, AEUV Art. 107 Rn. 101 ff.; *Mestmäcker/Schweitzer*, in: Immenga/Mestmäcker, Wettbewerbsrecht, AEUV Art. 107 Abs. 1 Rn. 311-312, 318: Liberalisierung ist auch ein solches Indiz.
[144] Siehe etwa EuGH, Urt. v. 8.9.2011, Rs. C-279/08 P, ECLI:EU:C:2011:551, Rn. 31 – *Kommission/Niederlande*; *Kliemann/Mederer*, in: von der Groeben/Schwarze/Hatje, Europäisches Unionsrecht, Art. 107 Rn. 60 ff.
[145] Siehe etwa Kommission, Beschl. v. 26.05.2016, Staatliche Beihilfe Nr. SA.40720 (2016/N) (National Broadband Scheme for the UK for 2016-2020), Rn. 174; Kommission, Beschl. v. 15.06.2015, Staatliche Beihilfe Nr. SA.38348 (2014/N) (Deutschland Aufbau einer flächendeckenden NGA-Breitbandversorgung in Deutschland), Rn. 50; Kommission, Beschl.

führt aus, dass in diesem wettbewerbsintensiven Marktumfeld private Telekommunikationsunternehmen durch staatliche Breitbandfördermaßnahmen von einem eigeninvestiven Ausbau von Breitbandnetzen abgehalten werden könnten.[146] Kapazitäten könnten aufgrund staatlicher Förderung sogar abgebaut und der Markteintritt potenzieller Wettbewerber – ggf. auch nur in bestimmten Gebieten – verhindert werden.[147] Endnutzer könnten ermutigt sein, die über die geförderten Netze angebotenen Breitbanddienste anstelle von möglicherweise teureren Marktlösungen in Anspruch zu nehmen.[148] Nochmals verstärkte Wettbewerbsverfälschungen könnten ausweislich Rn. 14 der Breitbandleitlinien eintreten, wenn ein Beihilfenempfänger über Marktmacht verfügt. Dann kann die Fördermaßnahme nämlich noch eine Verstärkung der Marktmacht bewirken, da sie den Wettbewerbsdruck, den Wettbewerber ausüben können, weiter abschwächt.[149] In Bezug auf die begünstigten gewerblichen Endnutzer ist festzustellen, dass diese über die geförderten Netze leistungsfähige Breitbanddienste in Anspruch nehmen können, die ihnen möglicherweise Wettbewerbsvorteile gegenüber Unternehmen in anderen, nicht geförderten Gebieten verschaffen.[150] Staatliche Breitbandfördermaßnahmen bewirken mithin *(drohende) Wettbewerbsverfälschungen* iSv. Art. 107 Abs. 1 AEUV.

Eine Beeinträchtigung des zwischenstaatlichen Handels ist anzunehmen, wenn eine von einem Mitgliedstaat gewährte Beihilfe die Stellung eines Unternehmens gegenüber anderen Wettbewerbern im Binnenmarkt stärkt.[151] Die Märkte für elektronische Kommunikation sind keine rein nationalen Märkte, sondern in besonderem Maße auch durch einen grenzüberschreitenden Wettbewerb gekennzeichnet.[152] Die begünstigten Unternehmen (in der Regel ausbauende Netzbetreiber sowie Drittbetreiber) üben daher Tätigkeiten aus, die dem Handel zwi-

---

v. 18.12.2018, Staatliche Beihilfe Nr. SA.48418 (2018/N) (Deutschland Bayerische Gigabit-Pilotförderung), Rn. 62.
[146] Kommission, Beschl. v. 15.06.2015, Staatliche Beihilfe Nr. SA.38348 (2014/N) (Deutschland Aufbau einer flächendeckenden NGA-Breitbandversorgung in Deutschland), Rn. 50; zumindest längerfristig und außerhalb von drei Jahren, siehe hierzu unter E. 4. c.
[147] Breitbandleitlinien, ABl. 2013/C 25/1, Rn. 14.
[148] Kommission, Beschl. v. 15.06.2015, Staatliche Beihilfe Nr. SA.38348 (2014/N) (Deutschland Aufbau einer flächendeckenden NGA-Breitbandversorgung in Deutschland), Rn. 50.
[149] Breitbandleitlinien, ABl. 2013/C 25/1, Rn. 14; vgl. auch Rn. 47 der Breitbandleitlinien zu diesem Umstand bei der Genehmigungsprüfung.
[150] Siehe hierzu auch unter D. VI. 1. a.
[151] Siehe etwa EuGH, Urt. v. 14.01.2015, Rs. C-518/13, ECLI:EU:C:2015:9, Rn. 66 – *Eventech/The Parking Adjudicator*; EuGH, Urt. v. 08.05.2013, verb. Rs. C-197/11 und C-203/11, ECLI:EU:C:2013:288, Rn. 77 – *Libert u. a.*; Kommission, Bekanntmachung zum Begriff der staatlichen Beihilfe, ABl. EU 2016/C 262/01, Rn. 190; *Koenig/Förtsch*, in: Streinz, EUV/AEUV, AEUV Art. 107 Rn. 111.
[152] Siehe hierzu etwa Kommission, Beschl. v. 26.05.2016, Staatliche Beihilfe Nr. SA.40720 (2016/N) (National Broadband Scheme for the UK for 2016-2020), Rn. 174.

schen den Mitgliedstaaten unterliegen.[153] Werden diesen durch staatliche Breitbandfördermaßnahmen wirtschaftliche Vorteile zuteil, so stärkt sich deren Stellung gegenüber Wettbewerbern im Binnenmarkt.[154] Auch bei gewerblichen Endnutzern, die geförderte leistungsfähige Breitbanddienste in Anspruch nehmen können, kann es sich – was regelmäßig auch der Fall sein dürfte – um solche Unternehmen handeln, die im innereuropäischen Wettbewerb mit anderen Unternehmen stehen. Auch deren Stellung stärkt sich gegenüber Wettbewerbern, weswegen staatliche Breitbandfördermaßnahmen insgesamt auch den *zwischenstaatlichen Handel beeinträchtigen*.[155]

## VI. Nachfrageförderprogramme

Bei der herkömmlichen staatlichen Förderung des Breitbandausbaus werden die staatlichen Zuwendungen der Anbieterseite zum Ausbau von Breitbandinfrastrukturen gewährt. Bei der Nachfrageförderung demgegenüber erhalten die Breitbanddienste in Anspruch nehmenden Endnutzer – also die Nachfrageseite – staatliche Zuschüsse für die Kosten, die mit der Nutzung von leistungsfähigen Breitbandanschlüssen verbunden sind. („Voucher-Modell"). Dieses Modell staatlicher Förderung des Breitbandausbaus ist im Folgenden aus beihilfentatbestandlicher Sicht – im Verhältnis Staat zu Nachfrageseite (1.) sowie im Verhältnis Staat zu Anbieterseite (2.) – zu bewerten.

### 1. Das Verhältnis Staat zu Nachfrageseite

#### a. Beihilfen zugunsten gewerblicher Endnutzer

Da es privaten Endnutzern bereits an der Unternehmenseigenschaft fehlt, scheiden diese aus dem Anwendungsbereich von Art. 107 Abs. 1 AEUV und damit als Beihilfenempfänger bei der staatlichen Nachfrageförderung aus. Privaten Endnutzern, die staatliche Zuwendungen in Form von Gutscheinen erhalten, werden daher keine Beihilfen iSv. Art. 107 Abs. 1 AEUV gewährt.

---

[153] Kommission, Beschl. v. 15.06.2015, Staatliche Beihilfe Nr. SA.38348 (2014/N) (Deutschland Aufbau einer flächendeckenden NGA-Breitbandversorgung in Deutschland), Rn. 50.
[154] Breitbandleitlinien, ABl. 2013/C 25/1, Rn. 15.
[155] *Rosenfeld/Holtmann*, in: Münchener Kommentar Beihilfenrecht, Teil 8. Rn. 21; generell zum Beihilfentatbestandsmerkmal der Handelsbeeinträchtigung siehe EuGH, Urt. v. 14.01.2015, Rs. C-518/13, ECLI:EU:C:2015:9, Rn. 66 – *Eventech/The Parking Adjudicator*; EuGH, Urt. v. 8.05.2013, Rs. C-197/11 und C-203/11, ECLI:EU:C:2013:288, Rn. 77 – *Libert u. a.*; EuG, Urt. v. 4.04.2001, Rs. T-288/97, ECLI:EU:T:2001:115, Rn. 41 – *Friulia Venezia Giulia*; Kommission, Bekanntmachung zum Begriff der staatlichen Beihilfe, ABl. EU 2016/C 262/01, Rn. 190.

Gewerbliche Endnutzer hingegen, die die *Unternehmen*seigenschaft erfüllen, kommen als Beihilfenempfänger bei der staatlichen Nachfrageförderung in Betracht. Diese erhalten in Form von Gutscheinen *staatliche Mittel*. Auch eine beihilfenrechtlich relevante *Begünstigung* lässt sich annehmen. Denn die staatliche Nachfrageförderung über Gutscheine reduziert die Kosten der Unternehmen, die sie für leistungsfähige Breitbandanschlüsse aufwenden müssten.[156] Die Unternehmen erhalten leistungsfähige Breitbandanschlüsse zu Konditionen, die unter normalen Marktbedingungen nicht bestünden. Dies gilt freilich unabhängig davon, ob die staatlichen Zuschüsse an das gutscheinberechtigte Unternehmen selbst oder direkt an das dritte, die Breitbandanschlüsse bereitstellende Unternehmen geleistet werden.[157]

In Bezug auf das Vorliegen des beihilfenrechtlichen *Selektivität*smerkmals ist zu differenzieren: Die Unternehmen können zum einen materiell selektiv begünstigt sein. Wenn nämlich die Berechtigung zur Inanspruchnahme von Gutscheinen auf bestimmte Nutzergruppen beschränkt wird (etwa kleine und mittlere Unternehmen, sozioökonomisch wichtige Einrichtungen (Schulen, Arztpraxen, Verwaltungen usw.)[158]), so sind die Förderungen unmittelbar aus rechtlichen Kriterien Unternehmen mit bestimmten Eigenschaften vorbehalten.[159] Die kleinen und mittleren Unternehmen sind gegenüber anderen Unternehmen, welche aufgrund ihrer Größe nicht zur Inanspruchnahme von Gutscheinen berechtigt sind,[160] selektiv begünstigt. Soweit es sich bei den gutscheinberechtigten sozioökonomisch wichtigen Einrichtungen um Unternehmen handelt, sind diese gegenüber Unternehmen, die vom Förderprogramm nicht als sozioökonomisch wichtige Einrichtungen eingeordnet werden, selektiv begünstigt.

Die Unternehmen können zum anderen aber auch regional selektiv begünstigt sein. Hinsichtlich der regionalen Selektivität gilt, dass eine Maßnahme dann als regional selektiv zu betrachten ist, wenn sie sich innerhalb eines festgesetzten Bezugsrahmens – in der Regel der Mitgliedstaat selbst – auf ein bestimmtes Gebiet beschränkt.[161] Es entziehen sich grundsätzlich nur Maßnahmen, die im gesamten Gebiet eines Mitgliedstaats Anwendung finden, dem beihilfentatbestand-

---

[156] Kommission, Beschl. v. 7.1.2019, Staatliche Beihilfe Nr. SA.49935 (2018/N) (Greece Superfast Broadband (SFBB) Project), Rn. 11.
[157] Siehe Kommission, Beschl. v. 7.1.2019, Staatliche Beihilfe Nr. SA.49935 (2018/N) (Greece Superfast Broadband (SFBB) Project), Rn. 63.
[158] *Monopolkommission*, 11. Sektorgutachten Telekommunikation, Rn. 174; *Plöger*, N&R 2018, Editorial.
[159] Kommission, Bekanntmachung zum Begriff der staatlichen Beihilfe, ABl. EU 2016/C 262/01, Rn. 121.
[160] *Arhold*, in: Münchener Kommentar Beihilfenrecht, Art. 107 AEUV Rn. 469.
[161] *Pache/Pieper*, in Birnstiel/Bungenberg/Heinrich, Europäisches Beihilfenrecht, Kap. 1, Rn. 216.

lichen Kriterium der regionalen Selektivität.[162] Nachfragefördermaßnahmen über Gutscheine können sich auf bestimmte Gebiete – insbesondere ländliche und strukturschwache bzw. unterversorgte Gebiete[163] – beschränken. Mithin würden die Unternehmen, die die Förderung durch Gutscheine in Anspruch nehmen können, gegenüber Unternehmen in solchen Gebieten selektiv begünstigt werden, die die Förderung nicht in Anspruch nehmen können.

Die im Rahmen von Nachfrageförderprogrammen gewährten selektiv begünstigenden Förderungen von Unternehmen der Nachfrageseite führen schließlich auch zu *(drohenden) Wettbewerbsverfälschungen*: Gutscheinberechtigte Unternehmen erhalten zu marktunüblich günstigen Konditionen leistungsfähige Breitbandanschlüsse. Dies wird regelmäßig – insbesondere aber bei bandbreitenintensiven wirtschaftlichen Tätigkeiten – positive Auswirkungen auf die Geschäftstätigkeit der geförderten Unternehmen und daher Wettbewerbsvorteile zur Folge haben. Diese Wettbewerbsvorteile sind geeignet, die Stellung der geförderten Unternehmen gegenüber (potenziellen) Wettbewerbern, die keine Gutscheine in Anspruch nehmen können, zu verbessern. Wettbewerbsvorteile erhalten insbesondere kleine und mittlere Unternehmen sowie – soweit es sich hierbei um Unternehmen handelt – sozioökonomisch wichtige Einrichtungen (Schulen, Arztpraxen, Verwaltungen usw.), welche gegenüber nicht gutscheinberechtigten (größeren) Unternehmen bevorteilt sind. Daneben entstehen Wettbewerbsvorteile auch für Unternehmen in gutscheinberechtigten Gebieten gegenüber Unternehmen in Gebieten, in denen keine Gutscheine für Breitbandanschlüsse in Anspruch genommen werden können. Auch wenn in diesen Gebieten möglicherweise bereits – marktwirtschaftlich erbracht – gleichwertig leistungsfähige Breitbandinfrastruktur zu gleichwertig günstigen Konditionen zur Verfügung steht, so kann dieser Umstand beihilfenrechtliche Wettbewerbsverfälschungen nicht ausschließen. Denn unterschiedliche Standortkosten entsprechen den normalen Marktbedingungen und sind Teil des Wettbewerbsprozesses.[164]

In den meisten Fällen dürften die begünstigten Unternehmen auch im Wettbewerb mit Unternehmen in anderen Mitgliedstaaten stehen. Da sich die Stellung

---

[162] Kommission, Bekanntmachung zum Begriff der staatlichen Beihilfe, ABl. EU 2016/C 262/01, Rn. 142; Der Bezugsrahmen kann allenfalls dann vom Gebiet des gesamten Mitgliedstaates abweichen, wenn die Maßnahme von einer – in verschiedener Hinsicht autonomen – regionalen Körperschaft erlassen wird, deren Regelungszuständigkeit auf diese Region begrenzt ist und insoweit mit einem hohen Grad an Entscheidungsautonomie erfolgen kann. EuGH, Urt. v. 6.9.2006, Rs. C-88/03, ECLI:EU:C:2006:511, Rn. 52-57, insbes. Rn. 52 – *Portugal/Kommission (Azoren-Urteil)*; hierzu *Mestmäcker/Schweitzer*, in: Immenga/Mestmäcker, Wettbewerbsrecht, AEUV Art. 107 Abs. 1 Rn. 201 ff. m.w.N.
[163] *Monopolkommission*, Sondergutachten 78, Rn. 213; VATM, Gigabit-Voucher für einen effizienten Ausbau, https://www.vatm.de/2019/12/13/gigabit-voucher-fuer-effizienten-ausbau/ (zuletzt abgerufen am 20.02.2021).
[164] *Mestmäcker/Schweitzer*, in: Immenga/Mestmäcker, Wettbewerbsrecht, AEUV Art. 107 Abs. 1 Rn. 49, 314.

der begünstigten (inländischen) Unternehmen auch gegenüber diesen Wettbewerbern anderer Mitgliedstaaten verbessert, ist auch eine *zwischenstaatliche Handelsbeeinträchtigung* anzunehmen.

Die im Rahmen von Nachfrageförderprogrammen an gewerbliche Endnutzer in Form von Gutscheinen gewährten Förderungen sind insgesamt als staatliche Beihilfen iSv. Art. 107 Abs. 1 AEUV einzuordnen.[165]

### b. Ausschluss des Beihilfentatbestandes als De-Minimis-Beihilfen

Erfüllen die Beihilfen zugunsten gewerblicher Endnutzer die Voraussetzungen der De-Minimis-VO[166], so entfällt der Beihilfentatbestand des Art. 107 Abs. 1 AEUV (De-Minimis-Beihilfen). De-Minimis-Beihilfen sind Beihilfen geringfügiger Art, die als Maßnahmen angesehen werden, die nicht alle Tatbestandsmerkmale des Art. 107 Abs. 1 AEUV erfüllen und daher auch nicht der Pflicht der Voranmeldung bei der Kommission gemäß Art. 108 Abs. 3 AEUV unterliegen.[167] Bei Beihilfen dieser Art wird – aufgrund ihrer Geringfügigkeit – davon ausgegangen, dass sie den zwischenstaatlichen Handel nicht beeinträchtigen und den Wettbewerb nicht verfälschen bzw. zu verfälschen drohen.[168]

Zentrale Voraussetzung der De-Minimis-VO und damit für das Vorliegen von De-Minimis-Beihilfen ist, dass der an ein Unternehmen in einem Zeitraum von drei Steuerjahren gewährte De-Minimis-Beihilfengesamtbetrag 200.000 Euro nicht überschreitet.[169] Nach Art. 6 De-Minimis-VO trifft den Mitgliedstaat eine Informations- und Prüfpflicht. Das Empfängerunternehmen ist auf den Umstand der (beabsichtigten) Gewährung einer De-Minimis-Beihilfe hinzuweisen. Vor Gewährung der De-Minimis-Beihilfe ist Auskunft über alle im betreffenden Steuerjahr sowie in den vorangegangenen zwei Steuerjahren erhaltenen De-Minimis-Beihilfen zu verlangen.[170] Alternativ kann ein Zentralregister mit voll-

---

[165] Für einen Ausschluss des Beihilfentatbestandes als De-Minimis-Beihilfe siehe sogleich.
[166] Verordnung Nr. 1407/2013 über die Anwendung der Art. 107 und 108 AEUV auf De-minimis-Beihilfen, ABl. EU L 352 v. 24.12.2013, im Folgenden: „De-Minimis-VO".
[167] Verordnung Nr. 1407/2013 über die Anwendung der Art. 107 und 108 AEUV auf De-minimis-Beihilfen, ABl. EU L 352 v. 24.12.2013, Erwägungsgrund 1, Art. 3 Abs. 1.
[168] Verordnung Nr. 1407/2013 über die Anwendung der Art. 107 und 108 AEUV auf De-minimis-Beihilfen, ABl. EU L 352 v. 24.12.2013, Erwägungsgrund 3; siehe weiterführend etwa *Mestmäcker/Schweitzer*, in: Immenga/Mestmäcker, Wettbewerbsrecht, AEUV Art. 107 Rn. 327 ff.
[169] Verordnung Nr. 1407/2013 über die Anwendung der Art. 107 und 108 AEUV auf De-minimis-Beihilfen, ABl. EU L 352 v. 24.12.2013, Erwägungsgrund 3, Art. 3 Abs. 2; zur Frage der Vereinbarkeit von De-Minimis-Beihilfenregelungen mit dem Primärrecht siehe etwa *Cremer*, in: Calliess/Ruffert, EUV/AEUV, AEUV Art. 107 Rn. 35 ff.
[170] *von Wallenberg/Schütte*, in: Grabitz/Hilf/Nettesheim, EUV/AEUV, AEUV Art. 107 Rn. 83.

ständigen Informationen über alle von Behörden in diesem Mitgliedstaat gewährten De-Minimis-Beihilfen eingerichtet werden (Art. 6 Abs. 2 De-Minimis-VO).

Die im Rahmen von nachfrageseitigen Förderprogrammen an (gewerbliche) Endnutzer zu gewährenden Förderbeträge liegen unproblematisch – vorgeschlagen werden etwa 500 Euro pro Hausanschluss[171] – unterhalb des De-Minimis-Förderhöchstbetrages. Sie sind daher als De-Minimis-Beihilfen vom allgemeinen Beihilfenverbot nach Art. 107 Abs. 1 AEUV ausgenommen.[172]

### c. Die Entscheidung der Kommission „Greece Superfast Broadband (SFBB) Project"

Die Kommission hat in ihrer Entscheidung *Greece Superfast Broadband (SFBB) Project*[173] ein allein nachfrageseitig ansetzendes Breitbandförderprogramm über Gutscheine genehmigt. Im Rahmen dieses Gutscheinprogramms können private wie auch gewerbliche Endnutzer Gutscheine für die Bereitstellung von Breitbanddiensten mit einer Übertragungsgeschwindigkeit von mindestens 100 Mbit/s im Downstream in Anspruch nehmen. Der wirtschaftliche Gesamtwert eines Gutscheins beträgt maximal 360 Euro über einen Zeitraum von zwei Jahren und wird von der öffentlichen Hand direkt an den vom Endnutzer gewählten Breitbanddiensteerbringer geleistet.[174] Die Berechtigung zur Inanspruchnahme von Gutscheinen ist auf Gebiete beschränkt, in denen bereits Breitbandinfrastrukturen vorhanden (bzw. in der konkreten Planung) sind, welche die Übertragungsgeschwindigkeiten von mindestens 100 Mbit/s Downstream ermöglichen können.[175] Denn mit dem Förderprogramm soll die Nutzung bereits vorhandener leistungsfähiger Breitbandinfrastrukturen verstärkt werden, indem die darüber erbrachten Breitbanddienste über die Gutscheine für die Endnutzer zu vergünstigten Konditionen angeboten werden können. Abgesehen von dieser gebietsweisen Beschränkung soll die Förderung aber allen Endnutzern – also neben privaten auch jedem gebietsansässigen gewerblichen Endnutzer, unabhängig von

---

[171] VATM, Gigabit-Voucher für Bürger und Unternehmen – damit Deutschland schneller zum Gigabitland wird https://www.vatm.de/wp-content/uploads/2019/09/Voucher_Die_bessere_F%C3%B6rderung.pdf, S. 2 (zuletzt abgerufen am 20.02.2021).
[172] Siehe auch *Monopolkommission*, Sondergutachten 78, Rn. 215.
[173] Kommission, Beschl. v. 7.1.2019, Staatliche Beihilfe Nr. SA.49935 (2018/N) (Greece Superfast Broadband (SFBB) Project).
[174] Kommission, Beschl. v. 7.1.2019, Staatliche Beihilfe Nr. SA.49935 (2018/N) (Greece Superfast Broadband (SFBB) Project), Rn. 29, 31.
[175] Kommission, Beschl. v. 7.1.2019, Staatliche Beihilfe Nr. SA.49935 (2018/N) (Greece Superfast Broadband (SFBB) Project), Rn. 12, 14, 19, 78f.

der Unternehmensgröße oder in welchem Wirtschaftszweig er tätig ist – offenstehen.

Die Kommission verzichtet in dieser Entscheidung auf eine umfassende Prüfung der Tatbestandsmerkmale von Art. 107 Abs. 1 AEUV im Hinblick auf die gewerblichen Endnutzer. Sie stellt nämlich klar, dass die den Endnutzern gewährten Förderungen stets unterhalb der De-Minimis-Beihilfenschwelle bleiben.[176] Dies ist von den gewerblichen Endnutzern vor Erhalt eines Gutscheins auch entsprechend der Vorgaben der De-Minimis-VO (Art. 6 Abs. 1) zu erklären.[177] Auch die Kommission geht insgesamt also von dem Vorliegen von Beihilfen zugunsten der gewerblichen Endnutzer aus, welche als De-Minimis-Beihilfen jedoch nicht dem Beihilfenverbot nach Art. 107 Abs. 1 AEUV unterfallen.[178]

### d. Zwischenergebnis

Die im Rahmen von Nachfrageförderprogrammen an gewerbliche Endnutzer in Form von Gutscheinen für leistungsfähige Breitbandanschlüsse gewährten Förderungen sind als staatliche Beihilfen iSv. Art. 107 Abs. 1 AEUV einzuordnen. Aufgrund der Anwendbarkeit der De-Minimis-Regelung gelten diese jedoch als staatliche Maßnahmen, die weder Auswirkungen auf den Handel zwischen Mitgliedstaaten haben noch den Wettbewerb verfälschen oder zu verfälschen dro-

---

[176] Siehe hierzu sogleich.
[177] Kommission, Beschl. v. 7.1.2019, Staatliche Beihilfe Nr. SA.49935 (2018/N) (Greece Superfast Broadband (SFBB) Project), Rn. 33.
[178] Am 04.08.2020 hat die Kommission ein weiteres nachfrageseitig ansetzendes Breitbandförderprogramm über Gutscheine in Italien genehmigt. Im Rahmen dieses Gutscheinprogramms können Haushalte mit schwächeren Einkommens- bzw. Finanzverhältnissen, und zwar unterhalb eines „ISEE" von 20.000 € („ISEE" (Indicatore della Situazione Economica Equivalente) ist der Indikator, der verwendet wird, um die wirtschaftliche Situation (Einkommen und Vermögen) von Haushalten, die Sozialleistungen beziehen wollen, zu beurteilen und zu vergleichen), Gutscheine für Breitbandanschlüsse mit Übertragungsgeschwindigkeiten von mindestens 30 Mbit/s im Downstream sowie PCs oder Tablets in Anspruch nehmen. Die Förderung für PCs oder Tablets kann nur in Verbindung mit einem Breitbandanschluss in Anspruch genommen werden. Voraussetzung ist, dass noch kein Breitbandanschluss mit Übertragungsgeschwindigkeiten von mindestens 30 Mbit/s im Downstream für den Haushalt verfügbar ist. Bei mehreren verfügbaren Anbietern von Breitbandanschlüssen muss derjenige Anbieter gewählt werden, der die höchste Übertragungsgeschwindigkeit bietet. Der wirtschaftliche Gegenwert des Gutscheins beträgt 500 € und wird von der öffentlichen Hand direkt an den vom Endnutzer gewählten Breitbanddiensteerbringer geleistet. Da die Gutscheinförderung ausschließlich auf private Haushalte ausgerichtet ist, scheiden diese mangels Unternehmenseigenschaft aus dem Anwendungsbereich des Art. 107 Abs. 1 AEUV aus. Siehe Kommission, Beschl. v. 04.08.2020, Staatliche Beihilfe Nr. SA. 57495 (2020/N) (Italy Broadband vouchers for certain categories of families).

hen. Die Förderungen sind mithin als De-Minimis-Beihilfen vom Beihilfenverbot des Art. 107 Abs. 1 AEUV ausgenommen.

## 2. Das Verhältnis Staat zu Anbieterseite („mittelbare Beihilfen")

Bei staatlichen Nachfrageförderungen ist nicht nur das Verhältnis von Staat zu geförderter Nachfrageseite beihilfenrechtlich relevant. Auch im Verhältnis von Staat zu Anbieterseite können Nachfrageförderprogramme beihilfenrechtlich relevante Auswirkungen haben. Die Förderung von Endnutzern über Gutscheine könnte vorliegend auch Beihilfen zugunsten der Anbieterseite – ausbauende Netzbetreiber und Drittbetreiber – bewirken. Insbesondere könnten die an die Endnutzer in Form von Gutscheinen als direkte Zuwendungsempfänger gewährten Förderungen – zumindest teilweise – an die Anbieterseite weitergeleitet werden, sodass die an die Nachfrageseite gerichtete Förderung auch *mittelbar* die Anbieterseite begünstigt.

### a. Mittelbare Begünstigungen

aa. Mittelbare Begünstigungen durch erhöhte Nachfrage

Auch ein – durch die Förderung unmittelbarer Zuwendungsempfänger eintretender – Anstieg der Nachfrage nach bestimmten Produkten oder Dienstleistungen kann eine beihilfenrechtlich relevante mittelbare Begünstigung Dritter darstellen. Beihilfenrechtlich relevante mittelbare Begünstigungen sind hierbei von bloßen sekundären wirtschaftlichen Vorteilseffekten abzugrenzen, die bei den meisten Beihilfenmaßnahmen (zwangsläufig) eintreten (etwa für Abnehmer oder Zulieferer des direkten Zuwendungsempfängers).[179] Nach der Kommission jedenfalls sollte zum Zweck der Abgrenzung „*die vorhersehbare Wirkung der Maßnahme ex ante betrachtet werden. Ein mittelbarer Vorteil liegt vor, wenn die Maßnahme so ausgestaltet ist, dass ihre sekundären Auswirkungen bestimmbaren Unternehmen oder Gruppen von Unternehmen zugeleitet werden. Dies ist zum Beispiel der Fall, wenn die unmittelbare Beihilfe de facto oder de jure davon abhängig gemacht wird, dass nur von bestimmten Unternehmen (zum Bei-*

---

[179] *Soltész/Hellstern*, EuZW 2013, 489, 489; *Koenig/Sander*, EuR 2000, 743, 743; *Mestmäcker/Schweitzer*, in: Immenga/Mestmäcker, Wettbewerbsrecht, AEUV Art. 107 Abs. 1 Rn. 59; Kommission, Bekanntmachung zum Begriff der staatlichen Beihilfe, ABl. EU 2016/C 262/01, Rn. 116; die Abgrenzung von beihilfenrechtlich relevanten mittelbaren Begünstigungen und bloßen sekundären wirtschaftlichen Auswirkungen kann in Einzelfällen Schwierigkeiten bereiten. Eine exakte Grenzziehung ist nicht immer möglich und in gewisser Weise auch von Wertungsfragen abhängig. Eine kurze Abhandlung der unterschiedlichen Abgrenzungsansätze findet sich in *Bartosch*, EU-Beihilfenrecht, Art. 107 Abs. 1 Rn. 102.

*spiel Unternehmen, die in einem bestimmten Gebiet niedergelassen sind) hergestellte Waren oder Dienstleistungen erworben werden.*"[180]. Eine mittelbare Begünstigung ist damit anzunehmen, wenn aus ex ante Perspektive schon die Zuleitung der sekundären Auswirkungen eindeutig an bestimmte Unternehmen oder Gruppen von Unternehmen feststellbar ist. Ist eine staatliche Maßnahme dadurch gekennzeichnet, dass die Erstbegünstigten die staatlichen Zuwendungen unter einer Verwendungsauflage zugunsten des Erwerbs bestimmter Produkte oder Dienstleistungen erhalten, so handelt es sich bei den Anbietern dieser Produkte oder Dienstleistungen um beihilfenrechtlich mittelbar Zweitbegünstigte.[181] Diese mittelbaren Begünstigungswirkungen können in erhöhter Nachfrage und damit einhergehenden höheren Gewinnen, größerer Marktmacht oder ähnlichen für Unternehmen wirtschaftlich relevanten Vorteilen liegen.

Solche über eine Nachfrageförderung vermittelten Zweitbegünstigungen wurden etwa in der – sowohl vom EuG[182] als auch vom EuGH[183] im Rechtsmittelverfahren bestätigten – Entscheidung der Kommission im Fall *Digitaldecoder*[184] angenommen. Dabei ging es um Zuschüsse des italienischen Staats an Nutzer, die ein Empfangsgerät kauften oder mieteten, welches den Empfang von digital übertragenen Fernsehsignalen über terrestrische Antenne oder über Kabel bzw. die Nutzung der damit verbundenen interaktiven Dienste ermöglichte.[185] Dazu stellte die Kommission fest, dass die betreffende Regelung des italienischen Staats zwar unmittelbar den Endverbrauchern zugutekam, mittelbare (selektive) Begünstigungen aber auch für die Sender (Aufbauen eines Kundenstamms) sowie die Netzbetreiber (über die Sender bestimmte Nachfragesteigerung) bestanden.[186] Ein an Verbraucher gezahlter Zuschuss wurde mithin als Beihilfe zu-

---

[180] Kommission, Bekanntmachung zum Begriff der staatlichen Beihilfe, ABl. EU 2016/C 262/01, Rn. 116; vgl. hierzu Kommission, Leitlinien für staatliche Beihilfen zur Förderung von Risikofinanzierungen, ABl. 2014 Nr. C 19/4 Rn. 43: *„Der Umstand, dass Finanzintermediäre ihre Vermögenswerte erhöhen und ihre Manager durch Kommissionen einen höheren Umsatz erreichen können, wird lediglich als sekundärer wirtschaftlicher Effekt der Beihilfemaßnahmen und nicht als Beihilfe für die Finanzintermediäre und/oder deren Manager betrachtet. Ist die Risikofinanzierungsmaßnahme jedoch derart ausgestaltet, dass ihre sekundären Effekte vorab ermittelten einzelnen Finanzintermediären zugutekommen, so ist dies als indirekte Beihilfe für die betreffenden Finanzintermediäre anzusehen."*.
[181] *Koenig/Sander*, EuR 2000, 743, 766; *Mestmäcker/Schweitzer*, in: Immenga/Mestmäcker, Wettbewerbsrecht, AEUV Art. 107 Abs. 1 Rn. 59.
[182] EuG, Urt. v. 15.6.2010, Rs. T-177/07, ECLI:EU:T:2010:233, Rn. 76 – *Mediaset/Kom.*
[183] EuGH, Urt. v. 28.7.2011, Rs. C-403/10 P, ECLI:EU:C:2011:533 Rn. 81 – *Mediaset/Kom.*
[184] Kommission, Entscheidung v. 24.1.2007, ABl.EU 2007 Nr. L 147/1 (Italienische Digitaldecoder).
[185] Kommission, Entscheidung v. 24.1.2007, ABl.EU 2007 Nr. L 147/1 (Italienische Digitaldecoder), Rn. 7 ff.
[186] Kommission, Entscheidung v. 24.1.2007, ABl.EU 2007 Nr. L 147/1 (Italienische Digitaldecoder), Rn. 81 ff.

gunsten der Marktteilnehmer angesehen, die die Gebrauchsgüter und Dienstleistungen anbieten.[187]

bb. Die Entscheidung der Kommission „Greece Superfast Broadband (SFBB) Project"

Mit der Entscheidung *Greece Superfast Broadband (SFBB) Project*[188] hat die Kommission ein nachfrageseitig ansetzendes Breitbandförderprogramm genehmigt. In Bezug auf die Unternehmen, die Breitbanddienste für Endnutzer anbieten, formuliert sie in der Entscheidung:

*„(65) The measure is designed in such a way as to channel its effects selectively towards identifiable undertakings or groups of undertakings under Article 107(1) TFEU. The measure stimulates demand for SFBB services which in turn can be provided only on certain types of broadband infrastructures. Only the service providers which have developed the very high performing infrastructures that can support such high speeds or that are able to use it on the basis of wholesale agreements with the infrastructure owners (provided that the infrastructure owners have deployed such very high performing infrastructures) will be able to benefit from the measure. The voucher scheme will lower the entry barrier for the adoption of SFBB services by end-users. The stimulation of demand for SFBB services could result in higher sales and thereby profits for the service providers (the providers will be in a position to satisfy the increased demand for SFBB services).*

*(66) It follows that the aid granted to purchase SFBB services confers a selective economic advantage to the service providers able to provide such services to consumers."*

Demnach können Unternehmen, die die mit Gutscheinen geförderten besonders schnellen Breitbanddienste (*„SFBB services"*) für Endnutzer anbieten, eine höhere Nachfrage nach diesen Diensten verzeichnen. Die Befriedigung der Nachfrage ermöglicht den Unternehmen einen höheren Absatz an Breitbanddiensten und damit höhere Gewinne. Die Gutscheine reduzieren nämlich die für besonders schnelle Breitbanddienste anfallenden Kosten für Endnutzer, weswegen diese eher bereit sind, die Dienste in Anspruch zu nehmen. Diese wirtschaftlich relevanten Vorteile für Unternehmen, welche die Förderungen der Endnutzer über Gutscheine erzeugen, werden an – aus ex ante Perspektive – konkret identi-

---

[187] EuG, Urt. v. 15.6.2010, Rs. T-177/07, ECLI:EU:T:2010:233, Rn. 76 – *Mediaset/Kom*; kritisch hierzu: Heidenhain, EuZW 2007, 623; zu solchen Maßnahmen etwa in Form der „Abwrackprämie" siehe Fehling, EuR 2010, 598, 599, 606; Holtmann, KommJur 2015, 201, 202.
[188] Kommission, Beschl. v. 7.1.2019, Staatliche Beihilfe Nr. SA.49935 (2018/N) (Greece Superfast Broadband (SFBB) Project).

fizierbare Unternehmen weitergeleitet. Allein Unternehmen, die die förderfähigen Breitbanddienste für Endnutzer anbieten, kommen die Vorteilswirkungen zugute.

Das Vorliegen von beihilfenrechtlich relevanten mittelbaren Begünstigungen der Anbieterseite wurde von der Kommission daher angenommen. Namentlich als mittelbar Begünstigte identifiziert wurden zum einen Netzbetreiber, die über ihre eigenen Breitbandinfrastrukturen die geförderten Breitbanddienste für Endnutzer anbieten konnten. Zum anderen bewirkte die Förderung über Gutscheine für Endnutzer mittelbare Begünstigungswirkungen zugunsten von Drittbetreibern, die Zugang auf Vorleistungsebene zu den Breitbandinfrastrukturen erhielten, die die geförderten Breitbanddienste technisch ermöglichen konnten.[189]

cc. Mittelbare Begünstigungen in unterschiedlichen Ausgestaltungsvarianten der Breitbandnachfrageförderung

Bei einer Breitbandnachfrageförderung über Gutscheine für Endnutzer kommt zum einen – wie in der vorstehend behandelten Entscheidung der Kommission *Greece Superfast Broadband (SFBB) Project*[190] – eine Bezuschussung der Kosten von Verträgen über die Bereitstellung von Breitbanddiensten mit bestimmten Mindest-Übertragungsgeschwindigkeiten in Betracht. Solche *Vertragsvoucher*

---

[189] Zu einer ähnlichen (knapp, aber zutreffend begründeten) Beurteilung kam die Kommission in der am 05.08.2020 ergangenen Entscheidung zu einem weiteren nachfrageseitig ansetzenden Breitbandförderprogramm über Gutscheine in Italien für einkommens- bzw. finanzschwache Haushalte (siehe hierzu auch Fn. 178). Auch darin stellte die Kommission eine mittelbare Begünstigungswirkung zugunsten der Anbieterseite fest, welche die geförderten Breitbandanschlüsse für die gutscheinberechtigten Haushalte anbieten können. Diese können nach den Ausführungen der Kommission durch die Förderung eine höhere Nachfrage nach ihren Breitbanddiensten verzeichnen, und zwar insbesondere deshalb, weil die einkommens- bzw. finanzschwachen Haushalte ohne Förderung die Leistungen nicht oder jedenfalls nicht sogleich in Anspruch genommen hätten. Konkret formulierte die Kommission: „*Participating eligible telecommunications providers under the scheme are able to receive all or part of the amount due by the eligible families, that without the intervention of the State may have been unable to subscribe to the eligible services, or may have postponed such subscriptions due to economic considerations. [...] At the same time, the measure may stimulate demand for these services by lowering their costs for the eligible families. Thus, the scheme may strengthen the market position of telecom providers, thereby providing them with an economic advantage. That advantage is selective because it applies to undertakings that are active only in one industry sector (telecommunications) and only in certain segments of the overall electronic communications sector (provisioning of NGA services), to the exclusion of other electronic communications services.*". Siehe Kommission, Beschl. v. 04.08.2020, Staatliche Beihilfe Nr. SA. 57495 (2020/N) (Italy Broadband vouchers for certain categories of families), Rn. 39 ff.
[190] Kommission, Beschl. v. 7.1.2019, Staatliche Beihilfe Nr. SA.49935 (2018/N) (Greece Superfast Broadband (SFBB) Project).

reduzieren die Einrichtungskosten und monatlichen Kosten von Internetverträgen für die Gutscheinempfänger.[191]
In dem von der Kommission untersuchten Gutscheinsystem in Griechenland sind allerdings nur Endnutzer in Gebieten gutscheinberechtigt, in denen die Mindest-Übertragungsgeschwindigkeiten über bereits vorhandene (bzw. konkret geplante) Breitbandinfrastrukturen gewährleistet werden können. Die Förderung zielte damit nicht auf den Ausbau neuer, sondern auf eine höhere Auslastung von bereits vorhandenen (bzw. sich in der konkreten Planung befindlichen) Breitbandinfrastrukturen ab. Die Kommission identifizierte als beihilfenrechtlich relevante Begünstigungen folglich allein die mit der Diensteerbringung für Endnutzer in Zusammenhang stehenden wirtschaftlichen Vorteile (insbesondere höherer Absatz an Breitbanddienstleistungsverträgen und die damit einhergehenden höheren Gewinne).

Ist demgegenüber in einem Gutscheinsystem die Berechtigung zur Inanspruchnahme von Vertragsvouchern nicht auf Gebiete mit bereits vorhandenen bzw. konkret geplanten Breitbandinfrastrukturen beschränkt und ist vielmehr eine gutscheininduzierte Errichtung neuer Breitbandinfrastrukturen mit der Förderung intendiert, so erweitern sich die mittelbaren Begünstigungswirkungen.[192] Denn die staatlichen Zuschüsse fließen dann über die Gutscheinempfänger zumindest teilweise auch in die Errichtung neuer Breitbandinfrastrukturen. So könnte eine mittels Gutscheinen erhöhte Nachfrage nach schnellen Breitbanddiensten etwa dazu führen, dass die Versorgung einer Straße mit leistungsfähigen Breitbandanschlüssen für ausbauende Netzbetreiber rentabel wird. Eine gestiegene Nachfrage macht solche Gebiete (bzw. Straßen) dann für privatwirtschaftliche Investitionen in leistungsfähige Breitbandinfrastruktur attraktiver. Die für die Verträge über die Bereitstellung von Breitbanddiensten von den Endnutzern geleisteten – teilweise gutscheinfinanzierten – Zahlungen können die Wirtschaftlichkeitslücke der Netzbetreiber beim Ausbau neuer Breitbandinfrastrukturen schließen oder jedenfalls reduzieren. Der Ausbau von Breitbandinfrastrukturen kann damit zu Konditionen vorgenommen werden, die ohne die staatliche Bezuschussung über die Gutscheine nicht bestünden. Damit ist schon – übereinstimmend mit der Maßgabe der Feststellbarkeit mittelbarer Begünstigungswirkungen der Kommission – aus ex ante Perspektive feststellbar, dass die sekundären Auswirkungen einer Maßnahme bestimmten Unternehmen bzw. Gruppen von Unternehmen zugeleitet werden.[193] Die Förderung über Vertrags-

---

[191] VATM, Glasfaser-Gutscheine stärken die Nachfrage und bringen so den Glasfaserausbau weiter voran, https://www.vatm.de/2019/09/30/glasfaser-gutscheine-starken-die-nachfrage-und-bringen-so-den-glasfaserausbau-weiter-voran/ (zuletzt abgerufen am 20.02.2021).
[192] So wohl im Ergebnis und ohne nähere – differenzierende – Begründung auch Kommission, Beschl. v. 04.08.2020, Staatliche Beihilfe Nr. SA. 57495 (2020/N) (Italy Broadband vouchers for certain categories of families), Rn. 39 ff.
[193] Siehe Kommission, Bekanntmachung zum Begriff der staatlichen Beihilfe, ABl. EU 2016/C 262/01, Rn. 116.

voucher wirkt wegen der zumindest teilweise in die Errichtung neuer Breitbandinfrastrukturen fließenden Förderung zusätzlich beihilfenrechtlich mittelbar begünstigend für die ausbauenden Netzbetreiber und die diese Breitbandinfrastrukturen nutzenden Drittbetreiber.

Neben einer Breitbandnachfrageförderung über Vertragsvoucher kommt zum anderen auch die Gewährung von Zuschüssen über *Anschlussvoucher* in Betracht. Endnutzer sollen hierbei Zuschüsse zu den Kosten erhalten, die für den (Glasfaser-)Netzanschluss einzelner Häuser anfallen. Diese Gutscheine reduzieren die Kosten eines (Glasfaser-)Netzanschlusses für den Hauseigentümer (einschließlich Wohnungseigentümergemeinschaft-Berechtigten bzw. hierzu ermächtigten Mieter[194]), wenn dieser auf eigene Kosten seine Immobilie (mit Glasfaser) erschließen lässt. Wird ein solcher Anschlussvoucher für die Erschließung einer Immobilie in Anspruch genommen, so ist nicht nur der gutscheinberechtigte Hauseigentümer als unmittelbarer Zuwendungsempfänger beihilfenrechtlich begünstigt. Auch das mit der Erschließung beauftragte Unternehmen – hierbei wird es sich regelmäßig um private Netzbetreiber handeln – ist dadurch beihilfenrechtlich (mittelbar) begünstigt. Denn die Gewährung von Anschlussvouchern erhöht die Nachfrage nach leistungsfähigen Breitbandanschlüssen von Häusern und bietet dadurch Netzbetreibern die Möglichkeit, ihre Breitbandinfrastrukturen zu marktunüblich günstigen Konditionen auszubauen. Ohne die Anschlussvoucher nämlich wären viel weniger Hauseigentümer dazu bereit, die Kosten für die Erschließung ihrer Immobilie (mit Glasfaser) zu tragen. Möglicherweise wird auch hier – wie vorstehend für Vertragsvoucher ausgeführt – der Ausbau ganzer Gebiete für die Netzbetreiber rentabel. Die in Anspruch genommenen Gutscheine können auch hier die Wirtschaftlichkeitslücke der Netzbetreiber beim Ausbau neuer Breitbandinfrastrukturen schließen oder jedenfalls reduzieren. Die Anschlussvoucher bewirken dadurch einen wirtschaftlichen Vorteil für die ausbauenden Netzbetreiber, der ohne ihre Gewährung nicht bestünde. Diese Auswirkungen und deren Zuleitung an bestimmte Unternehmen bzw. Gruppen von Unternehmen ist aus ex ante Perspektive feststellbar. Neben ausbauenden Netzbetreibern sind wiederum auch Drittbetreiber, die die geförderten Breitbandinfrastrukturen ebenfalls nutzen können, als beihilfenrechtlich mittelbar Begünstigte anzusehen.

### b. Die übrigen Beihilfentatbestandsmerkmale

Es müsste sich zudem um *staatliche Mittel* handeln, die in einer dem Staat zurechenbaren Weise gewährt werden. Bei den Mitteln, die die Endnutzer aufgrund der Gutscheine erhalten, handelt es sich um staatliche Mittel. Dies gilt dann auch

---

[194] *Briglauer/Schmitz*, Gutachten zur ökonomischen und rechtlichen Sinnhaftigkeit von nachfrageseitigen Förderungen, S. 17 f.

für die – zumindest teilweise – an die beihilfenrechtlich mittelbar begünstigten Unternehmen weitergeleiteten Mittel. Denn der wirtschaftliche Vorteil dieser Unternehmen folgt nach wirtschaftlicher Betrachtungsweise direkt aus den staatlichen Zuschüssen, die die Gutscheinempfänger erhalten.[195] Die Weiterleitung der Mittel an die Unternehmen ist dem Staat zudem – trotz zwischengeschalteter Privater – zurechenbar. Die Mittel sind nämlich mit einer vorab vorgegebenen Zweckbindung versehen – Inanspruchnahme bestimmter Breitbandleistungen –, weswegen sie auf diese Weise vom Staat gesteuert werden.[196] Erst recht handelt es sich um eine dem Staat zurechenbare staatliche Mittelgewährung, wenn der Gutscheinwert nicht erst an die Endnutzer ausgezahlt wird, sondern direkt vom Staat an die Unternehmen geleistet wird, bei denen die Gutscheine eingelöst werden.[197] Folglich werden in einer dem Staat zurechenbaren Weise staatliche Mittel gewährt.

Die mittelbaren Begünstigungen der Unternehmen sind schließlich auch *selektiv*. Bei den Unternehmen, die die über Gutscheine erhöhte Nachfrage bedienen können, handelt es sich um solche, die nur in einem bestimmten Sektor tätig sind (Telekommunikationssektor) und darin auch nur einzelne Segmente bedienen (leistungsfähige Breitbandanschlüsse).[198] Nur Unternehmen, die die mit den Gutscheinen geförderten leistungsfähigen Breitbandanschlüsse realisieren können, profitieren von der Gutscheinförderung, während insbesondere Anbieter herkömmlicher – weniger leistungsfähiger – Breitbandanschlüsse keine mittelbaren Vorteile von der Förderung ableiten können. Es handelt sich insofern um keine allgemeine, nicht selektive Nachfragesteigerungsmaßnahme.[199]

Letztlich bewirkt eine nachfrageseitig ansetzende Gutscheinförderung auch eine *(drohende) Wettbewerbsverfälschung* und eine *Beeinträchtigung des zwischenstaatlichen Handels*: In dem wettbewerblichen Marktumfeld sind die über die Gutscheine gewährten staatlichen Zuschüsse geeignet, die Stellung der mittelbar

---

[195] In diesem Sinne EuGH, Urt. v. 19.9.2000, Rs. C-156/98, ECLI:EU:C:2000:467, Rn. 27 – *Deutschland/Kommission*.
[196] Siehe hierzu *Soltész/Hellstern*, EuZW 2013, 489, 492 f.; *Arhold*, in: Münchener Kommentar Beihilfenrecht, Art. 107 AEUV Rn. 176; EuGH, Urt. v. 3.7.2003, Rs. C-457/00, ECLI:EU:C:2003:387, Rn. 52-61 – *Belgien/Kommission*.
[197] So etwa in Kommission, Beschl. v. 7.1.2019, Staatliche Beihilfe Nr. SA.49935 (2018/N) (Greece Superfast Broadband (SFBB) Project), Rn. 63.
[198] Zum Nachfrageförderprogramm in Griechenland: Kommission, Beschl. v. 7.1.2019, Staatliche Beihilfe Nr. SA.49935 (2018/N) (Greece Superfast Broadband (SFBB) Project), Rn. 64: „*With regard to the telecommunication operators, by supporting the take-up only of SFBB Services [...] the measure is selective in nature as it confers an advantage to undertakings that are active only in one industry sector (telecommunications) and only in certain segments of the overall electronic communications sector (provisioning of SFBB services), to the exclusion of other electronic communications services.*".
[199] Dies wäre etwa bei einer Senkung der Umsatzsteuer der Fall, siehe *Soltèsz/Hellstern*, EuZW 2013, 489, 492.

begünstigten Unternehmen gegenüber (potenziellen) Wettbewerbern zu verbessern. Da die mittelbar begünstigten Unternehmen Tätigkeiten ausüben, die dem Handel zwischen den Mitgliedstaaten unterliegen – die Märkte für elektronische Kommunikation sind keine rein nationalen Märkte[200] – beeinflussen nationale Gutscheinförderprogramme auch die Stellung der Begünstigten gegenüber Wettbewerbern in anderen Mitgliedstaaten.

### c. Zwischenergebnis

Eine Breitbandnachfrageförderung über Gutscheine begünstigt beihilfenrechtlich zwar unmittelbar die Endnutzer als Gutscheinempfänger. Beihilfenrechtlich mittelbar begünstigt sind aber auch die Unternehmen, die diese Gutscheine einlösen – Netzbetreiber sowie Drittbetreiber, die Zugang auf Vorleistungsebene zu den geförderten Infrastrukturen erhalten. Da in Bezug auf die beihilfenrechtlich mittelbar Begünstigten auch die übrigen Beihilfentatbestandsmerkmale vorliegen, unterfällt ein Breitbandnachfrageförderungssystem mit Gutscheinen dem Beihilfenverbot nach Art. 107 Abs. 1 AEUV.

## VII. Fazit

Die staatlichen Maßnahmen zur Förderung des Breitbandausbaus, bei denen die Zuwendungen den Anbietern von Telekommunikationsdiensten – also der Anbieterseite – gewährt werden, stellen in der Regel und vergleichsweise eindeutig staatliche Beihilfen iSv. Art. 107 Abs. 1 AEUV dar. Regelmäßig erhalten private Netzbetreiber direkte Finanzzuschüsse, welche damit den Ausbau von Breitbandinfrastrukturen vornehmen.[201]
Die staatlichen Fördermittel werden bei der angebotsseitigen Förderung Unternehmen gewährt, welche die Errichtung bzw. den Ausbau von Breitbandinfrastrukturen, deren Betrieb, die Zugangsgewährung auf Vorleistungsebene sowie die Bereitstellung von Breitbandanschlüssen für Endnutzer im Rahmen ihrer wirtschaftlichen Tätigkeit übernehmen. Den Unternehmen erwächst dadurch auch ein wirtschaftlicher Vorteil (Begünstigung), den sie unter normalen Marktbedingungen, d.h. ohne staatliche Fördermaßnahmen, nicht erhalten hätten. Denn die staatliche Breitbandausbauförderung soll gerade dann zum Einsatz kommen, wenn privatwirtschaftliche Investitionen in Breitbandinfrastrukturen –

---

[200] Breitbandleitlinien, ABl. 2013/C 25/1, Rn. 15.
[201] Der ausbauende Netzinvestor kann auch staatlich sein, welcher dann privaten Netzbetreibern die staatlichen Breitbandinfrastrukturen als Sachbeihilfe zur Verfügung stellt (etwa im Rahmen des Betreibermodells). Zu den unterschiedlichen Fördermodellen siehe auch Breitbandleitlinien, ABl. 2013/C 25/1, Anhang I.

wegen unzureichender Renditeaussichten – nicht vorgenommen werden. Dies ist insbesondere in ländlichen Gegenden der Fall, in denen die Besiedlungsdichte gering und die Fixkosten pro Hausanschluss entsprechend hoch ausfallen.[202] Aber auch in dichter besiedelten Gegenden (auch Städten) bestehen häufig keine – oder aus Sicht privater Investoren nur unzureichende – Renditeaussichten für den Ausbau von leistungsfähigen (gigabitfähigen) Breitbandinfrastrukturen. Hohe Übertragungsgeschwindigkeiten sind gegenwärtig nämlich (noch) schlecht zu monetarisieren, was geringe *Take-up*-Raten[203] verdeutlichen. Die staatlichen Fördermaßnahmen induzieren den gewünschten Ausbau von leistungsfähigen (gigabitfähigen) Breitbandinfrastrukturen in solchen für private Investoren unrentablen Gebieten und stellen – da private Investoren sie ja gerade nicht getätigt haben bzw. hätten – beihilfenrechtlich relevante Begünstigungen dar. Wettbewerbliche Ausschreibungsverfahren reduzieren dabei die Höhe der gewährten Beihilfen auf das erforderliche Minimum. Neben den ausbauenden Unternehmen[204] profitieren von den staatlichen Fördermaßnahmen auch Drittbetreiber, die Zugang zu den geförderten Breitbandinfrastrukturen auf Vorleistungsebene erhalten, sowie gewerbliche Endnutzer, die geförderte leistungsfähige Breitbandzugänge erhalten. Diese sind ebenfalls als beihilfenrechtlich (mittelbar) Begünstigte anzusehen. Die festgestellten Begünstigungswirkungen sind auch selektiv, da sie Unternehmen eines bestimmten Sektors (des Telekommunikationssektors) bzw. in bestimmten Gebieten begünstigen. Die selektiven Begünstigungen verschaffen schließlich den Unternehmen gegenüber anderen, nicht begünstigten Unternehmen, mit denen sie regelmäßig im innereuropäischen Wettbewerb stehen, Wettbewerbsvorteile, weswegen die Förderungen Wettbewerbsverfälschungen sowie zwischenstaatliche Handelsbeeinträchtigungen erwarten lassen. Die Beihilfen zur Förderung des Breitbandausbaus sind bei der Kommission zu notifizieren (Art. 108 Abs. 3 S. 1 AEUV).

Aber auch in Bezug auf nachfrageseitig ansetzende Breitbandfördermaßnahmen über Gutscheine ist festzuhalten, dass diese unabhängig von ihrer konkreten Ausgestaltung beihilfenrechtlich relevant sind. Im Hinblick auf die (gewerblichen) Endnutzer als unmittelbare Zuwendungsempfänger unterfallen die in Form von Gutscheinen gewährten Zuwendungen zwar als De-Minimis-Beihilfen nicht dem Beihilfenverbot des Art. 107 Abs. 1 AEUV. Im Hinblick auf die (beihilfenrechtlich mittelbar begünstigten) ausbauenden Netzbetreiber und Drittbetreiber hingegen handelt es sich bei den im Rahmen der nachfrageseitigen Breit-

---

[202] *Fechtner*, Breitband-Förderung im Lichte des EG-Beihilfenrechts, S. 57; *Monopolkommission*, 11. Sektorgutachten Telekommunikation, Rn. 27.
[203] Die Nachfrage von leistungsfähigen (gigabitfähigen) Breitbandanschlüssen liegt unter der tatsächlichen Verfügbarkeit.
[204] Bzw. solchen, die staatliche Breitbandinfrastrukturen als Sachbeihilfen nutzen, etwa im Rahmen des Betreibermodells.

bandförderung über Gutscheine für Endnutzer gewährten Zuwendungen um Beihilfen iSv. Art. 107 Abs. 1 AEUV.

### E. Beihilfen bei der Förderung des Breitbandausbaus auf Rechtfertigungsebene

Erfüllt eine staatliche Maßnahme die Voraussetzungen des Art. 107 Abs. 1 AEUV, so unterliegt sie als tatbestandliche Beihilfe grundsätzlich dem Beihilfenverbot. Ausnahmetatbestände zum Beihilfenverbot des Art. 107 Abs. 1 AEUV normieren die Absätze 2 und 3 des Art. 107 AEUV. Art. 107 Abs. 2 AEUV erklärt bestimmte Arten von Beihilfen *ipso iure* für vereinbar mit dem Binnenmarkt und damit vom Beihilfenverbot ausgenommen (Legalausnahmen).[205] Die Vereinbarkeit von Beihilfen auf Grundlage von Art. 107 Abs. 3 AEUV steht dagegen unter einem von der Kommission auszuübenden Ermessensvorbehalt.[206]

Art. 107 Abs. 2 AEUV betrifft einen eng umrissenen und in der Praxis wenig relevanten Bereich von Beihilfen sozialer Art an einzelne Verbraucher, schadensbeseitigender Art in Fällen außergewöhnlicher Schadensereignisse und nachteilsausgleichender Art zum Ausgleich der durch die Teilung Deutschlands verursachten wirtschaftlichen Nachteile.[207] Die Ausnahmetatbestandsvarianten des Art. 107 Abs. 2 AEUV sind für die Förderung des Breitbandausbaus nicht von Bedeutung.

Die Prüfung der Vereinbarkeit von Beihilfen bei der Förderung des Breitbandausbaus erfolgt vielmehr – ermessensabhängig durch die Kommission – nach Art. 107 Abs. 3 AEUV. Die Kommission prüft die Vereinbarkeit dieser Beihilfen in der Regel nach Art. 107 Abs. 3 lit. c) AEUV.[208] Dieses Kapitel behandelt die zumeist auf Art. 107 Abs. 3 lit. c) AEUV bezogenen Vereinbarkeitsmaßstäbe für Beihilfen bei der Förderung des Breitbandausbaus.

---

[205] *Thiele*, in: Dauses/Ludwigs, Handbuch des EU-Wirtschaftsrechts, H. III. Rn. 164.
[206] *Koenig/Kühling/Ritter*, EG-Beihilfenrecht, Rn. 188; *Cremer*, in: Calliess/Ruffert, EUV/AEUV, AEUV Art. 107 Rn. 48 ff. m.w.N., siehe dort auch zu den administrativen Entscheidungsspielräumen bei der Normanwendung: Der Gerichtshof behandelt die aus dem deutschen Verwaltungsrecht bekannte Differenzierung zwischen Tatbestands- und Rechtsfolgenseite als rechtsdogmatisch einheitliches Phänomen, im Folgenden daher als „Ermessen" bezeichnet.
[207] *Kühling*, in: Streinz, EUV/AEUV, AEUV Art. 107 Rn. 115; *Martenczuk*, in: von der Groeben/Schwarze/Hatje, AEUV Art. 107 Rn. 196.
[208] Breitbandleitlinien, ABl. 2013/C 25/1, Rn. 30.

## I. Vereinbarkeitsprüfung nach Maßgabe der Breitbandleitlinien auf Grundlage von Art. 107 Abs. 3 lit. c) AEUV

### 1. Bedeutung der Breitbandbandleitlinien für die auf Art. 107 Abs. 3 lit. c) AEUV beruhende Vereinbarkeitsprüfung

Das der Kommission bei der Vereinbarkeitsprüfung von Art. 107 Abs. 3 AEUV zustehende – sich auf Tatbestands- wie auch auf Rechtsfolgenseite beziehende[209] – Ermessen ist sehr weit und gerichtlich nur eingeschränkt überprüfbar.[210] Die gerichtliche Überprüfbarkeit beschränkt sich auf die Einhaltung von Verfahrens- und Begründungsvorschriften, inhaltliche Richtigkeit der festgestellten Tatsachen, offensichtliche Fehler bei der Tatsachenbeurteilung und auf Ermessensmissbrauch.[211] Insbesondere die Wertung komplexer wirtschaftlicher und sozialer Sachverhalte liegt bei der Kommission, weswegen der gerichtliche Prüfungsumfang weit zurückgenommen wird.[212] Die Kommission muss im Rahmen ihres Ermessens eine einzelfallbezogene Abwägung zwischen dem mit Art. 107 Abs. 1 AEUV verfolgten Schutz des Wettbewerbs und den in Art. 107 Abs. 3 AEUV niedergelegten Förderzielen verfolgen.[213]

Die Kommission hat im Hinblick auf Rechtssicherheit und Vorhersehbarkeit ihrer ermessensabhängigen Genehmigungsentscheidungen auf Grundlage von Art. 107 Abs. 3 AEUV diverse Leitlinien und Unionsrahmen erlassen, in welchen sie ihr Ermessen näher ausgestaltet und darlegt, wie sie in Zukunft ihr Ermessen ausüben wird („Softlaw").[214] Die Bekanntgabe der Grundsätze ihrer künftigen Ermessensanwendung in diesen Dokumenten führt zu einer Selbstbindung der Kommission: Sie kann nicht von diesen Maßgaben abweichen, ohne dass dies gegebenenfalls wegen eines Verstoßes gegen allgemeine Rechtsgrundsätze wie die der Gleichbehandlung oder des Vertrauensschutzes geahndet wür-

---

[209] *Cremer*, in: Calliess/Ruffert, EUV/AEUV, AEUV Art. 107 Rn. 50 m.w.N.
[210] *von Wallenberg/Schütte*, in: Grabitz/Hilf/Nettesheim, EUV/AEUV, AEUV Art. 107 Rn. 155; siehe zu den Grenzen *Rusche*, in: Immenga/Mestmäcker, Wettbewerbsrecht, AEUV Art. 107 Abs. 3 Rn. 21 ff.
[211] EuGH, Urt. v. 17.09.1980, Rs. 730/79, ECLI:EU:C:1980:209, Rn. 24 – *Philip Morris/Kommission*; *von Wallenberg/Schütte*, in: Grabitz/Hilf/Nettesheim, EUV/AEUV, AEUV Art. 107 Rn. 149; *Thiele*, in: Dauses/Ludwigs, Handbuch des EU-Wirtschaftsrechts, H. III. Rn. 183 ff.
[212] EuGH, Urt. v. 29.04.2004, Rs. C-372/97, ECLI:EU:C:2004:234, Rn. 83 – *Italien/Kommission*; *Cremer*, in: Calliess/Ruffert, EUV/AEUV, AEUV Art. 107 Rn. 49 m.w.N.
[213] *Bartosch*, EU-Beihilfenrecht, Art. 107 Abs. 3 Rn. 2.
[214] *Rusche*, in: Immenga/Mestmäcker, Wettbewerbsrecht, AEUV Art. 107 Abs. 3 Rn. 9; *Bartosch*, EU-Beihilfenrecht, Art. 107 Abs. 3 Rn. 1 ff.; siehe hierzu auch *von Graevenitz*, EuZW 2013, 169.

de.²¹⁵ Wegen der Selbstbindung der Kommission an die von ihr erlassenen ermessensausgestaltenden Maßnahmen wie Leitlinien ist sie verpflichtet, die in den Leitlinien festgelegten Kriterien in gleichgelagerten Fällen einheitlich anzuwenden.²¹⁶ Beihilfen, die diesen Kriterien entsprechen, sind grundsätzlich zu genehmigen.²¹⁷ Nur in begründeten Einzelfällen kann hiervon abgewichen werden.²¹⁸

Zwar handelt es sich bei den ermessensausgestaltenden Leitlinien und Unionsrahmen nicht um (für die Mitgliedstaaten) verbindliche Rechtsakte iSv. Art. 288 AEUV. Die Tatsache, dass die Kommission die Leitlinien und Unionsrahmen jedoch in Ausgestaltung ihres – gerichtlich nur sehr eingeschränkt überprüfbaren – weiten Ermessens erlassen hat und an diese selbst auch gebunden ist, begründet deren gleichwohl *de facto* verbindlichen Charakter.²¹⁹ Sie sind daher für die beihilfenrechtliche Förderpraxis von erheblicher Bedeutung und entsprechen in ihrer tatsächlichen Bedeutung Tertiärrecht.²²⁰

## 2. Sektorspezifische Abwägungsprüfung

Die Vereinbarkeitsprüfung nach den Breitbandleitlinien auf Grundlage von Art. 107 Abs. 3 lit. c) AEUV zur Förderung der Entwicklung gewisser Wirtschaftszweige erfolgt – wie generell im Rahmen von ermessensabhängigen Vereinbarkeitsprüfungen nach Art. 107 Abs. 3 AEUV durch die Kommission – durch eine Abwägungsprüfung. Der positive Beitrag zur Erreichung eines Ziels von gemeinsamem Interesse muss die potenziellen negativen Auswirkungen wie Wettbewerbsverzerrungen oder Handelsbeeinträchtigungen überwiegen.²²¹ Die Prüfung nach den Breitbandleitlinien folgt dabei – sektorspezifisch ausdifferen-

---

[215] EuGH, Urt. v. 02.12.2010, Rs. C-464/09 P, ECLI:EU:C:2010:733, Rn. 46 f. m.w.N. – *Holland Malt/Kommission*; EuGH, Urt. v. 05.10.2000, Rs. C-288/96, ECLI:EU:C:2000:537, Rn. 62 – *Deutschland/Kommission*; *Rusche*, in: Immenga/Mestmäcker, Wettbewerbsrecht, AEUV Art. 107 Abs. 3 Rn. 11; *Thiele*, in: Dauses/Ludwigs, Handbuch des EU-Wirtschaftsrechts, H. III. Rn. 188, 30.
[216] EuGH, Urt. v. 02.12.2010, Rs. C-464/09 P, ECLI:EU:C:2010:733, Rn. 47 m.w.N. – *Holland Malt/Kommission*; EuGH, Urt. v. 05.10.2000, Rs. C-288/96, ECLI:EU:C:2000:537, Rn. 62 – *Deutschland/Kommission*; *Bartosch*, EU-Beihilfenrecht, Art. 107 Abs. 3 Rn. 4.
[217] EuGH, Urt. v. 19.7.2016, Rs. C-526/14, ECLI:EU:C:2016:570, Rn. 43 – *Kotnik ua*.
[218] *Bartosch*, EU-Beihilfenrecht, Art. 107 Abs. 3 Rn. 6; *Mederer*, in: von der Groeben/Schwarze/Hatje, Europäisches Unionsrecht, AEUV Art. 107 Rn. 219.
[219] *Bartosch*, EU-Beihilfenrecht, Art. 107 Abs. 3 Rn. 6; *Koenig/Kühling/Ritter*, EG-Beihilfenrecht, Rn. 6; *Götz*, in: Dauses/Ludwigs, Handbuch des EU-Wirtschaftsrechts, H. III. Rn. 27.
[220] *Koenig/Kühling/Ritter*, EG-Beihilfenrecht, Rn. 6; *Götz*, in: Dauses/Ludwigs, Handbuch des EU-Wirtschaftsrechts, H. III. Rn. 30 zur Bindung der Mitgliedstaaten selbst (nur wenn akzeptiert); zum prozessualen Status siehe *Gundel*, EuZW 2016, 606.
[221] Breitbandleitlinien, ABl. 2013/C 25/1, Rn. 32.

ziert – dem allgemeinen, von der Kommission im Rahmen ihres Ermessens für eine Vereinbarkeit nach Art. 107 Abs. 3 AEUV generell aufgestellten und in sämtlichen Leitlinien, Unionsrahmen und auch Gruppenfreistellungsverordnungen Anwendung findenden Prüfschema („balancing test").[222]

Aufgeführt in Abschnitt 2.5 der Breitbandleitlinien müssen danach für eine Vereinbarkeit von Beihilfen zur Förderung des Breitbandausbaus die folgenden Voraussetzungen kumulativ erfüllt sein:[223]

- *Die Beihilfe muss einen Beitrag zur Erreichung von Zielen von gemeinsamem Interesse leisten.*

Hinsichtlich der *Ziele von gemeinsamem Interesse* betonen die Breitbandleitlinien – unter Verweis auf die Ausführungen in der Strategie Europa 2020[224] und der darauf basierenden Digitalen Agenda[225] – die besondere Bedeutung leistungsfähiger Breitbandversorgung für die Wettbewerbsfähigkeit, das Wachstum und die Innovation in allen Wirtschaftszweigen in der EU.[226] In ihrer neueren Entscheidungspraxis verweist die Kommission auf die Gigabit-Mitteilung[227], welche auf der Digitalen Agenda aufbaut, diese ergänzt und insbesondere die Notwendigkeit der Bereitstellung von Netzen mit Übertragungsgeschwindigkeiten im Gigabitbereich herausstellt.[228] Bis zum Jahr 2025 sollen für alle Haushalte mindestens 100 Mbit/s und für alle *„sozioökonomischen Schwerpunkte"* wie

---

[222] Dieses (neuere) siebenschrittige Prüfungskonzept verfeinert die zuvor angewandte – inhaltlich ihr aber entsprechende – Vereinbarkeitsprüfung für geplante Beihilfenmaßnahmen zur Umsetzung des „More Economic Approach" der Kommission: Erstens muss die Beihilfe einem genau definierten Ziel von gemeinsamen Interesse dienen, zweitens das zur Zielverwirklichung am besten geeignete Instrument sein und drittens die negativen Auswirkungen begrenzt sein, sodass insgesamt ein Überwiegen der positiven Folgen angenommen werden kann („balancing test"). Siehe hierzu *Kühling/Rüchardt*, in: Streinz, EUV/AEUV, AEUV Art. 107 Rn. 122 ff.; *Bartosch*, EU-Beihilfenrecht, Art. 107 Abs. 3 Rn. 8 ff.; *Schwalbe*, in: Münchener Kommentar Beihilfenrecht, Teil 1. Einl. Rn. 82 ff., 104 ff.
[223] Breitbandleitlinien, ABl. 2013/C 25/1, Rn. 33; siehe auch Kommission, Beschl. v. 18.12.2018, Staatliche Beihilfe Nr. SA.48418 (2018/N) (Deutschland Bayerische Gigabit-Pilotförderung), Rn. 68.
[224] Kommission, Mitteilung KOM(2010) 2020 endg., „EUROPA 2020, Eine Strategie für intelligentes, nachhaltiges und integratives Wachstum".
[225] Kommission, Mitteilung KOM(2010) 245 endg., Eine Digitale Agenda für Europa, insbes. S. 3 f., 23.
[226] Breitbandleitlinien, ABl. 2013/C 25/1, Rn. 1, 36.
[227] Kommission, Mitteilung COM(2016) 587 final, Konnektivität für einen wettbewerbsfähigen digitalen Binnenmarkt – Hin zu einer europäischen Gigabit-Gesellschaft.
[228] Siehe etwa Kommission, Beschl. v. 18.12.2018, Staatliche Beihilfe Nr. SA.48418 (2018/N) (Deutschland Bayerische Gigabit-Pilotförderung), Rn. 70; Kommission, Mitteilung COM(2016) 587 final, Konnektivität für einen wettbewerbsfähigen digitalen Binnenmarkt – Hin zu einer europäischen Gigabit-Gesellschaft, S. 6, 8; zu den Ausbauzielen siehe unter A.

Schulen oder stark digitalisierte Unternehmen mindestens 1 Gbit/s an Übertragungsgeschwindigkeiten verfügbar sein.[229]

- *Das Marktergebnis muss aufgrund von Marktversagen oder wesentlichen Ungleichheiten unzufriedenstellend sein.*

Ein *Marktversagen* liegt nach der Kommission vor, *„wenn das freie Spiel der Marktkräfte ohne Eingreifen kein für die Gesellschaft zufriedenstellendes Ergebnis hervorbringt"*[230]. Das Vorliegen eines solchen Marktversagens ist im Breitbandbereich nach der Kommission maßgeblich auf positive externe Effekte zurückzuführen, die sie mit einer leistungsfähigen Breitbandversorgung verbunden sieht. Es handelt sich dabei um die vorgenannten, in der Digitalen Agenda (bzw. Gigabit-Mitteilung) beschriebenen positiven gesamtwirtschaftlichen Auswirkungen von leistungsfähiger Breitbandversorgung. Nach der Kommission können diese von den Marktteilnehmern zum Zeitpunkt der Investitionsentscheidung noch nicht (vollständig) internalisiert werden.[231] Investitionen in Breitbandinfrastrukturen werden deswegen im Markt nur in unzureichendem Maße vorgenommen, obwohl der gesamtwirtschaftliche Nutzen für die Gesellschaft von leistungsfähiger Breitbandversorgung (also die positiven externen Effekte) die Investitionskosten übersteigt.[232]

Die Kommission formuliert hierzu in Rn. 38 der Breitbandleitlinien:

*„Wie in der Digitalen Agenda aufgezeigt wird, führt eine flächendeckende, erschwingliche Breitbandversorgung jedoch zu positiven externen Effekten, weil sie Wachstum und Innovation in allen Wirtschaftszweigen beschleunigen kann.*

---

[229] Kommission, Mitteilung COM(2016) 587 final, Konnektivität für einen wettbewerbsfähigen digitalen Binnenmarkt – Hin zu einer europäischen Gigabit-Gesellschaft, S. 1; Kommission, Mitteilung COM(2015) 192 final, Strategie für einen digitalen Binnenmarkt für Europa, S. 5 ff.
[230] Breitbandleitlinien, ABl. 2013/C 25/1, Rn. 37.
[231] Breitbandleitlinien, ABl. 2013/C 25/1, Rn. 37.
[232] Breitbandleitlinien, ABl. 2013/C 25/1, Rn. 37; bei einem Marktversagen nach klassischem ökonomischen Verständnis aufgrund externer Effekte liefert ein Markt keine gesamtvolkswirtschaftlich effizienten Ergebnisse und versagt, weil die Auswirkungen der Aktivitäten von Wirtschaftssubjekten auf unbeteiligte Dritte nicht im Preissystem des Marktes berücksichtigt sind. Aktivitäten, die mit positiven – oder auch negativen – externen Effekten verbunden sind, werden daher aus volkswirtschaftlicher Sicht im Allgemeinen auf einem zu niedrigen – bei negativen Effekten auf einem zu hohen Niveau – ausgeübt. Umweltverschmutzungen können beispielsweise negative externer Effekte sein, deren Kosten im Preissystem des Marktes nicht berücksichtigt sind. Bei Grundlagenforschung dahingegen werden positive externe Effekte angenommen, da auch unbeteiligte Dritte ohne eigene Kostenbeteiligung von den Forschungsergebnissen profitieren können. Siehe Gabler Wirtschaftslexikon, https://wirtschaftslexikon.gabler.de/definition/externer-effekt-34801/version-258295 (zuletzt abgerufen am 20.02.2021); *Schwalbe*, in: Münchener Kommentar Beihilfenrecht, Teil 1. Einl. Rn. 28, 32 ff.

*Wenn der Markt keine hinreichende Breitbandabdeckung gewährleistet oder die Zugangsbedingungen nicht angemessen sind, können Beihilfen dazu beitragen, ein solches Marktversagen zu beheben."*

Hinsichtlich des Vorliegens von Marktversagen ist damit zu klären, ob die gegebene Versorgungslage von der – im Hinblick auf die angesprochenen positiven externen Effekte – gewünschten Versorgungslage abweicht. Die Mitgliedstaaten können die gewünschte Versorgungslage im Hinblick auf ihren Bedarf und ihre Ziele jeweils festlegen.[233] Abgesehen von der Behebung von Marktversagen, welches auf die gesamtwirtschaftliche Nutzenmaximierung abzielt, kann auch die Beseitigung wesentlicher sozialer oder regionaler Ungleichheiten mit der Gewährung von Beihilfen zur Förderung des Breitbandausbaus verfolgt werden. Dabei handelt es sich im Unterschied zum Marktversagen um außerökonomische Ziele. Das Vorliegen von Marktversagen oder wesentlichen Ungleichheiten beurteilt die Kommission nach den förderzielgebietsspezifischen Maßgaben zu „weißen", „grauen" und „schwarzen Flecken".[234]

- *Die staatliche Beihilfe muss als Instrument geeignet sein.*

Hinsichtlich des Prüfungspunktes der *Eignung der staatlichen Beihilfe als Instrument* wird geprüft, ob die Gewährung der Beihilfe als das mildeste Mittel zur Erreichung des angestrebten Versorgungsniveaus (und damit zur Behebung eines identifizierten Marktversagens oder wesentlicher Ungleichheiten) geeignet ist.[235]

- *Die Beihilfe muss einen Anreizeffekt aufweisen.*

Eine Beihilfe hat einen für eine Genehmigung erforderlichen *Anreizeffekt*, wenn die fragliche Investition in Breitbandinfrastruktur ohne Beihilfe nicht vorgenommen worden wäre.[236] Die Gewährung der Beihilfe muss eine Verhaltensänderung des begünstigten Unternehmens in der gewünschten Weise bewirken.[237] Wird keine Verhaltensänderung durch die Beihilfe herbeigeführt, entsteht kein zusätzlicher volkswirtschaftlicher Nutzen und die eingesetzten Mittel werden insofern verschwendet.[238]

---

[233] Kommission, Beschl. v. 18.12.2018, Staatliche Beihilfe Nr. SA.48418 (2018/N) (Deutschland Bayerische Gigabit-Pilotförderung), Rn. 78, siehe hierzu eingehend unter unter E. I. 4.
[234] Hierzu sogleich unter E. I. 4.
[235] Breitbandleitlinien, ABl. 2013/C 25/1, Rn. 40 ff., insbes. 44; Kommission, Beschl. v. 18.12.2018, Staatliche Beihilfe Nr. SA.48418 (2018/N) (Deutschland Bayerische Gigabit-Pilotförderung), Rn. 80.
[236] Breitbandleitlinien, ABl. 2013/C 25/1, Rn. 45.
[237] *Schwalbe*, in: Münchener Kommentar Beihilfenrecht, Teil 1. Einl. Rn. 84.
[238] *Schwalbe*, in: Münchener Kommentar Beihilfenrecht, Teil 1. Einl. Rn. 84.

- *Die Beihilfe muss auf das erforderliche Minimum beschränkt sein.*

Damit Beihilfen zur Förderung des Breitbandausbaus und die potenziell damit einhergehenden Wettbewerbsverzerrungen *auf das erforderliche Minimum beschränkt* bleiben und dadurch angemessen bzw. verhältnismäßig sind, sind die Voraussetzungen der Rn. 78 – 81 der Breitbandleitlinien zu erfüllen.

- *Negative Auswirkungen müssen begrenzt sein.*

Die Einhaltung dieser Voraussetzungen führt dann regelmäßig auch zu *begrenzten negativen Auswirkungen* der Beihilfen. Insbesondere sollen die aufgrund der Gewährung der Beihilfen zu erwartenden Wettbewerbsverzerrungen nicht das Ausmaß von Verdrängungseffekten zulasten privatwirtschaftlicher Investitionstätigkeit annehmen.[239]

- *Die Beihilfenmaßnahme muss transparent sein.*

Die einzuhaltenden *Transparenzverpflichtungen* der Breitbandleitlinien in der durch die Mitteilung 2014/C 198/02 geänderten Fassung sehen vor, dass die Mitgliedstaaten die einschlägigen Vorschriften (insbesondere Beihilfenregelungen) sowie die wesentlichen Informationen zu den gewährten Beihilfen öffentlich bekannt machen.[240]

- *Abwägung*

Anschließend wägt die Kommission bei Vorliegen dieser Voraussetzungen im Rahmen einer *Gesamtabwägung* den positiven Beitrag der Fördermaßnahme zur Erreichung des Ziels von gemeinsamem Interesse gegen die potenziellen negativen Auswirkungen ab.[241] Die Gesamtbilanz der Auswirkungen der Maßnahme muss für eine Vereinbarkeit der Beihilfenmaßnahme positiv ausfallen.[242] Die Gesamtbilanz der Auswirkungen der Maßnahme muss für eine Vereinbarkeit sogar dergestalt positiv ausfallen, dass eine wesentliche Verbesserung der Versorgungslage erzielt wird und damit der positive Beitrag der Fördermaßnahme die potenziellen negativen Auswirkungen *deutlich* überwiegt.

---

[239] Kommission, Beschl. v. 18.12.2018, Staatliche Beihilfe Nr. SA.48418 (2018/N) (Deutschland Bayerische Gigabit-Pilotförderung), Rn. 108 f.; Kommission, Beschl. v. 15.05.2015, Staatliche Beihilfe Nr. SA.38348 (2014/N) (Deutschland Aufbau einer flächendeckenden NGA-Breitbandversorgung in Deutschland), Rn. 62 ff.
[240] Kommission, Mitteilung 2014/C 198/02, ABl. 2014 C 198/30, Ziff. 2.2, lit. a); *von Wallenberg/Schütte*, in: Grabitz/Hilf/Nettesheim, EUV/AEUV, AEUV Art. 107 Rn. 387.
[241] Breitbandleitlinien, ABl. 2013/C 25/1, Rn. 33; Kommission, Beschl. v. 18.12.2018, Staatliche Beihilfe Nr. SA.48418 (2018/N) (Deutschland Bayerische Gigabit-Pilotförderung), Rn. 68 f.
[242] Breitbandleitlinien, ABl. 2013/C 25/1, Rn. 49.

In Rn. 30 ihrer Breitbandleitlinien stellt die Kommission klar, dass ihre sektorspezifisch im Rahmen der Abwägungsprüfung ausdifferenzierten Vereinbarkeitskriterien unabhängig von der konkreten Ausgestaltung der Beihilfenmaßnahme zugrunde zu legen sind. Sie gelten für jede Form staatlicher Beihilfenmaßnahmen zur Förderung des Breitbandausbaus, d.h. nicht nur für gängige Fördermodelle (insbesondere das Wirtschaftlichkeitslückenfördermodell), sondern auch für alle anderen, möglicherweise erst künftig zum Einsatz kommenden Förderansätze.

In der folgenden Darstellung werden zunächst die von den Breitbandleitlinien verwendeten Begrifflichkeiten der Breitbandgrundversorgungs- und NGA-Netze geklärt und voneinander abgegrenzt (3.). Im Fokus der Betrachtung liegen die deutlich leistungsfähigeren NGA-Netze. Sodann wird in der Darstellung der von der Kommission getroffenen förderzielgebietsweisen Differenzierung der Genehmigungsvoraussetzungen in „weiße", „graue" und „schwarze Flecken" für NGA-Netze gefolgt (4.). Im Anschluss werden die weiteren allgemeinen Genehmigungsvoraussetzungen für NGA-Netze behandelt (5.).

### 3. Die Unterscheidung von NGA- und Breitbandgrundversorgungsnetzen

Die Breitbandleitlinien unterscheiden in ihrer Systematik zur Beurteilung der Zulässigkeit von Beihilfen zur Förderung des Breitbandausbaus danach, ob die Errichtung von *Breitbandgrundversorgungs- oder NGA-Netzen* gefördert werden soll. In beiden Fällen bedeutet das die Errichtung von Zugangsnetzen, also dem Segment der „letzten Meile" zur Anbindung von Endnutzern an das vorgelagerte Backhaul-Netz.[243]

Als Netze der *Breitbandgrundversorgung* gelten ADSL-Netze (bis hin zu ADSL2+), herkömmliche Kabelnetze (z.B. DOCSIS 2.0), Mobilfunknetze der

---

[243] Breitbandleitlinien, ABl. 2013/C 25/1, Anhang; auch die geförderte Errichtung von Backhaul-Netzen (NGN) kommt in Betracht. Die den Zugangsnetzen vorgelagerten NGN-Netze können sowohl Breitbandgrundversorgungs- als auch NGA-Netze tragen. Für die Zulässigkeitsbeurteilung solcher Förderungen ist sowohl die Situation auf den Backhaul-Märkten als auch auf den Zugangsmärkten des Förderzielgebietes zu untersuchen. Die Errichtung der Zugangsnetze soll dann privatwirtschaftlich erfolgen. Die Kommission sieht eine NGN-Förderung als „*besonders wettbewerbsfördernd*" für den Aufbau von Zugangsnetzen an. Indes ist die Verfügbarkeit von NGN-Netzen grundsätzlich nicht problematisch. Gerade bei den Zugangsnetzen fehlt es an privatwirtschaftlicher Investitionsbereitschaft. Die Anforderungen der Breitbandleitlinien beziehen sich daher auf Zugangsnetze und behandeln NGN-Fördervorhaben nur am Rande. Siehe Breitbandleitlinien, ABl. 2013/C 25/1, Rn. 60, 61, 81 sowie Kommission, Beschl. v. 02.09.2013, Staatliche Beihilfe Nr. SA.34708 (2012/N) (Poland Broadband network project in Cieszyn region); Kommission, Beschl. v. 04.12.2013, Staatliche Beihilfe Nr. SA.33656 (2012/NN) (Ireland).

dritten Generation (UMTS) und satellitengestützte Systeme.[244] Breitbandgrundversorgungsnetze bieten eine basale Breitbandversorgung.

*NGA-Netze* hingegen sind Zugangsnetze, die – beim jetzigen Stand der Marktentwicklung und der Technik und im Unterschied zu Breitbandgrundversorgungsnetzen – teilweise oder vollständig aus optischen Komponenten bestehen und Breitbandzugangsdienste mit höheren Leistungsmerkmalen ermöglichen als Breitbandgrundversorgungsnetze.[245] Hierzu zählen insbesondere FTTx-Netze und hochleistungsfähige modernisierte Kabelnetze (mindestens DOCSIS 3.0).[246] Das technische Merkmal des teilweisen oder vollständigen Bestehens aus optischen Komponenten von NGA-Netzen beschreibt die gegenwärtig gängige Technologie. Die Kommission hält es für möglich, dass wegen der raschen technischen Entwicklung NGA-Dienste künftig auch durch andere Technologien bereitgestellt werden können.[247] Es erfolgt damit keine Festlegung auf eine bestimmte Technologie. Entscheidend für die Qualifizierung als NGA-Netz ist, dass eine höhere Leistung als bei Breitbandgrundversorgungsnetzen erzielt wird. In den Breitbandleitlinien findet sich in den Rn. 1, 2 und 66 die leistungsbezogene Abgrenzung von einer grundlegenden Breitbandversorgung zu höherwertigen Diensten über die Übertragungsgeschwindigkeit von mindestens 30 Mbit/s. Zwar beziehen sich die Breitbandleitlinien hierbei nicht explizit auf die Abgrenzung von Breitbandgrundversorgungs- zu NGA-Netzen. Die Kommissionspraxis bestätigt aber, dass die Übertragungsgeschwindigkeit von mindestens 30 Mbit/s NGA-Netze qualifiziert.[248]

Bei teilweise oder vollständig aus Glasfaser bestehenden Zugangsnetzen ist in der Regel davon auszugehen, dass die Übertragungsgeschwindigkeit von mindestens 30 Mbit/s auch erreicht wird. Die Übertragungsgeschwindigkeit nimmt indes mit der Länge des noch vorhandenen Kupferkabels bei den teilweise aus Glasfaser bestehenden Zugangsnetzen wie FTTC- oder Vectoring-Zugangsnetzen ab. Bei einem geplanten Einsatz dieser Technologien in ländli-

---

[244] Breitbandleitlinien, ABl. 2013/C 25/1, Rn. 56; zu Mobilfunknetzen siehe unter auch unter E. V. 1. sowie Fn. 426.
[245] Breitbandleitlinien, ABl. 2013/C 25/1, Rn. 57 und Anhang II, beachte auch Fn. 69, 70 bzgl. Technologieneutralität.
[246] Breitbandleitlinien, ABl. 2013/C 25/1, Rn. 58.
[247] Breitbandleitlinien, ABl. 2013/C 25/1, Rn. 57 mit Fn. 69, Rn. 58.
[248] Siehe beispielsweise Kommission, Beschl. v. 26.05.2016, Staatliche Beihilfe Nr. SA. 40720 (2016/N) (National Broadband Scheme for the UK for 2016-2020), Rn. 15; Kommission, Beschl. v. 10.04.2018, Staatliche Beihilfe Nr. State Aid SA.46613 (2017/N) (The Netherlands Broadband Rivierenland Region), Rn. 13; Breitbandgrundversorgung liegt nach der Kommissionspraxis ab 2 Mbit/s vor, siehe etwa Kommission, Beschl. v. 14.08.2009, Staatliche Beihilfe Nr. N 243/2009 (Deutschland Ausbau der Breitbandinfrastruktur in Niedersachsen), Rn. 9 oder Kommission, Mitteilung COM(2016) 587 final, Konnektivität für einen wettbewerbsfähigen digitalen Binnenmarkt – Hin zu einer europäischen Gigabit-Gesellschaft, Fn. 8.

chen Gebieten muss daher geprüft werden, ob sie als NGA-Lösung auch tatsächlich in Frage kommen.[249] Die Übertragungsgeschwindigkeit kann hier unterhalb der Schwelle von 30 Mbit/s bleiben. Unter Umständen können zumindest teilweise aus Glasfaser bestehende Zugangsnetze die NGA-Übertragungsgeschwindigkeit von mindestens 30 Mbit/s also nicht gewährleisten.

In den Breitbandleitlinien findet sich zudem die Begrifflichkeit der *ultraschnellen NGA-Netze*. Nach der Systematik der Breitbandleitlinien handelt es sich um NGA-Netze, die Übertragungsgeschwindigkeiten von über 100 Mbit/s gewährleisten können.[250] Ultraschnelle NGA-Netze bilden keine eigenständige Kategorie an Breitbandnetzen, sondern unterfallen den NGA-Netzen. Es handelt sich um besonders leistungsfähige NGA-Netze.

Insgesamt kann daher folgende Einteilung vorgenommen werden: Übertragungsgeschwindigkeiten von unter 30 Mbit/s kennzeichnen Breitbandgrundversorgungsnetze. Übertragungsgeschwindigkeiten von 30 Mbit/s und mehr erreichen NGA-Netze. Übertragungsgeschwindigkeiten von 100 Mbit/s und mehr ermöglichen ultraschnelle NGA-Netze.

### 4. Förderzielgebietsweise Differenzierung der Genehmigungsvoraussetzungen für NGA-Netze

#### a. Die farbliche Einordnung von Förderzielgebieten in Bezug auf das Vorliegen von Marktversagen und wesentlichen Ungleichheiten

Die Zulässigkeit von Beihilfen zur Förderung des Breitbandausbaus ist maßgeblich abhängig von der Marktsituation in den Förderzielgebieten. In Bezug auf das Vorliegen von Marktversagen oder wesentlichen Ungleichheiten[251] unterscheiden die Breitbandleitlinien „weiße", „graue" und „schwarze Flecken" der Förderzielgebiete für die Errichtung von NGA-Netzen.[252]

---

[249] *Elixmann/Neumann*, The broadband State aid rules explained, Fn. 20.
[250] Breitbandleitlinien, ABl. 2013/C 25/1, Rn. 82, 83 lit. b); Kommission, Beschl. v. 26.07.2018, Staatliche Beihilfe Nr. SA.48325 (2018/N) (Austria Breitbandausbau in Oberösterreich), Rn. 87.
[251] Neben der Behebung von Marktversagen können mit Beihilfen zur Förderung des Breitbandausbaus auch *wesentliche Ungleichheiten* behoben und damit außerökonomische Gleichheitsziele verfolgt werden. Da Beihilfen zur Förderung des Breitbandausbaus primär auf die Behebung von Marktversagen ausgerichtet sind (und damit zugleich auch Gleichheitsziele verwirklicht werden können), konzentrieren sich die Breitbandleitlinien und die folgende Darstellung auf die Ausrichtung von Beihilfen zur Behebung von Marktversagen.
[252] Diese „farbliche" Unterscheidung von Förderzielgebiete gilt im Übrigen auch bei der – vorliegend nicht weiter behandelten – Förderung des Ausbaus von Breitbandgrundversorgungsnetzen.

## aa. Weiße NGA-Flecken

Weiße NGA-Flecken sind Gebiete, in denen es NGA-Netze gegenwärtig nicht gibt und die Errichtung solcher Netze durch private Investoren in den kommenden drei Jahren auch nicht zu erwarten ist.[253]

Diese Gebiete kommen nach den Breitbandleitlinien bei Vorliegen der weiteren allgemeinen Genehmigungsvoraussetzungen[254] für eine Beihilfenmaßnahme für NGA-Netze „*in Betracht*". Zwar formulieren die Breitbandleitlinien damit bei der in Bezug auf das Vorliegen von Marktversagen getroffenen Unterscheidung von Förderzielgebieten zurückhaltender als bei weißen Breitbandgrundversorgungsflecken. In weißen Breitbandgrundversorgungsflecken nämlich ist bei Vorliegen der weiteren allgemeinen Genehmigungsvoraussetzungen von einer Vereinbarkeit von Beihilfen (für die Errichtung von Breitbandgrundversorgungsnetzen) und damit von einem Marktversagen „*auszugehen*".[255] Die Kommission rechnet aber ausweislich Rn. 59 der Breitbandleitlinien damit, dass Breitbandversorgungsnetze auf längere Sicht durch NGA-Netze ganz abgelöst werden und sich die Förderung dann auf weiße NGA-Flecken fokussiert. Die Breitbandleitlinien bestimmen insofern schon eine Verschiebung der Förderung in weißen Breitbandgrundversorgungsflecken hin zu weißen NGA-Flecken. Diesbezüglich stellt auch die Gigabit-Mitteilung der Kommission fest: „*So berücksichtigen die [Breitband-] Leitlinien bereits die Ziele, die in der Digitalen Agenda für Europa bis zum Jahr 2020 festgesetzt wurden: Werden staatliche Beihilfen eingesetzt, um den Sprung von einer Basis-Breitbandversorgung zu einer Basis-NGA-Versorgung zu vollziehen (mit Angeboten von in der Regel 30 Mbit/s bis unter 100 Mbit/s), gilt dies als Maßnahme zur Behebung eines Marktversagens, wenn ein gewerblicher Aufbau hochleistungsfähiger Netze nicht stattfindet [= weiße NGA-Flecken].*"[256]. Die Erschließung weißer NGA-Flecken mit NGA-Netzen ist nach der Kommission deswegen von derselben hohen Priorität wie die vormalige Erschließung weißer Breitbandgrundversorgungsflecken mit Breitbandgrundversorgungsnetzen. Auch in weißen NGA-Flecken kann somit bei Vorliegen der weiteren allgemeinen Genehmigungsvoraussetzungen ohne nähere Begründung von einem Marktversagen und letztlich von einer Vereinbarkeit ausgegangen werden.[257]

---

[253] Breitbandleitlinien, ABl. 2013/C 25/1, Rn. 75.
[254] Siehe hierzu unter E. I. 5.
[255] Breitbandleitlinien, ABl. 2013/C 25/1, Rn. 66.
[256] Kommission, Mitteilung COM(2016) 587 final, Konnektivität für einen wettbewerbsfähigen digitalen Binnenmarkt – Hin zu einer europäischen Gigabit-Gesellschaft, S. 17.
[257] Siehe etwa in der jüngeren Kommissionspraxis zur Förderung von (gewöhnlichen) NGA-Netzen in weißen NGA-Flecken: Kommission, Beschl. v. 30.6.2016, Staatliche Beihilfe Nr. SA.41647 (2016/N) (Italy – Strategia Banda Ultralarga), Rn. 94; Kommission, Beschl. v. 04.07.2017, Staatliche Beihilfe Nr. SA.46372 (2017/N) (Lithuania Support for broadband

Diese Vermutung des Vorliegens von Marktversagen gilt freilich nicht nur bei einer geplanten Errichtung von „herkömmlichen" NGA-Netzen in weißen NGA-Flecken, sondern auch bei einer geplanten Errichtung von ultraschnellen NGA-Netzen in weißen NGA-Flecken. Ultraschnelle NGA-Netze stellen einen Unterfall der NGA-Netze dar. Die Förderung der Errichtung solcher Netze unterliegt grundsätzlich denselben Genehmigungsvoraussetzungen.[258] Die Kommission befürwortet ausweislich der Gigabit-Mitteilung gerade deren flächendeckende Verfügbarkeit: Bis zum Jahr 2025 sollen Übertragungsgeschwindigkeiten von mindestens 100 Mbit/s für alle Haushalte und mindestens 1 Gbit/s für alle *„sozioökonomischen Schwerpunkte"* wie Schulen oder stark digitalisierte Unternehmen erreicht werden.[259] Die jüngere Entscheidungspraxis der Kommission betrifft zumeist die Förderung des Ausbaus ultraschneller NGA-Netze.[260]

bb. Graue NGA-Flecken

Graue NGA-Flecken sind Gebiete, in denen in den kommenden drei Jahren lediglich ein NGA-Netz verfügbar sein oder ausgebaut werden wird und kein anderer Betreiber den Ausbau eines weiteren NGA-Netzes in diesem Zeitraum plant.[261]

Während bei weißen NGA-Flecken kein NGA-Netz (jedenfalls innerhalb von drei Jahren) vorhanden ist, so sind graue NGA-Flecken durch die Verfügbarkeit eines NGA-Netzes (jedenfalls innerhalb von drei Jahren) gekennzeichnet. Die Breitbandleitlinien verlangen hier, *„im Rahmen einer eingehenden Analyse zu prüfen [...], ob ein staatliches Eingreifen erforderlich ist, da bei staatlichen Maßnahmen in diesen Gebieten die große Gefahr besteht, dass vorhandene In-*

---

infrastructure (stage II) - PRIP 2), Rn. 67 bis 69, wobei hier auch Gleichheitsziele ein nicht zufriedenstellendes Marktergebnis begründen (vgl. Rn. 37 bis 39 der Breitbandleitlinien, ABl. 2013/C 25/1); Kommission, Beschl. v. 26.07.2018, Staatliche Beihilfe Nr. SA.48325 (2018/N) (Austria Breitbandausbau in Oberösterreich), Rn. 10, 86, 87; Kommission, Beschl. v. 04.06.2018, Staatliche Beihilfe Nr. SA.50847 (Deutschland Verlängerung der Beihilferegelung NGA Bayern Abänderung (SA.38690)), Rn. 3, 6; Kommission, Beschl. v. 03.04.2017, Staatliche Beihilfe Nr. SA.46731 (2016/N) (Austria Aid to fast broadband infrastructure in rural areas in Niederösterreich), Rn. 33 *„deemed to exist"*.
[258] Für den Sonderfall der Errichtung von ultraschnellen NGA-Netzen in schwarzen NGA-Flecken siehe unter E. I. 4. a. cc.
[259] Kommission, Mitteilung COM(2016) 587 final, Konnektivität für einen wettbewerbsfähigen digitalen Binnenmarkt – Hin zu einer europäischen Gigabit-Gesellschaft, S. 7.
[260] Entscheidungen Förderung ultraschnelle NGA-Netze in weißen NGA-Flecken: etwa Kommission, Beschl. v. 17.12.2015, Staatliche Beihilfe Nr. SA.41175 (2015/N) (Austria Broadband Austria 2020), Rn. 76 f.; Kommission, Beschl. v. 08.11.2018, Staatliche Beihilfe Nr. SA.50844 (Austria Broadband Styria), Rn. 80 bis 82, Rn. 81
[261] Breitbandleitlinien, ABl. 2013/C 25/1, Rn. 76.

*vestoren verdrängt werden und der Wettbewerb verfälscht wird.*"²⁶². Das Vorliegen von Marktversagen kann hier also erst nach einer eingehenden Analyse festgestellt werden.²⁶³

Zwar gibt die Kommission für diese eingehende Analyse keine bestimmten Kriterien wie bei der Förderung in grauen Breitbandgrundversorgungsflecken (Rn. 67 bis 70 der Breitbandleitlinien) vor. Die dort aufgeführten Kriterien sind jedoch allgemeiner Art, die auch zur Geltendmachung von Marktversagen in grauen NGA-Flecken herangezogen werden können:²⁶⁴ Marktversagen kann in grauen Flecken gegeben sein, wenn die Endnutzerpreise und/oder die Qualität der Dienstleistungen (im Vergleich zu Wettbewerbsmärkten) als Folge des fehlenden Wettbewerbes auf Infrastrukturebene unangemessen hoch sind. Daneben können bestehende Marktzutrittsschranken, die potenziellen Wettbewerb auf Infrastrukturebene verhindern, für das Vorliegen von Marktversagen sprechen. Solche Marktzutrittsschranken können beispielsweise vorliegen, wenn der einzelne Netzbetreiber sein bereits vorhandenes NGA-Netz unter privilegierter Nutzung von Leerrohren aufbauen konnte und diese Möglichkeit für potenzielle Wettbewerber nicht besteht.²⁶⁵

Das Vorliegen von Marktversagen kann aber insbesondere dann anzunehmen sein, wenn das bestehende (oder in den nächsten drei Jahren zu erwartende) NGA-Netz eine *unzureichende Leistung*, also unzureichende Übertragungsgeschwindigkeiten bietet. Dass die über das bereits vorhandene (oder in den nächsten drei Jahren zu erwartende) NGA-Netz gewährleisteten Übertragungsgeschwindigkeiten unzureichend sind, ist nach den vorgenannten Wertungen der Breitbandleitlinien zunächst anhand der eingehenden Analyse festzustellen.²⁶⁶ Nach den Ausführungen der Rn. 67 bis 70 der Breitbandleitlinien sind Bedarfsnachweise nach höheren Bandbreiten von Bürgern und Unternehmen zu erbringen.²⁶⁷ Es muss trotz eines bestehenden oder geplanten NGA-Netzes eine ungedeckte Nachfrage nach höheren Bandbreiten bestehen.²⁶⁸

---

[262] Breitbandleitlinien, ABl. 2013/C 25/1, Rn. 76; siehe auch Kommission, Beschl. v. 25.01.2016, Staatliche Beihilfe Nr. SA.38626 (2015/N) (National Broadband Plan – Croatia), Rn. 14, 97 (in grauen Flecken wurden Endnutzer nicht angeschlossen).
[263] Und ist von den Mitgliedstaaten nachzuweisen; siehe Kommission, Beschl. v. 22.07.2015, Staatliche Beihilfe Nr. SA.41416 (2015/N) (Deutschland – NGA-Förderregelung Baden-Württemberg), Rn. 16, 39.
[264] Kommission, Beschl. v. 22.07.2015, Staatliche Beihilfe Nr. SA.41416 (2015/N) (Deutschland – NGA-Förderregelung Baden-Württemberg), Rn. 44; Kommission, Beschl. v. 13.11.2020, Staatliche Beihilfe Nr. SA.52732 (2020/N) (Nationale Gigabitregelung Deutschland), Rn. 111.
[265] Vgl. Breitbandleitlinien, ABl. 2013/C 25/1, Rn. 67 bis 70.
[266] *Rosenfeld/Holtmann*, in: Münchener Kommentar Beihilfenrecht, Teil 8. Rn. 55.
[267] Kommission, Beschl. v. 22.07.2015, Staatliche Beihilfe Nr. SA.41416 (2015/N) (Deutschland – NGA-Förderregelung Baden-Württemberg), Rn. 5; Kommission, Beschl. v. 04.12.2013, Staatliche Beihilfe Nr. SA.33656 (2012/NN) (Ireland), Rn. 34 („*no indications*

Die Feststellung einer bestehenden Unterversorgung nach Maßgabe der Feststellung einer ungedeckten Nachfrage greift die Kommission in ihrer Gigabit-Mitteilung auf und formuliert hierzu: *„Bei ihrer Bewertung der nationalen Pläne zur Förderung von Netzen mit sehr hoher Kapazität wird die Kommission die in dieser Mitteilung genannten Anforderungen und Ziele sowie Belege für die langfristige Nachfrage nach diesen Netzen, bei denen eine Unterversorgung durch den Markt vorliegen könnte, berücksichtigen. Nach dem Grundsatz, dass sich staatliche Eingriffe auf das für die Behebung eines Marktversagens notwendige Mindestmaß beschränken und die im europäischen Interesse liegenden Ziele erreicht werden müssen, zieht die Kommission in den Bereichen, in denen damit ein Leistungssprung zu ultraschnellen Breitbandnetzen bewirkt werden kann, den Rückgriff auf eine aus unterschiedlichsten Instrumenten bestehende Mischfinanzierung wohlwollend in Erwägung."*[269]. An anderer Stelle ihrer Gigabit-Mitteilung spricht die Kommission ausdrücklich von einer *„absehbaren Entwicklung der langfristigen Nachfrage"* nach höheren Übertragungsgeschwindigkeiten.[270] Die Kommission lässt damit erkennen, dass sie keine hohen Anforderungen an die von den Mitgliedstaaten im Rahmen der eingehenden Analyse zu erbringenden Bedarfsnachweise nach höheren als den bereits verfügbaren Übertragungsgeschwindigkeiten stellt.

Dies bestätigt die kürzlich ergangene Entscheidung *Deutschland Bayerische Gigabit-Pilotförderung* zur Förderung ultraschneller NGA-Netze in grauen NGA-Flecken in Bayern, welche die Kommission im Kontext der Gigabit-Mitteilung und der darin festgelegten Ausbauziele getroffen hat.[271] In grauen NGA-Flecken, in denen die Übertragungsgeschwindigkeiten unter 100 Mbit/s für Haushalte und unter 200 Mbit/s für Unternehmen lagen, konnten Netze mit Übertragungsgeschwindigkeiten von mindestens 200 Mbit/s für Haushalte und 1 Gbit/s für Unternehmen errichtet werden. Deutschland musste keine konkreten Nachweise für einen Bedarf an höheren Übertragungsgeschwindigkeiten vorlegen, sondern konnte seinerseits auf die in der Gigabit-Mitteilung gesetzten Ziele, auf die allgemeine Erforderlichkeit ultraschneller NGA-Netze für Fortschritt und Digitalisierung sowie auf allgemeine Studien verweisen, die auf einen steigenden Bedarf an ultraschnellen NGA-Netzen in Deutschland hindeuten.[272] Explizit

---

*that it is not sufficient to satisfy the needs of citizens and business"*), (Rn. 70: an geförderte Infrastruktur durfte in grauen Flecken nicht angeschlossen werden).

[268] Kommission, Mitteilung COM(2016) 587 final, Konnektivität für einen wettbewerbsfähigen digitalen Binnenmarkt – Hin zu einer europäischen Gigabit-Gesellschaft, S. 16.

[269] Kommission, Mitteilung COM(2016) 587 final, Konnektivität für einen wettbewerbsfähigen digitalen Binnenmarkt – Hin zu einer europäischen Gigabit-Gesellschaft, S. 16.

[270] Kommission, Mitteilung COM(2016) 587 final, Konnektivität für einen wettbewerbsfähigen digitalen Binnenmarkt – Hin zu einer europäischen Gigabit-Gesellschaft, S. 15.

[271] Kommission, Beschl. v. 18.12.2018, Staatliche Beihilfe Nr. SA.48418 (2018/N) (Deutschland Bayerische Gigabit-Pilotförderung), Rn. 2, 3, 70.

[272] Kommission, Beschl. v. 18.12.2018, Staatliche Beihilfe Nr. SA.48418 (2018/N) (Deutschland Bayerische Gigabit-Pilotförderung), Rn. 7, 8.

greift die Kommission sogar dahingehende Bedenken der Netzbetreiber auf, die im Rahmen der Maßnahme geplanten Geschwindigkeiten wären unnötig hoch und entsprächen nicht der aktuellen oder absehbaren Nachfrage.[273] Sie führt aus: *„Es liegt jedoch in der Verantwortung der Mitgliedstaaten, ihren Bedarf und ihre Ziele festzulegen. In diesem Fall wurden die Ziele auf der Grundlage der voraussichtlichen Nachfrage für die Jahre bis 2025 und darüber hinaus festgelegt, die von den deutschen Behörden auf der Grundlage mehrerer Studien und Berichte sowie der Gigabit-Mitteilung ermittelt wurde."*[274]. Abschließend wird festgestellt: *„Daher ist davon auszugehen, dass die Maßnahme ein Marktversagen behebt."*[275]. Die Feststellung des Vorliegens eines Marktversagens in grauen NGA-Flecken unterliegt mithin keinen hohen Anforderungen.

### cc. Schwarze NGA-Flecken

Schwarze NGA-Flecken sind Gebiete, in denen mindestens zwei NGA-Netze unterschiedlicher Betreiber existieren oder in den kommenden drei Jahren ausgebaut werden.[276]

Die Kommission bestimmt hier, dass davon *„auszugehen [ist], dass die staatliche Förderung eines weiteren gleichwertigen NGA-Netzes in derartigen Gebieten zu einer schweren Verfälschung des Wettbewerbs führen würde und somit nach Artikel 107 Absatz 3 Buchstabe c AEUV mit dem Binnenmarkt unvereinbar ist."*[277]. Im Gegensatz zu weißen NGA-Flecken wird hier also kein Marktversagen, sondern ein Funktionieren des Marktes vermutet. Förderungen in schwarzen NGA-Flecken sind grundsätzlich unzulässig.

Die Kommission bringt in den Rn. 82 ff. ihrer Breitbandleitlinien jedoch zum Ausdruck, dass sie ausnahmsweise das Vorliegen von Marktversagen auch in schwarzen NGA-Flecken für möglich hält. Als Ausnahme vom Grundsatz der Förderunzulässigkeit in schwarzen NGA-Flecken nach der vorstehend zitierten Rn. 77 der Breitbandleitlinien kann die geförderte Errichtung *ultraschneller* – also deutlich schnellerer Netze als die bereits vorhandenen – NGA-Netze in schwarzen NGA-Flecken nach den in Rn. 83 f. der Breitbandleitlinien genannten

---

[273] Kommission, Beschl. v. 18.12.2018, Staatliche Beihilfe Nr. SA.48418 (2018/N) (Deutschland Bayerische Gigabit-Pilotförderung), Rn. 24, 78.
[274] Kommission, Beschl. v. 18.12.2018, Staatliche Beihilfe Nr. SA.48418 (2018/N) (Deutschland Bayerische Gigabit-Pilotförderung), Rn. 78.
[275] Kommission, Beschl. v. 18.12.2018, Staatliche Beihilfe Nr. SA.48418 (2018/N) (Deutschland Bayerische Gigabit-Pilotförderung), Rn. 79; ohne nähere Erläuterung mit Verweis auf die Gigabit-Mitteilung nunmehr auch in: Kommission, Beschl. v. 13.11.2020, Staatliche Beihilfe Nr. SA.52732 (2020/N) (Nationale Gigabitregelung Deutschland), Rn. 106.
[276] Breitbandleitlinien, ABl. 2013/C 25/1, Rn. 77.
[277] Breitbandleitlinien, ABl. 2013/C 25/1, Rn, 77.

Voraussetzungen in Betracht kommen. Mit dem Bezug der Breitbandleitlinien auf die Errichtung eines „*weiteren gleichwertigen NGA-Netzes*" ist diese Ausnahme bereits in Rn. 77 der Breitbandleitlinien angelegt.

Im Einzelnen bestimmt die Kommission in Rn. 83 f. ihrer Breitbandleitlinien als Voraussetzungen der Zulässigkeit einer Förderung des Ausbaus von ultraschnellen NGA-Netzen in schwarzen NGA-Flecken:

- Nach *Rn. 83 lit. a)* der Breitbandleitlinien dürfen die bestehenden oder innerhalb von drei Jahren geplanten NGA-Netze die Räumlichkeiten der Endnutzer noch nicht mit Glasfaser erreichen. Dies ist beispielsweise der Fall bei der FTTC-Technologie oder bei Kabelnetzen, bei denen ebenfalls die Glasfaserleitungen nur bis zu den Straßenverteilerkästen verlegt sind und auf der letzten Strecke Koaxialkabel verwendet werden.[278]

- Nach *Rn. 83 lit. b)* der Breitbandleitlinien darf in dem betreffenden Gebiet nicht zu erwarten sein, dass *der Markt von selbst ein ultraschnelles NGA-Netz* mit Übertragungsgeschwindigkeiten von mehr als 100 Mbit/s innerhalb der nächsten drei Jahre hervorbringen wird. Primär ist die Beurteilung – wie nach Rn. 83 lit. a) der Breitbandleitlinien – anhand von Investitionsplänen von Netzbetreibern als Ergebnis eines Markterkundungsverfahrens zur Ermittlung der privatwirtschaftlichen Investitionstätigkeit vorzunehmen.[279] Die möglicherweise innerhalb der nächsten drei Jahre geplanten NGA-Netze dürfen keine ultraschnellen NGA-Netze mit Übertragungsgeschwindigkeiten von mehr als 100 Mbit/s sein.
Aber auch unabhängig von konkret ermittelten Ausbauvorhaben nach den Investitionsplänen von Netzbetreibern kann die Marktentwicklung die marktwirtschaftliche Erreichung eines ultraschnellen NGA-Netzes erwarten lassen. Von der marktwirtschaftlichen Erreichung eines ultraschnellen NGA-Netzes kann etwa ausgegangen werden, wenn in einem Gebiet sowohl ein FTTC- als auch ein modernisiertes Kabelnetz (mindestens Docsis 3.0) existieren. Ausweislich Fn. 130 der Breitbandleitlinien ist dann „*beispielsweise in der Regel davon auszugehen, dass der Wettbewerb auf dem Markt auch ohne staatliche Maßnahmen zur Bereitstellung ultraschneller Dienste führen wird.*"[280]. In diesen Fällen wird damit vermutet, dass es an einem Marktversagen fehlt und staatliche Förderungen im Grundsatz unzulässig sind. Diese Vermutung besteht unabhängig von

---

[278] Breitbandleitlinien, ABl. 2013/C 25/1, Fn. 129 missverständlich, siehe deutlich die englische Fassung der Breitbandleitlinien; siehe auch Kommission, Beschl. v. 18.12.2018, Staatliche Beihilfe Nr. SA.48418 (2018/N) (Deutschland Bayerische Gigabit-Pilotförderung), Fn. 24.

[279] Es wird auf die Rn. 63 bis 65 der Breitbandleitlinien verwiesen, siehe hierzu unter E. I. 4. c.

[280] Breitbandleitlinien, ABl. 2013/C 25/1, Rn. 83 lit. b), Fn. 130.

dem drei-Jahres-Prognosezeitraum, d.h. sie gilt auch dann, wenn die Bereitstellung ultraschneller Dienste nicht in den nächsten drei Jahren, sondern erst auf längerfristige Sicht zu erwarten ist. Die Vermutung, dass der Markt aufgrund der Existenz von Kabel- und FTTC-Infrastrukturen selbst ultraschnelle NGA-Netze hervorbringen wird, ist als Beispiel aufgeführt. Daher können auch andere Umstände dafür sprechen, dass ein Hervorbringen von ultraschnellen NGA-Netzen durch den Markt – unabhängig von dem drei-Jahres-Prognosezeitraum – angenommen werden kann. Es sind also die *Gesamtumstände* zu berücksichtigen. Insbesondere kann ein stattfindender intensiver Wettbewerb auf Infrastrukturebene das Erreichen eines hohen Leistungsniveaus durch ultraschnelle NGA-Netze erwarten lassen.[281]

- Schließlich muss nach *Rn. 83 lit. c)* der Breitbandleitlinien seitens der Mitgliedstaaten dargelegt werden, dass die Übertragungsgeschwindigkeiten, die die bereits bestehenden (oder in den nächsten drei Jahren zu erwartenden) NGA-Netze gewährleisten können, zu gering sind. Es muss mit einer Nachfrage nach solchen qualitativen Verbesserungen, die ultraschnelle NGA-Netze mit Datenübertragungsraten von mehr als 100 Mbit/s bieten können, gerechnet werden können. Mit der Fn. 131 verweist die Kommission zu dieser Feststellung „*beispielsweise*" auf die Indikatoren nach den Fn. 84 und 85 der Breitbandleitlinien zur Annahme von Marktversagen bei der Förderung in grauen Breitbandgrundversorgungsflecken. Damit sind wiederum Bedarfsnachweise nach höheren Bandbreiten von Bürgern und Unternehmen zu erbringen. Wie in Bezug auf die Förderung in grauen NGA-Flecken dargestellt lässt die Kommission jedoch erkennen, dass sie keine hohen Anforderungen an die von den Mitgliedstaaten zu erbringenden Bedarfsnachweise stellt.

- Nach *Rn. 84* der Breitbandleitlinien sind weitere Nachweisanforderungen zu erfüllen. Nach *Rn. 84 lit. a)* der Breitbandleitlinien muss das geförderte Netz gegenüber den überprüfbaren Merkmalen und Leistungsdaten bestehender oder geplanter Netze wesentliche technische Verbesserungen und eine bessere Leistung bieten. Damit wird das nach Rn. 51 der Breitbandleitlinien bestehende Erfordernis der Darlegung einer *wesentlichen Verbesserung*, insbesondere in Bezug auf die Breitbandversorgung und damit auf technische Verbesserungen und eine bessere Leistung, adressiert und

---

[281] Jedenfalls in der Entscheidung v. 19.07.2006, Breitbandnetzausbau in Appingedam, ABl. EU 2007, L 86, 1, Rn. 72 – 83 untersagte die Kommission mangels Marktversagens eine Förderung in schwarzen Breitbandgrundversorgungsgebieten; siehe auch Kommission, Beschl. v. 18.12.2018, Staatliche Beihilfe Nr. SA.48418 (2018/N) (Deutschland Bayerische Gigabit-Pilotförderung), Rn. 115; es liegen bislang keine Entscheidungen der Kommission zu Fördermaßnahmen in schwarzen NGA-Flecken vor.

hervorgehoben.[282] Nach *Rn. 84 lit. b)* der Breitbandleitlinien muss gewährleistet sein, dass das geförderte Netz auf einer offenen Architektur beruht und ausschließlich auf Vorleistungsebene betrieben wird.[283] Und schließlich darf nach *Rn. 84 lit. c)* der Breitbandleitlinien die Beihilfe nicht zu einer *übermäßigen Verzerrung des Wettbewerbs mit bereits existieren NGA-Lösungen* führen, in die Marktteilnehmer in der jüngeren Vergangenheit umfangreiche Mittel investiert haben. Solche umfangreichen Investitionen dürften anzunehmen sein, wenn – entsprechend der Maßgabe der Kommission in Rn. 51 der Breitbandleitlinien – nicht lediglich aktive Netzkomponenten modernisiert wurden, sondern auch Tiefbauarbeiten durchgeführt wurden.[284] Fn. 133 der Breitbandleitlinien erläutert, dass eine übermäßige Verzerrung des Wettbewerbs in Bezug auf die vorgenannten Investitionen vorliegt, wenn die Marktteilnehmer diese wegen der Beihilfe nicht innerhalb eines angemessenen Zeitraums amortisieren können.[285] Die Beurteilung wird anhand unterschiedlicher Faktoren vorgenommen, insbesondere anhand der Größenordnung der Investition, wie lange sie zurückliegt, der für eine angemessene Kapitalrendite erforderliche Mindestzeitraum sowie die voraussichtliche Auswirkung der Investition auf den Ausbau des neuen geförderten ultraschnellen NGA-Netzes.[286]

Auch wenn die Kommission mit den vorgenannten Genehmigungsvoraussetzungen die Möglichkeit eines geförderten Ausbaus in schwarzen NGA-Flecken in Aussicht stellt, so steht sie einer Förderung in diesen Gebieten zumindest gegenwärtig noch sehr ablehnend gegenüber.[287] Dies bringt sie in der Entscheidung *Deutschland Bayerische Gigabit-Pilotförderung* zum Ausdruck, indem sie schreibt, dass in schwarzen NGA-Flecken „*eine ausreichende künftige Nachfrage nach [Netzen mit] sehr hohen Kapazitäten erwartet wird*"[288]. In schwarzen

---

[282] Hierzu sogleich unter E. I. 4. b.
[283] Breitbandleitlinien, ABl. 2013/C 25/1, Rn. 84 lit. b).
[284] Hierzu eingehend unter E. I. 4. b.
[285] Siehe hierzu in Bezug auf die Notwendigkeit, den geförderten Ausbau auf weiße NGA-Flecken zu beschränken etwa Kommission, Beschl. v. 17.12.2015, Staatliche Beihilfe Nr. SA.41175 (Austria Broadband Austria 2020), Rn. 80 a); dies bringt die Kommission auch bereits zu Beginn ihrer Breitbandleitlinien in Rn. 6 zum Ausdruck, indem sie schreibt: „*Wenn staatliche Beihilfen für den Breitbandsektor jedoch in Gegenden eingesetzt werden, in denen die Marktteilnehmer sich grundsätzlich für Investitionen entscheiden würden oder bereits investiert haben, könnte dies kommerziellen Investoren den Anreiz nehmen, überhaupt noch in den Breitbandausbau zu investieren.*"
[286] Breitbandleitlinien, ABl. 2013/C 25/1, Fn. 133.
[287] *Rosenfeld/Holtmann*, in: Münchener Kommentar Beihilfenrecht, Teil 8. Rn. 53, 55; entsprechend äußert sich die Kommission in Beschl. v. 18.12.2018, Staatliche Beihilfe Nr. SA.48418 (2018/N) (Deutschland Bayerische Gigabit-Pilotförderung), Rn. 115.
[288] Kommission, Beschl. v. 18.12.2018, Staatliche Beihilfe Nr. SA.48418 (2018/N) (Deutschland Bayerische Gigabit-Pilotförderung), Rn. 115.

NGA-Flecken wird ein Funktionieren des Marktes vermutet und ein Widerlegen dieser Vermutung erscheint – auch vor dem Hintergrund der dargelegten komplexen Anforderungen – in der Praxis unrealistisch.

dd. Keine Berücksichtigung vorhandener Breitbandgrundversorgungsinfrastruktur

Nach den vormals geltenden Breitbandleitlinien aus dem Jahr 2009 war im Rahmen der Genehmigungsprüfung von NGA-Fördermaßnahmen die im Förderzielgebiet vorhandene Breitbandgrundversorgungsinfrastruktur zu berücksichtigen.[289] Dadurch waren Mischkonfigurationen bei Förderzielgebieten möglich. Beispielsweise konnte ein Förderzielgebiet im Hinblick auf Breitbandgrundversorgungsinfrastruktur schwarz und zugleich im Hinblick auf NGA-Infrastruktur weiß sein.[290] Waren Gebiete als schwarze Breitbandgrundversorgungsflecken einzuordnen, so hatte dies immer Einfluss auf die Zulässigkeit beabsichtigter NGA-Förderungen.[291] Auch graue Breitbandgrundversorgungsflecken waren explizit bei der Förderung in weißen NGA-Flecken zu berücksichtigen.[292] Die Kommission ging allgemein von einem „*gewissen Maß an Substituierbarkeit*" zwischen Breitbandgrundversorgungsnetzen und NGA-Netzen aus.[293] Diese Vorgaben enthalten die aktuellen Breitbandleitlinien nicht mehr. Die Prüfung der Genehmigungsvoraussetzungen für (ultraschnelle) NGA-Fördermaßnahmen erfolgt nun grundsätzlich ohne Rücksicht auf bestehende Breitbandgrundversorgungsnetze.[294] Bestehende Breitbandgrundversorgungsnetze haben damit keinen Einfluss auf die Zulässigkeit von NGA-Förderprojekten.

---

[289] Kommission, Leitlinien der Gemeinschaft für die Anwendung der Vorschriften über staatliche Beihilfen im Zusammenhang mit dem schnellen Breitbandausbau, ABl.EU 2009/C 235/04 v. 30.09.2009.
[290] Siehe hierzu *Holznagel/Deckers/Schramm*, NVwZ 2010, 1059, 1064; *Freund/Bary*, N&R 2013, 256.
[291] Kommission, Leitlinien der Gemeinschaft für die Anwendung der Vorschriften über staatliche Beihilfen im Zusammenhang mit dem schnellen Breitbandausbau, ABl.EU 2009/C 235/04 v. 30.09.2009, Rn. 77, 78.
[292] Kommission, Leitlinien der Gemeinschaft für die Anwendung der Vorschriften über staatliche Beihilfen im Zusammenhang mit dem schnellen Breitbandausbau, ABl.EU 2009/C 235/04 v. 30.09.2009, Rn. 73.
[293] Kommission, Leitlinien der Gemeinschaft für die Anwendung der Vorschriften über staatliche Beihilfen im Zusammenhang mit dem schnellen Breitbandausbau, ABl.EU 2009/C 235/04 v. 30.09.2009, Rn. 71.
[294] *Rosenfeld/Holtmann*, in: Münchener Kommentar Beihilfenrecht, Teil 8. Rn. 44 ff.

### b. Das Erfordernis der wesentlichen Verbesserung zum Nachweis der positiven Auswirkungen der Fördermaßnahme

Weitere wesentliche Voraussetzung zur Genehmigung von Fördermaßnahmen ist das Erreichen einer „*wesentlichen Verbesserung*" der Breitbandversorgung durch das geförderte Netz.[295] Dafür müssen nach den Breitbandleitlinien *erstens* erhebliche neue Investitionen in das Breitbandnetz getätigt und *zweitens* durch die geförderte Infrastruktur erhebliche neue Möglichkeiten auf dem Markt im Bereich der Breitbandversorgung und der Bandbreiten, der Geschwindigkeit und des Wettbewerbs erreicht werden.[296] Mit der Voraussetzung der wesentlichen Verbesserung wird sichergestellt, dass ein ohnehin nur ausnahmsweise gewährter staatlicher Eingriff in den Markt in Form der Förderung eine bedeutende positive Veränderung der Versorgungssituation erreicht und nicht lediglich marginale Auswirkungen darauf hat oder gar zu einer Verdopplung der bereits existierenden Infrastruktur führt.[297]

Erhebliche neue Investitionen in das Breitbandnetz (*erstens*) bewirkt die Fördermaßnahme dann, wenn zumindest auch in passive Netzkomponenten investiert wird und (Tief-)Bauarbeiten erforderlich sind.[298] Eine Förderung hingegen, die allein auf die Modernisierung aktiver Netzkomponenten von bestehenden Netzen ausgerichtet ist, ist unzulässig. Hierbei würden nach der Kommission nur „*marginale Investitionen*" getätigt.[299] Eine Aufrüstung bestehender Netze etwa allein durch den Einsatz der Vectoring-Technologie, welche über die Modernisierung aktiver Netzkomponenten realisiert werden kann, ist damit im Rahmen der staatlichen Förderung nicht möglich. Anders ist die Situation zu beurteilen, wenn die Fördermittel nur teilweise in die Vectoring-Modernisierung fließen und daneben auch der Ausbau passiver Netzkomponenten, etwa die Ausbaustufe FTTC, erreicht wird.[300] Da in diesem Fall zumindest auch in passive Netzkomponenten investiert wird, bewirkt die Fördermaßnahme die erforderlichen erheblichen neuen Investitionen.

Ob die geförderte Infrastruktur erheblich neue Möglichkeiten im Bereich der Breitbandversorgung, der Bandbreiten, der Geschwindigkeit und des Wettbewerbs bietet (*zweitens*), beurteilt die Kommission ganz maßgeblich anhand des voraussichtlich gewährleisteten Leistungsniveaus der neuen geförderten Infra-

---

[295] Breitbandleitlinien, ABl. 2013/C 25/1, Rn. 51 f.
[296] Breitbandleitlinien, ABl. 2013/C 25/1, Rn. 51.
[297] *Elixmann/Neumann*, The broadband State aid rules explained, S. 30; Breitbandleitlinien, ABl. 2013/C 25/1, Fn. 65.
[298] Kommission, Beschl. v. 26.05.2016, Staatliche Beihilfe Nr. SA.40720 (2016/N) (National Broadband Scheme for the UK for 2016-2020), Rn. 60.
[299] Breitbandleitlinien, ABl. 2013/C 25/1, Fn. 64.
[300] Kommission, Beschl. v. 26.05.2016, Staatliche Beihilfe Nr. SA.40720 (2016/N) (National Broadband Scheme for the UK for 2016-2020), Rn. 60.

struktur. In der Entscheidungspraxis verlangt sie grundsätzlich mindestens eine Verdoppelung der Down- und Uploadraten.[301] Die erforderlichen erheblich neuen Möglichkeiten ergeben sich danach aus *„der großen Differenz zwischen den verfügbaren Geschwindigkeiten und den Zielgeschwindigkeiten"*[302].

Wird in einem Förderzielgebiet der Sprung von Breitbandgrundversorgungsinfrastruktur zu NGA-Infrastruktur erreicht (*weiße NGA-Flecken*), so kann davon ausgegangen werden, dass eine wesentliche Verbesserung insgesamt erreicht wird.[303] Hierzu sind nämlich im Allgemeinen erhebliche neue Investitionen in das Breitbandnetz erforderlich, welche auch zu einer Verdoppelung der Übertragungsgeschwindigkeiten führen.[304]

Besteht bereits ein NGA-Netz (oder ist ein solches in den nächsten drei Jahren zu erwarten) (*grauer NGA-Fleck*), so ist das Erreichen einer wesentlichen Verbesserung nachzuweisen. Dargelegt werden müssen die Vornahme erheblicher neuer Investitionen (z. B. durch den Ausbau von näher beim Endnutzer gelegenen Glasfaserleitungen) sowie die Verdoppelung der bereits erreichten Down- und Uploadraten. In der Entscheidung *Deutschland Bayerische Gigabit-Pilotförderung* etwa wurden Aufgreifschwellen definiert, ab welchen Endnutzer mit geförderter Breitbandinfrastruktur angebunden werden konnten. Dies waren Haushalte, die gegenwärtig über Downloadgeschwindigkeiten von unter 100 Mbit/s verfügten, und Unternehmen, die Zugriff auf Downloadgeschwindigkeiten von weniger als 200 Mbit/s hatten. Erreicht werden sollten Übertragungsgeschwindigkeiten von mindestens 200 Mbit/s symmetrisch für Haushalte und 1 Gbit/s symmetrisch für Unternehmen.[305] Diese Geschwindigkeiten waren nur unter Vornahme erheblicher neuer Investitionen zu erreichen.[306]

---

[301] Siehe etwa Kommission, Beschl. v. 26.07.2018, Staatliche Beihilfe Nr. SA.48325 (2018/N) (Austria Breitbandausbau in Oberösterreich), Rn. 54, Fn. 28.
[302] Kommission, Beschl. v. 18.12.2018, Staatliche Beihilfe Nr. SA.48418 (2018/N) (Deutschland Bayerische Gigabit-Pilotförderung), Rn. 112.
[303] Kommission, Beschl. v. 08.11.2018, Staatliche Beihilfe Nr. SA.50844 (Austria Broadband Styria), Rn. 35: *„The measure will thus deliver an upgrade from basic to NGA broadband networks and is therefore supposed to ensure a step change."* (ultraschnell); Kommission, Beschl. v. 17.12.2015, Staatliche Beihilfe Nr. SA.41175 (2015/N) (Austria Broadband Austria 2020), Rn. 82 (ultraschnell); Kommission, Beschl. v. 03.04.2017, Staatliche Beihilfe Nr. SA.46731 (2016/N) (Austria Aid to fast broadband infrastructure in rural areas in Niederösterreich), Rn. 41; Breitbandleitlinien, ABl. 2013/C 25/1, Fn. 65.
[304] Im Allgemeinen enthält die „letzte Meile" bei Breitbandgrundversorgungsnetzen keine optischen Bauelemente, sodass zum Ausbau eines (ultraschnellen) NGA-Netzes die Verlegung von optischen Bauelementen (und mithin passiver Netzkomponenten) näher an den Kunden erforderlich ist.
[305] Kommission, Beschl. v. 18.12.2018, Staatliche Beihilfe Nr. SA.48418 (2018/N) (Deutschland Bayerische Gigabit-Pilotförderung), Rn. 5 lit. a) und b); bei Unternehmen gab es zudem einen Übergangsbereich: Lag der Upload unter 200 Mbit/s, so musste für die Förderfähigkeit der Download noch unter 500 Mbit/s liegen. Aufgreifschwellen für die Zulässigkeit von För-

Bestehen in einem Gebiet mindestens zwei NGA-Netze (oder sind diese in den nächsten drei Jahren zu erwarten) (*schwarzer NGA-Fleck*), so ist das Erreichen einer wesentlichen Verbesserung ebenfalls nach den dargestellten Maßgaben nachzuweisen.[307]

### c. Das Markterkundungsverfahren zur Ermittlung der privatwirtschaftlichen Investitionstätigkeit und „farblichen" Einordnung von Förderzielgebieten

Für die Einstufung der Förderzielgebiete in weiße, graue oder schwarze Flecken ist sowohl das Wissen um bereits vorhandene Breitbandinfrastrukturen als auch um die geplante privatwirtschaftliche Investitionstätigkeit innerhalb der nächsten drei Jahre erforderlich. Dies ist im Rahmen eines Markterkundungsverfahrens zu ermitteln.[308]

#### aa. Hohe Anforderungen an die Eigenausbauansagen privater Investoren

Die Breitbandleitlinien regeln das Markterkundungsverfahren primär in den Rn. 63 bis 65 und treffen in Rn. 78 lit. a) und b) ergänzende Angaben. Die Vorgaben bestehen unabhängig davon, ob Breitbandgrundversorgungs- oder NGA-Infrastruktur gefördert werden soll.[309] Vorgesehen ist, dass die Bewilligungsbehörde eine Zusammenfassung des Beihilfenvorhabens veröffentlicht und Beteiligte zur Stellungnahme auffordert.[310] Es sind die wichtigsten Merkmale der geplanten Maßnahme und die Liste der Zielgebiete durch Veröffentlichung auf ei-

---

derungen wurden auch definiert in Kommission, Beschl. v. 13.11.2020, Staatliche Beihilfe Nr. SA.52732 (2020/N) (Nationale Gigabitregelung Deutschland), Rn. 7-9 (Förderung des Ausbaus grauer Flecken). Danach können sozioökonomische Schwerpunkte wie Schulen und Krankenhäuser mit geförderter Breitbandinfrastruktur angebunden werden, wenn die verfügbaren Datenübertragungsraten unter 200 Mbit/s (symmetrisch) liegen. Die Anbindung von Haushalten ist zunächst in einer ersten Förderstufe förderfähig, wenn deren verfügbare Downloadgeschwindigkeiten unter 100 Mbit/s liegen; in einer zweiten Förderstufe gilt zeitlich versetzt die Aufgreifschwelle der sozioökonomischen Schwerpunkte. Es muss jeweils eine Verdoppelung der Datenübertragungsgeschwindigkeiten durch die geförderte Breitbandinfrastruktur erreicht werden.
[306] Kommission, Beschl. v. 18.12.2018, Staatliche Beihilfe Nr. SA.48418 (2018/N) (Deutschland Bayerische Gigabit-Pilotförderung), Rn. 111.
[307] Siehe für die Anforderungen der Breitbandleitlinien für eine Förderung in schwarzen NGA-Flecken unter E. I. 4. a) cc).
[308] Zum Markterkundungsverfahren und den nachfolgenden Ausführungen siehe weiterführend *Koenig/Prior*, N&R 2019, 77.
[309] Breitbandleitlinien, ABl. 2013/C 25/1, Rn. 65 a.E.
[310] Breitbandleitlinien, ABl. 2013/C 25/1, Rn. 64, 78 lit. b).

ner zentralen Webseite bekannt zu machen.[311] Insbesondere im Rahmen der Stellungnahmen teilen beteiligte Telekommunikationsunternehmen sodann ihre bereits vorhandenen Breitbandinfrastrukturen mit und präzisieren dadurch ggf. bereits verfügbare Informationen zu bereits vorhandenen Breitbandinfrastrukturen. Diese Informationen sammelt auf nationaler Ebene eine detaillierte Breitbandkarte zur Breitbandabdeckung, welche als zentrale Datenbank die verfügbaren Breitbandinfrastrukturen ausweist.[312] Im Rahmen der Stellungnahmen wird auch die geplante privatwirtschaftliche Investitionstätigkeit für die nächsten drei Jahre mitgeteilt (sogenannte Eigenausbauansagen).

Ausweislich Rn. 65 der Breitbandleitlinien können die Bewilligungsbehörden *bestimmte* Zusagen von Unternehmen verlangen, die eine privatwirtschaftliche Ausbautätigkeit in Aussicht stellen. Es können Geschäftspläne, Bankdarlehensverträge, ausführliche Zeitpläne sowie weitere Unterlagen verlangt werden. Die Bewilligungsbehörden können die mit dem Breitbandausbau verbundenen Verpflichtungen auch vertraglich innerhalb eines Meilensteinplanes festlegen.[313] Der Eigenausbau muss insgesamt glaubhaft dargelegt werden.[314] Denn die Kommission sieht die Gefahr von bloßen „*Interessensbekundungen*", die den Ausbau verzögern, wenn die Investition letztlich nicht getätigt wird, die staatlichen Maßnahmen aber gleichzeitig in Aussicht auf einen privatwirtschaftlichen Ausbau zurückgestellt wurden.[315] Durch hohe Anforderungen an eine Darlegung von Eigenausbauabsichten soll sichergestellt werden, dass nur Eigenausbauansagen im Markterkundungsverfahren berücksichtigt werden, die einen entsprechenden Ausbau auch tatsächlich erwarten lassen.

Wird ein möglicherweise geplanter privatwirtschaftlicher Ausbau daher nicht glaubhaft – oder auch gar nicht – dargelegt, so kann diesbezüglich von einem negativen Ergebnis ausgegangen werden.[316] Dies kann letztlich zur Folge haben,

---

[311] Breitbandleitlinien, ABl. 2013/C 25/1, Rn. 64, 78 lit. b), das ist hierzulande für das Bundesförderprogramm https://www.breitbandausschreibungen.de/index (zuletzt abgerufen am 20.02.2021).
[312] Siehe Breitbandatlas des Bundes, https://www.bmvi.de/DE/Themen/Digitales/Breitbandausbau/Breitbandatlas-Karte/start.html (zuletzt abgerufen am 20.02.2021).
[313] Breitbandleitlinien, ABl. 2013/C 25/1, Rn. 65.
[314] Breitbandleitlinien, ABl. 2013/C 25/1, Rn. 65, Fn. 80; Kommission, Beschl. v. 26.05.2016, Staatliche Beihilfe Nr. SA.40720 (2016/N) (National Broadband Scheme for the UK for 2016-2020), Rn. 56; Kommission, Beschl. v. 10.04.2018, Staatliche Beihilfe Nr. SA.46613 (2017/N) (The Netherlands Broadband Rivierenland Region), Rn. 15: „*concrete, definitive or guaranteed plans*".
[315] Breitbandleitlinien, ABl. 2013/C 25/1, Rn. 65.
[316] *Koenig/Prior*, N&R 2019, 77, 81; Kommission, Beschl. v. 08.11.2018, Staatliche Beihilfe Nr. SA.50844 (Austria Broadband Styria), Rn. 26; hierzu auch *Knapp*, N&R 2017, 199, 204 f.; *Deutscher Landkreistag*, Flächendeckende Breitbandversorgung zu wirtschaftlichen Bedingungen sicherstellen, S. 1.

dass Fördermaßnahmen trotz genereller privatwirtschaftlicher Investitionsbereitschaft ergriffen werden können.[317] Auch in Bezug auf die Mitteilungen zur Erfassung bestehender Breitbandinfrastrukturen bestimmt Fn. 94 der Breitbandleitlinien, dass in Fällen, in denen vorhandene Netzbetreiber den Behörden keine aussagekräftigen Informationen vorgelegt haben, die Bewilligungsbehörden allein auf die ihnen vorgelegten Informationen zurückgreifen müssen. Möglicherweise bestehende, aber nicht mitgeteilte Breitbandinfrastrukturen können damit ebenfalls unberücksichtigt bleiben.[318]

bb. Keine Unterscheidung nach Farbe des Förderzielgebietes

Die Breitbandleitlinien stellen die vorgenannten hohen Anforderungen an eine Glaubhaftmachung privatwirtschaftlicher Investitionspläne insbesondere im Hinblick auf einen unverzögerten Breitbandausbau.[319] Gerade die zügige Erschließung weißer Flecken ist für die Kommission von hoher Priorität. Die Anforderungen sind aber nicht nur an Eigenausbauansagen im Rahmen von Markterkundungsverfahren bei der Förderung des Ausbaus weißer Flecken zu stellen, sondern grundsätzlich in gleicher Weise auch bei der Förderung des Ausbaus grauer oder gar schwarzer Flecken. Dies hat die Kommission in der kürzlich ergangenen Entscheidung *Deutschland Bayerische Gigabit-Pilotförderung* in Bezug auf den Ausbau grauer Flecken bestätigt. Danach konnten die Bewilligungsbehörden der Gemeinden in gleicher Weise wie bei der Förderung des Ausbaus weißer Flecken von den zu Stellungnahmen aufgeforderten beteiligten Unternehmen verlangen, *„konkrete Pläne mit bestimmten, zu festgelegten Zeitpunkten zu erreichenden Meilensteinen vorzulegen und den Ausbau der geplanten Infrastruktur innerhalb von drei Jahren abzuschließen."*[320].

### 5. Weitere allgemeine Genehmigungsvoraussetzungen

Rn. 78 der Breitbandleitlinien trifft weitere allgemeine (unabhängig von der Gebietsfarbe bestehende) Voraussetzungen zur Ausgestaltung der Beihilfenmaßnahme. Die staatliche Beihilfe und die möglicherweise aus der Maßnahme resul-

---

[317] Dies kann auch einen staatlich geförderten Überbau zur Folge haben, siehe hierzu *Koenig/Prior*, N&R 2019, 77, 81.
[318] *Koenig/Prior*, N&R 2019, 77, 81; siehe auch Breitbandleitlinien, ABl. 2013/C 25/1, Rn. 78 lit. a) und b).
[319] Weiterführend in Bezug auf eine Zersplitterung in Kleinstgebiete *Freund/Bary*, N&R 2013, 256, 257 ff.
[320] Kommission, Beschl. v. 18.12.2018, Staatliche Beihilfe Nr. SA.48418 (2018/N) (Deutschland Bayerische Gigabit-Pilotförderung), Rn. 27.

tierenden Wettbewerbsverfälschungen sollen so gering wie möglich gehalten werden.

- *Detaillierte Breitbandkarte und Analyse der Breitbandabdeckung sowie öffentliche Konsultation*

Die Förderzielgebiete sind anhand einer detaillierten Breitbandkarte darzustellen. Darin sind bestehende Breitbandinfrastrukturen gebäudescharf auszuweisen, einschließlich der verfügbaren zuverlässigen Übertragungsgeschwindigkeiten.[321] Nicht nur Haushalte, die bereits tatsächlich an eine bestimmte Breitbandinfrastruktur angebunden sind, sind aufzuführen, sondern auch solche, die so nah an der betreffenden Infrastruktur gelegen sind, dass sie mit geringem Aufwand daran angebunden werden können. Die letztgenannten Haushalte gelten als ebenfalls versorgte Haushalte.[322]

Durch eine öffentliche Konsultation (Markterkundungsverfahren) werden diese Informationen auf ihre Richtigkeit überprüft und privatwirtschaftliche Investitionspläne für die nächsten drei Jahre ermittelt. Hierzu werden die wichtigsten Merkmale der Maßnahme und die Liste der Zielgebiete bekannt gemacht und Betroffene zur Stellungnahme aufgefordert.[323]

- *Wettbewerbliches Auswahlverfahren und wirtschaftlich günstigstes Angebot*

Im Hinblick auf die Begrenzung der Beihilfen auf das erforderliche Minimum sind wettbewerbliche Auswahlverfahren durchzuführen. Diese müssen mit den Grundsätzen der EU-Vergabevorschriften im Einklang stehen und sind jeweils auf einem Onlineportal zu veröffentlichen.[324] Die wettbewerblichen Auswahlverfahren dienen in der Regel der Ermittlung der privaten Netzbetreiber, die den geförderten Ausbau von Breitbandinfrastrukturen vornehmen. Der Netzbetreiber mit dem wirtschaftlich günstigsten Angebot soll den Zuschlag erhalten. Das bedeutet, dass zunächst qualitative Zuschlagskriterien aufzustellen sind. Insbesondere die zu erreichenden Mindest-Übertragungsgeschwindigkeiten sind vorzugeben. Daneben können weitere Kriterien ausgewiesen werden, etwa die geogra-

---

[321] Dies erfolgt hauptsächlich anhand des Breitbandatlas als nationaler Breitbandkarte der Bundesrepublik Deutschland, https://www.bmvi.de/DE/Themen/Digitales/Breitbandausbau/Breitbandatlas-Karte/start.html (zuletzt abgerufen am 20.02.2021).
[322] Kommission, Beschl. v. 18.12.2018, Staatliche Beihilfe Nr. SA.48418 (2018/N) (Deutschland Bayerische Gigabit-Pilotförderung), Rn. 23, 85.
[323] Breitbandleitlinien, ABl. 2013/C 25/1, Rn. 78 b); siehe hierzu bereits unter E. I. 4. c.
[324] Siehe für die Bundesförderung etwa https://www.breitbandausschreibungen.de/index (zuletzt abgerufen am 20.02.2021).

fische Abdeckung des Zielgebietes.[325] Der Netzbetreiber, der in Erfüllung der qualitativen Zuschlagskriterien den niedrigsten Beihilfenbetrag beansprucht, erhält sodann den Zuschlag.[326]

Wird der geförderte Ausbau nicht durch einen privaten Netzbetreiber (Wirtschaftlichkeitslückenfördermodell) vorgenommen, sondern werden andere Fördermodelle zur Errichtung der Breitbandinfrastrukturen gewählt, so gelten die vorgenannten Grundsätze entsprechend. Das betrifft etwa das Betreibermodell, bei welchem die Gebietskörperschaften, also die Gemeinden oder deren Zusammenschlüsse in der Rechtsform einer juristischen Person des öffentlichen Rechts, die Breitbandinfrastrukturen errichten, um sie anschließend privaten Netzbetreibern zur Nutzung zur Verfügung zu stellen. Die privaten Netzbetreiber sind hierbei mittels eines wettbewerblichen Auswahlverfahrens nach dem wirtschaftlich günstigsten Angebot auszuwählen.[327] Die qualitativen Zuschlagskriterien sind insbesondere die Qualität der von diesen erbrachten (Vorleistungs-)Dienste. Der Netzbetreiber, der in Erfüllung der qualitativen Zuschlagskriterien den höchsten Pachtzins für die Nutzung der passiven staatlichen Breitbandinfrastrukturen in Aussicht stellt, erhält den Zuschlag.[328]

- *Technologieneutralität*

Die wettbewerblichen Auswahlverfahren müssen den Grundsatz der Technologieneutralität beachten. Es dürfen keine bestimmten Technologien zur Erfüllung der qualitativen Anforderungen (insbesondere Erreichen der Mindest-Übertragungsgeschwindigkeiten) vorgegeben werden. Auch wenn daher die FTTB/H-Technologie gegenwärtig im Hinblick auf die wesentlichen technischen Leistungsmerkmale (Übertragungsgeschwindigkeit, Störanfälligkeit, Latenz) als überlegen angesehen wird und damit regelmäßig das Mittel der Wahl ist, muss auch der Einsatz anderer Technologien zumindest möglich bleiben (insbesondere im Bereich der Kabelnetze[329]).

---

[325] Üblicherweise 98 %, siehe Kommission, Beschl. v. 22.07.2015, Staatliche Beihilfe Nr. SA.41416 (2015/N) (Deutschland – NGA-Förderregelung Baden-Württemberg), Rn. 18.
[326] Kommission, Beschl. v. 18.12.2018, Staatliche Beihilfe Nr. SA.48418 (2018/N) (Deutschland Bayerische Gigabit-Pilotförderung), Rn. 34.
[327] Breitbandleitlinien, ABl. 2013/C 25/1, Rn. 78 lit. c); vgl. etwa Kommission, Beschl. v. 24.05.2012, Staatliche Beihilfe Nr. SA.33807 (2011/N) (Italy National broadband plan Italy), Rn. 24 ff.; Kommission, Beschl. v. 26.07.2018, Staatliche Beihilfe Nr. SA.48325 (2018/N) (Austria Breitbandausbau in Oberösterreich), Rn. 47, 98.
[328] Kommission, Beschl. v. 26.07.2018, Staatliche Beihilfe Nr. SA.48325 (2018/N) (Austria Breitbandausbau in Oberösterreich), Rn. 49.
[329] Indes ist anzumerken, dass Kabelnetzbetreiber sich ohnehin nicht – zumindest nicht ersichtlich – an Förderprojekten beteiligen. Dies wird auch auf die umfangreichen beihilfenrechtlichen Zugangsverpflichtungen zurückgeführt, nach welchen geförderte Netze auch Wettbewerbern zugänglich zu machen sind. Kabelnetzbetreiber scheinen einen umfassenden Zugang zu ihren Netzen vermeiden zu wollen. Siehe *Elixmann/Neumann*, The broadband Sta-

- *Nutzung bestehender Infrastruktur*

Um Synergien zu erzielen und den Beihilfenbetrag so gering wie möglich zu halten, sollen bestehende Infrastrukturen (insbesondere bereits verlegte Rohre) – soweit möglich – für den Ausbau neuer Breitbandinfrastrukturen mitgenutzt werden. Die Bieter im wettbewerblichen Auswahlverfahren sollen ihre bereits vorhandenen mitnutzbaren Infrastrukturen daher in ihr Gebot mit einbeziehen. Dies müssen sie aber auch allen anderen Bietern ermöglichen. Bieter, die am wettbewerblichen Auswahlverfahren teilnehmen wollen, müssen ihre potenziell mitnutzbaren Infrastrukturen daher vorab der Bewilligungsbehörde mitteilen. Diese Informationen erhalten dann auch die anderen Bieter. Bereits vorhandene mitnutzbare Infrastrukturen werden insofern allen Bietern zur Verfügung gestellt.[330] Abgesehen von bereits vorhandenen Infrastrukturen sollen auch etwaig geplante Eigenleistungen der Gemeinden und anstehende Tiefbaumaßnahmen (zur Verlegung von Leitungen etwa bei Straßenbaumaßnahmen) im Zielgebiet in die Gebote aller Bieter mit einfließen. Sie sind entsprechend zu kommunizieren.[331]

- *Offener Zugang auf Vorleistungsebene und Vorleistungspreise*

Die mit staatlicher Förderung errichteten Netze müssen einen offenen und diskriminierungsfreien Zugang auf Vorleistungsebene bieten („beihilfenrechtlicher open-access"). Die Kommission misst diesem Erfordernis eine hohe Bedeutung bei (*„eine unverzichtbare Komponente jeder Maßnahme zur Breitbandförderung"*[332]). Sie erläutert vor diesem Hintergrund ihre beihilfenrechtlichen Zugangsanforderungen nach Rn. 78 lit. g) der Breitbandleitlinien noch einmal gesondert in Bezug auf die Förderung des Ausbaus von NGA-Netzen in Rn. 80 a) und b) der Breitbandleitlinien.

Das geförderte Netz sollte danach sämtliche Zugangsprodukte bieten und damit über die sektorspezifischen regulatorischen Zugangsverpflichtungen hinausgehen.[333] Die Zugangsverpflichtungen umfassen insbesondere den Zugang zu

---

te aid rules explained, S. 66; zu den beihilfenrechtlichen Zugangsverpflichtungen siehe sogleich.
[330] Kommission, Beschl. v. 18.12.2018, Staatliche Beihilfe Nr. SA.48418 (2018/N) (Deutschland Bayerische Gigabit-Pilotförderung), Rn. 44; Kommission, Beschl. v. 15.06.2015, Staatliche Beihilfe Nr. SA.38348 (2014/N) (Deutschland Aufbau einer flächendeckenden NGA-Breitbandversorgung in Deutschland), Rn. 61 lit. e).
[331] Kommission, Beschl. v. 18.12.2018, Staatliche Beihilfe Nr. SA.48418 (2018/N) (Deutschland Bayerische Gigabit-Pilotförderung), Rn. 43.
[332] Breitbandleitlinien, ABl. 2013/C 25/1, Rn. 78 lit. g).
[333] Breitbandleitlinien, ABl. 2013/C 25/1, Rn. 78 lit. g), für die Zugangsprodukte siehe Anhang II der Breitbandleitlinien.

Leerrohren, zur unbeschalteten Glasfaser, Bitstromzugang sowie einen vollständig entbündelten Zugang zur TAL und Zugang zum KVz.[334] Die Breitbandleitlinien sehen vor, dass der Zugang auf Vorleistungsebene für mindestens sieben Jahre gewährt werden soll; der Zugang zu Leerrohren und Masten sogar zeitlich unbegrenzt.[335] Die Kommissionspraxis stellt hier klar, dass ein zeitlich unbegrenzter Zugang generell zu den mit staatlicher Förderung errichteten *passiven* Infrastrukturen verlangt wird, also nicht nur Leerrohre und Masten, sondern auch unbeschaltete Glasfaser.[336] Die Zugangsverpflichtungen erstrecken sich grundsätzlich auch auf die bereits bestehenden Infrastrukturen, die für den Ausbau des geförderten Netzes mitgenutzt werden.[337]

Der Zugang muss nicht unentgeltlich gewährt werden. Die Vorleistungspreise für den Netzzugang müssen allerdings auf den von der BNetzA bereits festgelegten oder genehmigten Preisen oder auf den durchschnittlichen Vorleistungspreisen beruhen, die in anderen wettbewerbsintensiveren Gebieten des Landes für vergleichbare Zugangsdienste verlangt werden (Benchmarking).[338]

- *Überwachung und Rückforderungsmechanismus*

Die Durchführung der geförderten Breitbandausbauprojekte ist durch die Bewilligungsbehörden über die Projektlaufzeit (regelmäßig sieben Jahre) zu überwachen. Bei Projekten mit einem Beihilfenbetrag von mehr als 10 Mio. Euro soll ein Rückforderungsmechanismus vorgesehen werden, über welchen unerwartete Gewinne abgeschöpft werden können und der Beihilfenbetrag auf das erforderliche Minimum beschränkt bleibt.

- *Transparenz und Berichterstattung*

---

[334] Kommission, Beschl. v. 15.06.2015, Staatliche Beihilfe Nr. SA.38348 (2014/N) (Deutschland Aufbau einer flächendeckenden NGA-Breitbandversorgung in Deutschland), Rn. 29.
[335] Breitbandleitlinien, ABl. 2013/C 25/1, Rn. 78 lit. g), 80 a).
[336] Kommission, Beschl. v. 15.06.2015, Staatliche Beihilfe Nr. SA.38348 (2014/N) (Deutschland Aufbau einer flächendeckenden NGA-Breitbandversorgung in Deutschland), Rn. 36, 61, lit. f); Kommission, Beschl. v. 18.12.2018, Staatliche Beihilfe Nr. SA.48418 (2018/N) (Deutschland Bayerische Gigabit-Pilotförderung), Rn. 45.
[337] Breitbandleitlinien, ABl. 2013/C 25/1, Rn. 78 lit. g); Kommission, Beschl. v. 30.06.2016, Staatliche Beihilfe Nr. SA.41647 (2016/N) (Italy – Strategia Banda Ultralarga), Rn. 46; Kommission, Beschl. v. 18.12.2018, Staatliche Beihilfe Nr. SA.48418 (2018/N) (Deutschland Bayerische Gigabit-Pilotförderung), Rn. 45; Kommission, Beschl. v. 10.12.2019, Staatliche Beihilfe Nr. SA.53925 (2019/N) (Broadband Scheme for NGA White and Grey Areas – Spain), Rn. 42.
[338] Kommission, Beschl. v. 15.06.2015, Staatliche Beihilfe Nr. SA.38348 (2014/N) (Deutschland Aufbau einer flächendeckenden NGA-Breitbandversorgung in Deutschland), Rn. 61 lit. g).

Alle einschlägigen Informationen (wie etwa Beihilfenempfänger, Beihilfenbetrag) müssen auf einer zentralen Webseite für mindestens 10 Jahre veröffentlicht sein.[339] Dort sind auch Informationen zu der neu errichteten und staatlich geförderten Breitbandinfrastruktur aufzuführen. Diese Vorgabe besteht insbesondere im Hinblick auf Drittbetreiber, die Zugang zu geförderten Breitbandinfrastrukturen erhalten wollen. Über den geförderten Ausbau ist der Kommission zweijährlich Bericht zu erstatten.

## 6. Zusammenfassung und Beurteilung der breitbandleitlinienbasierten Vereinbarkeitsprüfung

Die Vereinbarkeitsprüfung nach den Breitbandleitlinien folgt – sektorspezifisch ausdifferenziert – den allgemeinen Vereinbarkeitsanforderungen der Kommission für ihre ermessensabhängige Abwägungsprüfung zur Genehmigung von Beihilfen auf Grundlage von Art. 107 Abs. 3 AEUV.

- *Anknüpfungspunkt Marktversagen*

Zentral ist dabei die förderzielgebietsweise Differenzierung der Genehmigungsvoraussetzungen in weiße, graue und schwarze Flecken in Bezug auf das Vorliegen von *Marktversagen*. Ein solches liegt nach der Kommission vor, wenn der Markt keine für die Gesellschaft zufriedenstellenden Ergebnisse liefert, also die vorhandene von der gewünschten Versorgungslage abweicht. Das Soll, also welche Versorgungslage konkret gewünscht ist (insbesondere welche Übertragungsgeschwindigkeiten erreicht werden sollen), legen die Mitgliedstaaten nach ihren jeweiligen Bedarfen und Zielen selbst fest. Dabei hat die jüngere Kommissionspraxis bei der Genehmigung von Beihilfenvorhaben in grauen NGA-Flecken gezeigt, dass die Kommission keine hohen Anforderungen an den mitgliedstaatlichen Nachweis von Bedarfen nach höheren Übertragungsgeschwindigkeiten stellt. Vielmehr betont die Kommission selbst in ihrer Gigabit-Mitteilung die Notwendigkeit der Bereitstellung von Netzen mit hohen – insbesondere auch im Gigabitbereich liegenden – Übertragungsgeschwindigkeiten und formuliert entsprechend ehrgeizige Ausbauziele.[340] Dabei baut die Gigabit-Mitteilung auf der Digitalen Agenda auf – auf welche die Breitbandleitlinien unmittelbar verweisen – und erweitert die darin bereits enthaltenen Ausbauziele der Kommission. Auch die seit dem 1. Dezember 2019 amtierende neue Kommission hat sich für ihre anstehende Amtszeit die Priorität gegeben, erhebliche Fortschritte für Europa im Bereich der Digitalisierung zu erreichen und deshalb

---

[339] Siehe https://www.breitbandausschreibungen.de/index (zuletzt abgerufen am 20.02.2021).
[340] Kommission, Mitteilung COM(2016) 587 final, Konnektivität für einen wettbewerbsfähigen digitalen Binnenmarkt – Hin zu einer europäischen Gigabit-Gesellschaft, S. 6, 8; siehe hierzu auch unter A.

insbesondere den Ausbau von gigabitfähigen Netzen entsprechend den in der Gigabit-Mitteilung gesetzten Ausbauzielen voranzutreiben. Vor diesem Hintergrund ist nachzuvollziehen, dass die Kommission keine hohen Anforderungen an die mitgliedstaatlich zu erbringenden Bedarfsnachweise für hohe Zielgeschwindigkeiten bei Fördervorhaben stellt. Diese Praxis ist im Hinblick auf einen zügigen Ausbau mit gigabitfähigen Netzen – und nicht etwa „Zwischenlösungen" in Form von Vectoring – zu begrüßen.

Dadurch dass die Festlegung des für die Gesellschaft zufriedenstellenden Marktergebnisses aber bei den Mitgliedstaaten liegt, welche dieses nach ihren nationalen – politischen – Zielen und Bedarfen festlegen, entfernt sich die Kommission mit ihrem Verständnis von Marktversagen aber von dem *„relativ eng umgrenzte[n] Feld von ineffizienten Marktergebnissen"*[341] eines Marktversagens nach klassischem ökonomischen Verständnis. Hiernach begründen allein *ineffiziente* Marktergebnisse ein Marktversagen. Ob jedoch etwa das Fehlen einer gigabitfähigen Netzanbindung im ländlichen Raum tatsächlich immer gesamtwirtschaftlich *ineffizient* ist und daher auch ein Marktversagen nach klassischem ökonomischem Verständnis begründen würde, kann stark bezweifelt werden.[342] Dieser Befund wird noch durch den vorgenannten Umstand verstärkt, dass auf hohe Nachweisanforderungen zur Darlegung einer ungedeckten Nachfrage verzichtet wird. Auch wenn allgemein einer leistungsfähigen Breitbandversorgung positive gesamtwirtschaftliche Auswirkungen zugesprochen werden (positive externe Effekte) und ein Fehlen einer solchen daher durchaus auch ein Marktversagen nach klassischem ökonomischen Verständnis begründen könnte, so bleibt deren pauschale Feststellung bei jedem Förderprojekt zumindest nach streng ökonomischen Maßstäben fraglich.[343]

- *Weiße, graue und schwarze Flecken*

Für die förderzielgebietsweise Differenzierung der Genehmigungsvoraussetzungen in weiße, graue und schwarze Flecken kann schließlich Folgendes festgehalten werden:

In *weißen* NGA-Flecken gibt es gegenwärtig kein NGA-Netz und die Errichtung eines solchen ist in den nächsten drei Jahren durch private Investoren auch nicht zu erwarten. In weißen NGA-Flecken kann von einem Vorliegen von Marktversagen wegen gänzlich fehlender NGA-Versorgung und bei Erfüllen der weiteren Genehmigungsvoraussetzungen von einer Vereinbarkeit von Beihilfen zur Förderung des Ausbaus in diesen Gebieten ausgegangen werden.

---

[341] *Schwalbe*, in: Münchener Kommentar Beihilfenrecht, Teil 1. Einl. Rn. 28.
[342] *Schwalbe*, in: Münchener Kommentar Beihilfenrecht, Teil 1. Einl. Rn. 28.
[343] So auch *Rosenfeld/Holtmann*, in: Münchener Kommentar Beihilfenrecht, Teil 8. Rn. 56.

In *grauen* NGA-Flecken gibt es bereits ein NGA-Netz oder die Errichtung eines solchen ist in den nächsten drei Jahren durch private Investoren zu erwarten. Lassen die Breitbandleitlinien hier noch vermuten, dass eingehende Bedarfsnachweise für höhere als die bereits verfügbaren Übertragungsgeschwindigkeiten von den Mitgliedstaaten in Bezug auf das Vorliegen von Marktversagen beizubringen sind,[344] so zeigt die Kommissionspraxis in den Entscheidungen zu Fördervorhaben in grauen NGA-Flecken auf, dass ein solcher Bedarf mehr oder minder unterstellt werden kann. Besondere Bedeutung erlangt jedoch das Erfordernis der wesentlichen Verbesserung: Die Zielgeschwindigkeiten des geförderten Netzes müssen die Übertragungsgeschwindigkeiten des bereits verfügbaren (oder in den nächsten drei Jahren verfügbaren) NGA-Netzes *wesentlich* – um mindestens das Doppelte – übersteigen. Dazu sind Aufgreifschwellen zu definieren, ab welchen Gebiete für die Förderung in Frage kommen sollen. Können etwa in Teilgebieten bereits Übertragungsgeschwindigkeiten von 100 Mbit/s oder mehr gewährleistet werden, so scheidet dort ein geförderter Ausbau aus, wenn „lediglich" die Gewährleistung von Zielgeschwindigkeiten von mindestens 150 Mbit/s avisiert ist. Werden diese Grundsätze beachtet, so kann – bei Vorliegen der weiteren allgemeinen Genehmigungsvoraussetzungen – die Zulässigkeit einer Förderung in grauen NGA-Flecken vergleichsweise unproblematisch erreicht werden.

In *schwarzen* NGA-Flecken schließlich gibt es bereits mindestens zwei NGA-Netze unterschiedlicher Betreiber oder die Errichtung solcher Netze ist in den kommenden drei Jahren zu erwarten. In solchen wettbewerblichen Gebieten – mindestens zwei Netze konkurrieren auf Infrastrukturebene miteinander – wird von einem Funktionieren des Marktes und mithin einem Fehlen von Marktversagen ausgegangen. Eine Förderung von Netzen mit höheren als bereits verfügbaren (oder in den kommenden drei Jahren verfügbaren) Übertragungsgeschwindigkeiten kommt nach den Wertungen der Breitbandleitlinien nur ausnahmsweise in Betracht. Die Möglichkeit einer solchen ausnahmsweisen Zulässigkeit einer Förderung erörtert die Kommission in einem eigenen Abschnitt ihrer Breitbandleitlinien. Auch wenn danach die avisierten Zielgeschwindigkeiten eines zu fördernden Netzes die in den schwarzen Flecken gewährleisteten Übertragungsgeschwindigkeiten im Sinne einer wesentlichen Verbesserung um mindestens das Doppelte übertreffen sollten, so bleibt stets ein eingehende Analyse der Marktsituation erforderlich, um insbesondere Verdrängungseffekte („crowding-out") zu vermeiden. Hier sieht die Kommission wegen der wettbewerblichen Situation die Möglichkeit gegeben, dass die hohen Übertragungsgeschwindigkeiten absehbar durch den Markt selbst gewährleistet werden können.[345] Auch wenn die Breitbandleitlinien grundsätzlich die Möglichkeit einer Förde-

---

[344] *Rosenfeld/Holtmann*, in: Münchener Kommentar Beihilfenrecht, Teil 8. Rn. 55.
[345] Siehe Kommission, Beschl. v. 18.12.2018, Staatliche Beihilfe Nr. SA.48418 (2018/N) (Deutschland Bayerische Gigabit-Pilotförderung), Rn. 115.

rung in solchen Gebieten eröffnen, so steht die Kommission einer Förderung in solchen Gebieten zumindest gegenwärtig noch sehr ablehnend gegenüber.[346] Bislang sind hierzu noch keine Entscheidungen der Kommission ergangen. In schwarzen NGA-Flecken wird ein Funktionieren des Marktes vermutet und ein Widerlegen dieser Vermutung erscheint in der Praxis unrealistisch.

- *Weitere allgemeine Genehmigungsvoraussetzungen*

Mit den weiteren allgemeinen (unabhängig von der Gebietsfarbe bestehenden) Voraussetzungen zur Ausgestaltung der Beihilfenmaßnahme soll im Rahmen der ermessensabhängigen Abwägungsprüfung zur Feststellung der Vereinbarkeit der Beihilfen sichergestellt sein, dass die staatlichen Beihilfen und die möglicherweise aus der Maßnahme resultierenden Wettbewerbsverzerrungen so gering wie möglich gehalten werden. Die hierfür von der Kommission aufgestellten Voraussetzungen stellen einen weiteren Schwerpunkt der Genehmigungsprüfung der Kommission dar. Diese können in der Entscheidungspraxis der Kommission regelmäßig „checklistenartig" abgehandelt werden, da sie in der Weise an jede Beihilfenmaßnahme zur Förderung des Breitbandausbaus zu stellen sind.

Gleichwohl könnten sich hier aber mit Blick auf eine perspektivisch steigende Anzahl von Fördermaßnahmen in grauen (oder auch schwarzen) NGA-Flecken Einzelprobleme stellen, die die Breitbandleitlinien zumindest nicht explizit behandeln. So ist etwa der *offene Zugang auf Vorleistungsebene* zu staatlich finanzierten Netzen zwar ein selbstverständlicher Bestandteil der Zulässigkeit von Beihilfenvorhaben zur Förderung des Breitbandausbaus („beihilfenrechtlicher open-access"). Inwiefern allerdings die Ausweitung der umfangreichen beihilfenrechtlichen Zugangsvoraussetzungen auf bereits bestehende mitgenutzte Infrastrukturen nicht zu einer unverhältnismäßigen Belastung von Netzbetreibern führt, müsste dann ermittelt werden. Bestehende, für den geförderten Ausbau mitnutzbare Infrastrukturen (insbesondere verlegte Rohre) müssen nämlich allen Bietern im wettbewerblichen Auswahlverfahren zur Verfügung gestellt werden. Können in erheblichem Umfange bereits bestehende Infrastrukturen für den Ausbau mitgenutzt werden, so könnte dies Netzbetreiber dazu veranlassen, am Ausschreibungsverfahren nicht teilzunehmen, da sie anderenfalls ihre Infrastrukturen umfangreich zur Verfügung stellen müssten. Die über eine Mitnutzung bestehender Infrastrukturen erzielbaren Synergieeffekte könnten nicht realisiert werden und die Beihilfenhöhen müssten entsprechend höher ausfallen. Insofern sollte eine entsprechende Justierung der beihilfenrechtlichen Zugangsverpflichtungen in Betracht gezogen werden. Vorgesehen werden könnte etwa die Möglichkeit, die Nutzungsentgelte für die mitzunutzenden Infrastrukturen privatau-

---

[346] *Rosenfeld/Holtmann*, in: Münchener Kommentar Beihilfenrecht, Teil 8. Rn. 53, 55; entsprechend äußert sich die Kommission in Beschl. v. 18.12.2018, Staatliche Beihilfe Nr. SA.48418 (2018/N) (Deutschland Bayerische Gigabit-Pilotförderung), Rn. 115.

tonom auszuhandeln (mit ex post Kontrolle) anstatt diese ex ante entsprechend regulatorischen Zugangsverpflichtungen festzulegen. Konkret bedeutet das, dass die Netzbetreiber mit bestehenden potenziell mitnutzbaren Infrastrukturen wie bisher zwar nur am Ausschreibungsverfahren teilnehmen dürfen, wenn sie sich zur Mitnutzung ihrer bestehenden Infrastrukturen auch durch Wettbewerber einverstanden erklären. Die für die Nutzung ihrer Infrastrukturen zu erbringenden Gegenleistungen könnten dann aber Ergebnis einer privatautonomen Verhandlung sein. Die Nutzungsentgelte könnten dadurch höher ausfallen und umfangreiche Zugangsverpflichtungen kompensieren.

- *Gesamtbewertung*

Schließlich ist in einer Gesamtschau der Vereinbarkeitsprüfung nach den Breitbandleitlinien für die sektorspezifisch ausdifferenzierte Abwägungsprüfung zur Genehmigung von Beihilfen zur Förderung des Breitbandausbaus auf Grundlage von Art. 107 Abs. 3 lit. c) AEUV festzustellen, dass ein Ausgleich zwischen der mit staatlichen Beihilfen erreichbaren Beschleunigung des Breitbandausbaus einerseits und der Vermeidung der mit staatlichen Beihilfen einhergehenden Wettbewerbsverzerrungen andererseits angestrebt wird („balancing-test").[347] Die teilweise sehr komplexen Voraussetzungen der Breitbandleitlinien sollen hierzu den Mitgliedstaaten eine entsprechend genehmigungsfähige Ausgestaltung ihrer Beihilfenvorhaben ermöglichen. Tatsächlich wurden seit Inkrafttreten der Breitbandleitlinien 2013 alle geprüften Vorhaben als beihilfenrechtskonform bewertet.[348] Auch wenn die Einteilung in weiße, graue und schwarze Flecken teilweise als zu formalistisch kritisiert wurde,[349] so ist dem entgegenzuhalten, dass trotz dieser Einteilung ausreichend Spielraum für eine eingehende Würdigung der Marktumstände verbleibt. In Anbetracht der ohnehin schon komplexen Genehmigungsvoraussetzungen der Breitbandleitlinien – zu deren Verständnis sich die Hinzunahme danach ergangener Kommissionsentscheidungen empfiehlt – sollte das insofern eingängige „farbliche" System beibehalten werden. Die Prüfung des umfangreichen und weiter ausdifferenzierten siebenschrittigen Prüfkatalogs, den die Kommission in ihren Genehmigungsentscheidungen – mitunter checklistenartig – abarbeitet und sich dabei auch in ihren Ausführungen überschneidet, böte vielmehr Raum für eine *Komplexitätsreduktion* mit einschlägiger Schwerpunktsetzung (insbesondere etwa im Bereich der Marktsituation nach der farblichen Gebietseinstufung oder der abschließenden Gesamtabwägung).[350]

---

[347] Siehe hierzu auch *Kliemann/Stehmann*, in: von der Groeben/Schwarze/Hatje, Europäisches Unionsrecht, Art. 107 Rn. 742 ff.
[348] *Rosenfeld/Holtmann*, in: Münchener Kommentar Beihilfenrecht, Teil 8. Rn. 54.
[349] *Koenig*, N&R 2009, 136; *Fechtner*, Breitband-Förderung im Lichte des EG-Beihilfenrechts, S. 107 f., 149.
[350] Siehe hierzu auch *Rosenfeld/Holtmann*, in: Münchener Kommentar Beihilfenrecht, Teil 8. Rn. 39, 56.

Unproblematische Punkte sollten jeweils kurz festgestellt werden. So ist regelmäßig das Vorliegen eines Anreizeffektes – die Beihilfe muss eine Verhaltensänderung des begünstigten Unternehmens in der gewünschten Weise bewirken – nicht problematisch. Unter dem Prüfungspunkt des Marktversagens hingegen sollten die Marktumstände gewürdigt und nach den dargestellten Maßgaben – abhängig jeweils von der Gebietsfarbe – im Hinblick auf das Vorliegen von Marktversagen untersucht werden. Die weiteren allgemeinen Genehmigungsvoraussetzungen sind unter dem Prüfungspunkt der Beschränkung der Beihilfe auf das erforderliche Minimum bzw. der Angemessenheit abzuhandeln. Schließlich ist im Rahmen der abschließenden Gesamtabwägung sicherzustellen, dass der positive Beitrag der Fördermaßnahme die potenziellen negativen Auswirkungen deutlich überwiegt und insbesondere auch eine wesentliche Verbesserung für die Breitbandversorgung erreicht werden kann.

Die Kommission überschneidet sich bei ihren Ausführungen in ihren Genehmigungsentscheidungen nicht nur, sondern geht auch bisweilen uneinheitlich vor. Das Merkmal der wesentlichen Verbesserung etwa wird teilweise gemeinsam mit dem Prüfungspunkt der begrenzten negativen Auswirkungen behandelt, in anderen Fällen – entsprechend der Systematik der Breitbandleitlinien und wie vorgeschlagen – im Rahmen der abschließenden Gesamtabwägung.[351]

## II. Vereinbarkeit und Freistellung vom Notifizierungserfordernis des Art. 108 Abs. 3 AEUV nach der Allgemeinen Gruppenfreistellungverordnung

Der Rat der Europäischen Union hat auf Grundlage von Art. 109 AEUV die Kommission durch die Verordnung (EG) Nr. 994/98[352] zum Erlass von bestimmten Verordnungen ermächtigt. In Gebieten, in denen sie über ausreichende Erfahrung verfügt, um allgemeine Vereinbarkeitskriterien festzulegen, kann die Kommission mittels Verordnungen erklären, dass bestimmte festgelegte Gruppen von Beihilfen gemäß einer oder mehrerer der Bestimmungen des Art. 107 Abs. 2 und 3 AEUV mit dem Binnenmarkt vereinbar sind und von dem Verfahren nach Art. 108 Abs. 3 AEUV freigestellt werden.[353] Gestützt auf diese Er-

---

[351] Siehe etwa Kommission, Beschl. v. 13.11.2020, Staatliche Beihilfe Nr. SA.52732 (2020/N) (Nationale Gigabitregelung Deutschland), Rn. 141 ff.; Kommission, Beschl. v. 18.12.2018, Staatliche Beihilfe Nr. SA.48418 (2018/N) (Deutschland Bayerische Gigabit-Pilotförderung), Rn. 108 ff.; Kommission, Beschl. v. 08.11.2018, Staatliche Beihilfe Nr. SA.50844 (Austria Broadband Styria), Rn. 130 ff.
[352] VO (EG) Nr. 994/98, ABl. 1998 Nr. L 204/11 des Rates, geändert durch VO (EU) Nr. 733/2013, ABl. 2013 Nr. L 204/11 des Rates vom 22. Juli 2013 zur Änderung der VO (EG) Nr. 994/98, ABl. 1998 Nr. L 204/11 über die Anwendung der Artikel 92 und 93 des Vertrags zur Gründung der Europäischen Gemeinschaft auf bestimmte Gruppen horizontaler Beihilfen, ersetzt durch VO (EU) 2015/1588, ABl. 2015 L 248.
[353] VO (EU) 2015/1588, ABl. 2015 L 248, Erwägungsgrund 4.

mächtigungsverordnung hat die Kommission nach Art. 108 Abs. 4 AEUV die (zweite) Allgemeine Gruppenfreistellungsverordnung (AGVO)[354] erlassen.[355] Die zweite AGVO enthält nun – im Unterschied zur ersten AGVO 2008[356] – in Art. 52 AGVO erstmals Vorgaben zur Vereinbarkeit von Beihilfen für den Ausbau von Breitbandinfrastrukturen. Diese Breitband-spezifischen Freistellungsvoraussetzungen der AGVO nach Art. 52 sind im Folgenden näher zu untersuchen.[357] Im Anschluss ist die Freistellung von Beihilfen für den Ausbau von Breitbandinfrastrukturen nach der AGVO auf ihre Praktikabilität hin zu bewerten.

### 1. Die Freistellungsvoraussetzungen nach Art. 52 AGVO im Lichte der Breitbandleitlinien

Hinsichtlich des Verhältnisses der Vorgaben nach Art. 52 AGVO zu den Vorgaben der Breitbandleitlinien ist zunächst Folgendes festzuhalten:

Zwar handelt es sich nur bei der AGVO um einen unmittelbar geltenden Rechtsakt iSv. Art. 288 Abs. 2 AEUV. Bei den detaillierten sektorspezifischen Breitbandleitlinien hingegen handelt es sich um bloße ermessensausgestaltende Verhaltensnormen, welche die Kommission selbst binden.[358] Sowohl die AGVO als auch die detaillierten sektorspezifischen Breitbandleitlinien konkretisieren aber das der Kommission im Rahmen von Art. 107 Abs. 3 AEUV zustehende Ermessen zur Vereinbarkeitsprüfung staatlicher Beihilfen.[359] Die Kommission hat ihre Erfahrungen im Bereich von Beihilfen für Breitbandinfrastrukturausbauvorhaben sowohl in den Breitbandleitlinien als auch in der AGVO niedergelegt. Im Zweifel sind die Freistellungsvoraussetzungen der AGVO in Bezug auf den Breitbandausbau daher im Lichte der insoweit detaillierteren, speziell für die Breitbandförderung geltenden Breitbandleitlinien zu interpretieren.[360] Die AGVO übernimmt hierzu auch die Vereinbarkeitssystematik der Breitbandleitlinien. Zweck der AGVO ist es, Transparenz, Rechtssicherheit, Berechenbarkeit der Beihilfenkontrolle und insbesondere eine Harmonisierung der (sektorspezifi-

---

[354] VO (EU) Nr. 651/2014 der Kommission, ABl. 2014 L 187, 1.
[355] Siehe hierzu *Cremer*, in: Calliess/Ruffert, EUV/AEUV, AEUV Art. 107 Rn. 2 ff.
[356] VO (EG) Nr. 800/2008 der Kommission, ABl. 2008 Nr. L 214/3.
[357] Für Art. 14 Abs. 10 AGVO, welcher Regionalbeihilfen für den Ausbau der Breitbandversorgung freistellt, siehe unter E. III.
[358] Siehe hierzu unter E. I. 1.
[359] VO (EU) 2015/1588, ABl. 2015 L 248, Erwägungsgrund 4.
[360] *Bartosch*, VO 651/2014, Art. 52 Rn. 2; siehe auch Kommission, General Block Exemption Regulation (GBER) Frequently Asked Questions, Antwort auf Frage Nr. 218, https://ec.europa.eu/competition/state_aid/legislation/practical_guide_gber_en.pdf (zuletzt abgerufen am 20.02.2021).

schen) Beihilfenpraxis zu erreichen.[361] Aufgrund der übereinstimmenden Terminologie von AGVO[362] und Breitbandleitlinien kann daher auch auf die entsprechenden Maßgaben der Breitbandleitlinien verwiesen werden.

## 2. Freistellungsvoraussetzungen nach Art. 52 AGVO

Art. 52 Abs. 1 AGVO erklärt Investitionsbeihilfen[363] für den Ausbau der Breitbandversorgung mit dem Binnenmarkt vereinbar und von der Anmeldepflicht nach Art. 108 Abs. 3 AEUV freigestellt, sofern die in Art. 52 Abs. 2 bis 7 AGVO und in dem allgemeinen Teil in Kapitel I der AGVO festgelegten Voraussetzungen erfüllt sind.

Art. 52 Abs. 2 AGVO legt die beihilfefähigen Kosten fest. Beihilfefähig sind die Investitionskosten für den Ausbau passiver Breitbandinfrastruktur, für Baumaßnahmen im Breitbandbereich, für den Ausbau von Netzen der Breitbandgrundversorgung sowie für den Ausbau von NGA-Netzen.[364]

Art. 52 Abs. 3 AGVO verlangt, dass die Investitionen in Gebieten getätigt werden, in denen keine Infrastruktur derselben Kategorie (Breitbandgrundversorgung oder NGA) vorhanden ist und in denen drei Jahre nach der Veröffentlichung der geplanten Beihilfenmaßnahme unter Marktbedingungen eine solche voraussichtlich auch nicht aufgebaut wird. Eine nach Art. 52 AGVO freigestellte Förderung kommt also ausschließlich in weißen Flecken in Betracht. Der Hintergrund dieser Förderzielgebietsbeschränkung auf weiße Flecken ist in dem Umstand zu sehen, dass mit der AGVO eindeutige Fälle von dem nach Art. 108 Abs. 3 AEUV grundsätzlich erforderlichen Genehmigungsvorbehalt durch die Kommission freigestellt werden sollen, während möglicherweise weniger eindeutige Fälle (wie Förderungen in grauen oder schwarzen Flecken) der ex ante Prüfung durch die Kommission vorbehalten bleiben sollen.[365] Ob ein weißer Fleck vorliegt, muss nach Art. 52 Abs. 3 AGVO im Rahmen einer öffentlichen Konsultation überprüft werden. Erwägungsgrund 13 der Ermächtigungs-VO (EU) Nr. 733/2013 nimmt explizit auf die Ermittlung der Einordnung der Förderzielgebiete nach den Breitbandleitlinien Bezug. Daher ist eine öffentliche

---

[361] VO (EU) 2015/1588, ABl. 2015 L 248, Erwägungsgrund 5; VO (EU) Nr. 733/2013, ABl. 2013 Nr. L 204/11, Erwägungsgrund 13; siehe auch *Werner*, in: Münchener Kommentar Beihilfenrecht, Teil 4. Vorbemerkungen zu Art. 1 ff. Rn. 8.
[362] Siehe Art. 1 Nr. 133–139 AGVO.
[363] Für eine Abgrenzung zu Betriebsbeihilfen siehe etwa *Kühling/Rüchardt*, in: Streinz, EUV/AEUV, AEUV Art. 107 Rn. 129 m.w.N.
[364] Siehe zu den beihilfefähigen Kosten im Breitbandbereich im Vergleich zu anderen Infrastrukturen *Holtmann*, EuZW 2016, 927.
[365] Allgemein *Götz*, in: Dauses/Ludwigs, Handbuch des EU-Wirtschaftsrechts, H. III. Rn. 25; Kommission, Mitteilung der Kommission an das Europäische Parlament, den Rat, den Europäischen Wirtschafts- und Sozialausschuss und den Ausschuss der Regionen: Modernisierung des EU-Beihilfenrechts, ABl. 2012 C/0209, Abs. 8.

Konsultation in Form eines Markterkundungsverfahrens nach Maßgabe der Breitbandleitlinien durchzuführen.[366]

Nach Art. 52 Abs. 4 AGVO besteht die Maßgabe, dass die Beihilfen auf Grundlage eines wettbewerblichen Auswahlverfahrens unter Wahrung des Grundsatzes der Technologieneutralität gewährt werden müssen (vgl. insbesondere Rn. 78 lit. c), d), e) der Breitbandleitlinien).

Art. 52 Abs. 5 AGVO normiert die umfassenden beihilfenrechtlichen Zugangserfordernisse zu den aktiven und passiven Infrastrukturen auf Vorleistungsebene (vgl. Rn. 78 lit. g) und h) und für NGA-Netze zusätzlich Rn. 80 lit. a) und b) der Breitbandleitlinien).[367] Anders als nach den Breitbandleitlinien ist allerdings in jedem Falle eine physische Entbündelung zu ermöglichen.[368] Eine virtuelle Entbündelung, wie sie etwa bei Einsatz der Vectoring-Technik nur möglich ist, kann die physische Entbündelung nach Art. 52 Abs. 5 AGVO nicht ersetzen. Die Kommission hält hier eine – außerhalb des Anwendungsbereichs der AGVO liegende – Einzelfallprüfung der Beihilfenmaßnahme dahingehend für erforderlich, dass festgestellt werden muss, ob eine virtuelle Entbündelung tatsächlich auch der physischen Entbündelung entspricht.[369] Die Kommission führt an, dass sie in dieser Hinsicht kaum auf Erfahrungswerte zurückgreifen kann und sie deswegen nicht auf die ex ante Prüfung der Vereinbarkeit verzichten will.[370]

Der Zugang auf Vorleistungsebene ist für mindestens sieben Jahre, das Recht auf Zugang zu Leerrohren und Masten (nicht jedoch unbeschalteter Glasfaser[371]) sogar zeitlich unbegrenzt zu gewähren. Die Preise für den Zugang auf Vorleistungsebene müssen sich nach Art. 52 Abs. 6 AGVO – unter Berücksichtigung

---

[366] A.A. wohl *Rosenfeld/Holtmann*, in Münchener Kommentar Beihilfenrecht, Teil 4. AGVO Art. 52 Rn. 8, die wegen der fehlenden Begriffsdefinition einer „*öffentlichen Konsultation*" einen „*gewissen Spielraum*" bei der Wahl der angemessenen Maßnahmen zur Durchführung des Konsultationsverfahrens zusprechen; a.a. auch *Sonder/Hübner* KommJur 2015, 441, 444.
[367] Ausweislich Art. 2 Nr. 139 AGVO: *„Bei FTTH- beziehungsweise FTTB-Netzen: Zugang zu Leerrohren, Zugang zu unbeschalteten Glasfaserleitungen, entbündelter Zugang zum Teilnehmeranschluss und Bitstromzugang. Bei Kabelnetzen: Zugang zu Leerrohren und Bitstromzugang. Bei FTTC-Netzen: Zugang zu Leerrohren, entbündelter Zugang zum Kabelverzweiger und Bitstromzugang. Bei passiver Netzinfrastruktur: Zugang zu Leerrohren, Zugang zu unbeschalteten Glasfaserleitungen und/oder entbündelter Zugang zum Teilnehmeranschluss. Bei ADSL-Breitbandnetzen: entbündelter Zugang zum Teilnehmeranschluss und Bitstromzugang. Bei mobilen oder drahtlosen Netzen: Bitstromzugang, gemeinsame Nutzung der physischen Masten und Zugang zu den Backhaul-Netzen. Bei Satellitenplattformen: Bitstromzugang."*.
[368] *Rosenfeld/Holtmann*, in: Münchener Kommentar Beihilfenrecht, Teil 4. AGVO Art. 52 Rn. 10 f.
[369] *Rosenfeld/Holtmann*, in: Münchener Kommentar Beihilfenrecht, Teil 4. AGVO Art. 52 Rn. 10 f.
[370] Siehe Erwägungsgrund 71 AGVO.
[371] Siehe in diesem Zusammenhang in Bezug auf Rn. 78 lit. g) der Breitbandleitlinien unter E. I. 5.

der gewährten Beihilfen – auf die Entgeltgrundsätze der nationalen Regulierungsbehörde und auf Benchmarks stützen, die in vergleichbaren, wettbewerbsintensiveren Gebieten des Mitgliedstaats beziehungsweise der Union gelten (vgl. Rn. 78 lit. h) der Breitbandleitlinien).

Schließlich ist nach Art. 52 Nr. 7 AGVO ein Überwachungs- und Rückforderungsmechanismus für Beihilfen über 10 Mio. Euro einzurichten (vgl. Rn. 78 lit. i) der Breitbandleitlinien).

Daneben sind die allgemeinen Freistellungsvoraussetzungen des Kapitels I der AGVO zu erfüllen. Diese betreffen insbesondere Beihilfeschwellen (Art. 4 AGVO), Transparenzvoraussetzungen (Art. 5 AGVO), Beihilfeintensität und beihilfefähige Kosten (Art. 7 AGVO) sowie Kumulierungsregeln (Art. 8 AGVO). In Bezug auf die Beihilfeschwellen ist herauszustellen, dass gemäß Art. 4 Abs. 1 lit. y) AGVO der Schwellenwert von 70 Mio. Euro Gesamtkosten pro Vorhaben[372] nicht überschritten werden darf. Beihilfen im Rahmen kostenintensiverer Ausbauprojekte müssen daher einzeln notifiziert werden.[373] Nach den Transparenzvoraussetzungen muss sich das Bruttosubventionsäquivalent[374] einer Beihilfe im Voraus genau berechnen lassen (Art. 4 AGVO); für die Berechnung der Beihilfeintensität[375] und der beihilfefähigen Kosten werden die Beträge vor Abzug von Steuern und sonstigen Abgaben herangezogen (Art. 7 AGVO); die Kumulierungsregeln sehen vor, dass insbesondere die Beihilfeschwellen nur eingehalten werden, wenn alle die in Bezug auf das Vorhaben gewährten Beihilfen den Schwellenwert nicht überschreiten (Art. 8 AGVO).

### 3. Beurteilung der Freistellungsvoraussetzungen der AGVO

Zunächst ist die Reichweite, mit welcher Art. 52 AGVO eine Freistellung von Beihilfen zur Förderung des Breitbandausbaus von der Anmeldepflicht nach Art. 108 Abs. 3 AEUV ermöglicht, begrenzt. Insbesondere nämlich können gemäß Art. 52 Abs. 3 AGVO ausschließlich Beihilfen zur Förderung des Breitbandausbaus in weißen Flecken und damit in (NGA-)unterversorgten Gebiete freigestellt werden. Entsprechend der Maßgaben der Breitbandleitlinien und der in diesem Zusammenhang angestellten Erwägungen handelt es sich bei der Förderung des Ausbaus in weißen Flecken um vergleichsweise eindeutige Fälle einer beihilfenrechtlichen Zulässigkeit von Förderungen. Die Kommission hält die

---

[372] Bei Beihilfenregelungen (Art. 2 Nr. 15 AGVO) 150 Mio. Euro, siehe Art. 2 Nr. 15 AGVO, Art. 1 Abs. 2 lit. a) AGVO.
[373] *Bartosch*, EU-Beihilfenrecht, VO 651/2014, Art. 52 Rn 1.
[374] Höhe der Beihilfe, wenn diese als Zuschuss für den Empfänger gewährt worden wäre, vor Abzug von Steuern und sonstigen Abgaben, siehe Art. 2 Nr. 22 AGVO.
[375] In Prozent der beihilfefähigen Kosten ausgedrückte Höhe der Beihilfe vor Abzug von Steuern und sonstigen Abgaben, siehe Art. 2 Nr. 26 AGVO.

ex ante Prüfung von Beihilfenmaßnahmen, welche nach Art. 108 Abs. 3 AEUV grundsätzlich erforderlich ist, in diesen Fällen für verzichtbar. Neben der förderzielgebietsbezogenen Beschränkung der Reichweite einer Freistellung auf Grundlage von Art. 52 AGVO begrenzt auch der maximal zulässige Schwellenwert von 70 Mio. Euro pro Gesamtvorhaben[376] die Anwendbarkeit von Art. 52 AGVO. Eine Freistellung von Beihilfen zur Förderung des Breitbandausbaus nach der AGVO kommt nur für Beihilfenvorhaben begrenzten Umfanges in Betracht. Im Hinblick auf die Durchführung von besonders kleinen und lokalen Ausbauprojekten wäre es vor dem Hintergrund des allgemeinen Verhältnismäßigkeitsgrundsatzes aber wünschenswert gewesen, diese von den wohl aufwändigsten Freistellungsvoraussetzungen der Durchführung von Markterkundungsverfahren und Ausschreibungen (Art. 52 Abs. 3 und 4 AGVO) auszunehmen, um eine unverhältnismäßige Belastung solcher Kleinprojekte zu vermeiden.[377] Jedenfalls hätten diese erleichtert werden können. Angeboten hätte sich hierfür die Schwelle von 10 Mio. Euro je Fördervorhaben, ab welcher gemäß Art. 52 Abs. 7 AGVO auch erst ein Überwachungs- und Rückforderungsmechanismus erforderlich ist.

Daneben ist bei der Anwendung der AGVO zu beachten, dass die Beurteilung, ob bzw. inwieweit einer der durch die AGVO konkretisierten ermessensabhängigen Ausnahmetatbestände von Art. 107 Abs. 3 AEUV im Einzelfall vorliegt, bei den beihilfengewährenden Stellen der Mitgliedstaaten liegt.[378] Stellt sich heraus, dass eine Beihilfe – anders als beabsichtigt – nicht den Freistellungskriterien der AGVO genügt, so liegt eine rechtswidrige Beihilfe iSv. Art. 108 Abs. 3 S. 3 AEUV vor, welche der mitgliedstaatlichen Rückforderungspflicht unterliegt.[379] Insofern besteht – im Unterschied zu Beihilfen, die von der Kommission ausdrücklich genehmigt wurden – das Risiko einer Rückabwicklung von gewährten Förderungen und somit in gewisser Weise Rechtsunsicherheit. Dieses generell bei der Anwendung der AGVO bestehende Risiko einer Fehleinschätzung der Freistellungskriterien sollte aber für den Bereich der Breitbandförderung nach Art. 52 AGVO noch als überschaubar eingestuft werden kön-

---

[376] Bei Beihilfenregelungen (Art. 2 Nr. 15 AGVO) 150 Mio. Euro, siehe Art. 2 Nr. 15 AGVO, Art. 1 Abs. 2 lit. a) AGVO; Ist eine Beihilfenregelung allein aufgrund der Überschreitung des Schwellenwertes nicht nach der AGVO freigestellt, kann die Kommission (allein) auf Grundlage eines einzureichenden Evaluierungsplanes die Beihilfenregelung zeitlich befristet nach der AGVO für mit dem Binnenmarkt vereinbar erklären. Siehe hierzu *Rosenfeld/Holtmann*, in: MüKo, Münchener Kommentar Beihilfenrecht, Teil 4. AGVO Art. 52 Rn. 5; Erwägungsgrund 8 AGVO; Kommission, Beschl. v. 15.04.2016, Staatliche Beihilfe Nr. SA.43484 (2015/N) (Poland).
[377] *Rosenfeld/Holtmann*, in: Münchener Kommentar Beihilfenrecht, Teil 4. AGVO Art. 52 Rn. 16.
[378] *Thiele*, in: Dauses/Ludwigs, Handbuch des EU-Wirtschaftsrechts, H. III. Rn. 166.
[379] *Bartosch*, EU-Beihilfenrecht, VO 651/2014 Rn. 6.

nen.[380] Die durchaus knapp gehaltenen Vorgaben von Art. 52 AGVO können nämlich im Lichte der – maßstabsbildenden[381] – Breitbandleitlinien interpretiert werden. Bei der Anwendung von Art. 52 AGVO kann sich an der gängigen breitbandleitlinienbasierten Förderpraxis in weißen NGA-Flecken orientiert werden.

Tatsächlich ist die praktische Bedeutung der AGVO für Breitbandfördervorhaben ausweislich der Transparenzdatenbank der Kommission in Deutschland allerdings gering.[382] Hierfür dürfte – neben etwaigen Rechtsunsicherheiten bei der Anwendung[383] – insbesondere die von der Kommission genehmigte NGA-Rahmenregelung[384] verantwortlich sein, auf deren Grundlage rechtssicher und ohne Einzelnotifizierungserfordernis Förderungen in weißen NGA-Flecken vorgenommen werden können. Neben der hinlänglich bekannten Förderpraxis auf Grundlage der NGA-Rahmenregelung bietet die Anwendung von Art. 52 AGVO insoweit keinen (direkt erkennbaren) Mehrwert.

### III. Regionalbeihilfen

Regionalbeihilfen sind Beihilfen, die zur Förderung der wirtschaftlichen Entwicklung bestimmter benachteiligter Gebiete innerhalb der Europäischen Union auf Grundlage von Art. 107 Abs. 3 lit. a) und c) AEUV gewährt werden können.[385] Die Gebiete, die für eine Gewährung von Regionalbeihilfen in Betracht

---

[380] A.A. wohl *Sonder/Hübner*, KommJur 2015, 441, 444; *Freund/Bary*, MMR 2015, 230, 233 f.
[381] *Kühling/Toros*, in: Rechtliche Herausforderungen bei der Schaffung von Anreizen für einen flächendeckenden Ausbau von Glasfaserinfrastrukturen, S. 79.
[382] Siehe Beihilfentransparenzdatenbank der Kommission, https://webgate.ec.europa.eu/competition/transparency/public/search/results, seit Einführung der Beihilfentransparenzdatenbank am 01.07.2016 wurden in Deutschland 12 Beihilfenmaßnahmen nach Art. 52 AGVO gewährt (zuletzt abgerufen am 20.02.2021). Hingegen erfolgt z.B. insbesondere in Schweden regelmäßig eine Förderung unter Anwendung des Art. 52 AGVO.
[383] So nämlich *Sonder/Hübner*, KommJur 2015, 441, 444; *Freund/Bary*, MMR 2015, 230, 233 f.
[384] BMVI, Rahmenregelung der Bundesrepublik Deutschland zur Unterstützung des Aufbaus einer flächendeckenden Next Generation Access (NGA)-Breitbandversorgung v. 15.6.2015, („NGA-Rahmenregelung"); genehmigt als eigene Beihilfenregelung nach Art. 1 lit. d) VO 2015/1589, ABl. 2015 L 248, 9 (BeihilfeverfahrensVO); zu der Bedeutung der AGVO bei beihilfenrechtlichen Aspekten der Anwendung des DigiNetzG (worauf die NGA-Rahmenregelung nicht anwendbar ist, siehe Ziff. 1.4 der NGA-Rahmenregelung) siehe *Holtmann*, EuZW 2017, 589.
[385] Leitlinien für Regionalbeihilfen 2014-2020, ABl. 2013 C 209/1, Rn. 1, „Regionalbeihilfeleitlinien" (siehe auch Kommission, Mitteilung der Kommission zur Änderung des Anhangs I der Leitlinien für Regionalbeihilfen 2014–2020, 2016 C 231/1).

kommen, legt die Kommission im Rahmen des ihr zustehenden Ermessens in Fördergebietskarten fest.[386] Zu unterscheiden ist dabei zwischen Gebieten iSv. Art. 107 Abs. 3 lit. a) AEUV (A-Gebiete) und Gebieten iSv. Art. 107 Abs. 3 lit. c) AEUV (C-Gebiete). A-Gebiete sind gemessen am Unionsniveau im Hinblick auf ihre wirtschaftliche Lage erheblich unterentwickelt.[387] C-Gebiete dahingegen weisen – gemessen am nationalen Durchschnitt – weniger gravierende wirtschaftliche Schwierigkeiten auf.[388] Für Deutschland hat die Kommission lediglich C-Gebiete ausgewiesen, in welchen Förderungen prinzipiell strengeren Rechtfertigungsanforderungen unterworfen sind.[389]

Voraussetzungen für die Zulässigkeit von Regionalbeihilfen enthalten die AGVO und die Regionalbeihilfeleitlinien. Insbesondere sehen Art. 14 Abs. 10 AGVO sowie Rn. 12 der Regionalbeihilfeleitlinien spezielle Voraussetzungen für die Förderung des Ausbaus von Breitbandinfrastrukturen vor, welche im Folgenden schwerpunktmäßig zu untersuchen sind.

### 1. Spezielle Freistellungsvoraussetzungen für Regionalbeihilfen für den Ausbau von Breitbandinfrastrukturen nach der AGVO

Art. 14 Abs. 1 AGVO erklärt regionale Investitionsbeihilfen für den Ausbau von Breitbandinfrastrukturen für mit dem Binnenmarkt vereinbar und von der Anmeldepflicht nach Art. 108 Abs. 3 AEUV freigestellt, sofern – neben den allgemeinen Voraussetzungen des Kapitels I der AGVO und den weiteren Voraussetzungen von Art. 14 AGVO – die Breitband-spezifischen Voraussetzungen des Art. 14 Abs. 10 AGVO erfüllt sind:

*„a) Die Beihilfen werden nur in Gebieten gewährt, in denen kein Netz derselben Kategorie (entweder Breitbandgrundversorgung oder NGA) vorhanden ist und ein solches in den drei auf den Gewährungsbeschluss folgenden Jahren voraussichtlich auch nicht auf kommerzieller Grundlage aufgebaut wird,*
*b) der geförderte Netzbetreiber muss auf Vorleistungsebene zu fairen und diskriminierungsfreien Bedingungen Zugang zu den aktiven und passiven Infra-*

---

[386] Zum Ermessen der Kommission in Bezug auf Regionalbeihilfen siehe EuG, Urt. 12.12.1996, Rs. T-380/94, ECLI:EU:T:1996:195, Rn. 54 – *AIUFFASS und AKT/Kommission*.
[387] EuGH, Urt. v. 14.10.1987, Rs. C-248/84, ECLI:EU:C:1987:437, Rn. 19 – *Deutschland/Kommission*; *Cremer*, in: Calliess/Ruffert, EUV/AEUV, AEUV Art. 107 Rn. 55, 63; *Kühling/Rüchardt*, in: Streinz, EUV/AEUV, AEUV Art. 107 Rn. 138.
[388] EuGH, Urt. v. 14.10.1987, Rs. C-248/84, ECLI:EU:C:1987:437, Rn. 19 – *Deutschland/Kommission*; *Cremer*, in: Calliess/Ruffert, EUV/AEUV, AEUV Art. 107 Rn. 55, 63; *Kühling/Rüchardt*, in: Streinz, EUV/AEUV, AEUV Art. 107 Rn. 138.
[389] Regionalbeihilfenleitlinien, Ziff. 145 und Anhang I: Teile Brandenburgs, Mecklenburg-Vorpommern, Dresden, Chemnitz, Teile Sachsen-Anhalts und Thüringen; EuG, Urt. 12.12.1996, Rs. T-380/94, ECLI:EU:T:1996:195, Rn. 54 – *AIUFFASS und AKT/Kommission*.

*strukturen einschließlich einer physischen Entbündelung im Falle von NGA-Netzen gewähren, und*

*c) die Beihilfen werden auf der Grundlage eines wettbewerblichen Auswahlverfahrens gewährt."*

Nach Art. 14 Abs. 10 lit. a) AGVO sind Förderungen nur in weißen Flecken zulässig. Dabei kann es sich sowohl um weiße Breitbandgrundversorgungsflecken als auch um weiße NGA-Flecken handeln. Ob ein solcher weißer Fleck vorliegt, ist – unter Rückgriff auf die Maßgaben der Breitbandleitlinien – im Rahmen eines Markterkundungsverfahrens zu ermitteln.[390] Art. 14 Abs. 10 lit. a) AGVO bestimmt, dass der Prognosezeitraum von drei Jahren, innerhalb dessen für eine Förderfähigkeit des Gebietes keine privatwirtschaftliche Investitionstätigkeit erwartet werden darf, ab dem Gewährungsbeschluss der Fördermaßnahme zu laufen beginnt. Demgegenüber stellen Art. 52 Abs. 3 AGVO und die Breitbandleitlinien[391] auf die Veröffentlichung der Maßnahme ab. Da die Veröffentlichung der Maßnahme ausweislich Art. 9 Abs. 4 S. 2 AGVO grundsätzlich innerhalb von sechs Monaten nach dem Tag der Gewährung der Beihilfe zu erfolgen hat, ist der Prognosezeitraum nach Art. 14 Abs. 10 lit. a) AGVO kürzer als nach Art. 52 Abs. 3 AGVO und den Breitbandleitlinien.[392]

Art. 14 Abs. 10 lit. b) AGVO normiert die beihilfenrechtlichen Zugangsverpflichtungen zu den geförderten Breitbandinfrastrukturen. Diese fallen weniger ausführlich als nach Art. 52 Abs. 5 AGVO aus (dort wird insbesondere präzisiert, dass der Zugang auf Vorleistungsebene für mindestens sieben Jahre zu gewähren ist, während das Recht auf Zugang zu Leerrohren und Masten unbefristet bestehen muss), stimmen aber materiell überein und sollten daher einheitlich gehandhabt werden.

Das nach Art. 14 Abs. 10 lit. c) AGVO durchzuführende Auswahlverfahren ist als *„wettbewerblich"* qualifiziert, wohingegen Art. 52 Abs. 4 AGVO von einem *„offenen, transparenten und diskriminierungsfreien wettbewerblichen Auswahlverfahren unter Wahrung des Grundsatzes der Technologieneutralität"* spricht. Indes ist auch das Auswahlverfahren nach Art. 14 Abs. 10 lit. c) AGVO nach allgemeinen beihilfenrechtlichen Grundsätzen[393] als ein offenes, transparentes und diskriminierungsfreies Auswahlverfahren durchzuführen.[394] Auch die speziell auf Regionalbeihilfen bezogenen Regionalbeihilfeleitlinien sehen dies so vor.

---

[390] Vgl. VO (EU) 2015/1588, ABl. 2015 L 248, Erwägungsgrund 16.
[391] Breitbandleitlinien, ABl. 2013/C 25/1, Fn. 79.
[392] *Nowak*, in: Immenga/Mestmäcker, Wettbewerbsrecht, AGVO Art. 14 Rn. 31.
[393] Kommission, Bekanntmachung zum Begriff der staatlichen Beihilfe, ABl. EU 2016/C 262/01, Fn. 146 m.w.N., Rn. 89 – 96; Kommission, General Block Exemption Regulation (GBER) Frequently Asked Questions, Frage 74, https://ec.europa.eu/competition/state_aid/legislation/practical_guide_gber_en.pdf (zuletzt abgerufen am 20.02.2021).
[394] *Nowak*, in: Immenga/Mestmäcker, Wettbewerbsrecht, AGVO Art. 14 Rn. 32.

Sie verweisen für die Konkretisierung der Maßgabe der „Wettbewerblichkeit" des Auswahlverfahrens in Bezug auf die Förderung des Breitbandausbaus auf Rn. 78 lit. c) und d) der Breitbandleitlinien.[395] Im Rahmen des Auswahlverfahrens sollte zudem – obwohl nicht ausdrücklich vorgesehen – der Grundsatz der Technologieneutralität beachtet werden, da andernfalls potenzielle Anbieter alternativer technischer Lösungen diskriminiert werden könnten.[396]

## 2. Spezielle Anforderungen für Regionalbeihilfen für den Ausbau von Breitbandinfrastrukturen nach den Regionalbeihilfeleitlinien

In Betracht kommt auch eine jeweils einzeln von der Kommission auf Grundlage von Art. 107 Abs. 3 lit. c) AEUV zu genehmigende Förderung des Ausbaus von Breitbandinfrastrukturen als regionale Investitionsbeihilfe nach Maßgabe der Regionalbeihilfeleitlinien. Speziell für die Förderung des Ausbaus von Breitbandinfrastrukturen bestimmt Rn. 12 der Regionalbeihilfeleitlinien:

*„i) Die Beihilfen werden nur in Gebieten gewährt, in denen kein Netz derselben Kategorie (entweder Breitbandgrundversorgung oder NGA) vorhanden ist und in naher Zukunft voraussichtlich auch nicht aufgebaut wird; ii) der geförderte Netzbetreiber hat zu den aktiven und passiven Infrastrukturen zu fairen und diskriminierungsfreien Bedingungen Zugang auf Vorleistungsebene zu gewähren und die Möglichkeit einer tatsächlichen und vollständigen Entbündelung zu bieten; iii) die Beihilfe sollte auf der Grundlage eines wettbewerblichen Auswahlverfahrens im Sinne der Nummer 78 Buchstaben c und d der Breitbandleitlinien gewährt werden."*

Auch hiernach kommt eine Förderung allein in weißen Flecken in Betracht. Für den nicht näher bestimmten Begriff der *„nahen Zukunft"* sind – im Sinne einer einheitlichen Anwendung sektorspezifischer Genehmigungsanforderungen[397] – entsprechend der Maßgabe der Breitbandleitlinien und Art. 14 Abs. 10 lit. a) AGVO drei Jahre anzusetzen.[398] Für den Zeitpunkt des Beginns des dreijährigen Prognosezeitraums ist auf die Veröffentlichung der Maßnahme abzustellen. Die beihilfenrechtlichen Zugangsverpflichtungen auf Vorleistungsebene zu den ge-

---

[395] Hierzu sogleich.
[396] *Nowak*, in: Immenga/Mestmäcker, Wettbewerbsrecht, AGVO Art. 14 Rn. 32; a.A. *Otter/Rohde/Weise*, in: Münchener Kommentar Beihilfenrecht, Teil 4. AGVO Art. 14 Rn. 103 ff.
[397] Erläuterungen zum Entwurf der Leitlinien für Regionalbeihilfen 2014-2020 (Arbeitspapier der GD Wettbewerb), http://ec.europa.eu/competition/consultations/2013_regional_aid_guidelines/explanatory_note_de.pdf, S. 3 (zuletzt abgerufen am 20.02.2021).
[398] So auch *Otter/Rohde/Weise*, in: Münchener Kommentar Beihilfenrecht, Teil 4. AGVO Anhang zu Art. 13 ff. – Regionalleitlinien 2014–2020 Rn. 3 f.

förderten Netzen entsprechen Art. 14 Abs. 10 lit. b) AGVO und damit den üblichen allgemeinen beihilfenrechtlichen Zugangsanforderungen. Im Hinblick auf das durchzuführende wettbewerbliche Auswahlverfahren wird auf Rn. 78 lit. c) und d) der Breitbandleitlinien verwiesen. Hierbei sollte auch der Grundsatz der Technologieneutralität Beachtung finden.[399]

### 3. Beurteilung der Förderung als Regionalbeihilfen

Mit den *speziellen Anforderungen* an Regionalbeihilfen für den Ausbau von Breitbandinfrastrukturen soll sichergestellt werden, dass die wesentlichen sektorspezifischen Zulässigkeitsmaßstäbe, die für die Förderung des Ausbaus von Breitbandinfrastrukturen gelten, nicht durch Regionalbeihilfen umgangen werden können.[400] Wie bei einer Freistellung auf Grundlage von Art. 52 AGVO ist eine Freistellung von Regionalbeihilfen für den Ausbau von Breitbandinfrastrukturen nach Art. 14 Abs. 10 AGVO nur in den beihilfenrechtlich vergleichsweise unproblematischen weißen Flecken möglich. Aber auch eine Einzelgenehmigung von Regionalbeihilfen nach Maßgabe der Regionalbeihilfeleitlinien ist auf die Förderung weißer Flecken beschränkt. Daneben bestehen – wie üblich – umfassende beihilfenrechtliche Zugangsverpflichtungen sowie das Erfordernis wettbewerblicher Auswahlverfahren. Letztlich ist durch die speziellen Anforderungen an Regionalbeihilfen nur ein Teilbereich der Förderoptionen der Breitbandleitlinien eröffnet.

Neben den sektorspezifischen Anforderungen sind die *allgemeinen Zulässigkeitsanforderungen* an Regionalbeihilfen zu beachten, welche die Ausbaumöglichkeiten über Regionalbeihilfen stark begrenzen. Für eine Freistellung von Regionalbeihilfen nach der AGVO etwa gilt ein Schwellenwert von 100 Mio. Euro an beihilfefähigen (Investitions-)Kosten (Art. 4 Abs. 1 lit. a), Art. 2 Nr. 20 AGVO). Von den beihilfefähigen Kosten können immer nur bestimmte Beihilfehöchstintensitäten, d.h. ein bestimmter Prozentsatz, ausgezahlt werden. Die Höhe der Beihilfehöchstintensitäten weist die Fördergebietskarte aus (Art. 14 Abs. 12 S. 1 AGVO), wobei in C-Gebieten die geringsten Beihilfehöchstintensitäten angesetzt sind.[401] Regionalbeihilfen können immer nur einen (geringen)

---

[399] Siehe hierzu oben unter E. I. III. 2.
[400] *Nowak*, in: Immenga/Mestmäcker, Wettbewerbsrecht, AGVO Art. 14 Rn. 30; siehe auch Erläuterungen zum Entwurf der Leitlinien für Regionalbeihilfen 2014-2020 (Arbeitspapier der GD Wettbewerb), http://ec.europa.eu/competition/consultations/2013_regional_aid_guidelines/explanatory_note_de.pdf, S. 3 (zuletzt abgerufen am 20.02.2021).
[401] In C-Gebieten grundsätzlich 10 % für große, 20 % für mittlere und 30 % für große Unternehmen, siehe *Otter/Rohde/Weise*, in: Münchener Kommentar Beihilfenrecht, Teil 4. AGVO Art. 14 Rn. 85 ff. sowie Kommission, Beschl. v. 3.11.2016, Staatliche Beihilfe Nr. SA.46343

Zuschuss zu einer Wirtschaftlichkeitslücke gewähren und sie nicht schließen. Einschränkungen der Zulässigkeit von Regionalbeihilfen gelten auch in Bezug auf die Unternehmensgröße von Beihilfenempfängern (vgl. Art. 14 Abs. 3 AG-VO). Sollen insbesondere wegen Überschreiten des Schwellenwertes der AGVO die Regionalbeihilfeleitlinien zur Anwendung gelangen, so stellen sich entsprechende allgemeine Anforderungen an die Zulässigkeit von Regionalbeihilfen.[402]

Schließlich ist vor dem Hintergrund der sektorspezifischen und allgemeinen Anforderungen an eine Förderzulässigkeit von Regionalbeihilfen festzuhalten, dass diesen keine Bedeutung für den Ausbau von Breitbandinfrastrukturen beizumessen ist. Bereits die von der Kommission genehmigte und in der Praxis hinlänglich bekannte NGA-Rahmenregelung ermöglicht (einzelgenehmigungsfrei und rechtssicher) den Ausbau weißer NGA-Flecken.

## IV. Nachfrageförderprogramme

Da Nachfrageförderprogramme beihilfenrechtlich relevante mittelbare Begünstigungen der Anbieterseite (Netzbetreiber und Drittbetreiber) bewirken und deswegen letztlich auch dem Beihilfenverbot des Art. 107 Abs. 1 AEUV unterfallen, stellt sich die Frage nach der ausnahmsweisen Vereinbarkeit solcher Programme mit dem Binnenmarkt auf Grundlage von Art. 107 Abs. 3 lit. c) AEUV.

### 1. Die Anforderungen der Breitbandleitlinien

Die Kommission hat in der Entscheidung *Greece Superfast Broadband (SFBB) Project* zu einem ausschließlich nachfrageseitig ansetzenden Breitbandförderprogramm ausgeführt, dass die Breitbandleitlinien angebotsseitige Breitbandfördermaßnahmen adressieren.[403] Die Kommission hat die Vereinbarkeit des zur Genehmigung vorgelegten Nachfrageförderprogramms daher nicht anhand der Breitbandleitlinien geprüft, sondern direkt auf Grundlage von Art. 107 Abs. 3 lit. c) AEUV.[404]

---

(2016/N) (Deutschland –Änderungder Fördergebietskarte für Deutschland (2014-2020) für den Zeitraum 2017-2020), S. 6 ff. mit weiteren Erläuterungen.
[402] *Otter/Rohde/Weise*, in: Münchener Kommentar Beihilfenrecht, Teil 4. AGVO Art. 14 Rn. 16 ff., 92.
[403] Kommission, Beschl. v. 7.1.2019, Staatliche Beihilfe Nr. SA.49935 (2018/N) (Greece Superfast Broadband (SFBB) Project), Rn. 71; dies gilt im Übrigen auch für die sektorspezifischen Vereinbarkeitskriterien der AGVO und der Regionalbeihilfeleitlinien.
[404] Kommission, Beschl. v. 7.1.2019, Staatliche Beihilfe Nr. SA.49935 (2018/N) (Greece Superfast Broadband (SFBB) Project), Rn. 71.

Gleichwohl finden nachfrageseitige Breitbandfördermaßnahmen in den Breitbandleitlinien bei dem Prüfungspunkt der *Eignung des Instruments der staatlichen Beihilfe* in Rn. 44 Beachtung:

„*[...] Desgleichen können nachfrageseitige Breitbandfördermaßnahmen (wie z. B. Gutscheine für Endnutzer), auch wenn sie positiv zu einer verbesserten Breitbandpenetration beitragen, nicht immer Lücken in der Breitbandversorgung schließen. In manchen Situationen kann die Versorgungslücke daher möglicherweise nur durch die Gewährung staatlicher Förderung geschlossen werden. [...]*"

Damit bringt die Kommission zunächst zum Ausdruck, dass sie nachfrageseitige Breitbandfördermaßnahmen als *geeignetes* Instrument einer Breitbandförderung und sogar als *milderes Mittel* im Vergleich zu der herkömmlichen Angebotsförderung sieht. Unter dem Prüfungspunkt der *Eignung des Instruments der staatlichen Beihilfe* wird nämlich stets geprüft, ob das Förderziel nicht auch mit milderen Mitteln als der Gewährung von angebotsseitigen Breitbandfördermaßnahmen erreicht werden kann. Den Grundsatz, dass vor Durchführung von herkömmlichen Breitbandfördermaßnahmen auch andere Maßnahmen, einschließlich nachfrageseitige Breitbandfördermaßnahmen, als mildere Mittel in Betracht zu ziehen sind, stellt die Kommission in der Entscheidung *National Broadband Scheme for the UK for 2016-2020*[405] heraus. Diese Entscheidung betraf die Genehmigung umfassender staatlicher Breitbandförderprogramme in Großbritannien, welche in erster Linie herkömmlich, also angebotsseitig ansetzten, daneben aber auch nachfrageseitige Breitbandfördermaßnahmen umfassten.[406] Als nachfrageseitige Breitbandfördermaßnahmen wurden zum einen Marketingmaßnahmen und Informationskampagnen eingesetzt. Zum anderen wurden KMU über Anschlussvoucher Zuschüsse zu den Kosten gewährt, die für eine Anbindung an das Glasfasernetz anfielen.[407] In Bezug auf das Verhältnis von herkömmlichen Breitbandfördermaßnahmen zu nachfrageseitigen Breitbandfördermaßnahmen

---

[405] Kommission, Beschl. v. 26.05.2016, Staatliche Beihilfe Nr. SA.40720 (2016/N) (National Broadband Scheme for the UK for 2016-2020).
[406] Kommission, Beschl. v. 26.05.2016, Staatliche Beihilfe Nr. SA.40720 (2016/N) (National Broadband Scheme for the UK for 2016-2020), Rn. 11; die staatlichen Breitbandförderprogramme in Großbritannien im Überblick: https://www.gov.uk/guidance/building-digital-uk#local-full-fibre-networks-programme; zum Voucherprogramm: https://gigabitvoucher.culture.gov.uk/wp-content/uploads/2019/01/GBVS-Beneficiary-Terms-and-Conditions-v4.1.pdf (jeweils zuletzt abgerufen am 20.02.2021).
[407] Das im Jahr 2016 abgelaufene *Connection Voucher Scheme* betraf die Förderung von KMU in städtischen Gebieten mittels Anschlussvouchern. Das aktuelle *Gigabit Broadband Voucher Scheme* betrifft die Förderung von KMU mittels Anschlussvouchern – wobei solche in ländlichen Gebieten Gutscheine höheren Wertes beanspruchen können – sowie solchen privaten Haushalten, die sich einzelnen Erschließungsprojekten von KMU in ihrer Nähe anschließen.

stellt die Kommission in Rn. 13 der vorgenannten Entscheidung schließlich heraus:

*"However, without further public intervention, reducing the "digital divide" between the remaining NGA white areas and the rest of the UK does not seem possible. In line with paragraphs 47 and 48 of the Broadband Guidelines, the UK authorities see no alternative but to grant public aid to the construction of NGA networks in the targeted areas of the country. Due to the economics of broadband networks, the difficulties resulting from the lack of supply of broadband networks cannot be satisfactorily addressed by such measures involving demand stimulation or regulatory interventions. Demand-side measures in favour of broadband (such as vouchers, tax breaks, awareness-raising measures or demand aggregation) could be an instrument of public intervention. However, such measures would be insufficient to solve the systemic problems illustrated on the supply side in UK rural areas."*

Auch hier wird eine nachfrageseitige Breitbandförderung zunächst als milderes Mittel im Vergleich zu der angebotsseitigen Breitbandförderung gesehen. Ebenso wie in Rn. 44 der Breitbandleitlinien wird aber auch deutlich, dass nachfrageseitige Breitbandfördermaßnahmen im Verhältnis zu angebotsseitigen Breitbandfördermaßnahmen nicht als *gleich geeignet* anzusehen sind. Auch wenn nachfrageseitige Breitbandfördermaßnahmen einen Beitrag zur besseren (bzw. hochwertigeren) Breitbandabdeckung leisten können, so können sie nach Ansicht der Kommission – ausgewiesen durch die Breitbandleitlinien sowie die vorgenannte Entscheidung – strukturelle Ausbaudefizite nicht grundlegend beheben. Die Kommission sieht die nachfrageseitige Breitbandförderung als ergänzendes Instrument einer angebotsseitigen Förderung.

### 2. Die Entscheidung der Kommission „Greece Superfast Broadband (SFBB) Project"

Die Kommission hat die Vereinbarkeit des nachfrageseitig ansetzenden Breitbandförderprogramms in der Entscheidung *Greece Superfast Broadband (SFBB) Project*[408] auf Grundlage von Art. 107 Abs. 3 lit. c) AEUV – wie üblich – durch die ermessensabhängige Abwägungsprüfung geprüft. Die positiven Auswirkungen der Maßnahme mussten die potenziellen negativen Auswirkungen wie Wettbewerbsverzerrungen oder Handelsbeeinträchtigungen überwiegen („balancing test"). Im Einzelnen nahm sie folgende Prüfungsschritte vor:

---

[408] Für eine Beschreibung der Ausgestaltung des nachfrageseitigen Breitbandförderprogramms in Griechenland siehe unter D. VI. 1. c.

- *Beitrag zu einem Ziel von gemeinsamem Interesse (einschließlich Marktversagen)*

Die Kommission stellte fest, dass das Ziel des Nachfrageförderprogramms – Erhöhung der Nachfrage nach Breitbandanschlüssen mit Geschwindigkeiten von mindestens 100 Mbit/s – im Einklang mit den in der Digitalen Agenda (bzw. der darauf aufbauenden Gigabit-Mitteilung) formulierten Zielsetzungen stand. Danach soll eine flächendeckende Verfügbarkeit und auch Nutzung solcher leistungsfähiger Breitbandanschlüsse erreicht werden.[409] Der flächendeckenden Verfügbarkeit und Nutzung schneller Breitbandanschlüsse wurden gesamtwirtschaftlich positive Auswirkungen im Sinne der Behebung eines Marktversagens zugesprochen.[410]

- *Eignung*

Die Kommission hielt das Nachfrageförderprogramm auch für ein geeignetes Mittel, um das vorgenannte Ziel von gemeinsamem Interesse zu erreichen. Dadurch dass das Nachfrageförderprogramm nämlich die Kosten bei der Inanspruchnahme von Breitbanddiensten für gutscheinberechtigte Verbraucher und Unternehmen senkte, wurde es als hilfreich angesehen, die Nutzung leistungsfähigerer Dienste bzw. höherer Übertragungsgeschwindigkeiten zu fördern und damit die Verbraucherpräferenzen zu verändern.

- *Notwendigkeit der Beihilfe und Anreizeffekt*

Die Einrichtung eines Nachfrageförderprogramms wurde von der Kommission auch als notwendig im Sinne eines mildesten Mittels zur Zielerreichung erachtet.[411] Daneben wurde das Vorliegen eines Anreizeffektes festgestellt. Die Kommission ging davon aus, dass ohne nachfrageseitige Fördermaßnahmen die gutscheinberechtigten Verbraucher und Unternehmen ihr Verhalten wahrscheinlich nicht ändern und hochpreisigere Breitbanddienste nachfragen würden.

- *Beschränkung der Beihilfe auf das erforderliche Minimum (Verhältnismäßigkeit)*

Die Kommission hielt das Nachfrageförderprogramm auch für verhältnismäßig, also so ausgestaltet, dass die Beihilfen und potenziell damit einhergehenden

---

[409] Hierzu Kommission, Mitteilung COM(2016) 587 final, Konnektivität für einen wettbewerbsfähigen digitalen Binnenmarkt – Hin zu einer europäischen Gigabit-Gesellschaft, S. 6, 8; siehe hierzu bereits unter A.
[410] Siehe hierzu unter E. I. 2.
[411] In diesem Sinne auch bereits die Breitbandleitlinien, ABl. 2013/C 25/1, Rn. 44, siehe hierzu unter E. IV. 1.

Wettbewerbsverzerrungen auf das erforderliche Minimum beschränkt blieben. Denn die Nachfrageförderung sollte nur zeitlich befristet gelten und nur einen Teil der Einrichtungskosten und der monatlichen Kosten für die Breitbanddienste abdecken. Daneben führte die Kommission aus, dass das angesetzte Förderkriterium – Gutscheine konnten nur für Breitbanddienste mit Übertragungsgeschwindigkeiten von mindestens 100 Mbit/s in Anspruch genommen werden – im Einklang mit den Zielen der Digitalen Agenda bzw. der Gigabit-Mitteilung stand; das Förderkriterium war technologieneutral ausgestaltet und schloss nur solche Technologien aus, die die avisierten Geschwindigkeiten nicht erreichen konnten.

- *Vermeidung unzumutbarer Wettbewerbsverzerrungen*

Die negativen Auswirkungen in Form von Wettbewerbsverzerrungen waren als gering einzustufen, da mindestens vier Netzbetreiber angebotsseitig tätig waren (und somit kein Einzelner bevorteilt wurde). Auch konnte die Förderung nur von einem kleinen Teil der Haushalte in Anspruch genommen werden, was etwa 5 % des gesamten griechischen NGA-Marktes entsprach. Durch das angesetzte Förderkriterium, dass nur Breitbanddienste mit Übertragungsgeschwindigkeiten von mindestens 100 Mbit/s förderfähig waren, war schließlich sichergestellt, dass nur die besonders leistungsfähigen Breitbandanschlüsse, die eine geringe Nachfrage verzeichneten, von der Förderung betroffen waren und weniger leistungsfähige Anschlüsse nicht umfasst waren.

- *Transparenz*

Alle Beteiligten hatten über eine Webseite Zugang zu allen einschlägigen Informationen der Fördermaßnahme. Es sollten die Transparenzanforderungen der Breitbandleitlinien nach Rn. 78 lit. j) (in der mittlerweile geänderten Fassung[412]) sinngemäß durch die griechischen Behörden erfüllt werden.

- *Ergebnis*

Die Kommission hat das Nachfrageförderprogramm genehmigt. Mit einem Evaluierungsplan sollten die tatsächlichen Auswirkungen der Nachfrageförderung (insbesondere auf Märkte und Wettbewerb, Zielerreichung, Datenerfassung) überwacht werden. Unter den vorstehenden Aspekten hat die Kommission – erstmalig – ein ausschließlich nachfrageseitig ansetzendes Breitbandförderprogramm für zulässig erklärt, welches mittels Vertragsvouchern die monatlichen Kosten von Endnutzern bei der Inanspruchnahme von Breitbanddiensten mit

---

[412] Kommission, Mitteilung 2014/C 198/02, ABl. 2014 C 198/30, Ziff. 2.2, lit. a).

besonders hohen Übertragungsgeschwindigkeiten senkt.[413] Das Programm war nicht auf den Ausbau neuer, vielmehr auf die bessere Auslastung bzw. Nutzung von bereits vorhandenen leistungsfähigen Breitbandinfrastrukturen ausgerichtet.

## 3. Bewertung der vorgeschlagenen Ausgestaltungen von Nachfrageförderprogrammen

Auf Basis der dargestellten Vereinbarkeitsgrundsätze der Kommission zu nachfrageseitig ansetzenden Breitbandfördermaßnahmen sollen im Folgenden Überlegungen zu einer potenziellen Vereinbarkeit von Nachfrageförderprogrammen mit Vertrags- und Anschlussvouchern zur Unterstützung des Ausbaus neuer leistungsfähiger (gigabitfähiger) Breitbandinfrastrukturen angestellt werden.

- Zunächst können mit einer Nachfrageförderung mit Vertrags- und Anschlussvouchern zur Unterstützung des Ausbaus neuer gigabitfähiger Breitbandinfrastrukturen Ziele verfolgt werden, die im Einklang mit den in der Digitalen Agenda (bzw. der darauf aufbauenden Gigabit-Mitteilung) formulierten Zielsetzungen stehen. Danach soll eine flächendeckende Verfügbarkeit und auch Nutzung von leistungsfähigen (gigabit-

---

[413] Mit der Entscheidung vom 04.08.2020 hat die Kommission ein weiteres nachfrageseitig ansetzendes Breitbandförderprogramm über Gutscheine für einkommens- bzw. finanzschwache Haushalte in Italien genehmigt. Die Kommission sah das Förderprogramm auf Grundlage von Art. 107 Abs. 2 lit. a) AEUV als mit dem Binnenmarkt vereinbar an. Nach Art. 107 Abs. 2 lit. a) AEUV sind Beihilfen sozialer Art an einzelne Verbraucher, wenn sie ohne Diskriminierung nach der Herkunft der Waren gewährt werden, mit dem Binnenmarkt vereinbar und damit vom Beihilfenverbot des Art. 107 Abs. 1 AEUV ausgenommen. Die Kommission führte aus, dass es sich bei den gutscheinberechtigten Haushalten um einzelne Verbraucher im Sinne von Art. 107 Abs. 2 lit. a) AEUV handelt, da allein solche private Haushalte gutscheinberechtigt sind, die auf Grundlage eines Indikators zur Einordnung der Einkommens- bzw. Vermögenssituation als einkommens- bzw. finanzschwach gelten. Das Vorliegen von Beihilfen sozialer Art im Sinne von Art. 107 Abs. 2 lit. a) AEUV lag nach der Kommission darin begründet, dass aufgrund der – insbesondere in Italien – verheerenden Auswirkungen der COVID-19-Epidemie die gutscheinberechtigten einkommens- und finanzschwachen Haushalte ohne geeignete Breitbanddienste Gefahr liefen, am gesellschaftlichen (digitalen) Leben nicht mehr in ausreichendem Maße teilhaben zu können. Ohne die Förderung könnten diese Haushalte Schwierigkeiten haben, die Kosten für den Erwerb der förderfähigen Breitbanddienste zu tragen und somit einen sozialen bzw. gesellschaftlichen Ausschluss erfahren. Die „digitale Spaltung" der Gesellschaft kann nach der Kommission durch die Förderung vermieden bzw. verringert werden. Schließlich wurde das Förderprogramm wegen seiner technologieneutralen Ausgestaltung auch als nicht nach Herkunft der Waren bzw. Dienste diskriminierend im Sinne von Art. 107 Abs. 2 lit. a) AEUV qualifiziert. Siehe Kommission, Beschl. v. 04.08.2020, Staatliche Beihilfe Nr. SA. 57495 (2020/N) (Italy Broadband vouchers for certain categories of families), Rn. 46 ff.

fähigen) Breitbandanschlüssen erreicht werden.[414] Adressiert würden insofern *Ziele von gemeinsamem Interesse* und die Behebung von *Marktversagen* als wesentliche Vereinbarkeitsvoraussetzungen.

- Da die Gutscheine auf den Ausbau von Breitbandinfrastrukturen gerichtet sind, sind entsprechend den Maßgaben der Breitbandleitlinien aber auch gebietsweise Einschränkungen von nachfrageseitig ansetzenden Förderprogrammen zu erwarten. In wettbewerblichen schwarzen NGA-Flecken jedenfalls, in denen *„eine ausreichende künftige Nachfrage nach sehr hohen Kapazitäten erwartet wird"* und eine (angebotsseitige) Förderung daher grundsätzlich unzulässig ist,[415] dürfte auch eine Nachfrageförderung nicht ohne Weiteres zulässig sein.

- Zu vermeiden wären Doppelförderungen.[416] Auf Bundesebene besteht bereits mit der von der Kommission genehmigten NGA-Rahmenregelung ein angebotsseitig ansetzendes Breitbandförderprogramm für die Erschließung weißer NGA-Flecken. Die Genehmigung einer auf die Erschließung grauer NGA-Flecken ausgerichteten Rahmenregelung ist in Vorbereitung.[417] Die Zielgebiete von angebotsseitiger und nachfrageseitiger Förderung wären insofern deckungsgleich bzw. würden sich stark überlappen.[418] In den Gebieten, die bereits aufgrund angebotsseitiger Fördermaßnahmen versorgt werden, sollten Gutscheine nicht in Anspruch genommen werden dürfen.[419] Sobald ein gefördertes (oder eigeninvestives) Ausbauprojekt begonnen wurde, sollten damit keine Gutscheine mehr ausgegeben werden.[420] Da mit den nachfrageseitig ansetzenden Fördermaßnahmen der Ausbau neuer Breitbandinfrastrukturen angeregt (und

---

[414] Hierzu Kommission, Mitteilung COM(2016) 587 final, Konnektivität für einen wettbewerbsfähigen digitalen Binnenmarkt – Hin zu einer europäischen Gigabit-Gesellschaft, S. 6, 8; siehe hierzu bereits unter A.
[415] Kommission, Beschl. v. 18.12.2018, Staatliche Beihilfe Nr. SA.48418 (2018/N) (Deutschland Bayerische Gigabit-Pilotförderung), Rn. 115.
[416] Auch die von der Kommission genehmigten Förderprogramme in Griechenland überschneiden sich gebietsmäßig nicht, siehe Kommission, Beschl. v. 31.07.2019, SA.53135 (2019/N) (Greece – Ultrafast Broadband Infrastructure Scheme), Rn. 17.
[417] BMVI, Rahmenregelung der Bundesrepublik Deutschland zur Unterstützung des flächendeckenden Aufbaus von Gigabitnetzen in „grauen Flecken" v. 22.5.2019, Entwurf, https://www.bmvi.de/SharedDocs/DE/Anlage/DG/breitbandfoerderung-gigabit-rahmenregelung.pdf?__blob=publicationFile, „NGA-Rahmenregelung-Entwurf" (zuletzt abgerufen am 20.02.2021) – genehmigt durch Kommission, Beschl. v. 13.11.2020, Staatliche Beihilfe Nr. SA.52732 (2020/N) (Nationale Gigabitregelung Deutschland).
[418] *Monopolkommission*, 11. Sektorgutachten Telekommunikation, Rn. 176.
[419] *Briglauer/Schmitz*, Gutachten zur ökonomischen und rechtlichen Sinnhaftigkeit von nachfrageseitigen Förderungen, S. 18; weiterführend *Monopolkommission*, 11. Sektorgutachten Telekommunikation, K22, Rn. 176.
[420] *Monopolkommission*, 11. Sektorgutachten Telekommunikation, K22.

nicht wie in Griechenland die Nutzung bereits vorhandener erhöht) werden soll, sollten die Gutscheine freilich auch dort nicht zum Einsatz kommen können, wo bereits gigabitfähige Breitbandanschlüsse vorhanden sind.[421]

- Fest steht, dass die Kommission nachfrageseitig ansetzende Fördermaßnahmen – unter den unter E. IV. 1. genannten Einschränkungen – jedenfalls als *geeignet* zur Unterstützung angebotsseitig ansetzender Fördermaßnahmen und im direkten Vergleich dazu sogar als das *mildere Mittel* ansieht. Unzureichende Nachfrage gilt als ein Grund für fehlende privatwirtschaftliche Investitionen in gigabitfähige Breitbandinfrastrukturen und hohe Datenübertragungsraten sind gegenwärtig noch schlecht zu monetarisieren.[422] Sinken Kosten für Endnutzer, steigt die Nachfrage. Es können mithin Anreize zu privatwirtschaftlichen Investitionen gesetzt und der Ausbau von Breitbandinfrastrukturen vorangetrieben werden. Auch wäre mit den gutscheinvermittelten Zuschüssen ein *Anreizeffekt* verbunden, da aufgrund der erhöhten Nachfrage Investitionen getätigt würden, die ohne Beihilfen voraussichtlich nicht getätigt würden.[423]

- Die Nachfrageförderung sollte konkret *verhältnismäßig* ausgestaltet sein. Hierzu ist die Nachfrageförderung zeitlich zu befristen, sodass die Gutscheine nicht zeitlich unbegrenzt in Anspruch genommen werden können. Auch sollten diese nur einen Teil der anfallenden (Anschluss- bzw. Vertrags-)Kosten decken. Zu beachten wäre zudem der Grundsatz der Technologieneutralität. Eine allein auf den Ausbau von FTTB/H-Netzen ausgerichtete Nachfrageförderung unterläge einem besonderen Rechtfertigungsdruck.[424] Des Weiteren müsste – als essentielle Vereinbarkeitsvoraussetzung – offener Zugang zu den über die Gutscheine errichteten Breitbandinfrastrukturen gewährt werden („beihilfenrechtlicher openaccess"). Wie die angebotsseitigen Fördermaßnahmen müssten schließlich

---

[421] *Briglauer/Schmitz*, Gutachten zur ökonomischen und rechtlichen Sinnhaftigkeit von nachfrageseitigen Förderungen, S. 18.
[422] *Monopolkommission*, 11. Sektorgutachten Telekommunikation, Rn. 215; *Henseler-Unger*, ifo Schnelldienst 7/2018, 15, 16; *Krämer*, ifo Schnelldienst 7/2018, 12, 13; 2017 wurden 28,1 % der verfügbaren FTTB/H-Anschlüsse auch tatsächlich nachgefragt. 2018 erhöhte sich der Anteil auf 29,8 % und 2019 – Schätzungen zufolge – auf 33,8 %, siehe *Dialog Consult/VATM*, 21. TK-Marktanalyse 2019, S. 14; siehe hierzu auch *BNetzA*, Jahresbericht 2018, S. 49 ff.
[423] *Briglauer/Schmitz*, Gutachten zur ökonomischen und rechtlichen Sinnhaftigkeit von nachfrageseitigen Förderungen, S. 24.
[424] So auch *Briglauer/Schmitz*, Gutachten zur ökonomischen und rechtlichen Sinnhaftigkeit von nachfrageseitigen Förderungen, S. 31; *Kühling/Toros*, in: Rechtliche Herausforderungen bei der Schaffung von Anreizen für einen flächendeckenden Ausbau von Glasfaserinfrastrukturen, S. 104.

auch die nachfrageseitigen Fördermaßnahmen *transparent* ausgestaltet sein und Rn. 78 lit. j) der Breitbandleitlinien (in der mittlerweile geänderten Fassung[425]) sinngemäß erfüllen.

- In Betracht kommt schließlich eine adressatenbezogene Beschränkung der Gutscheinberechtigung auf KMU und/oder sozioökonomisch wichtige Einrichtungen wie Schulen, Arztpraxen etc. Auch wenn dadurch der Umfang der Förderung – im Vergleich zu einer nicht-adressatenbezogenen Beschränkung, welche auch private Haushalte mit einbezieht – wesentlich verringert und potenzielle Wettbewerbsverzerrungen ebenfalls geringer gehalten werden könnten, so scheint die Ausgabe der Gutscheine an alle Nutzer vorzugswürdig. Erreicht werden soll nämlich zum einen ein flächendeckender Ausbau mit leistungsfähigen Breitbandinfrastrukturen, auch zur Versorgung von privaten Endnutzern. Zum anderen ist folgender Effekt am ehesten bei einem großen Adressatenkreis zu erwarten: Eine vermehrte Inanspruchnahme von Gutscheinen innerhalb eines Gebietes kann zu niedrigeren Kosten pro (Glasfaser-)Hausanschluss führen, da unter Umständen mehrere Hausanschlüsse über ein Bauvorhaben realisiert werden können. In dichter besiedelten Gebieten ist mithin ein verstärkter gutscheininduzierter Ausbau zu erwarten.[426] Eine verstärkte Inanspruchnahme von Gutscheinen lässt möglicherweise ganze Gebiete für einen Ausbau rentabel werden, sodass sie in Gänze erschlossen werden. Auf den gewünschten flächendeckenden Ausbau von Breitbandinfrastrukturen kann so am besten unterstützend hingewirkt werden.[427]

- Schließlich senken *Vertragsvoucher* die Einrichtungskosten bzw. die monatlichen Kosten von Endnutzern für leistungsfähige Breitbandanschlüsse. Sie steigern dadurch die Bereitschaft der Endnutzer, Verträge über die Erbringung hochbitratiger Breitbanddienste abzuschließen. Erhöht sich insofern die Nachfrage nach hochbitratigen Breitbanddiensten, ist mit einem entsprechend verbesserten Angebot durch die Telekommunikationsanbieter zu rechnen. Der für dieses Angebot erforderliche Ausbau erscheint lohnender. Diese Art der Gutscheine sollte neben *Anschlussvouchern* gewährt werden. Denn Anschlussvoucher senken die einmaligen Kosten, die für die Erschließung einer Immobilie anfallen und adressieren dadurch in erster Linie Eigentümer dieser Immobilien. Ein großer Teil der Endnutzer

---

[425] Kommission, Mitteilung 2014/C 198/02, ABl. 2014 C 198/30, Ziff. 2.2, lit. a).
[426] Siehe hierzu auch Kommission, Beschl. v. 26.05.2016, Staatliche Beihilfe Nr. SA.40720 (2016/N) (National Broadband Scheme for the UK for 2016-2020), Rn. 11: „*However, the use of vouchers generally favours "urban" applications where the incremental costs are relatively low and there are more likely to be a range of competing infrastructure suppliers able to offer NGA services.*".
[427] So auch *Monopolkommission*, 11. Sektorgutachten Telekommunikation, Rn. 174.

– Mieter – würde dadurch von der Möglichkeit der Inanspruchnahme von Gutscheinen ausgeschlossen.[428]

- Der Einsatz nachfrageseitiger Breitbandfördermaßnahmen über Gutscheine kommt in unterschiedlichen Ausgestaltungsvarianten in Betracht.[429] Die vorstehend behandelten Maßgaben sollten aber im Hinblick auf eine Genehmigung der Kommission in jedem Falle berücksichtigt werden.

## V. Mobilfunk

Neben der Förderung des Festnetzausbaus kommt auch die Förderung des Ausbaus von Mobilfunknetzen in Betracht. Es stellt sich die Frage nach der Zulässigkeit von Beihilfen zur Förderung des Mobilfunknetzausbaus.

### 1. Die Genehmigungsvoraussetzungen der Breitbandleitlinien als Beurteilungsmaßstab

Die Breitbandleitlinien als zentraler Beurteilungsmaßstab für Beihilfen zur Förderung des Breitbandausbaus adressieren zwar mit ihren Genehmigungsvoraussetzungen den Ausbau von Festnetzbreitbandinfrastrukturen. Sie enthalten aber eine detaillierte sektorspezifische Auslegung von Art. 107 Abs. 3 lit. c) AEUV für den Breitbandbereich insgesamt, welchem auch Mobilfunkinfrastrukturen unterfallen. Dies hat die Kommission in der Entscheidung *Deutschland Mobilfunk Bayern* ausdrücklich klargestellt. Die Vereinbarkeit von Regelungen zur Förderung des Ausbaus der Mobilfunkversorgung hat sie daher auf Grundlage von Art. 107 Abs. 3 lit. c) AEUV und in (analoger) Anwendung der Breitbandleitlinien geprüft.[430] In Anwendung der Vereinbarkeitsmaßstäbe der Breitbandleitlinien hat die Kommission mit der vorgenannten Entscheidung *Deutschland Mobilfunk Bayern* zum Mobilfunknetzausbau in Deutschland eine Beihilfenregelung zur Förderung des Ausbaus der Mobilfunkversorgung in weißen Mobilfunkflecken in Bayern genehmigt. Entsprechend den Breitbandleitlinien sind

---

[428] *Monopolkommission*, 11. Sektorgutachten Telekommunikation, Rn. 173.
[429] Zu den Ausgestaltungsoptionen siehe etwa *Kühling/Toros*, in: Rechtliche Herausforderungen bei der Schaffung von Anreizen für einen flächendeckenden Ausbau von Glasfaserinfrastrukturen, S. 90 ff.
[430] Siehe Kommission, Beschl. v. 16.11.2018, Staatliche Beihilfe Nr. SA.48324 (2018/N) (Deutschland Mobilfunk Bayern), S. 12; Kommission, Beschl. v. 07.04.2015, Staatliche Beihilfen Nr. SA.39089 (2014/N) & SA.39090 (2014/N) (Italy Mobile telephony in mountainous areas of Bolzano (Favogna, Mazia, Alpe Guazza and Passo Rombo) SA.39089 & SA.39090, Sprachmobilfunk in Berggebieten von Bozen (Favogna, Mazia, Alpe Guazza und Passo Rombo)), Rn. 42.

weiße Mobilfunkflecken Gebiete, in denen das Markterkundungsverfahren ergeben hat, dass dort keine Mobilfunkversorgung besteht und diese in den nächsten drei Jahren auch nicht nach privatwirtschaftlichen Ausbauplänen zu erwarten ist (Mobilfunklücken).[431] In diesen – für privatwirtschaftliche Investitionen uninteressanten – Gebieten soll nach dem bayerischen Mobilfunkförderprogramm mindestens eine LTE-Mobilfunkversorgung aufgebaut werden, wobei als Fördermodell ein Mietmodell gewählt wurde: Die geförderten Mobilfunkinfrastrukturen (insbesondere Mobilfunksendemasten) sollen von der Gebietskörperschaft (Gemeinde) selbst oder von einem Baukonzessionär errichtet und an interessierte Netzbetreiber vermietet werden.[432] Das gleiche Fördermodell liegt einer Förderung des Ausbaus von weißen Mobilfunkflecken im Bundesland Hessen zugrunde. Die Kommission hat in ihrer Genehmigungsentscheidung *Ausbau der Mobilfunkversorgung im Land Hessen* hierzu die gleichen Vereinbarkeitsmaßstäbe wie in der Entscheidung *Deutschland Mobilfunk Bayern* angelegt, nämlich

---

[431] Die strikte Unterscheidung von Breitbandgrundversorgungs- und NGA-Netzen scheint im Bereich der Mobilfunkförderung nicht angezeigt zu sein. Die Breitbandleitlinien beschreiben zwar zumindest Mobilfunknetze der dritten Generation (3G, UMTS, was auch LTE (3.9G) erfassen dürfte) als Netze der Breitbandgrundversorgung. In Bezug auf NGA-Netze erläutern sie, dass es sich – da eine Qualifizierung einer Breitbandversorgung als „NGA" von bereitgestellten Übertragungsgeschwindigkeiten abhängt – bei Mobilfunknetzen um *shared*-Medien, also um gemeinsam genutzte Medien handelt, deren Geschwindigkeit von der Anzahl der Nutzer in dem vom Netz abgedeckten Gebiet abhängt und auch umweltbedingten Schwankungen unterliegt. NGA-Mobilfunknetze müssten daher möglicherweise in einer bestimmten Dichte im Hinblick auf die Sendeeinrichtungen und/oder mit leistungsfähiger Konfiguration (wie Richtfunkantennen und/oder mehreren Antennen) ausgelegt werden, damit sie jedem Teilnehmer zuverlässig die Mindest-Übertragungsgeschwindigkeiten bereitstellen, die von einem NGA-Netz zu erwarten sind. Hierbei beziehen sich die Breitbandleitlinien allerdings auf die Versorgung ortsfester Teilnehmer und nicht auf die Bereitstellung von mobilen Breitbandanschlüssen. Auch in der Kommissionspraxis findet sich keine eindeutige Unterscheidung. Die Kommission scheint im Bereich der Mobilfunkförderung letztlich auf die Unterscheidung von Breitbandgrundversorgungs- und NGA-Flecken zu verzichten, weswegen im Folgenden daher auch nicht zwischen Breitbandgrundversorgung- und NGA-Flecken unterschieden werden soll. Die Gebietsfarbe bestimmt sich allein nach der Verfügbarkeit von Mobilfunkinfrastrukturen. Siehe hierzu Breitbandleitlinien, ABl. 2013/C 25/1, Rn. 56 ff. und Fn. 71 sowie Kommission, Beschl. v. 07.04.2015, Staatliche Beihilfen Nr. SA.39089 (2014/N) & SA.39090 (2014/N) (Italy Mobile telephony in mountainous areas of Bolzano (Favogna, Mazia, Alpe Guazza and Passo Rombo) SA.39089 & SA.39090, Sprachmobilfunk in Berggebieten von Bozen (Favogna, Mazia, Alpe Guazza und Passo Rombo)), Rn. 42, 59, 62; hierzu auch *Freund/Bary*, N&R 2013, 256, 257.
[432] Kommission, Beschl. v. 16.11.2018, Staatliche Beihilfe Nr. SA.48324 (2018/N) (Deutschland Mobilfunk Bayern), S. 3 f.; Richtlinie zur Förderung des Ausbaus der Mobilfunkversorgung im Freistaat Bayern (Mobilfunkrichtlinie – MFR) vom 28. November 2018, Az. 28-7370/46/1, Ziff. 2.2; vgl. auch Breitbandleitlinien, ABl. 2013/C 25/1, Anhang I, Nr. 4; zur Ausgestaltung möglicher Bundesförderprogramme Mobilfunk siehe *Monopolkommission*, 11. Sektorgutachten Telekommunikation, Rn. 277 ff.; zu einer geplanten staatlichen Mobilfunkinfrastrukturgesellschaft (MIG) siehe *Monopolkommission*, 11. Sektorgutachten Telekommunikation, Rn. 273 ff.; *Schuler*, N&R 2019, 269.

eine Beurteilung auf Grundlage von Art. 107 Abs. 3 lit. c) AEUV und einer (analogen) Anwendung der Breitbandleitlinien.[433]

Aufgrund der (analogen) Anwendbarkeit der Breitbandleitlinien können sich die folgenden Ausführungen auf (ausgewählte) Besonderheiten bei staatlichen Förderungen des Mobilfunknetzausbaus beschränken.

## 2. Versorgungsauflagen

Eine Besonderheit im Bereich der Mobilfunkversorgung liegt in den regulatorischen Versorgungsauflagen, die die Inhaber von Mobilfunkfrequenzen zu erfüllen haben. Hierbei handelt es sich um Auflagen, mit denen die im Rahmen der jeweiligen Frequenzversteigerung an private Netzbetreiber vergebenen Mobilfunkfrequenzen versehen sind. Sie schreiben eine bestimmte Mindestabdeckung von mit Mobilfunk zu versorgenden Gebieten in einer bestimmten Mindestversorgungsqualität (hinsichtlich Übertragungsgeschwindigkeit und Latenz) vor.

Die Versorgungsauflagen der Frequenzversteigerung 2015 (4G-Versorgungsauflagen) schreiben die Versorgung von 98 % aller deutschen Haushalte bundesweit, mindestens jedoch 97 % in jedem Bundesland, vor.[434] Hauptverkehrswege, also Bundesautobahnen und ICE-Strecken, sollen, soweit dies rechtlich und tatsächlich möglich ist, vollständig abgedeckt werden.[435] Hierbei müssen mindestens 50 Mbit/s pro Antennensektor, d.h. im Ausstrahlungsradius einer Mobilfunksendeeinrichtung, gewährleistet sein.[436] Die Auflagen waren bis Ende des Jahres 2019 zu erfüllen.

---

[433] Kommission, Beschl. 29.10.2020, Staatliche Beihilfe Nr. SA.55578 (Ausbau der Mobilfunkversorgung im Land Hessen).
[434] BNetzA, Entscheidung Präsidentenkammer, https://www.bundesnetzagentur.de/SharedDocs/Downloads/DE/ Sachgebiete/Telekommunikation/Unternehmen_Institutionen/Frequenzen/OffentlicheNetze/Mobilfunk/DrahtloserNetzzugang/Projekt2016/Pr%C3%A4sidentenkammerentscheidungProjekt2016_pdf.pdf?__blob=publicationFile&v=3, Rn. 679 (zuletzt abgerufen am 20.02.2021).
[435] BNetzA, Entscheidung Präsidentenkammer, https://www.bundesnetzagentur.de/SharedDocs/Downloads/DE/ Sachgebiete/Telekommunikation/Unternehmen_Institutionen/Frequenzen/OffentlicheNetze/Mobilfunk/DrahtloserNetzzugang/Projekt2016/Pr%C3%A4sidentenkammerentscheidungProjekt2016_pdf.pdf?__blob=publicationFile&v=3, Rn. 679 (zuletzt abgerufen am 20.02.2021).
[436] BNetzA, FAQ, https://www.bundesnetzagentur.de/SharedDocs/FAQs/DE/Sachgebiete/Telekommunikation/Unternehmen_Institutionen/Frequenzen/Mobilfunk/Auktion2019/FAQ_02_Versorgungsauflagen02.html (zuletzt abgerufen am 20.02.2021).

Die Versorgungsauflagen der jüngsten Frequenzversteigerung 2019 (5G-Versorgungsauflagen) sind in zwei Stufen zu erfüllen: In der ersten Stufe müssen bis Ende des Jahres 2022 98 % der Haushalte je Bundesland und daneben Bundesautobahnen, bestimmte Bundesstraßen und fahrgaststarke Schienenwege mit mindestens 100 Mbit/s pro Antennensektor versorgt sein.[437] In der zweiten Stufe sind bis Ende des Jahres 2024 alle übrigen Bundesstraßen mit mindestens 100 Mbit/s sowie alle Landes- und Staatsstraßen, bestimmte Gewässerteile und die übrigen Schienenwege mit mindestens 50 Mbit/s pro Antennensektor zu versorgen.[438]

Aufgrund der Versorgungsauflagen ist die Versorgungsqualität in bereits versorgten Gebieten zu verbessern und bislang unversorgte Gebiete (weiße Mobilfunkflecken) sind erstmalig zu versorgen. Versorgungsauflagen sollen sicherstellen, dass sich die Investitionen der Frequenzinhaber nicht nur auf wirtschaftlich interessante Gebiete beschränken.

### a) Die Erfüllung von Versorgungsauflagen im Verhältnis zu staatlicher Ausbauförderung

Zwar adressieren die Breitbandleitlinien mit ihren Genehmigungsvoraussetzungen den Ausbau von Festnetzbreitbandinfrastrukturen. In Rn. 45 iVm. Fn. 61 äußern sich die Breitbandleitlinien gleichwohl auch zu Förderungen in Bezug auf den Mobilfunknetzausbau. Rn. 45 der Breitbandleitlinien bestimmt: *„Ist ein Betreiber bereits durch bestimmte Verpflichtungen zur Abdeckung bestimmter Zielgebiete gebunden, kommen staatliche Beihilfen unter Umständen nicht in Betracht, weil zu befürchten ist, dass sie keinen Anreizeffekt hätten.".* Fn. 61 der Breitbandleitlinien führt Versorgungsauflagen von Mobilfunknetzbetreibern beispielhaft als solche Verpflichtungen an. In Gebieten, in denen Versorgungsauflagen bestehen und die Frequenzinhaber daher zu einem Ausbau verpflichtet sind, haben Beihilfen zur Förderung des Mobilfunkinfrastrukturausbaus also grundsätzlich keinen beihilfenrechtlich zur Genehmigung erforderlichen Anreizeffekt. Beihilfen haben erst dann einen Anreizeffekt, wenn die fragliche Investition in das Breitbandnetz innerhalb des gleichen Zeitraums ohne staatliche Beihilfe nicht unternommen worden wäre.[439] Würde also eine Förderung in einem Zielgebiet im Hinblick auf die Erfüllung von Versorgungsauflagen gewährt, so würde sich die Versorgungslage in diesem Zielgebiet nicht von der Versor-

---

[437] BMVI, FAQ, https://www.bmvi.de/SharedDocs/DE/Artikel/DG/Frequenzauktion-faq.html (zuletzt abgerufen am 20.02.2021).
[438] BMVI, FAQ, https://www.bmvi.de/SharedDocs/DE/Artikel/DG/Frequenzauktion-faq.html (zuletzt abgerufen am 20.02.2021); zur Verwendung der Frequenzauktionserlöse *Fetzer*, MMR 2015, 369.
[439] Breitbandleitlinien, ABl. 2013/C 25/1, Rn. 45.

gungslage unterscheiden, die ohne staatliche Beihilfe zu erwarten wäre. Staatliche Ausbauförderungen sind dort grundsätzlich unzulässig.[440]
Ausnahmen hiervon sind allenfalls theoretisch denkbar: Das mit einer Mobilfunkförderung vorgesehene Ausbauziel müsste den mit den Versorgungsauflagen zu gewährleistenden Versorgungsgrad dergestalt übertreffen, dass hierzu erhebliche weitere Investitionen vonnöten wären, die eben allein durch die Versorgungsauflagen nicht vorgenommen worden wären. Dann würden die fraglichen Investitionen ohne Beihilfe nicht vorgenommen werden, weswegen das Vorliegen eines Anreizeffektes zu bejahen wäre. Dies ist allerdings volkswirtschaftlich wie politisch fernliegend, da die Versorgungsauflagen ohnehin ein hohes Versorgungsniveau vorschreiben.

Damit sind eine staatliche Mobilfunkausbauförderung und bestehende Versorgungsauflagen unvereinbar. Dementsprechend kommt eine Förderung des Mobilfunknetzausbaus nur dort in Betracht, wo Gebiete nicht von Versorgungsauflagen betroffen sind. Die Unvereinbarkeit von gefördertem Ausbau und bestehenden Versorgungsauflagen greift die Kommissionsentscheidung *Deutschland Mobilfunk Bayern* auf. Ziff. 4.3 der dadurch genehmigten bayerischen Mobilfunkrichtlinie bestimmt: *„Geförderte Mobilfunkeinrichtungen dürfen nicht zum Nachweis der Erfüllung von Versorgungsauflagen verwendet werden. Der Netzbetreiber hat dies schriftlich zu bestätigen."*[441]. Dieselbe Anforderung findet sich in der Genehmigungsentscheidung der Kommission zum hessischen Mobilfunkförderprogramm.[442]

Das bayerische Mobilfunkförderprogramm wie auch das hessische Mobilfunkförderprogramm beschränken sich insofern auf die Versorgung von Mobilfunklücken, die nicht aufgrund von Versorgungsauflagen durch private Netzbetreiber eigeninvestiv zu erschließen sind und damit trotz Versorgungsauflagen voraussichtlich weiterhin bestehen bleiben. Hierbei handelt es sich – bezogen auf die ausstehenden 5G-Versorgungsauflagen – um bis zu 2 % der Haushalte sowie um Gebiete ohne Haushalte (etwa bestimmte Wasserwege, Waldgebiete). Aufgrund von Versorgungsauflagen zu versorgende Gebiete hingegen, wie bestimmte Bundesstraßen, Land- und Staatsstraßen sowie Gebiete, in denen Ver-

---

[440] Siehe auch *Freese*, N&R 2020, 22, 29.
[441] Richtlinie zur Förderung des Ausbaus der Mobilfunkversorgung im Freistaat Bayern (Mobilfunkrichtlinie – MFR) vom 28. November 2018, Az. 28-7370/46/1, Ziff. 4.3 S. 2; Kommission, Beschl. v. 16.11.2018, Staatliche Beihilfe Nr. SA.48324 (2018/N) (Deutschland Mobilfunk Bayern), S. 16.
[442] Kommission, Beschl. 29.10.2020, Staatliche Beihilfe Nr. SA.55578 (Ausbau der Mobilfunkversorgung im Land Hessen), Rn. 150, 159; zu den Einschränkungen im Hinblick auf eine geringfügige, aus technisch-physikalischen Gründen unvermeidbare Überstrahlung siehe Richtlinie zur Förderung des Ausbaus der Mobilfunkversorgung im Land Hessen, Entwurf, Stand 27.11.2019, Ziff. 7.4, https://docplayer.org/175440724-Hessische-staatskanzlei-richtlinie-zur-foerderung-des-ausbaus-der-mobilfunkversorgung-im-land-hessen-e-n-t-w-u-r-f-stand.html (zuletzt abgerufen am 20.02.2021).

sorgungsauflagen bezogen auf etwa 98 % der Haushalte je Bundesland bestehen, sind nicht förderfähig. Dabei steht für die Bundesstraßen sowie Land- und Staatsstraßen bereits von vornherein fest, dass sie durch Versorgungsauflagen versorgt werden. In Bezug auf die Versorgung der Haushalte hingegen steht allein der zu versorgende Prozentsatz fest, sodass es den Frequenzinhabern überlassen bleibt, welche Haushalte sie zur Erfüllung der Versorgungsauflagen konkret versorgen. Die Frequenzinhaber melden hier eine eigeninvestive Versorgung zum Nachweis der Erfüllung von Versorgungsauflagen bei der BNetzA.

**b) National Roaming als Ansatz der Förderung des Ausbaus im Rahmen von Versorgungsauflagen?**

National Roaming ist eine Kooperationsform im Mobilfunk, bei dem ein Mobilfunknetzbetreiber (Zugangspetent) die Mobilfunkinfrastrukturen eines anderen Mobilfunknetzbetreibers nutzt, um seinen Kunden Mobilfunkdienste auch an Orten anzubieten, an denen er über keine eigenen Mobilfunkinfrastrukturen verfügt.[443] Bislang besteht ein *Verhandlungsgebot* über ein National Roaming.[444] Mobilfunknetzbetreiber müssen mit Zugangspetenten zumindest in Verhandlung darüber treten, dass diese das Netz des Anderen (gegen die Zahlung eines privatautonom verhandelten Entgeltes) nutzen dürfen. Diskutiert wird der Ansatz, die Mobilfunkversorgung dadurch zu verbessern, dass die BNetzA die Vergabe von Frequenzen zusätzlich zu den Versorgungsauflagen mit der *Verpflichtung* verknüpft, das jeweils eigene Netz auch anderen Mobilfunknetzbetreibern zur Verfügung stellen zu müssen (verpflichtendes National Roaming).[445]

Die Auferlegung einer solchen Roaming-Verpflichtung wird – wohl überwiegend – auch für rechtlich zulässig erachtet.[446] Zwar kann National Roaming nicht im Rahmen der Marktregulierung auf Grundlage von § 21 Abs. 2 Nr. 4

---

[443] *Monopolkommission*, 11. Sektorgutachten Telekommunikation, Rn. 271.
[444] BNetzA, Entscheidung Präsidentenkammer, https://www.bundesnetzagentur.de/SharedDocs/Downloads/DE/ Sachgebiete/Telekommunikation/Unternehmen_Institutionen/Frequenzen/OffentlicheNetze/Mobilfunk/DrahtloserNetzzugang/Mobilfunk2020/20181126_Entscheidungen_III_IV.pdf?__blob=publicationFile&v=3, Rn. 582 (zuletzt abgerufen am 20.02.2021).
[445] Siehe etwa *Rossi/Sandhu*, MMR 2019, 90; *Schütz/Schreiber*, MMR 2019, 19, 23; *Freese*, N&R 2020, 22; *Monopolkommission*, 11. Sektorgutachten Telekommunikation, Rn. 271.
[446] *Rossi/Sandhu*, MMR 2019, 90; *Schütz/Schreiber*, MMR 2019, 19, 23; *Freese*, N&R 2020, 22; a.A. *Fetzer*, MMR 2018, 63, 65; mit Bedenken wohl auch BNetzA, Entscheidung Präsidentenkammer, https://www.bundesnetzagentur.de/SharedDocs/Downloads/DE/Sachgebiete/Telekommunikation/Unternehmen_Institutionen/Frequenzen/OffentlicheNetze/Mobilfunk/DrahtloserNetzzugang/Mobilfunk2020/20181126_Entscheidungen_III_IV.pdf?__blob=publicationFile&v=3, Rn. 609 ff. (zuletzt abgerufen am 20.02.2021).

TKG als Regulierungsmaßnahme auferlegt werden, da Mobilfunknetzbetreiber nicht als Unternehmen mit beträchtlicher Marktmacht angesehen werden können.[447] Dies wäre nämlich für die Durchführung einer solchen Regulierungsmaßnahme erforderlich. National Roaming soll aber im Rahmen der Frequenzvergabe als Nebenbestimmung in Form einer Auflage auf Grundlage von § 60 Abs. 2 S. 1 TKG auferlegt werden können. Dies diene – in verhältnismäßiger Weise – der Vorgabe von § 60 Abs. 2 S. 1 TKG, wonach die Frequenzzuteilung zur Sicherung einer effizienten und störungsfreien Nutzung der Frequenzen sowie der weiteren in § 2 TKG genannten Regulierungsziele mit Nebenbestimmungen versehen werden kann.[448] Eine Sperrwirkung wird dem § 21 TKG als zentraler Ermächtigungsgrundlage für die Auferlegung von (Roaming-)Zugangsverpflichtungen im Rahmen der Marktregulierung insbesondere mit dem Hinweis auf die unterschiedlichen Regelungsbereiche von Frequenz- und Marktregulierung nicht zugeschrieben.[449] Auch das dem TKG zugrunde liegende EU-Telekommunikationsrecht stehe dem Auferlegen einer Roaming-Auflage nicht entgegen.[450]

Ob das Auferlegen einer Roaming-Verpflichtung[451] aber tatsächlich als zielführend im Hinblick auf eine Verbesserung der Mobilfunkversorgung gesehen werden kann und daher verfolgt werden sollte, erscheint fragwürdig.

Zwar verbessert das Kooperationsmodell des National Roaming die Mobilfunkversorgung für Kunden der Zugangspetenten, da diese nun auch an solchen Orten Mobilfunkdienste beanspruchen können, an denen ihr eigener Anbieter über keine eigenen Mobilfunkinfrastrukturen verfügt.[452] Auch erhalten Neueinsteiger[453] einen erleichterten Marktzutritt, da sie unter Rückgriff auf fremde Mobil-

---

[447] *Rossi/Sandhu*, MMR 2019, 90, 91.
[448] *Rossi/Sandhu*, MMR 2019, 90, 91 ff.; *Schütz/Schreiber*, MMR 2019, 19, 23 f.; *Freese*, N&R 2020, 22, 25 ff.
[449] Siehe etwa *Rossi/Sandhu*, MMR 2019, 90, 91 f.; a.A. *Fetzer*, MMR 2018, 63, 65 f.
[450] Etwa *Schütz/Schreiber*, MMR 2019, 19, 23 f.; vielmehr schafft der kürzlich verabschiedete EU-Kodex neue Möglichkeit zur Auferlegung von Roaming-Verpflichtungen, etwa in Art. 47 Abs. 2.
[451] Unter Umständen sogar nachträglich zu der 2019er-Frequenzzuteilung auf Grundlage eines Auflagenvorbehaltes nach § 36 Abs. 2 Nr. 5 VwVfG, siehe *Freese*, N&R 2020, 22, 26 mit Verweis auf BNetzA, Entscheidung Präsidentenkammer, https://www.bundesnetzagentur.de/SharedDocs/Downloads/DE/ Sachgebiete/Telekommunikation/Unternehmen_Institutionen/Frequenzen/OffentlicheNetze/Mobilfunk/DrahtloserNetzzugang/Mobilfunk2020/20181126_Entscheidungen_III_IV.pdf?__blob=publicationFile&v=3, Rn. 615 (zuletzt abgerufen am 20.02.2021).
[452] *Monopolkommission*, 11. Sektorgutachten Telekommunikation, Rn. 271.
[453] Die drei etablierten Mobilfunknetzbetreiber (und zugleich Frequenzinhaber und damit Verpflichtete zur Erfüllung der (5G-)Versorgungsauflagen) sind Telefónica, Deutsche Telekom und Vodafone. Daneben konnte Drillisch Frequenzen ersteigern. Für diesen gelten als Neueinsteiger abweichende (deutlich abgeschwächte) Versorgungsauflagen, die berücksichti-

funkinfrastrukturen konkurrenzfähige Mobilfunkdienste anbieten können.[454] Zudem sind durch Kooperationsmodelle im Mobilfunk wie National Roaming positive Effekte im Hinblick auf den beschleunigten Ausbau bislang nicht versorgter Gebiete zu erwarten:[455] So gilt in Bezug auf die im Rahmen der Versorgungsauflagen vorgeschriebene Versorgung von Verkehrswegen (Bundes-, Landes- und Staatsstraßen sowie Wasser- und Schienenwege), dass bei der Versorgung dieser Gebiete durch einen Mobilfunknetzbetreiber dies den anderen Mobilfunknetzbetreibern als Erfüllung der Versorgungsauflagen angerechnet wird. Nicht jeder Mobilfunknetzbetreiber hat dadurch sämtliche Auflagen allein durch den physischen Ausbau seines eigenen Netzes vollständig umzusetzen.[456] Hier bestehen Anreize für Mobilfunknetzbetreiber, die Erfüllung von Versorgungsauflagen und damit auch eine Erschließung nicht versorgter Gebiete gemeinsam anzugehen.[457]

Insbesondere in Bezug auf den letztgenannten Punkt der gemeinsamen Erschließung unversorgter Gebiete ist aber festzustellen, dass die positiven Auswirkungen von National Roaming grundsätzlich auch im Rahmen des deutlich weniger eingriffsintensiven Verhandlungsgebotes realisiert werden können. Da bereits Anreize für Mobilfunknetzbetreiber zu einer Kooperation – namentlich in Form des National Roaming – bestehen, ist das Auferlegen der wesentlich eingriffsintensiveren Roaming-Verpflichtung in dieser Hinsicht nicht erforderlich. Abgesehen davon kann ein verpflichtender Zugang von Wettbewerbern zu fremden Infrastrukturen immer auch Investitionsanreize verringern, da die Infrastrukturen dem Eigentümer nicht zur ausschließlichen Nutzung vorbehalten bleiben können; die sich aus der Eigentümerstellung ergebenden Wettbewerbsvorteile können unter Umständen nicht – oder nur sehr eingeschränkt – geltend gemacht

---

gen, dass ein Mobilfunknetz erst aufgebaut werden muss. Siehe etwa *Monopolkommission*, 11. Sektorgutachten Telekommunikation, Rn. 225, 243.
[454] BNetzA, Entscheidung Präsidentenkammer, https://www.bundesnetzagentur.de/SharedDocs/Downloads/DE/ Sachgebiete/Telekommunikation/Unternehmen_Institutionen/Frequenzen/OeffentlicheNetze/Mobilfunk/DrahtloserNetzzugang/Mobilfunk2020/20181126_Entscheidungen_III_IV.pdf?__blob=publicationFile&v=3, Rn. 587 ff. (zuletzt abgerufen am 20.02.2021).
[455] *Rossi/Sandhu*, MMR 2019, 90, 90 f.
[456] BNetzA, Entscheidung Präsidentenkammer, https://www.bundesnetzagentur.de/SharedDocs/Downloads/DE/ Sachgebiete/Telekommunikation/Unternehmen_Institutionen/Frequenzen/OeffentlicheNetze/Mobilfunk/DrahtloserNetzzugang/Mobilfunk2020/20181126_Entscheidungen_III_IV.pdf?__blob=publicationFile&v=3, Rn. 240 (zuletzt abgerufen am 20.02.2021).
[457] Siehe hierzu Handelsblatt, https://www.handelsblatt.com/technik/it-internet/mobilfunkbetreiber-telekom-telefnica-und-vodafone-bauen-gemeinsam-6000-mobilfunkstandorte-auf/25213892.html (zuletzt abgerufen am 20.02.2021).

werden.[458] Auch die Investitionsanreize zugangsnachfragender Unternehmen können sich verringern, da sie auf die fremden Infrastrukturen zugreifen können.[459] In Bezug auf die Neueinsteiger gilt, dass diese sich zwar im Rahmen des Verhandlungsgebotes nicht sicher sein können, fremde Mobilfunkinfrastrukturen zur Vervollständigung eines eigenen Netzes nutzen zu können. Es erscheint aber doch als hinreichend wahrscheinlich. Denn für etablierte Mobilfunknetzbetreiber schafft dies die Möglichkeit, darüber – privatautonom aushandelbare – Einnahmen generieren zu können. Letztlich ist in Bezug auf die bessere Mobilfunkversorgung durch National Roaming für Kunden von Zugangspetenten zu konstatieren, dass diese sich auch nur dann einstellt, wenn bereits Mobilfunkinfrastrukturen vorhanden sind.[460] Das Auferlegen einer *Verpflichtung* zu National Roaming führt nicht zu einer verbesserten Versorgung in den bislang unversorgten Gebieten.[461] Sollen die als Gegenleistung für das National Roaming zu zahlenden Entgelte der Zugangspetenten zur Mitfinanzierung des Aufbaus einer Mobilfunkversorgung in unversorgten – zumeist als unrentabel geltenden – Gebieten genutzt werden, so ist dies bereits auf Grundlage des Verhandlungsgebotes möglich.

Insgesamt sollte es damit bei dem Verhandlungsgebot bleiben und das Auferlegen einer Roaming-Verpflichtung nicht ins Auge gefasst werden.

### 3. Anbindung von Mobilfunkstandorten im Rahmen der Festnetzförderung

Die geltende und von der Kommission bereits genehmigte NGA-Rahmenregelung für die Festnetzförderung in weißen NGA-Flecken enthält in § 3 Abs. 1 lit. b) folgende Regelung:

*„Die Beihilfe umfasst [...] Maßnahmen, durch die möglichst innerhalb eines Jahres, spätestens jedoch bis zur Verfügbarkeit geeigneter Frequenzen ein leistungsfähiges [Mobilfunk-] Netz entsteht (etwa bei Glasfaseranbindung eines Mobilfunksendemastes), sofern dies durch einen Geschäftsplan objektiv nachvollzogen und in ein NGA-Gesamtprojekt eingebunden werden kann [...].“*

---

[458] In Bezug auf Mobilfunkinfrastrukturen *Monopolkommission*, 11. Sektorgutachten Telekommunikation, Rn. 271; allgemein *Krämer*, ifo Schnelldienst 7/2018, S. 14.
[459] *Monopolkommission*, 11. Sektorgutachten Telekommunikation, Rn. 268.
[460] *Monopolkommission*, 11. Sektorgutachten Telekommunikation, Rn. 271.
[461] *Monopolkommission*, 11. Sektorgutachten Telekommunikation, Rn. 271.

Auch der noch bei der Kommission – mittlerweile notifizierte – Entwurf der NGA-Rahmenregelung für die Festnetzförderung in grauen Flecken[462] sieht vor:

*„Die Beihilfe umfasst [...] Maßnahmen, durch die ein leistungsfähiges Netz auch mit Blick auf den leitungsgebundenen Anteil des Mobilfunks entsteht (etwa bei Glasfaseranbindung eines Mobilfunksendemastes), sofern dies durch einen Geschäftsplan objektiv nachvollzogen und ohne erhebliche Mehrkosten in ein Gigabit-Gesamtprojekt eingebunden werden."*

Aufgrund dieser Regelungen ist es möglich, im Rahmen der Festnetzförderung auch den leitungsgebundenen Anteil des Mobilfunknetzes auszubauen. Als wohl naheliegendster Fall hierfür ist jeweils die Anbindung von Mobilfunksendemasten an Glasfaserleitungen im Rahmen von geförderten Festnetzausbauprojekten aufgeführt.

Für die Zulässigkeit einer solchen Anbindung muss zum einen der Ausbau des (glasfaserbasierten) leitungsgebundenen Anteils des Mobilfunknetzes im Rahmen eines Festnetzförderprojektes durch einen Geschäftsplan objektiv nachvollziehbar sein. Die Ausbauplanung von Förderprojekten muss daher auch die Anbindung von Mobilfunksendemasten konkret ausweisen. Zum anderen muss die Anbindung von Mobilfunksendemasten in das Gesamtprojekt eines Festnetzausbaus eingebunden werden können. Diese Vorgabe präzisiert der NGA-Rahmenregelungs-Entwurf dahingehend, dass die Anbindung keine *„erhebliche[n] Mehrkosten"* verursachen darf. Damit wird deutlich, dass die Möglichkeit der geförderten Anbindung von Mobilfunksendemasten auf einen verhältnismäßigen – und damit im Rahmen moderater Mehrkosten liegenden – Anwendungsbereich beschränkt sein soll. Eröffnet sein dürfte der Anwendungsbereich jedenfalls dann, wenn ein Mobilfunksendemast in unmittelbarer Nähe zum geförderten ausgebauten Festnetz liegt und sich die Anbindung des Mobilfunksendemastes deswegen förmlich „anbietet".

Erfolgt die Anbindung von Mobilfunksendemasten im Rahmen von Festnetzausbauprojekten, sind zusätzlich zu den Beihilfenempfängern der Festnetzförderung auch die Mobilfunknetzbetreiber, deren Mobilfunksendemasten mit Glasfaser angebunden werden, als Beihilfenempfänger anzusehen. Denn diese erhalten mit einer glasfaserbasierten Anbindung ihrer Mobilfunksendemasten einen wirtschaftlichen Vorteil, ohne dafür eine (angemessene) Gegenleistung erbringen zu müssen. Erbringen sie für die Nutzung der zuführenden Glasfaserleitungen eine Gegenleistung gegenüber den Festnetz-betreibenden Telekommunikationsunter-

---

[462] BMVI, Rahmenregelung der Bundesrepublik Deutschland zur Unterstützung des flächendeckenden Aufbaus von Gigabitnetzen in „grauen Flecken" v. 22.5.2019, Entwurf, https://www.bmvi.de/SharedDocs/DE/Anlage/DG/breitbandfoerderung-gigabitrahmenregelung.pdf?__blob=publicationFile, „NGA-Rahmenregelung-Entwurf" (zuletzt abgerufen am 20.02.2021) – genehmigt durch Kommission, Beschl. v. 13.11.2020, Staatliche Beihilfe Nr. SA.52732 (2020/N) (Nationale Gigabitregelung Deutschland).

nehmen (Zahlung von Vorleistungsentgelten), so ist diese regelmäßig als beihilfeninduziert marktunüblich günstig anzusehen. Dies bestimmt Rn. 12 iVm. Fn. 16 der Breitbandleitlinien, wonach es als wahrscheinlich anzusehen ist, dass die Förderungen auch an Vorleistungsentgelte zahlende Nutzer geförderter Breitbandinfrastrukturen weitergeleitet werden, weswegen diese – wie vorliegend – als beihilfenrechtlich mittelbar Begünstigte anzusehen sind. Freilich sind auch die dadurch vorliegenden Beihilfen von der Genehmigung der Kommission umfasst.

## 4. Beurteilung

Klar ist, dass der Verfügbarkeit leistungsfähiger mobiler Breitbandversorgung eine gleichermaßen hohe Bedeutung zukommt wie der Verfügbarkeit leistungsfähiger festnetzbasierter Breitbandversorgung. Leistungsfähige mobile Breitbandversorgung – insbesondere 5G – gilt als bedeutsam nicht nur für Medienanwendungen, sondern auch für die professionelle Kommunikation, insbesondere in der Industrie und dem Dienstleistungssektor.[463] Die Kommission stellt fest, dass ein Fehlen von flächendeckender mobiler Breitbandversorgung in nahezu allen Bereichen der Gesellschaft und der Wirtschaft zu Problemen führt.[464] Die Kommission sieht mit der Verfügbarkeit leistungsfähiger mobiler Breitbandversorgung – unabhängig von bestehender festnetzbasierter Breitbandversorgung – erhebliche wirtschaftliche Vorteile für die Gesellschaft verbunden. Die Mobilfunkförderung steht daher grundsätzlich gleichrangig neben der Festnetzförderung. Eine etwaig bestehende festnetzbasierte Breitbandversorgung berührt die anerkannte Notwendigkeit von leistungsfähiger mobiler Breitbandversorgung nicht.[465]

Im Hinblick auf eine effiziente projektübergreifende Fördermittelnutzung und den gleichermaßen hohen Stellenwert leistungsfähiger mobiler Breitbandversorgung im Vergleich zu festnetzbasierter Breitbandversorgung ist die Möglichkeit des Ausbaus des leitungsgebundenen Anteils des Mobilfunknetzes im Rahmen der Festnetzförderung positiv zu beurteilen. Mit der Möglichkeit der Anbindung von Mobilfunksendemasten mit Glasfaser im Rahmen von Festnetzförderprojekten können Kostenvorteile geltend gemacht werden. Werden nämlich ohnehin Glasfaserleitungen verlegt, so dürfte der (finanzielle) (Mehr-)Aufwand, nahegelegene Mobilfunksendemasten mit anzuschließen, deutlich geringer ausfallen,

---

[463] Kommission, Mitteilung COM(2016) 587 final, Konnektivität für einen wettbewerbsfähigen digitalen Binnenmarkt – Hin zu einer europäischen Gigabit-Gesellschaft, S. 6 f.
[464] Kommission, Beschl. v. 16.11.2018, Staatliche Beihilfe Nr. SA.48324 (2018/N) (Deutschland Mobilfunk Bayern), S. 13.
[465] Kommission, Beschl. v. 16.11.2018, Staatliche Beihilfe Nr. SA.48324 (2018/N) (Deutschland Mobilfunk Bayern), S. 14 f.

als wenn diese separat und außerhalb des Festnetzförderprojektes angeschlossen würden. Eine Glasfaseranbindung ist zudem notwendig, um den neuen 5G-Standard erfüllen zu können. Die Möglichkeit des Ausbaus des leitungsgebundenen Anteils des Mobilfunknetzes im Rahmen der Festnetzförderung leistet damit einen Beitrag zur zügigen Verbesserung der (mobilen) Breitbandversorgung. In diesem Sinne formuliert die NGA-Richtlinie auf S. 8:

„*Die Fördermittel sind effizient dahingehend einzusetzen, dass möglichst konvergente Netze entstehen. Bei der Netzplanung sollen auch die Anforderungen an die mobile Gigabit-Gesellschaft berücksichtigt werden. Die Netze sollen auch mit anderen für die Telekommunikation oder andere Versorgungszwecke geeigneten Infrastrukturen vernetzt und genutzt werden (zum Beispiel Maßnahmen für vernetzte Mobilität oder die Anbindung von Mobilfunkmasten).*"

Für den Bereich von Förderprojekten, die auf den Ausbau von Mobilfunkinfrastrukturen gerichtet sind, gilt, dass diese nach den Vereinbarkeitsmaßstäben der Breitbandleitlinien in entsprechender Anwendung zu beurteilen sind. Eine Förderung des Ausbaus von Mobilfunkinfrastrukturen kommt allerdings nur in Gebieten in Betracht, die nicht von regulatorischen Versorgungsauflagen betroffen sind. Denn es gilt der Grundsatz der Unvereinbarkeit von gefördertem Ausbau und bestehenden Versorgungsauflagen. Beihilfen zur Förderung des Ausbaus von Mobilfunkinfrastrukturen haben in Gebieten, die von Versorgungsauflagen betroffen sind, keinen beihilfenrechtlich zur Genehmigung erforderlichen Anreizeffekt.

Für Gebiete, die von Versorgungsauflagen betroffen sind, wird der Ansatz diskutiert, die Mobilfunkversorgung durch das Auferlegen einer Roaming-Verpflichtung zu verbessern. Mobilfunknetzbetreiber müssten aufgrund einer solchen Verpflichtung das jeweils eigene Mobilfunknetz auch anderen Mobilfunknetzbetreibern zur Verfügung stellen. Indes können die dadurch zu erwartenden positiven Effekte grundsätzlich auch im Rahmen des bereits geltenden und deutlich weniger eingriffsintensiven Roaming-Verhandlungsgebotes erreicht werden. Von dem Auferlegen einer Roaming-Verpflichtung sollte daher abgesehen werden.

## F. Staatliche Förderung des Breitbandausbaus im Rahmen der Erbringung von Dienstleistungen von allgemeinem wirtschaftlichen Interesse

Eine weitere Ausnahme vom Beihilfenverbot des Art. 107 Abs. 1 AEUV ist Art. 106 Abs. 2 AEUV.[466] Art. 106 Abs. 2 AEUV erklärt die Vorschriften der Verträge, also auch das Beihilfenverbot, im Rahmen der Erbringung von Dienstleistungen von allgemeinem wirtschaftlichen Interesse (DAWI) für unanwendbar, soweit dadurch die Erfüllung der den Unternehmen im Zuge dessen übertragenen Aufgaben rechtlich oder tatsächlich verhindert wird. Die Entwicklung des Handelsverkehrs darf dabei nach Art. 106 Abs. 2 S. 2 AEUV nicht in einem Ausmaße beeinträchtigt werden, das dem Interesse der Union zuwiderläuft. In Betracht kommt insofern eine beihilfenrechtskonforme Förderung des Breitbandausbaus durch Betrauung von Unternehmen mit der Erbringung von DAWI.

### I. Die Systematik der Zulässigkeit staatlicher Ausgleichsleistungen für die Erbringung von DAWI

Der EuGH hat im Urteil *Altmark-Trans*[467] vier Kriterien aufgestellt, nach welchen bei Ausgleichszahlungen bei der Erbringung von DAWI schon auf Tatbestandsebene von Art. 107 Abs. 1 AEUV keine Begünstigung vorliegt.[468] Die Ausgleichszahlungen sind in diesen Fällen als marktgerechte Gegenleistung für die Erfüllung gemeinwirtschaftlicher Verpflichtungen zu sehen, sodass das betreffende Unternehmen gegenüber Wettbewerbern nicht besser gestellt ist.[469] Liegen hingegen wegen Nichterfüllung der *Altmark-Trans*-Kriterien tatbestandliche Beihilfen iSv. Art. 107 Abs. 1 AEUV vor, so kommt noch eine Rechtfertigung der betreffenden Maßnahme direkt gestützt auf Art. 106 Abs. 2 AEUV in Betracht.[470]
Die Kommission hat die *Altmark-Trans*-Kriterien und die Anforderungen an eine Rechtfertigung direkt gestützt auf Art. 106 Abs. 2 AEUV in ihrem „DAWI-Paket" (sog. Almunia-Paket)[471] konkretisiert.[472] Danach gelten zudem als tatbe-

---

[466] Siehe etwa EuG, Urt. v. 27.02.1997, Rs. T-106/95, ECLI:EU:T:1997:23, Rn. 172, 199 – *FFSA*; bestätigt durch EuGH, Urt. v. 28.03.1998, Rs. C-174/97 P, ECLI:EU:C:1998:130 – *FFSA*.
[467] EuGH, Urt. v. 24.07.2003, Rs. C-280/00, ECLI:EU:C:2003:415 – *Altmark Trans*.
[468] EuGH, Urt. v. 24.07.2003, Rs. C-280/00, ECLI:EU:C:2003:415, Rn. 87 ff., 94 – *Altmark Trans*; siehe auch *Bauer*, EuZW 2006, 7, 8.
[469] EuGH, Urt. v. 24.07.2003, Rs. C-280/00, ECLI:EU:C:2003:415, Rn. 87 – *Altmark Trans*.
[470] *Bauer*, EuZW 2006, 7, 9 m.w.N., insbes. Fn. 24 und 25; *Cremer*, in: Calliess/Ruffert, EUV/AEUV, AEUV Art. 107 Rn. 23; *Koenig/Paul*, in: Streinz, EUV/AEUV, AEUV Art. 106 Rn. 46 m.w.N.; *Mestmäcker/Schweitzer*, in: Immenga/Mestmäcker, Wettbewerbsrecht, AEUV Art. 107 Abs. 1 Rn. 131.
[471] Das im Dezember 2011 veröffentlichte Almunia-Paket umfasst vier Instrumente:

standlich ausgeschlossen Beihilfen für die Erbringung von DAWI, die nach der De-Minimis-VO DAWI Schwellenwerte von 500.000 Euro nicht überschreiten.[473] Der DAWI-Beschluss[474] erklärt auf Rechtfertigungsebene nach Art. 106 Abs. 2 AEUV bestimmte Beihilfen (insbesondere vom Umfang weniger als 15 Mio. Euro pro Jahr umfassende Ausgleichszahlungen) für DAWI in Anlehnung an die *Altmark-Trans*-Kriterien mit dem Binnenmarkt vereinbar und von der Notifizierungspflicht des Art. 108 Abs. 3 AEUV freigestellt. Eine einzelfallbezogene Betrachtung einer Beihilfe für die Erbringung von DAWI erfolgt durch die Kommission nach den strengeren Maßgaben des DAWI-Rahmens.[475] Bezogen auf den Ausbau von Breitbandinfrastrukturen erläutern die Breitbandleitlinien die im „DAWI-Paket" enthaltenen Grundsätze spezifisch in Bezug auf die Breitbandfinanzierung.[476]

---

(1) Mitteilung der Kommission über die Anwendung der Beihilfevorschriften der Europäischen Union auf Ausgleichsleistungen für die Erbringung von Dienstleistungen von allgemeinem wirtschaftlichem Interesse, ABl. 2012, Nr. C 8/4, „DAWI-Mitteilung";
(2) VO (EU) Nr. 360/2012 der Kommission v. 25. 4. 2012 über die Anwendung der Artikel 107 und 108 des Vertrags über die Arbeitsweise der Europäischen Union auf De-minimis-Beihilfen an Unternehmen, die Dienstleistungen von allgemeinem wirtschaftlichen Interesse erbringen, ABl. Nr. L 114/8, „De-Minimis-VO DAWI";
(3) Beschluss der Kommission v. 20. 12. 2011 über die Anwendung von Artikel 106 Abs. 2 des Vertrags über die Arbeitsweise der Europäischen Union auf staatliche Beihilfen in Form von Ausgleichsleistungen zugunsten bestimmter Unternehmen, die mit der Erbringung von Dienstleistungen von allgemeinem wirtschaftlichen Interesse betraut sind, ABl. 2012 Nr. L 7/3, „ DAWI-Beschluss";
(4) Rahmen der Europäischen Union für staatliche Beihilfe in Form von Ausgleichsleistungen für die Erbringung öffentlicher Dienstleistungen, ABl. 2012 Nr. C 8/15, „DAWI-Rahmen". Das Almunia-Paket ersetzt das am 29.11.2005 veröffentlichte sog. Monti-Paket: Freistellungsentscheidung, 2005/842/ EG, ABl. 2005 L 312/67; Gemeinschaftsrahmen, ABl. 2005 C 297/4; Änderung der Transparenzrichtlinie, ABl. 2005 L 312/47.
[472] *Mestmäcker/Schweitzer*, in: Immenga/Mestmäcker, Wettbewerbsrecht, Art. 107 Abs. 1 Rn. 133.
[473] De-Minimis-VO DAWI, Erwägungsgründe 1 ff.; Rechtsgrundlage ist die VO Nr. 994/98, ABl. Nr. L 142, die ihrerseits auf Art. 109 AEUV gestützt ist; hierzu *Mestmäcker/Schweitzer*, in: Immenga/Mestmäcker, Wettbewerbsrecht, AEUV Art. 107 Abs. 1 Rn. 330.
[474] Erlassen auf Grundlage von Art. 106 Abs. 3 AEUV; hierzu *Mestmäcker/Schweitzer*, in: Immenga/Mestmäcker, Wettbewerbsrecht, AEUV Art. 107 Abs. 1 Rn. 330; *Stefan*, EuR 2009, 423, 424.
[475] *Haratsch/Koenig/Pechstein*, Europarecht, Rn. 1330; DAWI-Beschluss, ABl. 2012 Nr. L 7/3, S. 15 Nr. 6.
[476] Breitbandleitlinien, ABl. 2013/C 25/1, Rn. 18 ff.

## II. Breitbanddienste als DAWI

### 1. Festlegungsspielraum der Mitgliedstaaten bei der Definition von DAWI

Zunächst ist der Gesamtbegriff der DAWI über seine einzelnen Begriffselemente zu definieren.

Das Begriffselement der *Dienstleistung* ist denkbar weit zu verstehen und nicht auf „klassische" Dienstleistungen iSv. Art. 57 AEUV beschränkt.[477] Erfasst sind vielmehr alle wirtschaftlichen Tätigkeiten von Unternehmen, die von den Mitgliedstaaten im öffentlichen Interesse in Dienst genommen werden.[478] Jedes marktbezogene Tätigwerden von Unternehmen fällt unter den Dienstleistungsbegriff.[479] Ist die Tätigkeit in ihrer Eigenschaft eine wirtschaftliche bzw. marktbezogene, so liegt auch ein *wirtschaftliches* Interesse an der Tätigkeit vor.[480] Da viele Tätigkeiten marktbezogen sind, also vom Markt erbracht werden – insbesondere auch solche von kulturellem, sozialem oder politischem Belang –, sind nur die wenigsten Tätigkeiten – etwa die Ausübung von hoheitlichen Eingriffsbefugnissen[481] – nicht im wirtschaftlichen Interesse liegend.[482]

Von zentraler Bedeutung für die Begriffsbestimmung der DAWI ist daher das Merkmal des *allgemeinen* Interesses.[483] Ein allgemeines Interesse an der Erbringung von marktbezogenen Tätigkeiten liegt nach der Rechtsprechung des EuGH vor, wenn der Mitgliedstaat zum Ausdruck bringt, dass an der Erbringung der betreffenden Leistung ein besonderes Interesse besteht, das diese von den sonstigen Tätigkeiten des Wirtschaftslebens unterscheidet.[484] Erforderlich ist, dass

---

[477] *Haratsch/Koenig/Pechstein*, Europarecht, Rn. 1313; *Jung*, in Calliess/Ruffert, EUV/AEUV, AEUV Art. 106 Rn. 36 m.w.N.
[478] *Mestmäcker/Schweitzer*, in: Immenga/Mestmäcker, Wettbewerbsrecht, Art. 106 Rn. 76; *Knauff*, in: Loewenheim/Meessen/Riesenkampff/Kersting/Meyer-Lindemann, AEUV Art. 106 Rn. 58.
[479] *Koenig/Paul*, in: Streinz, EUV/AEUV, AEUV Art. 106 Rn. 48.
[480] Kommission, Leitfaden zur Anwendung der Vorschriften der EU über staatliche Beihilfen, öffentliche Aufträge und den Binnenmarkt auf DAWI, SWD(2013) 53 final/2, „DAWI Leitfaden", S. 20 ff.
[481] EuGH, Urt. v. 19.01.1994, Rs. C-364/92, ECLI:EU:C:1994:7, Rn. 30 – *Eurocontrol*; *Knauff*, in: Loewenheim/Meessen/Riesenkampff/Kersting/Meyer-Lindemann, AEUV Art. 106 Rn. 62.
[482] *Knauff*, in: Loewenheim/Meessen/Riesenkampff/Kersting/Meyer-Lindemann, AEUV Art. 106 Rn. 62; *Mestmäcker/Schweitzer*, in: Immenga/Mestmäcker, Wettbewerbsrecht, AEUV Art. 106 Abs. 2 Rn. 78 f., siehe dort auch für die Bedeutung des Begriffselements „wirtschaftlich" vor dem Hintergrund des Unternehmensbegriffs in Art. 106 Abs. 2 AEUV.
[483] *Jung*, in Calliess/Ruffert, EUV/AEUV, AEUV Art. 106 Rn. 36.
[484] *Wolf*, in: Münchener Kommentar Beihilfenrecht, Teil 3. DAWI Rn. 31, Fn. 150 m.w.N.; *Mestmäcker/Schweitzer*, in: Immenga/Mestmäcker, Wettbewerbsrecht, AEUV Art. 106 Abs. 2

die betreffende Dienstleistung zumindest einem Teil der Bevölkerung (auch einer Gemeinde[485]) zugutekommt.[486] Ein allgemeines Interesse kann daher nicht angenommen werden, wenn die betreffende Tätigkeit im Interesse von Einzelnen liegt (etwa einzelner Unternehmen).[487] Im Übrigen wird den Mitgliedstaaten – obwohl es sich bei dem Gesamtbegriff der DAWI um einen autonomen Begriff der Unionsrechtsordnung handelt[488] – bei der Definition des allgemeinen wirtschaftlichen Interesses der Leistungserbringung ein weiter Spielraum zugestanden.[489] So hat das EuG in dem Urteil *BUPA Ireland* explizit ausgeführt, *„dass die Mitgliedstaaten über ein weites Ermessen bei der Definition dessen verfügen, was sie als Dienstleistungen von allgemeinem wirtschaftlichem Interesse erachten, und dass die Definition dieser Dienstleistungen durch einen Mitgliedstaat von der Kommission lediglich im Fall eines offenkundigen Fehlers in Frage gestellt werden kann."*[490].

Das EuG hat in dem Urteil *BUPA Ireland* weiter ausgeführt: *„Die Bestimmung der Art und des Umfangs einer Aufgabe von allgemeinem wirtschaftlichem Interesse für bestimmte Tätigkeitsbereiche, die entweder nicht in die Zuständigkeit der Gemeinschaft im Sinne von Art. 5 Abs. 1 EG[491] fallen oder auf einer lediglich begrenzten oder geteilten Gemeinschaftszuständigkeit im Sinne von Art. 5 Abs. 2 EG beruhen, gehört grundsätzlich weiterhin zu den Aufgaben der Mitgliedstaaten."*[492]. Das bedeutet, dass – entsprechend den allgemeinen primärrechtlichen Zuständigkeitsregeln – zunächst zwar grundsätzlich die Mitgliedstaaten zur Bestimmung der Art und des Umfangs einer Aufgabe von allgemeinem Interesse für die jeweiligen Tätigkeitsbereiche zuständig sind. So verbleiben nach diesen Zuständigkeitsregeln ausweislich Art. 4 Abs. 1 EUV alle der

---

Rn. 79, für Beispiele siehe Rn. 80 ff., insbes. Rn. 81 und 85; Die Kommission beschreibt DAWI generell als solche Dienstleistungen, die *„im Interesse der Allgemeinheit erbracht und daher von den Mitgliedstaaten mit besonderen Gemeinwohlverpflichtungen verbunden werden."*, siehe Mitteilung der Kommission, Leistungen der Daseinsvorsorge in Europa, KOM(2000) 580 endg., Anhang II.

[485] *Koenig/Paul*, in: EUV/AEUV, AEUV Art. 106 Rn. 49 m.w.N.
[486] EuG, Urt. v. 12.02.2008, Rs. T-289/03, ECLI:EU:T:2008:29, Rn. 187 – *BUPA*; *Klotz*, in: von der Groeben/Schwarze/Hatje, Europäisches Unionsrecht, AEUV Art. 106 Rn. 66.
[487] EuGH, Urt. v. 27.03.1974, Rs. C-127/73, ECLI:EU:C:1974:25, Rn. 23 – *BRT II*.
[488] *Haratsch/Koenig/Pechstein*, Europarecht, Rn. 1315 m.w.N.
[489] *Koenig/Paul*, in: EUV/AEUV, AEUV Art. 106 Rn. 50 m.w.N.; Kommission, Mitteilung über die Anwendung der Beihilfevorschriften der EU auf Ausgleichsleistungen für die Erbringung von DAWI, ABl.EU 2012 Nr. C 8/02, Rn. 46; *Wernicke*, in: Grabitz/Hilf/Nettesheim, EUV/AEUV, AEUV Art. 106 Rn. 44.
[490] EuG, Urt. v. 27.02.1997, Rs. T-106/95, ECLI:EU:T:1997:23, Rn. 99 – *FFSA u. a./Kommission*; EuG, Urt. v. 15.6.2005, Rs. T-17/02, ECLI:EU:T:2005:218, Rn. 216 – *Fred Olsen*; und letztlich EuG, Urt. v. 12.02.2008, Rs. T-289/03, ECLI:EU:T:2008:29, Rn. 166 – *BUPA*.
[491] Entspricht dem heutigen Art. 5 EUV, welcher inhaltlich präzisiert wurde. Siehe *Calliess*, in: Calliess/Ruffert, EUV/AEUV, EUV Art. 5 Rn. 4.
[492] EuG, Urt. v. 12.02.2008, Rs. T-289/03, ECLI:EU:T:2008:29, Rn. 167 – *BUPA*.

Union nicht in den Verträgen übertragenen Zuständigkeiten gemäß Art. 5 EUV bei den Mitgliedstaaten. Nach Art. 5 Abs. 1 und Abs. 2 EUV gilt der Grundsatz der begrenzten Einzelermächtigung, wonach die Union nur dann zuständig ist, wenn ihr dies durch die Mitgliedstaaten in den Verträgen übertragen worden ist.[493] In Tätigkeitsbereichen jedoch, die in die Zuständigkeit der Union fallen, kann der mitgliedstaatliche DAWI-Festlegungsspielraum grundsätzlich nicht angenommen werden. Auch in Tätigkeitsbereichen, die auf einer lediglich begrenzten oder geteilten Unionszuständigkeit iSv. Art. 5 Abs. 3 EUV beruhen, kann der mitgliedstaatliche DAWI-Festlegungsspielraum durch unionale Harmonisierungsmaßnahmen Einschränkungen erfahren.[494] Der mitgliedstaatliche DAWI-Festlegungsspielraum gründet maßgeblich auf den primärrechtlichen Zuständigkeitsverteilungen. In dem Urteil *BUPA Ireland* hat das EuG nach diesen Maßgaben die quasi ausschließliche Zuständigkeit der Mitgliedstaaten auf dem Gebiet des Gesundheitssektors nach Art. 168 AEUV festgestellt und daher auch den mitgliedstaatlichen DAWI-Festlegungsspielraum in diesem Bereich als bestätigt angesehen.[495]

Der vorstehend hergeleitete – sich nach den primärrechtlichen Zuständigkeitsregeln richtende – DAWI-Festlegungsspielraum der Mitgliedstaaten führt dazu, dass nur eine Kontrolle der mitgliedstaatlich als DAWI definierten Leistungen auf offensichtliche Fehler – etwa Nichteinhaltung der vorgenannten unionsrechtlichen Grundanforderungen oder Nutzung des Spielraumes mit dem alleinigen Ziel, einen bestimmten Sektor der Anwendung der Wettbewerbsregeln zu entziehen[496] – erfolgt.

---

[493] *Calliess*, in: Calliess/Ruffert, EUV/AEUV, EUV Art. 5 Rn. 6; siehe auch *Haratsch/Koenig/Pechstein*, Europarecht, Rn. 172 ff.
[494] EuGH, Urt. v. 18.12.2007, Rs. C-220/06, ECLI:EU:C:2007:815, Rn. 67 – *Asociación Profesional de Empresas de Reparto y Manipulado de Correspondencia* zur Unzulässigkeit der Erweiterung des postalischen Universaldienstes; EuG, Urt. v. 16.07.2014, Rs. T-295/12, ECLI:EU:T:2014:675, Rn. 44 und die dort angeführte Rspr. – *Zweckverband Tierkörperbeseitigung Rheinland-Pfalz*; EuG, Urt. v. 12.02.2008, Rs. T-289/03, ECLI:EU:T:2008:29, Rn. 167 – *BUPA*; *Mestmäcker/Schweitzer*, in: Immenga/Mestmäcker, Wettbewerbsrecht, AEUV Art. 106 Abs. 2 Rn. 84; *Wolf*, in: Münchener Kommentar Beihilfenrecht, Teil 3. DAWI Rn. 31 ff.; *Bartosch*, EU-Beihilfenrecht, Art. 107 AEUV Rn. 64.
[495] EuG, Urt. v. 12.02.2008, Rs. T-289/03, ECLI:EU:T:2008:29, Rn. 167; nur einzelne Bereiche fallen in die Zuständigkeit der Union; siehe in diesem Zusammenhang auch Art. 2 Abs. 6 AEUV, wonach sich der konkrete Umfang der Zuständigkeiten der Union und die Einzelheiten ihrer Ausübung aus den Bestimmungen der Veträge zu den einzelnen Bereichen ergeben; *Calliess*, in: Calliess/Ruffert, EUV/AEUV, EUV Art. 5 Rn. 2.
[496] EuG, Urt. v. 12.02.2008, Rs. T-289/03, ECLI:EU:T:2008:29, Rn. 168 und die dort angeführte Rspr – *BUPA*.

## 2. Keine Einschränkung des Festlegungsspielraumes der Mitgliedstaaten für den Breitbandausbau

Fraglich ist, ob der mitgliedstaatliche DAWI-Festlegungsspielraum im Hinblick auf den Ausbau von Breitbandinfrastrukturen[497] durch primärrechtliche Zuständigkeitsverteilungen Einschränkungen erfährt.

Eine Einschränkung des mitgliedstaatlichen DAWI-Festlegungsspielraumes im Hinblick auf den Ausbau von Breitbandinfrastrukturen durch Zuständigkeiten der Union ist zunächst nach den *Art. 170-172 AEUV* denkbar. Die vorgenannten Artikel normieren eine Zuständigkeit der Union im Bereich der Infrastrukturpolitik für den *Auf- und Ausbau transeuropäischer Netze*. Art. 170 Abs. 1 AEUV iVm. den Handlungsformen nach Art. 172 AEUV ermächtigt die Union zum Erlass von Maßnahmen im Bereich der Telekommunikations-Infrastrukturpolitik. Die Tätigkeit der Union zielt dabei ausweislich Art. 170 Abs. 2 AEUV jedoch auf die Förderung des Verbunds und der Interoperabilität der einzelstaatlichen Netze und des Zugangs zu diesen Netzen ab. Die Verwirklichung eines gemeinsamen Binnenmarktes soll nicht dadurch gehemmt werden, dass der Handel von Gütern und Dienstleistungen aufgrund fehlender bzw. mangelnder europaweit vernetzter Infrastruktur an den Grenzen der Mitgliedstaaten zum Stehen kommt.[498] Auf Art. 170 ff. AEUV gestützte Maßnahmen kennzeichnet also eine transeuropäische Dimension; der Ausbau nationaler Telekommunikationsinfrastrukturen ist gerade nicht Regelungsgegenstand.[499] Sie fallen in den Zuständigkeitsbereich der Mitgliedstaaten. Die Art. 170-172 AEUV lassen den mitgliedstaatlichen DAWI-Festlegungsspielraum im Hinblick auf den Ausbau von Breitbandinfrastrukturen damit unberührt.

Aber auch die auf Art. 114 AEUV gestützten Harmonisierungsmaßnahmen im Telekommunikationssektor – das sektorspezifische Telekommunikationsregulierungsrecht[500] – schränken den mitgliedstaatlichen DAWI-Festlegungsspielraum nicht ein. Art. 114 AEUV dient der Verwirklichung des Binnenmarktziels nach

---

[497] Genau genommen handelt es sich um die Bestimmung von Breitbanddiensten als DAWI, zu deren Erfüllung die Errichtung neuer Breitbandinfrastrukturen erforderlich ist; siehe Kommission, Leitfaden zur Anwendung der Vorschriften der EU über staatliche Beihilfen, öffentliche Aufträge und den Binnenmarkt auf DAWI, SWD(2013) 53 final/2, S. 25.
[498] *Buschle*, in: von der Groeben/Schwarze/Hatje, Europäisches Unionsrecht, AEUV Art. 170 Rn. 2.
[499] *Lecheler*, in: Grabitz/Hilf/Nettesheim, EUV/AEUV, AEUV Art. 170 Rn. 13.
[500] Das bislang geltende „Telekommunikationspaket" wurde durch den am 11. Dezember 2018 verabschiedeten Europäischen Kodex für die elektronische Kommunikation („EU-Kodex") ersetzt. Dieser ist bis Ende 2020 in nationales Recht umzusetzen. Siehe hierzu unter G. I. 2. a.

Art. 26 Abs. 1 AEUV.[501] Art. 26 Abs. 1 AEUV als Gesetzgebungsauftrag zur sekundärrechtlichen Verwirklichung des Binnenmarktes fällt gemäß Art. 4 Abs. 2 lit. a) AEUV in den Bereich der geteilten Zuständigkeit.[502] Daher fällt Art. 114 AEUV ebenfalls in den Bereich der geteilten Zuständigkeit.[503] Nach Art. 5 Abs. 3 EUV wird die Union in Bereichen geteilter Zuständigkeit nur tätig, sofern und soweit die Ziele der in Betracht gezogenen Maßnahmen weder auf zentraler noch auf regionaler oder lokaler Ebene ausreichend verwirklicht werden können, sondern vielmehr wegen ihres Umfangs oder ihrer Wirkungen auf Unionsebene besser zu verwirklichen sind.[504] Es gilt das Subsidiaritäts- und Verhältnismäßigkeitsprinzip. Die Union hat im sektorspezifischen Telekommunikationsregulierungsrecht mit dem Universaldienst eine bestimmte Mindestversorgung mit Internetzugangsdiensten vorgeschrieben.[505] Eine darüber hinausgehende Vereinheitlichung des Versorgungsgrades ist aber weder mit Blick auf das Verhältnismäßigkeits- und Subsidiaritätsprinzip (Art. 5 Abs. 3, 4 EUV) noch mit Blick auf eine Vereinheitlichung des Binnenmarktes iSv. Art. 114 AEUV erforderlich.[506] In diesem Sinne formuliert auch die Kommission in ihrem DAWI-Leitfaden: *„Wenn sich die Harmonisierungsvorschriften der EU lediglich auf bestimmte spezifische Dienstleistungen erstrecken, verfügen die Mitgliedstaaten bei der Einstufung zusätzlicher Dienstleistungen als DAWI über einen weiten Ermessensspielraum. Im Sektor der elektronischen Kommunikation beispielsweise sind die Mitgliedstaaten verpflichtet, die in der Richtlinie vorgesehenen Universaldienstverpflichtungen zugrunde zu legen, können aber bei der Einstufung von elektronischen Kommunikationsdienstleistungen als DAWI über die Anforderungen der betreffenden Richtlinie hinausgehen."*[507].

Der mitgliedstaatliche DAWI-Festlegungsspielraum erfährt im Hinblick auf den Ausbau von Breitbandinfrastrukturen mithin keine Einschränkungen.

---

[501] *Grussmann/Honekamp*, in: Beck TKG, Einl. B. Rn. 80 f.; *Schröder*, in: Streinz, EUV/AEUV, AEUV Art. 26 Rn. 14.
[502] *Schröder*, in: Streinz, EUV/AEUV, AEUV Art. 26 Rn. 8; *Grussmann/Honekamp*, in: Beck TKG, Einl. B. Rn. 80.
[503] *Grussmann/Honekamp*, in: Beck TKG, Einl. B. Rn. 84.
[504] *Grussmann/Honekamp*, in: Beck TKG, Einl. B. Rn. 84; weiterführend zu den Kompetenzen der Union siehe: *Schröder*, in: Streinz, EUV/AEUV, AEUV Art. 170 Rn. 7 ff.; *Frenz*, EuR 2000, 901, 901.
[505] Universaldienste sind Grundversorgungsleistungen, welche kontinuierlich für alle Bürger diskriminierungsfrei gegen ein vertretbares Entgelt zugänglich sein müssen. Universaldienste sind nicht mit DAWI gleichzusetzen, sondern als ein Teil von DAWI zu sehen; siehe *Knauff*, in: Loewenheim/Meessen/Riesenkampff/Kersting/Meyer-Lindemann, AEUV Art. 106 Rn. 63; siehe hierzu eingehend unter G. I.
[506] *Mestmäcker/Schweitzer*, in: Immenga/Mestmäcker, Wettbewerbsrecht, AEUV Art. 106 Abs. 2 Rn. 16.
[507] Kommission, Leitfaden zur Anwendung der Vorschriften der EU über staatliche Beihilfen, öffentliche Aufträge und den Binnenmarkt auf DAWI, SWD(2013) 53 final/2, S. 23.

## 3. Sektorspezifische Anforderungen der Kommission in den Breitbandleitlinien: Marktversagen

Die Kommission erläutert in dem Teil der Breitbandleitlinien zu DAWI eigenständig einige der im „DAWI-Paket" enthaltenen Grundsätze in Bezug auf die Breitbandfinanzierung unter Berücksichtigung sektoraler Besonderheiten.[508] Zu Beginn der DAWI-Bestimmungen der Breitbandleitlinien erläutert sie: *„In Bezug auf die Definition von DAWI hat die Kommission bereits allgemein festgestellt, dass die Mitgliedstaaten Dienstleistungen nicht mit gemeinwirtschaftlichen Verpflichtungen verknüpfen dürfen, wenn diese von Unternehmen, die im Einklang mit den Marktregeln handeln, zu normalen Marktbedingungen, die sich — z. B. im Hinblick auf den Preis, objektive Qualitätsmerkmale, Kontinuität und den Zugang zu der Dienstleistung — mit dem vom Staat definierten öffentlichen Interesse decken, bereits zufriedenstellend erbracht werden oder erbracht werden können."*[509] Dabei erkennt sie den mitgliedstaatlichen Festlegungsspielraum von DAWI an („*vom Staat definierten öffentlichen Interesse*"), schränkt diesen aber durch das Erfordernis eines Marktversagens[510] ein. Nach der Kommission liegt ein Marktversagen vor, wenn der Markt das Erreichen eines mitgliedstaatlich definierten Niveaus nicht erwarten lässt. Diesen Grundsatz wendet die Kommission sodann speziell für DAWI im Breitbandsektor an und führt in Rn. 20 der Breitbandleitlinien aus:[511]

---

[508] Breitbandleitlinien, ABl. 2013/C 25/1, Rn. 18.
[509] Breitbandleitlinien, ABl. 2013/C 25/1, Rn. 19; siehe in diesem Sinne auch Kommission, Ein Qualitätsrahmen für Dienstleistungen von allgemeinem Interesse in Europa, KOM(2011) 900 endg., S. 4; Kommission, Mitteilung über die Anwendung der Beihilfevorschriften der EU auf Ausgleichsleistungen für die Erbringung von DAWI, ABl.EU 2012 Nr. C 8/02, Rn. 45 ff.
[510] Zum Marktversagen nach den Breitbandleitlinien siehe oben unter E. I. 2.; nicht einheitlich beurteilt wird, ob das Vorliegen eines solchen (weit verstandenen) Marktversagens auch für eine Annahme von DAWI erforderlich ist. Die Kommission (mittlerweile wohl auch durch die Rspr. bestätigt) nimmt dies an. Die Kommission argumentiert, dass bei einer bereits marktwirtschaftlichen Erbringung kein allgemeines im Sinne eines nach der Rspr. erforderlichen „besonderen" Interesses vorläge. Anderer Ansicht nach sollte DAWI unabhängig von dem Vorliegen von Marktversagen gesehen werden und bei einer bereits marktwirtschaftlichen Erbringung der Dienstleistung die Erforderlichkeit der DAWI-Betrauung und Kompensation abgelehnt werden. Dieser uneinheitlichen Beurteilung soll hier nicht weiter nachgegangen werden, vgl. hierzu aber *Bartosch*, EU-Beihilfenrecht, Art. 107 Abs. 1 Rn. 67 m.w.N.; *Mestmäcker/Schweitzer*, in: Immenga/Mestmäcker, Wettbewerbsrecht, AEUV Art. 106 Abs. 2 Rn. 82; *Koenig/Paul*, in: Streinz, EUV/AEUV, AEUV Art. 106 Rn. 53; *Koenig* N&R 2015, 320.
[511] Ebenfalls in Bezug auf den Breitbandsektor: Kommission, Mitteilung über die Anwendung der Beihilfevorschriften der EU auf Ausgleichsleistungen für die Erbringung von DAWI, ABl.EU 2012 Nr. C 8/02, Rn. 49; Breitbandleitlinien, ABl. 2013/C 25/1, Rn. 19 bis 21; deutlicher noch der Bezug zum Marktversagen Kommission, Leitlinien der Gemeinschaft für die

*„Bei der Anwendung dieses Grundsatzes auf den Breitbandsektor betrachtet die Kommission die Errichtung einer parallelen, konkurrierenden, öffentlich geförderten Breitbandinfrastruktur in Gebieten, in denen private Investoren bereits in eine Breitbandinfrastruktur investiert haben (oder ihre Netzinfrastruktur weiter ausbauen) und bereits wettbewerbsbasierte Breitbanddienste mit einer angemessenen Breitbandabdeckung anbieten, nicht als DAWI im Sinne des Artikels 106 Absatz 2 AEUV. Kann hingegen nachgewiesen werden, dass private Investoren nicht in der Lage sind, in naher Zukunft eine angemessene Breitbandabdeckung für alle Bürger oder Nutzer bereitzustellen, und somit ein beträchtlicher Teil der Bevölkerung nach wie vor nicht über einen Breitbandanschluss verfügen würde, so können einem mit der Erbringung einer DAWI beauftragtes Unternehmen Ausgleichszahlungen für öffentliche Dienstleistungen gewährt werden, sofern die Voraussetzungen der DAWI-Mitteilung erfüllt sind. Deshalb sollten die zur Prüfung eines Bedarfs an DAWI herangezogenen Netze stets vergleichbarer Art sein (d. h. entweder Netze für die Breitbandgrundversorgung oder NGA-Netze)."*

In Gebieten, in denen bereits eine privatwirtschaftlich errichtete Breitbandinfrastruktur vorhanden ist, akzeptiert die Kommission die Errichtung einer parallelen und konkurrierenden Breitbandinfrastruktur damit nicht als DAWI. Dies gilt auch für einen Prognosezeitraum von drei Jahren („*in naher Zukunft*"), innerhalb dessen eine „*angemessene Breitbandabdeckung*" und dadurch jedenfalls die Verfügbarkeit eines „*Breitbandanschluss[es]*" für einen beträchtlichen Teil der Bevölkerung erreicht wird. Damit adressiert ist zunächst die Errichtung von Breitbandgrundversorgungsinfrastrukturen in Gebieten, in denen noch gar keine Breitbandversorgung vorhanden ist und in den nächsten drei Jahren voraussichtlich auch nicht privatwirtschaftlich aufgebaut wird (Ausbau weißer Breitbandgrundversorgungsflecken).

Erfasst ist aber nicht nur der Ausbau weißer Breitbandgrundversorgungsflecken, sondern auch der Ausbau weißer NGA-Flecken. Das ergibt sich insbesondere aus der Ausführung der Kommission, dass die zur Prüfung eines Bedarfs an DAWI herangezogenen Netze stets vergleichbarer Art sein sollen (also entweder Breitbandgrundversorgungs- *oder* NGA-Netze). In Gebieten also, in denen gegenwärtig kein NGA-Netz vorhanden und in den nächsten drei Jahren voraussichtlich auch nicht privatwirtschaftlich aufgebaut wird, können NGA-Ausbaumaßnahmen als DAWI qualifiziert werden. Auch hoch gesteckte Zielgeschwindigkeiten, d.h. solche, die über den Ausbau von ultraschnellen NGA-Netzen zu realisieren sind, können dort im Rahmen von DAWI umgesetzt werden.[512] Klarzustellen ist, dass freilich auch der vorgenannte Prognosezeitraum

---

Anwendung der Vorschriften über staatliche Beihilfen im Zusammenhang mit dem schnellen Breitbandausbau, ABl. 2009/C 235/04, Rn. 24.
[512] Kommission, Entscheidung v. 16.11.2004, Staatliche Beihilfe Nr. N 381/2004 (Pyrénées-Atlantiques), Rn. 59; *Fechtner*, Breitband-Förderung im Lichte des EG-Beihilfenrechts, S. 95.

von drei Jahren bei der Versorgung von weißen NGA-Flecken anzusetzen ist. Das bedeutet, dass zu ermitteln ist, ob nicht innerhalb der nächsten drei Jahre ein NGA-Netz privatwirtschaftlich errichtet wird. Zwar beziehen sich die Breitbandleitlinien in Rn. 20 in erster Linie auf die Erreichung einer Breitbandgrundversorgung innerhalb der nächsten drei Jahre („*[...] in naher Zukunft eine angemessene Breitbandabdeckung für alle Bürger oder Nutzer bereitzustellen, und somit ein beträchtlicher Teil der Bevölkerung nach wie vor nicht über einen Breitbandanschluss verfügen würde [...]*"). Allerdings wäre es wenig sachgerecht, bei einer auf den Ausbau von NGA-Netzen gerichteten DAWI-Förderung auf den Prognosezeitraum von drei Jahren zu verzichten. Die Aussage der Kommission, dass die zur Prüfung eines Bedarfs an DAWI herangezogenen Netze stets vergleichbarer Art sein sollen (also entweder Breitbandgrundversorgungs- *oder* NGA-Netze), deutet vielmehr auf eine einheitliche und insofern auch praktikablere Beurteilung einer DAWI-Förderung von Breitbandgrundversorgungs- und NGA-Netzen hin. Erforderlich ist daher sowohl bei einer DAWI-Förderung unterversorgter Breitbandgrundversorgungsgebiete als auch bei einer DAWI-Förderung unterversorgter NGA-Gebiete der Nachweis, dass die jeweiligen Netze (Breitbandgrundversorgungs- oder NGA-Netze) nicht privatwirtschaftlich in den nächsten drei Jahren errichtet werden.

Ferner zeigt die Formulierung der Kommission, dass „*die zur Prüfung eines Bedarfs an DAWI herangezogenen Netze stets vergleichbarer Art sein [sollten] (d. h. entweder Netze für die Breitbandgrundversorgung oder NGA-Netze)*", dass eine etwaig vorhandene Breitbandgrundversorgung den als DAWI-geförderten Ausbau eines NGA-Netzes in der Regel nicht tangiert. Eine DAWI-Förderung von NGA-Netzen kann damit – wie bei einer Vereinbarkeit auf Grundlage von Art. 107 Abs. 3 lit. c) AEUV nach den Breitbandleitlinien – grundsätzlich ohne Rücksicht auf bestehende Breitbandgrundversorgungsinfrastruktur erfolgen.[513] Zu berücksichtigende bereits vorhandene (oder in den nächsten drei Jahren zu errichtende) Netze sind nach den DAWI-Bestimmungen der Breitbandleitlinien wie bei der Vereinbarkeitsprüfung nach Art. 107 Abs. 3 lit. c) AEUV nur solche gleicher Art. Anders entschied die Kommission in dieser Hinsicht noch im Jahr 2006 in der Entscheidung *Appingedam*. Darin wurde in Bezug auf eine etwaige Förderung des Ausbaus von NGA-Netzen als DAWI angeführt, dass die Umstände nicht mit denen der Entscheidung *Pyrénées-Atlantiques* vergleichbar wären.[514] In der Entscheidung *Pyrénées-Atlantiques* ging es um die Versorgung von gänzlich unversorgten Gebieten im Rahmen von DAWI, während in der Entscheidung *Appingedam* bereits zwei Breitbandgrundversorgungsnetze im

---

[513] Siehe unter E. I. 4. a. dd.
[514] Kommission, Entscheidung v. 19.07.2006, Breitbandnetzausbau in Appingedam, ABl. EU 2007, L 86, 1, Rn. 41.

Förderzielgebiet vorhanden waren.[515] Die Förderung als DAWI in der Entscheidung *Appingedam* scheiterte zwar an einer eindeutigen Betrauung.[516] Die bereits bestehenden Breitbandgrundversorgungsnetze waren aber letztlich dann auch der Grund, weswegen die Kommission die Förderung nach Art. 107 Abs. 3 lit. c) AEUV nicht genehmigte. Nach den aktuellen Breitbandleitlinien hingegen wäre die vorhandene Breitbandgrundversorgung wohl irrelevant gewesen, sodass ein grundsätzlich (DAWI-)förderfähiger weißer NGA-Fleck (da noch kein NGA-Netz vorhanden war) vorgelegen hätte.

Generell ist schließlich für den Ausbau von Breitbandinfrastrukturen im Rahmen von DAWI festzuhalten: Ist eine marktwirtschaftliche Erbringung des mitgliedstaatlich definierten Breitbandniveaus in Aussicht gestellt, handelt es sich nach Ansicht der Kommission nicht um DAWI. Die Kommission sieht in diesen Fällen den mitgliedstaatlichen DAWI-Festlegungsspielraum aufgrund eines fehlenden anerkennenswerten *allgemeinen* Interesses als überschritten an.[517]

## 4. Weitere Anforderungen der Kommission an die Definition von DAWI

Die Breitbandleitlinien stellen weitere Anforderungen an das Vorliegen von DAWI für den Ausbau von Breitbandinfrastrukturen.

Die im Rahmen von DAWI zu errichtende Infrastruktur muss nach *Rn. 21* der Breitbandleitlinien eine universelle Breitbandanbindung für alle Endnutzer in dem betreffenden Gebiet, also sowohl private als auch gewerbliche, bieten.[518] Die Bereitstellung von Breitbandanschlüssen ausschließlich für Unternehmen in Gewerbegebieten etwa – und keine auf das gesamte Gebiet ausgerichtete Versorgung – erkennt die Kommission nicht als DAWI an.[519] In solchen Fällen ist

---

[515] Kommission, Entscheidung v. 19.07.2006, Breitbandnetzausbau in Appingedam, ABl. EU 2007, L 86, 1, Rn. 41.
[516] Hierzu sogleich unter F. III.
[517] Kommission, Leitlinien der Gemeinschaft für die Anwendung der Vorschriften über staatliche Beihilfen im Zusammenhang mit dem schnellen Breitbandausbau, ABl. 2009/C 235/04, Rn. 24; hierzu Kommission, Mitteilung über die Anwendung der Beihilfevorschriften der EU auf Ausgleichsleistungen für die Erbringung von DAWI, ABl.EU 2012 Nr. C 8/02, Rn. 45 ff., insbes. Rn. 48; Breitbandleitlinien, ABl. 2013/C 25/1, Rn. 19; *Kliemann/Stehmann*, in: von der Groeben/Schwarze/Hatje, Europäisches Unionsrecht, AEUV Art. 107 Rn. 799.
[518] Breitbandleitlinien, ABl. 2013/C 25/1, Rn. 21; Kommission, Mitteilung über die Anwendung der Beihilfevorschriften der EU auf Ausgleichsleistungen für die Erbringung von DAWI, ABl.EU 2012 Nr. C 8/02, Rn. 50; Kommission, Entscheidung v. 08.03.2006, Staatliche Beihilfe Nr. N 284/2005 (Ireland), Rn. 38 f.; Kommission, Entscheidung v. 16.11.2004, Staatliche Beihilfe Nr. N 381/2004 (Pyrénées-Atlantiques), Rn. 54.
[519] Kommission, Entscheidung v. 10.07.2007, Staatliche Beihilfe Nr. N 890/2006 (France, Sicoval), Rn. 35; Breitbandleitlinien, ABl. 2013/C 25/1, Rn. 21; Kommission, Mitteilung über

die Kommission der Auffassung, dass die geförderte Versorgung nicht dem *allgemeinem* Interesse (sondern dem Interesse Einzelner) dient und deswegen der mitgliedstaatliche DAWI-Festlegungsspielraum überschritten ist.[520]

Ferner sehen die *Rn. 22 bis 23* der Breitbandleitlinien Zugangsanforderungen für die geförderte Infrastruktur auf Vorleistungsebene vor. Der Zugang darf danach nicht nach eigenem Ermessen des Betreibers und/oder in diskriminierender Weise verweigert werden. Er muss insbesondere auch dann gewährt werden, wenn die Bereitstellung von Zugangsdiensten in einem bestimmten Gebiet nicht rentabel ist.[521] Im Unterschied dazu kann im Rahmen der Vereinbarkeitsprüfung nach Art. 107 Abs. 3 lit. c) AEUV bei der Förderung von NGA-Netzen in Gebieten mit geringerer Bevölkerungsdichte bei nicht ausreichender Nachfrage das Angebot an Zugangsprodukten nach Rn. 80 lit. a) der Breitbandleitlinien ausnahmsweise eingeschränkt werden. Für eine Anerkennung des Auftrags von DAWI für den Ausbau von Breitbandnetzen muss letztlich eine passive, technologieneutrale – also sämtliche Zugangsprodukte ermöglichende – und insgesamt offene Infrastruktur bereitgestellt werden.[522] Der offene Zugang zu der geförderten Infrastruktur ist ausweislich Fn. 36 der Breitbandleitlinien im Einklang mit den allgemeinen beihilfenrechtlichen Zugangsanforderungen auf Vorleistungsebene nach Rn. 78 lit. g)[523] der Breitbandleitlinien sicherzustellen. Beachtung finden dürften bei einer Förderung von NGA-Netzen auch die in Rn. 80 lit. a) der Breitbandleitlinien aufgeführten NGA-spezifischen Erläuterungen der Zugangsbedingungen zu Rn. 78 lit. g) der Breitbandleitlinien – mit Ausnahme vorgenannter Möglichkeit, die Bereitstellung von Zugangsdiensten in unrentablen Gebieten ausnahmsweise einzuschränken.

Der Auftrag für DAWI muss sich nach *Rn. 24* der Breitbandleitlinien schließlich auf den Ausbau des Breitbandnetzes mit universeller Breitbandanbindung und die Bereitstellung von Zugangsprodukten auf Vorleistungsebene beschränken. Er darf keine Kommunikationsdienste für Endnutzer umfassen („wholesale").[524] Die Kommunikationsdienste (Breitbanddienste) für Endnutzer sollen vielmehr durch den auf der nachgelagerten Ebene (Diensteebene) stattfindenden Wettbewerb erbracht werden.[525] Dieser soll durch die dargestellten umfassenden Zugangsanforderungen an die geförderte Infrastruktur auf Vorleistungsebene er-

---

die Anwendung der Beihilfevorschriften der EU auf Ausgleichsleistungen für die Erbringung von DAWI, ABl.EU 2012 Nr. C 8/02, Rn. 50.
[520] Kommission, Entscheidung v. 10.07.2007, Staatliche Beihilfe Nr. N 890/2006 (France, Sicoval), Rn. 35.
[521] Breitbandleitlinien, ABl. 2013/C 25/1, Rn. 22.
[522] Breitbandleitlinien, ABl. 2013/C 25/1, Rn. 23.
[523] Fälschlicherweise dort als Rn. 80 lit. g) angegeben.
[524] Breitbandleitlinien, ABl. 2013/C 25/1, Rn. 24.
[525] Breitbandleitlinien, ABl. 2013/C 25/1, Rn. 23.

möglicht werden.[526] Die Kommission bezweckt dadurch die Entstehung wettbewerbsangemessener Preise auf Diensteebene.[527]

Vor diesem Hintergrund ist auch die weitere Vorgabe der Breitbandleitlinien in Rn. 24 zu verstehen, dass im Falle der Betrauung eines vertikal integrierten Unternehmens mit der Erbringung der DAWI angemessene Vorkehrungen gegen Interessenskonflikte, unzulässige Diskriminierungen und andere verborgene mittelbare Vorteile zu ergreifen sind. Die DAWI-erfüllende Einheit im vertikal integrierten Unternehmen sollte – im Hinblick auf die Buchführung oder die Struktur und Rechtsform sowie die Verantwortlichkeit – getrennt von den übrigen Bereichen des Unternehmens agieren.[528] Ein zugunsten der Endnutzer auf der geförderten Breitbandinfrastruktur stattfindender nachhaltiger Wettbewerb auf Diensteebene kann nur erreicht werden, wenn das vertikal integrierte Unternehmen auf nachgelagerter Ebene keinen Vorteil gegenüber ausschließlich auf nachgelagerter Ebene tätigen Unternehmen hat.

Insgesamt will die Kommission mit diesen weiteren Anforderungen den Vorrang privatwirtschaftlicher Leistungserbringung sicherstellen und Breitbandausbau als DAWI nur so weit akzeptieren, wie es zur Erreichung des mitgliedstaatlich als DAWI festgelegten Leistungsniveaus zwingend erforderlich ist. Sind die vorgenannten Anforderungen nicht erfüllt, so liegt nach Ansicht der Kommission schon begrifflich keine Dienstleistung von *allgemeinem* wirtschaftlichen Interesse vor.

### 5. Breitbandausbau in grauen und schwarzen Flecken als DAWI

#### a. Keine Beschränkung auf weiße Flecken

Fraglich ist, ob auch der Ausbau grauer und schwarzer Flecken als DAWI qualifiziert werden kann. Denkbar wäre nämlich, dass nach den DAWI-Bestimmungen der Breitbandleitlinien der als DAWI qualifizierbare Ausbau auf weiße Flecken beschränkt ist. Denn nach Rn. 20 der Breitbandleitlinien soll der Ausbau in Gebieten, *„in denen private Investoren bereits in eine Breitbandinfrastruktur investiert haben (oder ihre Netzinfrastruktur weiter ausbauen) und bereits wettbewerbsbasierte Breitbanddienste mit einer angemessenen Breitbandabdeckung anbieten"*, grundsätzlich nicht als DAWI erfolgen können.[529] Positiv aufgeführt wird dahingegen in Bezug auf eine Breitbandgrundversorgung, dass

---
[526] Kommission, Entscheidung v. 16.11.2004, Staatliche Beihilfe Nr. N 381/2004 (Pyrénées-Atlantiques), insbes. Rn. 63.
[527] Breitbandleitlinien, ABl. 2013/C 25/1, Rn. 23.
[528] Breitbandleitlinien, ABl. 2013/C 25/1, Fn. 38.
[529] Siehe auch Kommission, Mitteilung über die Anwendung der Beihilfevorschriften der EU auf Ausgleichsleistungen für die Erbringung von DAWI, ABl.EU 2012 Nr. C 8/02, Rn. 49.

in Fällen, in denen ein beträchtlicher Teil der Bevölkerung nicht über einen Breitbandanschluss verfügt und insofern keine „*angemessene Breitbandabdeckung*" besteht, ein Ausbau als DAWI möglich ist.[530] Die DAWI-Bestimmungen der Breitbandleitlinien fokussieren also mit der DAWI-Erbringung zunächst die – mit dem Ausbau weißer Flecken verfolgte – Flächendeckung mit Breitbandanschlüssen („*angemessene Breitbandabdeckung*"). Insofern wird nicht etwa von einem angemessenen Breitbandniveau gesprochen, sondern eben von einer flächendeckenden Versorgung mit Breitbandanschlüssen. Die Ausführungen der Breitbandleitlinien adressieren also auf den ersten Blick einen allein auf weiße Breitbandgrundversorgungsflecken bzw. – wie unter F. II. 3. herausgearbeitet – auch weiße NGA-Flecken bezogenen Ausbau als DAWI.

Zutreffenderweise muss jedoch auch der Ausbau grauer und schwarzer Flecken als DAWI qualifiziert werden können und nicht von vornherein aus der Definition von DAWI ausgenommen sein. Hierfür spricht zunächst, dass die Formulierungen der DAWI-Bestimmungen der Breitbandleitlinien in Rn. 20 nicht gleichlautend zu denen der Rn. 66 ff. und 75 ff. sind, welche die Gebietsfarbe „weiß" im Rahmen der Vereinbarkeitsprüfung nach Art. 107 Abs. 3 lit. c) AEUV definieren. Zudem betrachtet die Kommission nach Rn. 20 der Breitbandleitlinien nur die Errichtung einer *parallelen und konkurrierenden* Breitbandinfrastruktur in Gebieten, in denen bereits Breitbanddienste angeboten werden, nicht als DAWI. Das zeigt, dass nicht jede DAWI-Förderung in Gebieten mit bereits vorhandenen Netzen unzulässig sein soll. Vielmehr sollte – um keine *parallele und konkurrierende* Infrastruktur zu erhalten – in erster Linie gewährleistet sein, dass ein mitgliedstaatlich als DAWI festgelegtes Leistungsniveau das vorhandene bzw. (innerhalb des dreijährigen Prognosezeitraumes) zu erwartende Leistungsniveau (im Hinblick auf das zentrale Merkmal der Übertragungsgeschwindigkeit) übersteigt. Dieses – auf das im Rahmen der Vereinbarkeitsprüfung nach Art. 107 Abs. 3 lit. c) AEUV zentrale Merkmal einer *wesentlichen Verbesserung* hindeutende – Verständnis trägt auch dem mitgliedstaatlichen Festlegungsspielraum in Bezug auf DAWI Rechnung, welchen die Kommission ausweislich Rn. 19 der Breitbandleitlinien auch ausdrücklich anerkennt. Würde der Ausbau in grauen oder auch schwarzen Flecken nämlich schon von vornherein aus der Definition von DAWI für den Ausbau von Breitbandnetzen ausgenommen sein, wäre der mitgliedstaatliche DAWI-Festlegungsspielraum auf weiße Flecken begrenzt und insofern vereitelt. In jedem Falle ausgeschlossen sein kann daher nur die Errichtung eines weiteren *gleichwertigen* (NGA-)Netzes. Damit kann auch der Ausbau grauer und schwarzer Flecken als DAWI qualifiziert werden.

---

[530] Breitbandleitlinien, ABl. 2013/C 25/1, Rn. 20.

## b. Anforderungen an den Ausbau grauer und schwarzer Flecken als DAWI

Fraglich ist in einem zweiten Schritt, welche Anforderungen speziell für den Ausbau grauer oder gar schwarzer Flecken als DAWI gelten. Problematisch ist hier das Vorliegen des Marktversagens, welches nach der Kommission den mitgliedstaatlichen DAWI-Festlegungsspielraum einschränkt.[531] Eine bestimmte Dienstleistung kann danach nur dann als DAWI angesehen werden, wenn sie vom Markt nicht bereits selbst in hinreichender Weise erbracht wird oder werden kann.[532] Begründet ist diese Maßgabe in Art. 106 Abs. 2 AEUV, wonach eine Ausnahme vom Beihilfenverbot nach Art. 107 Abs. 1 AEUV nur möglich ist, soweit die Anwendung der Wettbewerbsvorschriften – welche die marktwirtschaftliche Leistungserbringung sicherstellen sollen – die Erfüllung der den Unternehmen übertragenen besonderen Aufgaben rechtlich oder tatsächlich verhindert. Ausweislich Rn. 19 und 20 der Breitbandleitlinien wird zur Feststellung des Marktversagens überprüft, ob ein mitgliedstaatlich definiertes Leistungsniveau gegenwärtig bzw. in den kommenden drei Jahren erreicht wird. Allein die Feststellung, dass ein mitgliedstaatlich definiertes Leistungsniveau gegenwärtig bzw. in den kommenden drei Jahren nicht erreicht wird, reicht allerdings – schon aus Verhältnismäßigkeitsgründen – nicht aus, um ein Marktversagen zu begründen. Vielmehr müssen die Gesamtumstände berücksichtigt werden. So wird nämlich ein insbesondere in schwarzen Flecken stattfindender intensiver Wettbewerb auf Infrastrukturebene für das Erreichen eines hohen Leistungsniveaus und damit gegen das Vorliegen eines Marktversagens sprechen. Auch wenn damit gegenwärtig ein bestimmtes Leistungsniveau noch nicht erreicht wird, so können die Umstände darauf hindeuten, dass der Markt dieses – zumindest künftig – erbringen kann.

Die Maßgabe, dass privatwirtschaftlichen Investitionen insofern der Vorrang einzuräumen ist, gilt gleichermaßen für eine Vereinbarkeit auf Grundlage von Art. 107 Abs. 3 lit. c) AEUV. Die Kommission hat hierzu in ihren Breitbandleitlinien die auf das Vorliegen von Marktversagen bezogenen Anforderungen für einen geförderten Ausbau in grauen und schwarzen Flecken auf Grundlage von Art. 107 Abs. 3 lit. c) AEUV detailliert aufgeführt. Zur konkreten Beurteilung des Vorliegens von Marktversagen eines geplanten Ausbaus von grauen oder gar schwarzen Flecken als DAWI sollten die detailliert ausgestalteten Maßgaben der Kommission für eine sektorspezifische Vereinbarkeitsprüfung auf Grundlage von Art. 107 Abs. 3 lit. c) AEUV herangezogen werden können. Die Anforde-

---

[531] Siehe hierzu unter F. II. 3 sowie *Bartosch*, EU-Beihilfenrecht, Art. 107 Abs. 1 Rn. 67 m.w.N.
[532] *Bartosch*, EU-Beihilfenrecht, Art. 107 Abs. 1 Rn. 67; Kommission, Mitteilung über die Anwendung der Beihilfevorschriften der EU auf Ausgleichsleistungen für die Erbringung von DAWI, ABl.EU 2012 Nr. C 8/02, Rn. 48.

rungen, die die Kommission dabei an die Zulässigkeit von Beihilfen zur Förderung des Breitbandausbaus in grauen und schwarzen Flecken stellt, sollten entsprechend für den Ausbau in diesen Gebieten als DAWI gelten.

### 6. Zwischenergebnis

Die Mitgliedstaaten haben bei der Definition von DAWI einen weiten Festlegungsspielraum, der auch im Hinblick auf den Ausbau und die Bereitstellung von Breitbandinfrastrukturen keine Einschränkungen erfährt. Nach allgemeinem Verständnis – insbesondere nach dem der Kommission – ist der Festlegungsspielraum der Mitgliedstaaten aber im konkreten Einzelfall unzulässigerweise überschritten, wenn es an einem Marktversagen fehlt. Für den Ausbau und die Bereitstellung von Breitbandinfrastrukturen als DAWI bedeutet das, dass jedenfalls der – unter Umständen auf die Verfügbarkeit hoher Bandbreiten gerichtete – Ausbau in weißen NGA-Flecken unproblematisch als DAWI qualifizierbar ist. Daneben ist aber auch der Ausbau in grauen oder gar schwarzen NGA-Flecken nicht von vornherein aus der Definition von DAWI ausgenommen, sondern – entsprechend den Maßgaben der Breitbandleitlinien zu den Vereinbarkeitskriterien auf Grundlage von Art. 107 Abs. 3 lit. c) AEUV – nach der genaueren Prüfung der konkreten Marktsituation möglich.

### III. Ausschluss des beihilfenrechtlichen Begünstigungsmerkmals bei Erfüllen der *Altmark-Trans*-Kriterien

#### 1. Überblick

Der EuGH hat im Urteil *Altmark-Trans*[533] vier Kriterien für Ausgleichszahlungen bei der Erbringung von DAWI aufgestellt, bei deren Vorliegen schon auf Tatbestandsebene von Art. 107 Abs. 1 AEUV keine Begünstigung vorliegt.[534] Die Ausgleichszahlungen bilden in diesen Fällen die Gegenleistung für die Erfüllung gemeinwirtschaftlicher Verpflichtungen, sodass das betreffende Unternehmen keinen finanziellen Vorteil erhält und gegenüber Wettbewerbern nicht besser gestellt ist.[535] *Erstens* muss dafür ein Unternehmen mit der Erfüllung klar definierter gemeinwirtschaftlicher Verpflichtungen betraut sein.[536] *Zweitens* sind zuvor die Parameter, nach denen der Ausgleich berechnet wird, objektiv und

---

[533] EuGH, Urt. v. 24.07.2003, Rs. C-280/00, ECLI:EU:C:2003:415 – *Altmark Trans*.
[534] EuGH, Urt. v. 24.07.2003, Rs. C-280/00, ECLI:EU:C:2003:415, Rn. 87 ff., 94 – *Altmark Trans*; *Bauer*, EuZW 2006, 7, 8.
[535] EuGH, Urt. v. 24.07.2003, Rs. C-280/00, ECLI:EU:C:2003:415, Rn. 87 – *Altmark Trans*.
[536] EuGH, Urt. v. 24.07.2003, Rs. C-280/00, ECLI:EU:C:2003:415, Rn. 89 – *Altmark Trans*.

transparent aufzustellen.[537] *Drittens* darf der Ausgleich nicht über die zur Erfüllung der gemeinwirtschaftlichen Verpflichtungen erforderlichen Kosten unter Berücksichtigung der erzielten Einnahmen und eines angemessenen Gewinnes aus der Erfüllung gemeinwirtschaftlicher Verpflichtungen hinausgehen (Nettomehrkostenprinzip).[538] Schließlich muss *viertens* die Auswahl des verpflichteten Unternehmens, wenn sie nicht im Rahmen eines Verfahrens zur Vergabe öffentlicher Aufträge erfolgt, auf Grundlage einer Analyse der Kosten, die ein durchschnittliches und gut geführtes Unternehmen hat, erfolgen.[539]

## 2. Betrauung mit der Erfüllung klar definierter gemeinwirtschaftlicher Verpflichtungen

Um das *erste Altmark-Trans*-Kriterium zu erfüllen, ist ein öffentlicher Auftrag für die Erbringung der Dienstleistung notwendig, in welchem die Verpflichtungen der betreffenden Unternehmen und der Behörde festgehalten sind.[540] Der öffentliche Dienstleistungsauftrag muss im Wege eines Betrauungsaktes vergeben werden, also durch einen Hoheitsakt bzw. einen Akt der öffentlichen Gewalt,[541] welcher abhängig von der Gesetzgebung des Mitgliedstaats die Form eines legislativen oder regulatorischen Instruments oder eines Vertrages haben kann.[542] Eine rein faktische Betrauung, d. h. der Umstand, dass ein Unternehmen rein faktisch, wenngleich mit Billigung des Staates, DAWI erbringt,[543] oder Kooperationsmodelle („public-private-partnership")[544] genügen hingegen den Anforderungen an den Betrauungsakt nicht. In den Entscheidungen *Appingedam* und *Ireland* der Kommission zum Breitbandausbau etwa lag ungeachtet der weiteren Voraussetzungen insofern keine eindeutige Betrauung von Unternehmen vor.[545] Inhaltlich muss der Betrauungsakt die zu erfüllenden Gemeinwohlverpflichtungen präzise niederlegen, insbesondere Gegenstand, Dauer der Ver-

---

[537] EuGH, Urt. v. 24.07.2003, Rs. C-280/00, ECLI:EU:C:2003:415, Rn. 90 – *Altmark Trans*.
[538] EuGH, Urt. v. 24.07.2003, Rs. C-280/00, ECLI:EU:C:2003:415, Rn. 92 – *Altmark Trans*.
[539] EuGH, Urt. v. 24.07.2003, Rs. C-280/00, ECLI:EU:C:2003:415, Rn. 93 – *Altmark Trans*.
[540] Kommission, Mitteilung über die Anwendung der Beihilfevorschriften der EU auf Ausgleichsleistungen für die Erbringung von DAWI, ABl.EU 2012 Nr. C 8/02, Rn. 51.
[541] Siehe hierzu näher etwa: *Mestmäcker/Schweitzer*, in: Immenga/Mestmäcker, Wettbewerbsrecht, AEUV Art. 106 Abs. 2 Rn. 52 ff.
[542] Kommission, Mitteilung über die Anwendung der Beihilfevorschriften der EU auf Ausgleichsleistungen für die Erbringung von DAWI, ABl.EU 2012 Nr. C 8/02, Rn. 52.
[543] *Mestmäcker/Schweitzer*, in: Immenga/Mestmäcker, Wettbewerbsrecht, AEUV Art. 106 Abs. 2 Rn. 53.
[544] Kommission, Entscheidung v. 08.03.2006, Staatliche Beihilfe Nr. N 284/2005 (Ireland), Rn. 38.
[545] Kommission, Entscheidung v. 19.07.2006, Breitbandnetzausbau in Appingedam, ABl. EU 2007, L 86, 1, Rn. 40; Kommission, Entscheidung v. 08.03.2006, Staatliche Beihilfe Nr. N 284/2005 – Ireland, Rn. 38: „*no clear SGEI mandate*".

pflichtungen zur Erbringung von öffentlichen Dienstleistungen, die Parameter für die Berechnung, Überwachung und Änderung der Ausgleichsleistungen.[546]

## 3. Objektive und transparente Aufstellung der Ausgleichsparameter, nach denen der Ausgleich berechnet wird

Nach dem *zweiten Altmark-Trans*-Kriterium müssen die Parameter, nach denen der Ausgleich für die Erbringung der DAWI berechnet wird, zuvor objektiv und transparent aufgestellt werden, damit verhindert wird, dass der Ausgleich einen wirtschaftlichen Vorteil mit sich bringt, der das Unternehmen, dem er gewährt wird, gegenüber konkurrierenden Unternehmen begünstigt.[547] Es muss also von Anfang an feststehen, wie die Höhe der Ausgleichsleistungen bestimmt wird.[548] Erforderlich ist nicht die Festlegung der konkreten Höhe, sondern (objektiv nachvollziehbar) die Kriterien, nach denen die Ausgleichsleistungen berechnet werden sollen, sowie deren Überprüfung, Änderung und Rückzahlungsmodalitäten.[549]

## 4. Nettomehrkostenprinzip

### a. Allgemeine Vorgaben

Nach dem *dritten Altmark-Trans*-Kriterium darf der Ausgleich nicht über das hinausgehen, was erforderlich ist, um die Kosten der Erfüllung der gemeinwirtschaftlichen Verpflichtungen unter Berücksichtigung der dabei erzielten Einnahmen und eines angemessenen Gewinns aus der Erfüllung dieser Verpflichtungen ganz oder teilweise zu decken. Von den Kosten für die Erbringung von DAWI, die ohne eine Ausgleichszahlung an den Betrauten gar nicht oder nicht in der gebotenen Menge oder Qualität auf dem Markt erbracht würden,[550] sind

---

[546] *Mestmäcker/Schweitzer*, in: Immenga/Mestmäcker, Wettbewerbsrecht, AEUV Art. 107 Abs. 1 Rn. 149.
[547] EuGH, Urt. v. 24.07.2003, Rs. C-280/00, ECLI:EU:C:2003:415, Rn. 90 – *Altmark Trans*; siehe auch Kommission, Mitteilung über die Anwendung der Beihilfevorschriften der EU auf Ausgleichsleistungen für die Erbringung von DAWI, ABl.EU 2012 Nr. C 8/02, Rn. 54.
[548] Kommission, Mitteilung über die Anwendung der Beihilfevorschriften der EU auf Ausgleichsleistungen für die Erbringung von DAWI, ABl.EU 2012 Nr. C 8/02, Rn. 55.
[549] Kommission, Mitteilung über die Anwendung der Beihilfevorschriften der EU auf Ausgleichsleistungen für die Erbringung von DAWI, ABl.EU 2012 Nr. C 8/02, Rn. 54 ff.; *Mestmäcker/Schweitzer*, in: Immenga/Mestmäcker, Wettbewerbsrecht, AEUV Art. 107 Abs. 1 Rn. 150 ff.; Kommission, Entscheidung v. 16.11.2004, Staatliche Beihilfe Nr. N 381/2004 (Pyrénées-Atlantiques), Rn. 70; *Fechtner*, Breitband-Förderung im Lichte des EG-Beihilfenrechts, S. 97.
[550] *Haratsch/Koenig/Pechstein*, Europarecht, Rn. 1323.

erzielte Einnahmen durch diese Erbringung (etwa Zugangsentgelte) abzuziehen. Ein angemessener Gewinn ist den Kosten hinzuzurechnen. Der Gewinn entspricht einer Kapitalrendite, welche ein typisches Unternehmen zugrunde legt, um unter Berücksichtigung des jeweiligen Risikos zu entscheiden, ob es die betreffende Dienstleistung von allgemeinem wirtschaftlichem Interesse über den gesamten Zeitraum der Betrauung erbringt.[551]

**b. Sektorspezifische Erläuterungen der Breitbandleitlinien zum Ausbau weißer Flecken mit rentablen Gebietsteilen**

aa. Beschränkung der Ausgleichsleistungen auf den Ausbau rein weißer Flecken

In Rn. 26 der Breitbandleitlinien nimmt die Kommission nähere Erläuterungen zu den vorgenannten allgemeinen Vorgaben für die Berechnung der Ausgleichsleistungen für DAWI vor, welche den Ausbau weißer Flecken betreffen. Damit adressiert die Kommission aber nicht etwa weiße Flecken generell, sondern nur solche, die in einem größeren Gebiet liegen, welches auch rentable graue oder gar schwarze Flecken beinhaltet („Flickenteppich"). Ist das Gebiet, auf das sich die DAWI bezieht, nicht auf die weißen Flecken beschränkt, sondern sind von der Ausbauverpflichtung auch rentable graue oder gar schwarze Flecken umfasst, so stellt die Kommission klar, dass in diesen Fällen die für die Ermittlung der Ausgleichsleistungen relevanten Kosten nur solche sein dürfen, die für den Ausbau der Infrastruktur in den weißen Flecken anfallen.[552] Eine solche fehlende Beschränkung des DAWI-Gebietes auf ausschließlich weiße Flecken kann nach der Kommission auf die Größe oder den Standort der weißen Flecken innerhalb des Gesamtgebietes zurückzuführen sein.[553] Damit dürften Einzelfälle gemeint sein, in denen eine Aussparung nicht zweckmäßig ist, etwa weil es sich nur um sehr kleine andersfarbige Bereiche handelt.[554] Grundsätzlich sind diese Gebiete aus dem Gesamtgebiet, auf das sich die DAWI bezieht, zu exkludieren.[555]

---

[551] Kommission, Mitteilung über die Anwendung der Beihilfevorschriften der EU auf Ausgleichsleistungen für die Erbringung von DAWI, ABl.EU 2012 Nr. C 8/02, Rn. 61.
[552] Breitbandleitlinien, ABl. 2013/C 25/1, Rn. 26.
[553] Breitbandleitlinien, ABl. 2013/C 25/1, Rn. 26.
[554] Siehe etwa Kommission, Entscheidung v. 30.09.2009, Staatliche Beihilfe Nr. N 331/08 (France, Hauts de Seine), Rn. 26; in der vorgenannten Entscheidung der Kommission war das Gebiet, das als DAWI mit FTTH-Anschlüssen versorgt werden sollte, nicht auf weiße Flecken beschränkt, sondern enthielt auch graue und schwarze Flecken, siehe Rn. 64 ff., 101 ff. und insbes. Rn. 105.
[555] Wie bei einer Förderung auf Basis von Art. 107 Abs. 3 lit. c) AEUV; siehe hierzu unter F. III. 4. b. bb.

Ausweislich Fn. 39 der Breitbandleitlinien überlässt es die Kommission den Mitgliedstaaten, die am besten geeignete Methode zur Sicherstellung vorgenannter Maßgabe – die Ausgleichszahlungen dürfen nur die Kosten decken, die bei der Erfüllung des DAWI-Auftrages in weißen Flecken entstehen – zu ermitteln. Hierzu könnte nach der Kommission etwa ein Vergleich zwischen den Einnahmen aus den rentablen Gebieten und den nichtrentablen weißen Flecken angestellt werden.[556] Etwaige über den angemessenen Gewinn hinausgehende Gewinne bei der Erbringung von DAWI in rentablen Gebieten – also solche Gewinne, die über die durchschnittlichen Kapitalerträge der Branche aus dem Ausbau einer bestimmten Breitbandinfrastruktur hinausgehen – können dann für die Finanzierung der DAWI in nichtrentablen Gebieten verwendet werden, während die übrigen Gewinne mit den Ausgleichszahlungen verrechnet werden.[557] Würden die über einen angemessenen Gewinn hinausgehenden Gewinne nämlich nicht für die Finanzierung der DAWI in nichtrentablen Gebieten verwendet, so würde das betraute Unternehmen – entgegen des dritten *Altmark-Trans*-Kriteriums – unzulässigerweise bei der Erbringung im gesamten Gebiet überkompensiert. Die wettbewerblich erbringbaren Leistungen in rentablen Gebieten könnten zudem unzulässigerweise quersubventioniert werden.[558]

bb. Ausschluss rentabler Gebietsteile bereits durch das Markterkundungsverfahren

Sind hingegen schon – was den Regelfall darstellt – durch das Markterkundungsverfahren rentable (graue und schwarze) Gebiete aus dem Gesamtgebiet exkludiert, so umfasst das Gesamtgebiet, auf das sich die DAWI bezieht, nur noch nichtrentable weiße Flecken. Die DAWI-Ausgleichsleistungen können deswegen dann – unproblematisch – auch nur die Kosten decken, die bei der Erfüllung des DAWI-Auftrages in den weißen Flecken entstehen. Ausgeschlossen ist dadurch auch, mit Gewinnen aus rentablen grauen oder auch schwarzen Flecken die Verluste für Ausbaumaßnahmen in weißen Flecken (teilweise) zu kompensieren. Denn die zur Feststellung von Nettomehrkosten relevanten Vorteile und Erträge müssen unmittelbar auf die Leistungsbereitstellung der DAWI zurückzuführen sein und können nicht aus der Bereitstellung sonstiger Leistungen (also der Bereitstellung von Breitbanddiensten in Gebieten, in denen keine DAWI auferlegt wurde) herrühren. Die Bildung von Gesamtgebieten, welche gerade im Hinblick auf eine Reduzierung oder gar einen Ausschluss der Net-

---

[556] Breitbandleitlinien, ABl. 2013/C 25/1, Fn. 39.
[557] Breitbandleitlinien, ABl. 2013/C 25/1, Fn. 39.
[558] Hierzu *Mestmäcker/Schweitzer*, in: Immenga/Mestmäcker, Wettbewerbsrecht, AEUV Art. 107 Abs. 1 Rn. 153.

tomehrkostenkompensation rentable graue oder gar schwarze Flecken beinhalten sollen, ist mithin grundsätzlich nicht möglich.[559]

## 5. Effizienzkriterium

### a. Vorrangige Bestimmung der Höhe der Ausgleichsleistungen über Ausschreibungsverfahren

Nach dem *vierten Altmark-Trans*-Kriterium ist die Höhe der Ausgleichsleistungen für die Erbringung der Dienste durch ein öffentliches Ausschreibungsverfahren zu bestimmen, mit dem sich der Bieter ermitteln lässt, der die Dienste zu den geringsten Kosten für die Allgemeinheit erbringen kann (Effizienzkriterium).[560] Diese Methode stellt für die Mitgliedstaaten die „*einfachste Möglichkeit*" dar, das vierte *Altmark-Trans*-Kriterium zu erfüllen.[561] In Anlehnung an Rn. 78 lit. d) der Breitbandleitlinien ist das wirtschaftlich günstigste Angebot zu wählen, wobei auch – dokumentiert in der Entscheidung *Pyrénées-Atlantiques*[562] – qualitative Kriterien zu berücksichtigen sind.[563] Hierzu können etwa die geografische Abdeckung, die Nachhaltigkeit des technologischen Ansatzes sowie Auswirkungen des Vorhabens auf den Wettbewerb (möglichst breites Angebot an Zugangsprodukten) gehören.[564] Das preislich günstigste Angebot, welches die Qualitätskriterien erfüllt, erhält den Zuschlag.

---

[559] Für den ausnahmsweisen Einschluss rentabler grauer oder gar schwarzer Teilgebiete in ein weißes (NGA-)Gesamtgebiet siehe unter F. III. 4. b. aa. In dem dort behandelten Fall kann die Nettomehrkostenkompensationshöhe durch den Einschluss rentabler grauer oder gar schwarzer Teilgebiete ausnahmsweise insgesamt vermindert sein.
[560] EuGH, Urt. v. 24.07.2003, Rs. C-280/00, ECLI:EU:C:2003:415, Rn. 93 – *Altmark Trans*; Kommission, Mitteilung über die Anwendung der Beihilfevorschriften der EU auf Ausgleichsleistungen für die Erbringung von DAWI, ABl.EU 2012 Nr. C 8/02, Rn. 62; siehe hierzu *Mestmäcker/Schweitzer*, in: Immenga/Mestmäcker, Wettbewerbsrecht, AEUV Art. 107 Abs. 1 Rn. 157 ff., insbes. Rn. 167.
[561] Kommission, Mitteilung über die Anwendung der Beihilfevorschriften der EU auf Ausgleichsleistungen für die Erbringung von DAWI, ABl.EU 2012 Nr. C 8/02, Rn. 63 f., aber auch Rn. 5; siehe etwa die Entscheidungen der Kommission v. 16.11.2004, Staatliche Beihilfe Nr. N 381/2004 (Pyrénées-Atlantiques), Rn. 76 ff.; v. 03.05.2005, Staatliche Beihilfe Nr. N 382/04 (France, Dorsal); v. 30.09.2009, Staatliche Beihilfe Nr. N 331/08 (France, Hauts de Seine).
[562] Kommission, Entscheidung v. 16.11.2004, Staatliche Beihilfe Nr. N 381/2004 (Pyrénées-Atlantiques), Rn. 76 ff.; siehe hierzu *Fechtner*, Breitband-Förderung im Lichte des EG-Beihilfenrechts, S. 99 f.
[563] Allgemein Kommission, Mitteilung über die Anwendung der Beihilfevorschriften der EU auf Ausgleichsleistungen für die Erbringung von DAWI, ABl.EU 2012 Nr. C 8/02, Rn. 67; vgl. auch BMVI, NGA-Rahmenregelung v. 15.06.2015, Präambel, S. 2 für Ausschreibungen im Rahmen der Genehmigungsprüfung nach Art. 107 Abs. 3 lit. c) AEUV.
[564] Breitbandleitlinien, ABl. 2013/C 25/1, Rn. 78 lit. d).

Erfolgt die Ermittlung nicht über die Durchführung eines offenen, transparenten und diskriminierungsfreien öffentlichen Ausschreibungsverfahrens, so kann – wie in der Entscheidung der Kommission *Plan France très haut débit* zum Breitbandausbau als DAWI dokumentiert[565] – die Höhe der Ausgleichsleistungen auch auf Grundlage einer Analyse der Kosten, die ein durchschnittliches und gut geführtes Unternehmen hat, bestimmt werden.[566] Dezidiert nachzuweisen ist, dass die Kosten der bereitgestellten DAWI nicht höher sind als die eines effizienten Betreibers (einschließlich möglicherweise eines angemessenen Gewinns).[567] Insofern gilt kein subjektiver Kostenmaßstab bei der Bestimmung der Höhe der Ausgleichsleistung für die vom Mitgliedstaat festgelegten Qualitätskriterien, sondern ein objektiver Kostenmaßstab.[568] Anhaltspunkt hierfür ist – sofern bekannt – die Höhe der allgemein akzeptierten marktüblichen Vergütung für die Dienstleistung.[569]

### b. Ex ante vs. ex post Festlegung der Ausgleichsleistungen zur Vermeidung von Überkompensationen

Rn. 27 der Breitbandleitlinien schlagen – in weiten Teilen gleichlautend zu den auf Art. 107 Abs. 3 lit. c) AEUV beruhenden Vereinbarkeitsmaßstäben in Rn. 78 lit. i) der Breitbandleitlinien – vor, die Ausgleichsleistungen vorab festzulegen, um die für einen bestimmten Zeitraum zu erwartende Finanzierungslücke zu schließen, anstatt die Ausgleichsleistungen lediglich anhand der anfallenden Kosten und Einnahmen nachträglich zu ermitteln. Denn die Kommission sieht beim ersten Modell in der Regel mehr Anreize für das Unternehmen, die Kosten zu beschränken und das Geschäft im Laufe der Zeit weiterzuentwickeln.[570] Die

---

[565] Kommission, Beschl. v. 07.11.2016, Staatliche Beihilfe Nr. SA.37183 (Plan France très haut débit), Rn. 281 f.
[566] EuGH, Urt. v. 24.07.2003, Rs. C-280/00, ECLI:EU:C:2003:415, Rn. 93 – *Altmark Trans*; Kommission, Mitteilung über die Anwendung der Beihilfevorschriften der EU auf Ausgleichsleistungen für die Erbringung von DAWI, ABl.EU 2012 Nr. C 8/02, Rn. 62, 69 f.
[567] Kommission, Beschl. v. 07.11.2016, Staatliche Beihilfe Nr. SA.37183 (Plan France très haut débit), Rn. 282; siehe Kommission, Mitteilung über die Anwendung der Beihilfevorschriften der EU auf Ausgleichsleistungen für die Erbringung von DAWI, ABl.EU 2012 Nr. C 8/02, Rn. 69 ff. zu den einzelnen Anforderungen an die Bestimmung der zulässigen Höhe der Ausgleichsleistungen.
[568] Siehe hierzu *Kühling*, in: Streinz, EUV/AEUV, AEUV Art. 107 Rn. 50 ff., insbes. Rn. 52 (Der Ausschluss möglicher Ineffizienzen reicht für einen objektiven Kostenmaßstab aus); *Mestmäcker/Schweitzer*, in: Immenga/Mestmäcker, Wettbewerbsrecht, AEUV Art. 107 Abs. 1 Rn. 167.
[569] Kommission, Mitteilung über die Anwendung der Beihilfevorschriften der EU auf Ausgleichsleistungen für die Erbringung von DAWI, ABl.EU 2012 Nr. C 8/02, Rn. 69 f.; *Mestmäcker/Schweitzer*, in: Immenga/Mestmäcker, Wettbewerbsrecht, AEUV Art. 107 Abs. 1 Rn. 161 ff., 167.
[570] Breitbandleitlinien, ABl. 2013/C 25/1, Rn. 27.

Kommission präferiert also grundsätzlich die ex ante Festlegung der Ausgleichsleistungen.

Ist die künftige Kosten- und Erlösentwicklung jedoch von einem hohen Maß an Unsicherheit geprägt und besteht eine starke Informationsasymmetrie, so kann ausweislich Fn. 40 der Breitbandleitlinien auch ein Mittelweg zwischen den Kompensationsmodellen vorgesehen werden. Dies kann gerade bei der Errichtung hochleistungsfähiger Glasfasernetze, insbesondere im Hinblick auf die Entwicklung der Nachfrage und Zahlungsbereitschaft der Endnutzer und damit im Hinblick auf die zu erwartenden Erlöse, angenommen werden.[571] Der Mittelweg kann in der Anwendung eines Rückforderungsmechanismus liegen, welcher nachträglich die ausgewogene Aufteilung nicht erwarteter Gewinne ermöglicht.[572] Dadurch bleibt es zwar bei einer ex ante Festlegung der Ausgleichsleistungen. Über den ex post ansetzenden Rückforderungsmechanismus kann aber das Risiko einer Überkompensation bei ex ante festgelegten Ausgleichsleistungen minimiert werden.[573] Es handelt sich also um eine – gerade auch in der Entscheidungspraxis der Kommission zu DAWI-Förderungen dokumentierte[574] – ex ante Festlegung mit einer ex post Korrekturmöglichkeit der Ausgleichsleistungen. Die gleichen Maßstäbe gelten nach Rn. 78 lit. i) der Breitbandleitlinien im Rahmen einer auf Art. 107 Abs. 3 lit. c) AEUV beruhenden Vereinbarkeitsprüfung. Die gewährten Beihilfenbeträge sollen dadurch auf das erforderliche Minimum beschränkt bleiben bzw. die Gefahr von Überkompensationen durch ex ante zu hoch angesetzte Beihilfenbeträge minimiert werden.[575] Einen festen Prozentsatz, ab welchem kein angemessener Gewinn mehr vorliegt und daher eine Überkompensation anzunehmen wäre, schreibt die Kommission indes nicht vor.[576]

---

[571] BNetzA, Konsultationsdokument, https://www.bundesnetzagentur.de/SharedDocs/Downloads/DE/Sachgebiete/Telekommunikation/Unternehmen_Institutionen/Marktregulierung/Massstaebe_Methoden/FttH_FttB_Ausbau/Konsultationsdokument_Entgeltregulierung_FttH_FttB.pdf?__blob=publicationFile&v=2, S. 17 f. (zuletzt abgerufen am 20.02.2021).
[572] Breitbandleitlinien, ABl. 2013/C 25/1, Fn. 40.
[573] Kommission, Mitteilung über die Anwendung der Beihilfevorschriften der EU auf Ausgleichsleistungen für die Erbringung von DAWI, ABl.EU 2012 Nr. C 8/02, Rn. 67.
[574] Siehe Entscheidungen der Kommission v. 16.11.2004, Staatliche Beihilfe Nr. N 381/2004 (Pyrénées-Atlantiques), Rn. 74; v. 30.09.2009, Staatliche Beihilfe Nr. N 331/2008 (France, Hauts de Seine), Rn. 51; v. 03.05.2005, Staatliche Beihilfe Nr. N 382/04 (France, Dorsal), Rn. 24.
[575] Siehe etwa BMVI, NGA-Rahmenregelung v. 15.06.2015; BMVI, NGA-Richtlinie v. 15.11.2018, S. 15 lit. G.; BMVI, NGA-Leitfaden v. 15.11.2018, S. 20 Ziff. 11.4.
[576] Etwa Kommission, Entscheidung v. 30.09.2009, Staatliche Beihilfe Nr. N 331/2008 (France, Hauts de Seine), Rn. 51: kumulatives Betriebsergebnis um mehr als 15 % über dem im Businessplan; Nach der NGA-Rahmenregelung soll der Rückforderungsmechanismus greifen, wenn wesentlich höhere Erlöse als die ursprünglich prognostizierten anfallen, vgl. § 9 Abs. 2 NGA-Rahmenregelung: *„Die Voraussetzung für einen Rückforderungsanspruch ist*

Schließlich hält die Kommission in Fällen, in denen das als DAWI mit öffentlichen Mitteln aufgebaute Netz nicht in das Eigentum der öffentlichen Hand fällt, sondern auch nach Ablauf der Verpflichtungsdauer im Eigentum eines privaten, mit der Erbringung der DAWI betrauten Betreibers verbleibt, (ex post ansetzende) Rückforderungsmechanismen stets für erforderlich.[577] Es geht also um die als DAWI geförderte Errichtung eigener Netzinfrastrukturen von privaten Netzbetreibern. Sofern der Vorteil der Eigentümerstellung nach Ablauf der Verpflichtungsdauer nicht ohnehin schon in den Ausgleichsleistungen bereits eingepreist ist (die Aussicht auf eine Eigentümerstellung könnte nämlich etwa zu niedrigeren Geboten im Ausschreibungsverfahren führen), müssen etwaige sich daraus ergebende *unangemessene* Vorteile ex post abgeschöpft werden. Die Beurteilung, ob solche *unangemessenen* Vorteile verbleiben, unterliegt dann dem Einzelfall vorbehaltenen Verhältnismäßigkeits- und Wertungserwägungen der Bewilligungsbehörde. Die Kommission will durch diese Anforderung lediglich sicherstellen, dass der Umstand, dass ein privater Betreiber das Eigentum an dem mit öffentlichen Mitteln finanzierten Netz behält, auch tatsächlich nicht zu einer unangemessenen Bevorteilung dieser privaten Netzbetreiber führt.[578]

## 6. Zwischenergebnis

Die vorstehend behandelten *Altmark-Trans*-Kriterien werden in der Literatur als äußerst hohe Hürden gesehen, die die Mitgliedstaaten nur mit großen Anstrengungen zu überwinden vermögen.[579] Es handelt sich zudem um äußerst komplexe Anforderungen, die die Gefahr von Fehleinschätzungen bergen.[580] Werden sie jedoch erfüllt, führt dies bereits zum Nichtvorliegen des Beihilfentatbestandes. Anzumerken ist, dass hier die wettbewerblichen Ausschreibungsverfahren im Hinblick auf den Ausschluss des Beihilfentatbestandes durchgeführt werden, während bei der Breitbandausbauförderung außerhalb von DAWI wettbewerbli-

---

*erfüllt, wenn der tatsächliche Gewinn den erwarteten Gewinn im Überprüfungszeitraum im Schnitt um mehr als 30 % übersteigt und keine entsprechende Preissenkung für den Endkunden stattgefunden hat.".*
[577] Breitbandleitlinien, ABl. 2013/C 25/1, Rn. 27; Diese Anforderung besteht wiederum entsprechend nach Rn. 78 lit. i) mit Fn. 113 der Breitbandleitlinien auch im Rahmen der Vereinbarkeitsprüfung von Beihilfen auf Grundlage von Art. 107 Abs. 3 lit. c) AEUV. Rn. 78 lit. i) mit Fn. 113 der Breitbandleitlinien formulieren im Unterschied zu Rn. 27 der Breitbandleitlinien negativ. Ausnahmsweise *kein* Rückforderungsmechanismus ist bei der Förderung von Infrastrukturen der öffentlichen Hand erforderlich, wenn sie – wie es bei DAWI-Infrastrukturen ausweislich Rn. 24 der Breitbandleitlinien immer der Fall sein muss – als „wholesale only"-Modell betrieben werden. Siehe hierzu Kommission, Beschl. v 10.04.2018, Staatliche Beihilfe Nr. SA.46613 (2017/N) (The Netherlands), Rn. 19 f.
[578] Insofern weniger deutlich Breitbandleitlinien, ABl. 2013/C 25/1, Rn. 27.
[579] *Bartosch*, EuZW 2007, 559, 563.
[580] *Kämmerer*, NVwZ 2004, 28, 33.

che Ausschreibungsverfahren die Beihilfenhöhe auf das erforderliche Minimum reduzieren, nicht aber das beihilfenrechtliche Begünstigungsmerkmal ausschließen können.[581]

## IV. Keine erweiterten Möglichkeiten für den Breitbandausbau als DAWI nach den weiteren Instrumenten des DAWI-Pakets

Neben der Anwendung der *Altmark-Trans*-Kriterien kommt die Anwendung der De-Minimis-VO DAWI, des DAWI-Freistellungsbeschlusses und des DAWI-Rahmens als Teile des DAWI-Pakets unter Berücksichtigung der sektorspezifischen Vorgaben der Breitbandleitlinien in Betracht.

Erfüllen Ausgleichsleistungen für die Erbringung von DAWI die Voraussetzungen der *De-Minimis-VO DAWI*, so entfällt der Beihilfentatbestand (De-Minimis-Beihilfen).[582] De-Minimis-Beihilfen unterliegen nicht der Notifizierungspflicht nach Art. 108 Abs. 3 AEUV.[583] Zentrale Voraussetzung der De-Minimis-VO DAWI ist, dass der an ein Unternehmen für die Erbringung einer DAWI gewährte Betrag in einem Zeitraum von drei Steuerjahren 500.000 Euro nicht übersteigt.[584] Nach dem Kumulierungsverbot des Art. 2 Abs. 8 De-Minimis-VO DAWI dürfen die De-Minimis-Beihilfen nicht mit anderen Ausgleichsleistungen für dieselbe DAWI gewährt werden, unabhängig davon, ob es sich bei dem Ausgleich tatsächlich um eine staatliche Beihilfe handelt. Der De-Minimis-VO DAWI unterfallen also insgesamt nur isolierte, jeweils für die Erbringung einer bestimmten DAWI beschränkte Ausgleichsleistungen sehr geringen Umfangs. De-Minimis-Beihilfen für die Erbringung von DAWI ist daher – auch wenn der De-Minimis-Höchstbetrag für DAWI über dem allgemeinen De-Minimis-Höchstbetrag von 200.000 Euro liegt – keine Bedeutung für den Breitbandausbau beizumessen.

Sind tatbestandliche Beihilfen bei der Gewährung von Ausgleichsleistungen für die Erbringung von DAWI anzunehmen, so können diese auf Grundlage von Art. 106 Abs. 2 AEUV nach den Maßgaben des *DAWI-Freistellungsbeschlusses* gerechtfertigt und von der Notifizierungspflicht nach Art. 108 Abs. 3 AEUV befreit sein.[585] Dessen Vereinbarkeitskriterien orientieren sich stark an den *Altmark-Trans*-Kriterien, wobei lediglich in Bezug auf das vierte *Altmark-Trans*-

---

[581] Siehe hierzu oben unter D. III.
[582] De-Minimis-VO DAWI, VO (EU) Nr. 360/2012, Erwägungsgrund 1, Art. 2 Abs. 1.
[583] De-Minimis-VO DAWI, VO (EU) Nr. 360/2012, Erwägungsgrund 1, Art. 2 Abs. 1.
[584] Siehe im Detail etwa: *Mestmäcker/Schweitzer*, in: Immenga/Mestmäcker, Wettbewerbsrecht, AEUV Art. 107 Abs. 1 Rn. 338 ff.
[585] DAWI-Beschluss, ABl. 2012 Nr. L 7/3, Erwägungsgrund 7, Art. 1.

Kriterium weniger strenge Anforderungen gestellt werden.[586] Die Höhe der Ausgleichsleistungen kann hier auch etwa durch ein Verhandlungsverfahren ermittelt werden.[587] Die Anwendbarkeit des DAWI-Freistellungsbeschlusses ist nach Art. 2 Abs. 1 lit. a) auf Ausgleichsleistungen beschränkt, die einen (durchschnittlichen) Schwellenwert 15 Mio. Euro pro Jahr nicht überschreiten. Der DAWI-Freistellungsbeschluss bietet also im Vergleich zu den (bereits ausführlich behandelten und sektorspezifisch durch die Breitbandleitlinien ausdifferenzierten) *Altmark-Trans*-Kriterien kaum erweiterte Möglichkeiten für den Breitbandausbau und hat bislang in der Entscheidungspraxis der Kommission auch keinerlei Rolle gespielt.[588]

Der *DAWI-Rahmen* schließlich bestimmt die Voraussetzungen, nach denen Ausgleichsleistungen für die Erbringung von DAWI, die nicht unter den DAWI-Freistellungsbeschluss fallen, nach Art. 106 Abs. 2 AEUV mit dem Binnenmarkt vereinbar sind.[589] Dies kann etwa wegen Überschreitung des Schwellenwertes des DAWI-Freistellungsbeschlusses der Fall sein.[590] Solche Ausgleichsleistungen sind nicht von der Notifizierungspflicht entbunden und müssen daher von der Kommission genehmigt werden.[591] Die Voraussetzungen des DAWI-Rahmens unterscheiden sich von den *Altmark-Trans*-Kriterien wiederum im Wesentlichen durch weniger strenge Anforderungen an das vierte *Altmark-Trans*-Kriterium (Effizienzkriterium).[592] Auch hier bieten sich deswegen kaum erweiterte Möglichkeiten für einen Breitbandausbau als DAWI. Allenfalls weniger eindeutige Fälle – insbesondere der Ausbau grauer oder gar schwarzer Flecken als DAWI – könnten von der Kommission aufgrund des Notifizierungserfordernisses für die Mitgliedstaaten rechtssicher geprüft werden. In diesen Fäl-

---

[586] *Kühling*, in: Streinz, EUV/AUV, AEUV Art. 107 Rn. 16; DAWI-Leitfaden, S. 54, 68; Kommission, Mitteilung über die Anwendung der Beihilfevorschriften der EU auf Ausgleichsleistungen für die Erbringung von DAWI, ABl.EU 2012 Nr. C 8/02, Rn. 66.
[587] Das Verhandlungsverfahren erreicht einen kleineren Kreis an potenziellen DAWI-Erbringern als das zur Erfüllung des vierten *Altmark-Trans*-Kriteriums regelmäßig durchgeführte öffentliche Ausschreibungsverfahren. Siehe hierzu Kommission, Leitfaden zur Anwendung der Vorschriften der EU über staatliche Beihilfen, öffentliche Aufträge und den Binnenmarkt auf DAWI, SWD(2013) 53 final/2, S. 54 Nr. 67.
[588] *Rosenfeld/Holtmann*, in: Münchener Kommentar Beihilfenrecht, Teil 8. Rn. 27.
[589] Kommission, Leitfaden zur Anwendung der Vorschriften der EU über staatliche Beihilfen, öffentliche Aufträge und den Binnenmarkt auf DAWI, SWD(2013) 53 final/2, S. 29 Nr. 18.
[590] Kommission, Leitfaden zur Anwendung der Vorschriften der EU über staatliche Beihilfen, öffentliche Aufträge und den Binnenmarkt auf DAWI, SWD(2013) 53 final/2, S. 29 Nr. 19.
[591] Kommission, Leitfaden zur Anwendung der Vorschriften der EU über staatliche Beihilfen, öffentliche Aufträge und den Binnenmarkt auf DAWI, SWD(2013) 53 final/2, S. 29 Nr. 18; DAWI-Beschluss, ABl. 2012 Nr. L 7/3, Erwägungsgrund 6, lit. c).
[592] *Kühling*, in: Streinz, EUV/AEUV, AEUV Art. 107 Rn. 16; Kommission, Leitfaden zur Anwendung der Vorschriften der EU über staatliche Beihilfen, öffentliche Aufträge und den Binnenmarkt auf DAWI, SWD(2013) 53 final/2, S. 86 Nr. 169; DAWI-Rahmen, ABl. 2012 Nr. C 8/15, Voraussetzungen unter Ziff. 2.

len jedoch kommt ohnehin auch eine auf Grundlage von Art. 107 Abs. 3 lit. c) AEUV gestützte Genehmigungsprüfung in Betracht. Eine Vereinbarkeitsprüfung nach dem DAWI-Rahmen hat ebenfalls bislang in der Entscheidungspraxis der Kommission keinerlei Rolle gespielt.

Die Anwendung der De-Minimis-VO DAWI, des DAWI-Freistellungsbeschlusses und des DAWI-Rahmens als Teile des DAWI-Pakets bieten mithin keine erweiterten Möglichkeiten für den Breitbandausbau als DAWI.

## V. Fazit

Die Mitgliedstaaten haben bei der Festlegung von DAWI einen weiten Festlegungsspielraum, der im Hinblick auf den Ausbau und die Bereitstellung von Breitbandinfrastrukturen keine Einschränkungen erfährt. Der Ausbau von besonders leistungsfähigen Breitbandinfrastrukturen im Rahmen von DAWI ist daher grundsätzlich möglich. Von der Kommission als DAWI akzeptiert wird die Errichtung von Breitbandinfrastrukturen allerdings nur in Fällen von Marktversagen. Der Ausbau darf nicht durch den Markt selbst herbeigeführt werden. Die Zulässigkeit des Ausbaus von Breitbandinfrastrukturen im Rahmen von DAWI steht damit in einer Linie mit den Vereinbarkeitsanforderungen der Kommission auf Grundlage von Art. 107 Abs. 3 lit. c) AEUV.

Lässt sich die Errichtung von Breitbandinfrastrukturen als DAWI qualifizieren, kommt ein Ausschluss des Beihilfentatbestandes bei den dafür gewährten finanziellen staatlichen Zuwendungen nach den *Altmark-Trans*-Kriterien des EuGH in Betracht. Diese wurden für Ausgleichsleistungen bei der Erbringung von DAWI aufgestellt. Sind sie erfüllt, entfällt auf der Tatbestandsebene von Art. 107 Abs. 1 AEUV das Begünstigungsmerkmal. Allerdings handelt es sich hierbei um äußerst hohe Hürden, die die Mitgliedstaaten nur mit großen Anstrengungen zu überwinden vermögen.[593] Auch ist die Anwendung der Kriterien mit Rechtsunsicherheiten verbunden.[594] Damit treten neben eine – vergleichbar mit den Maßgaben der Breitbandleitlinien zu den Vereinbarkeitsanforderungen auf Grundlage von Art. 107 Abs. 3 lit. c) AEUV – ohnehin anspruchsvolle Feststellung von Marktversagen (vornehmlich in grauen oder gar schwarzen Flecken) die hohen Anforderungen der *Altmark-Trans*-Kriterien. Die Kommission führt jedenfalls exemplarisch die Berechnung der Ausgleichsleistungen bei einem Ausbau als DAWI in weißen Flecken auf. Sollte der Ausbau von Breitbandinfrastrukturen im Rahmen von DAWI in Betracht gezogen werden, so er-

---

[593] *Bartosch*, EuZW 2007, 559, 563.
[594] *Kämmerer*, NVwZ 2004, 28, 33.

scheint ein Erfüllen der *Altmark-Trans*-Kriterien daher am ehesten in weißen NGA-Flecken möglich.

Tatsächlich zeigt sich auch in der Kommissionspraxis, dass die Förderung des Ausbaus von Breitbandinfrastrukturen im Rahmen von DAWI nur von geringer Bedeutung ist.[595] In nur vier Entscheidungen (in Bezug auf den Ausbau in weißen Flecken) nahm die Kommission bislang an, dass die *Altmark-Trans*-Kriterien vorlagen und deswegen keine Beihilfen für den Ausbau von Breitbandinfrastrukturen gewährt wurden.[596] Auf Vereinbarkeitsebene wurden bislang gar keine Freistellungen auf Grundlage des DAWI-Freistellungsbeschlusses und keine Genehmigungen auf Grundlage des DAWI-Rahmens vorgenommen.[597]

Vor dem Hintergrund der besonderen Hürden, die in Bezug auf Ausgleichsleistungen für die Erbringung von DAWI bestehen, der materiell ohnehin übereinstimmenden Zulässigkeitsanforderungen und schließlich der kaum vorhandenen Fallpraxis, aufgrund dessen Rechtsunsicherheiten in der Anwendung der DAWI-Maßgaben verstärkt sind, erscheint es empfehlenswert, die Förderung des Breitbandausbaus auf eine Vereinbarkeit auf Grundlage von Art. 107 Abs. 3 lit. c) AEUV zu stützen.

---

[595] *Rosenfeld/Holtmann*, in: Münchener Kommentar Beihilfenrecht, Teil 8. Rn. 27.
[596] *Rosenfeld/Holtmann*, in: Münchener Kommentar Beihilfenrecht, Teil 8. Rn. 27; Kommission, Beschl. v. 07.11.2016, Staatliche Beihilfe Nr. SA.37183 (2015/NN) (France Plan France très haut débit), Rn. 254 ff.; Kommission, Entscheidung v. 16.11.2004, Staatliche Beihilfe Nr. N 381/2004 (Pyrénées-Atlantiques), Rn. 44-87; Kommission, Entscheidung v. 03.05.2005, Staatliche Beihilfe Nr. N 382/04 (France, Dorsal), Rn. 32-79; Kommission, Entscheidung v. 30.09.2009, Staatliche Beihilfe Nr. N 331/2008 (France, Hauts de Seine).
[597] *Rosenfeld/Holtmann*, in: Münchener Kommentar Beihilfenrecht, Teil 8. Rn. 27; entsprechende Fälle wären auffindbar über http://ec.europa.eu/competition/elojade/isef/index.cfm?fuseaction=dsp_result&policy_area_id =3 (zuletzt abgerufen am 20.02.2021).

## G. Verpflichtungen zum Netzausbau im Rahmen von Universal- und zusätzlichen Pflichtdiensten sowie Finanzierungsfragen

In den vorstehenden Abschnitten behandelt wurden staatliche Maßnahmen, die durch die Gewährung staatlicher Fördermittel privaten Unternehmen vermehrte Anreize zu einem Breitbandnetzausbau und der Bereitstellung leistungsfähiger (gigabitfähiger) Breitbandanschlüsse setzen. In den meisten Fällen bestehen nämlich nur geringe wirtschaftliche Anreize zu privatwirtschaftlichen Breitbandinfrastrukturinvestitionen. Die Gewährung staatlicher Fördermittel zielt in diesen Fällen darauf ab, private Anbieter zum Breitbandnetzausbau und der Bereitstellung von Breitbanddiensten zu bewegen, indem insbesondere hierbei bestehende Wirtschaftlichkeitslücken geschlossen werden. Neben diesen insofern freiwilligen (anreizbezogenen[598]) staatlichen Maßnahmen kommt auch die Auferlegung von Verpflichtungen privater Unternehmen zur Bereitstellung leistungsfähiger (gigabitfähiger) Breitbandanschlüsse in Betracht. Hierzu bietet das sektorspezifische Telekommunikationsregulierungsrecht Ansatzpunkte. Im Rahmen von Universaldienstverpflichtungen kann die Verfügbarkeit eines bestimmten Mindest-Versorgungsniveaus vorgeschrieben werden (hierzu unter I.). Weitergehende Verpflichtungen können im Rahmen von zusätzlichen Pflichtdiensten auferlegt werden (II.). Schließlich werden Finanzierungsfragen in Bezug auf den Breitbandausbau behandelt (III.). Diese stellen sich nicht nur in Bezug auf die sektorspezifischen Vorgaben zur Finanzierung der vorgenannten Verpflichtungsoptionen, sondern auch in Bezug auf alternative Fonds-Finanzierungsmodelle, die neben der Finanzierung über den allgemeinen staatlichen Haushalt bei der anreizbezogenen Förderung in Betracht zu ziehen sind. Es werden unions- und insbesondere beihilfenrechtliche Aspekte neben finanzverfassungsrechtlichen Aspekten erörtert (III.).

### I. Der Universaldienst als Breitband-Grundversorgungsgewährleistung

#### 1. Universaldienst nach dem bisherigen EU-Rechtsrahmen und § 78 TKG

Art. 2 lit. j) der Rahmenrichtlinie[599] bezeichnet den Universaldienst als ein *„Mindestangebot an Diensten von bestimmter Qualität, das allen Nutzern unabhängig von ihrem Standort und, gemessen an den landesspezifischen Bedingungen, zu einem erschwinglichen Preis zur Verfügung steht"*. Nach Art. 3 Abs. 1

---

[598] *Neumann*, Optionen für die Ausgestaltung eines rechtlich abgesicherten Anspruchs auf schnelles Internet, S. 7.
[599] Richtlinie 2002/21/EG, ABl. L 108/33 (Rahmenrichtlinie).

iVm. Art. 4 Abs. 2 der Universaldienstrichtlinie (UDRL)[600] haben die Mitgliedstaaten auf nationaler Ebene dieses Mindestangebot, insbesondere die Verfügbarkeit von „*Übertragungsraten, die für einen funktionalen Internetzugang ausreichen*", als Universaldienst sicherzustellen. Auf die Festlegung einer bestimmten Mindest-Datenübertragungsrate für die Internetnutzung wurde auf Unionsebene verzichtet.[601] Die Mitgliedstaaten können die universaldienstrechtlich zu gewährleistenden Datenübertragungsraten selbst festlegen. Dies ist im Rahmen eines „*gewissen Spielraum[es]*"[602] möglich, damit die Anschlüsse für einen funktionalen Internetzugang nach der Definition der Mitgliedstaaten zufriedenstellende Datenübertragungsraten unterstützen können.[603] Dabei müssen die technische Durchführbarkeit sowie die von der überwiegenden Mehrheit der Nutzer im jeweiligen Mitgliedstaat verwendete Bandbreite unter weitestmöglicher Vermeidung von Wettbewerbsverzerrungen maßgeblich sein.[604]

Die Kommission überprüft gemäß Art. 15 iVm. Anhang V der Universaldienstrichtlinie regelmäßig den Universaldienstumfang auf Unionsebene, den der mitgliedstaatliche (nationale) Universaldienstumfang jedenfalls nicht unterschreiten darf.[605] In einer Mitteilung vom Jahr 2011 etwa hat die Kommission noch erklärt, dass Breitbandanschlüsse wegen bedeutender nationaler Versorgungsunterschiede nicht Teil des mitgliedstaatlichen Universaldienstumfanges sein müssen.[606] Bei dieser Überprüfung hat sie auch – im Sinne einer empirischen Analyse der Versorgungssituation – Konkretisierungen zur mitgliedstaatlichen Festlegung des Universaldienstumfanges nach den Vorgaben der UDRL vorgeschlagen. Den Schwellenwert zur Annahme einer mehrheitlichen Nutzung einer Bandbreite sieht die Kommission dann als gegeben an, wenn eine bestimmte Bandbreite auf nationaler Ebene von mindestens 50 % der Haushalte und von mindestens 80 % der Breitbandanschlussinhaber genutzt wird.[607] Verbindlich sind diese konkretisierten Angaben zur Festlegung des Universaldienstniveaus für die Rechtsanwender (in Deutschland die BNetzA) indes nicht.[608] Sie sollen aber helfen, wettbewerbsverzerrende Effekte und unzumutbare Belastun-

---

[600] Richtlinie 2002/22/EG, ABl. L 108/51 (Universaldienstrichtlinie) („UDRL"), zuletzt geändert durch die Richtlinie 2009/136/EG, ABl. L 337/11.
[601] *Cornils*, in: Beck TKG, § 78 Rn. 7.
[602] Richtlinie 2009/136/EG, ABl. L 337/11, Erwägungsgrund 5; *Cornils*, in: Beck TKG, § 78 Rn. 7; *Mager*, in: Säcker, TKG, § 78 Rn. 8.
[603] Richtlinie 2009/136/EG, ABl. L 337/11, Erwägungsgrund 5.
[604] Richtlinie 2009/136/EG, ABl. L 337/11, Erwägungsgrund 5.
[605] Vgl. auch Richtlinie 2002/22/EG, ABl. L 108/51 (UDRL), Erwägungsgrund 25.
[606] Kommission, Mitteilung vom 23.11.2011 KOM(2011) 795 endg, S. 14.
[607] Kommission, Mitteilung vom 23.11.2011 KOM(2011) 795 endg., S. 11; siehe hierzu auch *Schumacher*, MMR 2011, 711, 714 f.; *Mager*, in: Säcker, TKG, § 78 Rn. 17.
[608] *Kühling/Biendl*, DÖV 2012, 409, 413; Mitteilungen sind unverbindliche Rechtshandlungen, die nicht unter den Katalog von Rechtsquellen von Art. 288 Abs. 1 – 4 AEUV fallen; siehe *Schroeder*, in: Streinz, EUV/AEUV, AEUV Art. 288 Rn. 33; *Thomas*, EuR 2009, 423, 425.

gen des Sektors, die durch ein unterschiedliches Vorgehen der Mitgliedstaaten bei der nationalen Umsetzung der Vorgaben zur Universaldienstfestsetzung auftreten könnten, zu vermeiden.[609]

Der deutsche Gesetzgeber hat auf die Festlegung einer bestimmten Datenübertragungsrate bei der Umsetzung durch § 78 TKG verzichtet[610] und übernimmt lediglich die Begrifflichkeit des funktionalen Internetzuganges für den Universaldienstumfang in § 78 Abs. 2 Nr. 1 TKG. Die Vorgaben des EU-Rechts müssen aber auslegungsleitend sein.[611] Aufgrund des eingeräumten Spielraumes ist hierbei keine trennscharfe Abgrenzung von universaldienstrechtlich zulässigen zu unzulässigen Bandbreiten möglich.[612] Die Festlegung von (politisch) wünschenswerten Datenübertragungsraten, die sich von der tatsächlichen und damit auch dynamisch entwickelnden Verfügbarkeit entfernen, ist jedenfalls unzulässig. Der Universaldienst knüpft an eine mehrheitliche Verfügbarkeit von Bandbreiten an, wobei Wettbewerbsverzerrungen und Verdrängungseffekte vermieden werden sollen. Der vom Markt erreichte und in der breiten Masse bereits genutzte Versorgungsgrad kann im Rahmen des Universaldienstes lediglich nachlaufend einer Flächendeckung zugeführt werden.[613] Die unionsrechtlichen Spielraumgrenzen für die Konkretisierung des Begriffs des funktionalen Internetzuganges orientieren sich dazu an der empirischen Penetration des Verbrauchermarktes mit Breitbandanschlussleistungen.[614] Der Universaldienst muss stets eine Grundversorgung bleiben. Die Kommission erklärt in diesem Zusammenhang, dass der Universaldienst nicht zu einem *„proaktiven Instrument im Zusammenhang mit dem Breitbandausbau gemacht"* werden *„und der Universaldienst weiterhin nur als Sicherheitsnetz dienen sollte"*.[615]

---

[609] Kommission, Mitteilung vom 23.11.2011 KOM(2011) 795 endg, S. 10, 14; *Kühling/Biendl*, DÖV 2012, 409, 412.
[610] *Cornils*, in: Beck TKG, § 78 Rn. 36 m.w.N.
[611] *Cornils*, in: Beck TKG, § 78 Rn. 37; *Windthorst*, in: Scheuerle/Mayen, TKG, § 78 TKG Rn 26a.
[612] Die BNetzA hat bislang davon abgesehen, bestimmte Bandbreiten explizit in den Universaldienst nach § 78 Abs. 2 Nr. 1 aufzunehmen, siehe *BNetzA*, Jahresbericht 2018, S. 49 ff., S. 69 f.; siehe zu dieser Thematik im Übrigen etwa *Kühling/Biendl*, DÖV 2012, 409; *Fetzer*, MMR 2011, 707; *Schumacher*, MMR 2011, 711; *Reents*, Ausbau und Finanzierung einer flächendeckenden Breitbandversorgung in Deutschland, S. 167 ff.; *Schöfthaler*, Rechtliche Rahmenbedingungen des Breitbandausbaus, S. 289 ff; den Versuch dazu nach der UDRL vornehmend: *Fetzer*, MMR 2011, 707, 708: 2-4 Mbit/s; *Schumacher*, MMR 2011, 711, 715: 6 Mbit/s; *Kühling/Biendl*, DÖV 2012, 409, 413: bis zu 10 Mbit/s.
[613] *Kühling/Biendl*, DÖV 2012, 409, 413.
[614] *Cornils*, in: Beck TKG, § 78 Rn. 37.
[615] Kommission, Mitteilung vom 23.11.2011 KOM(2011) 795 endg., S. 3.

## 2. Universaldienst nach dem neuen EU-Kodex

### a. Universaldienstumfang

Der europäische Kodex für die elektronische Kommunikation trat am 20. Dezember 2018 in Kraft.[616] Er löst die Rahmenrichtlinie,[617] die Zugangsrichtlinie,[618] die Genehmigungsrichtlinie[619] und die Universaldienstrichtlinie[620] ab und bündelt sie in einem Rechtsakt.[621] Die Art. 84 ff. des EU-Kodex betreffen den Universaldienst. Nach Art. 84 Abs. 1 EU-Kodex stellen die Mitgliedstaaten „*unter Berücksichtigung der spezifischen nationalen Gegebenheiten sicher, dass alle Verbraucher in ihrem Gebiet zu einem erschwinglichen Preis Zugang zu einem verfügbaren angemessenen Breitbandinternetzugangsdienst und zu Sprachkommunikationsdiensten haben, die mit der in ihrem Gebiet angegebenen Qualität, einschließlich des zugrunde liegenden Anschlusses, an einem festen Standort verfügbar sind.*". Im Unterschied zu Art. 4 Abs. 2 der UDRL ist von den Mitgliedstaaten kein funktionaler Internetzugang, sondern ein angemessener Breitbandinternetzugang sicherzustellen. Es sind somit nun ausdrücklich Breitbandanschlüsse vorgesehen.[622] Die darüber angebotenen Breitbandinternetzugangsdienste müssen angemessen sein. Die Kriterien zur Bestimmung von solchen angemessenen Breitbandinternetzugangsdiensten enthält Art. 84 Abs. 3 EU-Kodex: „*Jeder Mitgliedstaat bestimmt angesichts der nationalen Gegebenheiten und in Anbetracht der von der Mehrheit der Verbraucher in seinem Hoheitsgebiet genutzten Mindestbandbreite unter Berücksichtigung des GEREK-Berichts über bewährte Verfahren den angemessenen Breitbandinternetzugangsdienst für die Zwecke des Absatzes 1, um die zur Gewährleistung der sozialen und wirtschaftlichen Teilhabe in der Gesellschaft unerlässliche Bandbreite bereitzustellen. Der angemessene Breitbandinternetzugangsdienst muss die Bandbreite bereitstellen können, die erforderlich ist, um mindestens das Mindestangebot an Diensten gemäß Anhang V unterstützen zu können.*". Die Mitgliedstaaten legen das nationale Universaldienstniveau also wiederum im Rah-

---

[616] Richtlinie (EU) 2018/1972, ABl. L 321/36 (Europäischer Kodex für die elektronische Kommunikation, „EU-Kodex"), Art. 126.
[617] Richtlinie 2002/21/EG, ABl. EG 2002 L 108, 33.
[618] Richtlinie 2002/19/EG, ABl. EG 2002 L 108, 7.
[619] Richtlinie 2002/20/EG, ABl. EG 2002 L 108, 21.
[620] Richtlinie 2002/22/EG, ABl. EG 2002 L 108, 51.
[621] Richtlinie (EU) 2018/1972, ABl. L 321/36 (EU-Kodex), Art. 125; siehe zu den Hintergründen und Neuerungen des neuen EU-Kodex etwa *Heinickel/Scherer*, NVwZ 2018, 1014, 1022; *Scherer/Heinickel*, MMR 2017, 71, 71; *Neumann*, N&R 2016, 262; *Neumann*, N&R 2018, 204; *Scherer*, MMR 2016, 713; *Nigge/Horstmann*, MMR 2018, 721; *Huber*, MMR 2019, 1.
[622] Siehe auch Richtlinie (EU) 2018/1972, ABl. L 321/36 (EU-Kodex), Erwägungsgrund 228; zur UDRL noch *Schumacher*, MMR 2011, 711; zuvor waren mit funktionalen Internetzugängen Schmalbandanschlüsse adressiert, siehe *Sörries*, K&R 2011, 380, 381.

men eines – anhand der Kriterien des Art. 84 Abs. 3 EU-Kodex näher ausgestalteten – Festlegungsspielraumes selbst fest. Im Fokus steht die Gewährleistung einer Bandbreite, die – nach der sehr restriktiven Wortwahl – *„unerlässlich"* für die soziale und wirtschaftliche Teilhabe an der Gesellschaft ist. Hierzu sind wiederum die von der Mehrheit der Verbraucher genutzten Mindestbandbreiten einflussgebend. Daneben ist der Bericht des Gremiums europäischer Regulierungsstellen für elektronische Kommunikation (GEREK) hinsichtlich der Durchführung des Universaldienstes zu berücksichtigen. Nach Art. 84 Abs. 3 S. 2 mit Verweis auf Anhang V EU-Kodex muss der angemessene Breitbandinternetzugangsdienst aber gewisse (Mindest-)Online-Dienste zwingend ermöglichen.[623] Zu den (Mindest-)Online-Diensten zählen gegenwärtig etwa Online-Banking, Soziale Medien und Sprach- sowie Videoanrufe in Standardqualität. Die allesamt wenig bandbreitenintensiven (Mindest-)Online-Dienste werden – jedenfalls gegenwärtig – unproblematisch bereits durch Breitbandanschlüsse mit Übertragungsgeschwindigkeiten im einstelligen Megabitbereich unterstützt.[624] Der Umfang der (Mindest-)Online-Dienste ist von der Kommission gemäß Art. 122 Abs. 2 EU-Kodex dynamisch anzupassen.

Wie nach der bisherigen Rechtslage ist der Universaldienst lediglich eine Grundversorgungsgewährleistung. So ist ausweislich des Erwägungsgrundes 210 des EU-Kodex der Universaldienst weiterhin[625] als Liberalisierungsfolgenregelung zu verstehen. Erst wenn der (liberalisierte) Markt durch Wettbewerb die nach vorgenannten Kriterien bestimmten Universaldienste nicht selbst bereitstellt, mithin etwa in unrentablen Gebieten Grundversorgungsdefizite vorliegen, so können die Mitgliedstaaten entsprechende Universaldienstverpflichtungen auferlegen (Art. 85 ff. EU-Kodex). Dabei ist der Universaldienst auch nach dem neuen EU-Kodex insbesondere entwicklungsoffen und dynamisch angelegt.[626] Die universaldienstrechtlich zu gewährleistende Versorgung soll – unverändert – nachlaufend das wettbewerblich erbrachte Marktniveau reflektieren[627] und technischen Fortschritt, Markt- und Nachfrageentwicklungen dynamisch abbilden.[628] Daher soll die Festlegung des Universaldienstumfanges in Anbetracht der mehrheitlich genutzten Mindestbandbreiten erfolgen und zugleich die Nutzungsmöglichkeit bestimmter (Mindest-)Online-Dienste sicherstellen, damit eine soziale und wirtschaftliche Teilhabe an der Gesellschaft mög-

---

[623] Siehe auch Richtlinie (EU) 2018/1972, ABl. L 321/36 (EU-Kodex), Erwägungsgrund 215.
[624] Zu den Anforderungen diverser Dienste siehe *Brodersen* auf teltarif.de, https://www.teltarif.de/dsl-anschluss-bandbreite-bedarf/news/34119.html (zuletzt abgerufen am 20.02.2021).
[625] Vgl. Richtlinie 2002/22/EG, ABl. L 108/51 (UDRL), Erwägungsgrund 1.
[626] *Kühling/Toros*, N&R 2019, 258, 260.
[627] Richtlinie (EU) 2018/1972, ABl. L 321/36 (EU-Kodex), Erwägungsgrund 210; siehe auch *Fetzer*, MMR 2011, 707, 708.
[628] Richtlinie (EU) 2018/1972, ABl. L 321/36 (EU-Kodex), Erwägungsgrund 210.

lich ist.[629] Dies eröffnet aber wiederum nicht die Möglichkeit, den Breitbandausbau als Universaldienst zu forcieren[630] und dadurch den Vorrang wettbewerblicher Leistungserbringung zurückzudrängen. Nach Erwägungsgrund 210 des EU-Kodex stellt der Universaldienst vielmehr *„ein Sicherheitsnetz dar, durch das zumindest ein gewisses Mindestmaß an Diensten für alle Endnutzer und zu erschwinglichen Preisen für Verbraucher in Fällen gewährleistet werden soll, in denen ansonsten die Gefahr einer sozialen Ausgrenzung bestehen würde, da unzureichende Zugangsmöglichkeiten die Bürger an einer uneingeschränkten sozialen und wirtschaftlichen Teilhabe an der Gesellschaft hindern würden."*. Zur Bestimmung des universaldienstrechtlich zu gewährleistenden Mindestversorgungsumfanges könnte wiederum an die bereits genannten prozentualen Verfügbarkeitsanteile von Übertragungsgeschwindigkeiten auf nationaler Ebene angeknüpft werden.[631] Letztlich begrenzen die – im Vergleich zum bisherigen Rechtsrahmen – detaillierteren Kriterien zur Bestimmung eines nationalen Universaldienstumfanges den Festlegungsspielraum auch hier auf den Bereich einer Grundversorgung. Der Ausbau leistungsfähiger (gigabitfähiger) Breitbandinfrastrukturen ist mithin auch nach dem neuen EU-Kodex nicht universaldienstrechtlich realisierbar.

### b. Subsidiarität der Sicherstellungsmechanismen

Art. 86 Abs. 1 EU-Kodex bestimmt, dass Universaldienstverpflichtungen erst dann auferlegt werden dürfen, wenn die Verfügbarkeit eines gemäß Art. 84 Abs. 3 EU-Kodex festgelegten angemessenen Breitbandinternetzugangsdienstes *„unter normalen wirtschaftlichen Gegebenheiten oder durch andere mögliche politische Instrumente"* nicht gewährleistet werden kann.[632] Erwägungsgrund 229 des EU-Kodex führt hier beispielhaft etwa Finanzinstrumente im Rahmen des Europäischen Fonds für strategische Investitionen, die Inanspruchnahme von Mitteln aus den europäischen Struktur- und Investitionsfonds und insbesondere öffentliche Investitionen im Einklang mit dem Beihilfenrecht der Union an. Als andere mögliche politische Instrumente kommen daher insbesondere die im Rahmen dieser Arbeit umfassend behandelten staatlichen Fördermaßnahmen in Betracht. Diese anderen Mittel scheinen dem Unionsgesetzgeber grundsätzlich kosteneffizienter und weniger wettbewerbsverzerrend zu sein als Universaldienstverpflichtungen.[633] Ob und inwiefern solche anderen Mittel aber tatsächlich als unzureichend anzusehen sind, dürfte dem Einschätzungsspielraum der

---

[629] Richtlinie (EU) 2018/1972, ABl. L 321/36 (EU-Kodex), Erwägungsgründe 212, 213.
[630] Siehe auch *Cornils*, in: Beck TKG, § 1 Rn. 20 sowie *Spies*, MMR 2019, 277.
[631] *Kühling/Toros*, N&R 2019, 258, 260.
[632] Hierzu eingehend *Neumann*, Optionen für die Ausgestaltung eines rechtlich abgesicherten Anspruchs auf schnelles Internet, S. 15 f.
[633] Richtlinie (EU) 2018/1972, ABl. L 321/36 (EU-Kodex), Erwägungsgrund 229.

Mitgliedstaaten überlassen bleiben.[634] Der EU-Kodex sieht aber jedenfalls die Vornahme einer solchen Einschätzung als erforderlich an.[635] Neben der tatbestandlichen Beschränkung des Universaldienstumfanges begrenzt damit auch die in Art. 86 Abs. 1 EU-Kodex angeordnete Subsidiarität die Einsatzmöglichkeit von mitgliedstaatlichen Universaldienstmechanismen zur Sicherstellung von – innerhalb des Spielraumes festgelegten – Universaldiensten.[636] Umso mehr erweist sich dadurch der Universaldienst als untaugliches Instrument für den (auf hohe Übertragungsgeschwindigkeiten ausgerichteten) Breitbandausbau.[637]

### 3. Zwischenergebnis

Beim Universaldienst handelt es sich um eine Grundversorgungsgewährleistung, welche stets auf eine Basis-Breitbandversorgung beschränkt bleiben muss. Das konkret anzusetzende Breitbandversorgungsniveau knüpft an die mehrheitliche Verfügbarkeit von Bandbreiten an, weswegen Universaldienstverpflichtungen nicht zum „proaktiven Instrument" in Bezug auf den Breitbandausbau gemacht werden können. Der Universaldienst erweist sich aber auch deshalb als untaugliches Instrument für den (auf hohe Übertragungsgeschwindigkeiten ausgerichteten) Breitbandausbau, weil der neue EU-Kodex die Subsidiarität insbesondere gegenüber staatlichen Fördermaßnahmen anordnet.

### II. Höhere Bandbreiten im Rahmen von zusätzlichen Pflichtdiensten

#### 1. Zusätzliche Pflichtdienste nach Art. 32 UDRL bzw. Art. 92 EU-Kodex

Art. 32 UDRL ist mit der Überschrift „*Zusätzliche Pflichtdienste*" versehen und bestimmt: „*Die Mitgliedstaaten können – zusätzlich zu den Diensten im Rahmen der Universaldienstverpflichtungen [...] – nach eigenem Ermessen weitere Dienste in ihrem Hoheitsgebiet öffentlich zugänglich machen [...]*". Nach Erwägungsgrund 46 der UDRL handelt es sich bei zusätzlichen Pflichtdiensten um „*andere[r] besondere[r] Dienstleistungen*", deren Erbringung ein Mitgliedstaat innerhalb seines Hoheitsgebietes „*außerhalb der Universaldienstverpflichtun-*

---

[634] *Neumann*, Optionen für die Ausgestaltung eines rechtlich abgesicherten Anspruchs auf schnelles Internet, S. 16.
[635] *Neumann*, Optionen für die Ausgestaltung eines rechtlich abgesicherten Anspruchs auf schnelles Internet, S. 16.
[636] Richtlinie (EU) 2018/1972, ABl. L 321/36 (EU-Kodex), Erwägungsgrund 229 und Art. 86 Abs. 2.
[637] *Neumann*, Optionen für die Ausgestaltung eines rechtlich abgesicherten Anspruchs auf schnelles Internet, S. S. 14 f.; so auch *Spies*, MMR 2019, 277.

*gen"* sicherstellen will.[638] Zusätzliche Pflichtdienste sind daher Maßnahmen, *„die nicht Teil der Universaldienstverpflichtungen sind"* und als *„besondere Maßnahmen (außerhalb der Universaldienstverpflichtungen)"* aufzuerlegen sind.[639] Entschließt sich ein Mitgliedstaat zur Auferlegung solcher zusätzlichen Dienste, so sind diese Dienste von den Marktteilnehmern auf nationaler Ebene neben den Universaldienstleistungen zu erbringen.

Fraglich ist, in welchem systematischen Verhältnis Universal- und zusätzliche Pflichtdienste zueinander stehen. Denkbar wäre zunächst ein dahingehendes Verständnis, dass Art. 32 UDRL (allein) die Möglichkeit schafft, als Grundversorgung in einem Mitgliedstaat etablierte Dienste, die von Kapitel II der UDRL noch nicht erfasst sind, als Universaldienstleistungen zu definieren.[640] Zusätzliche Pflichtdienste wären nach diesem Verständnis Grundversorgungsdienste, die aufgrund von Art. 32 UDRL in den Universaldienst hineindefiniert werden können und den Universaldienstumfang dadurch erweitern.[641]

Als zutreffend erscheint jedoch, die im Rahmen von Art. 32 UDRL auferlegten Dienste – worauf auch schon die Bezeichnung als *zusätzliche* Pflichtdienste hindeutet – begrifflich und systematisch vom Universaldienst zu trennen. Zusätzliche Pflichtdienste sollen explizit *„außerhalb der Universaldienstverpflichtungen"* bzw. gegebenenfalls *„zusätzlich zu den Diensten im Rahmen der Universaldienstverpflichtungen"* auferlegt werden. Dieses Verständnis wird auch dadurch bestätigt, dass das im Rahmen der Universaldienstleistungen mögliche Entschädigungsverfahren mit Beteiligung bestimmter Unternehmen nach Art. 32 UDRL zur Finanzierung der Kosten von zusätzlichen Pflichtdiensten nicht vorgeschrieben werden darf.[642] Zusätzliche Pflichtdienste sind daher keine Universaldienstleistungen und können auch nicht als solche qualifiziert werden.[643] Die Auferlegung von zusätzlichen Pflichtdiensten beeinflusst insofern den Universaldienstumfang nicht.[644]

Auch nach Art. 92 S. 1 EU-Kodex ist die Auferlegung von zusätzlichen Pflichtdiensten möglich. Die Vorschrift ist – bis auf den Verzicht des deklaratorischen

---

[638] Siehe auch Richtlinie (EU) 2018/1972, ABl. L 321/36 (EU-Kodex), Erwägungsgrund 245.
[639] Richtlinie 2002/22/EG, ABl. L 108/51 (UDRL), Erwägungsgrund 25; siehe auch gleichlautend Richtlinie (EU) 2018/1972, ABl. L 321/36 (EU-Kodex), Erwägungsgrund 245.
[640] *Fetzer*, MMR 2011, 707, 709.
[641] *Fetzer*, MMR 2011, 707, 709.
[642] *Windthorst*, in: Scheuerle/Mayen, TKG, § 78 TKG Rn. 18; siehe hierzu weitergehend unter G. III.
[643] *Windthorst*, in: Scheuerle/Mayen, TKG, § 78 TKG Rn. 18; siehe auch *Cornils*, in: Beck TKG, § 78 Rn. 16; in diesem Sinne auch EuGH, Urt. v. 11.6.2015, Rs. C-1/14, ECLI:EU:C:2015:378, etwa Rn. 40, 42 – *Base Company NV und Mobistar NV* (zusätzliche Pflichtdienste müssen keine Grundversorgung sein, worauf der Universaldienst beschränkt ist) sowie EuGH, Urt. v. 21.12.2016, Rs. C 327/15, ECLI:EU:C:2016:974, Rn. 37 – *TDC A/S*.
[644] A.A. wohl *Fetzer*, MMR 2011, 707, 709.

Zusatzes „*nach eigenem Ermessen*"[645] – wortgleich mit Art. 32 UDRL. Auch Erwägungsgrund 245 des EU-Kodex – insoweit gleichlautend zu Erwägungsgrund 25 der UDRL – sieht zusätzliche Pflichtdienste als Maßnahmen, „*die nicht Teil der Universaldienstverpflichtungen sind*" und als „*besondere Maßnahmen (außerhalb der Universaldienstverpflichtungen)*" aufzuerlegen sind. Die bestehende Rechtslage wird also im Hinblick auf die Möglichkeit der Auferlegung von zusätzlichen Pflichtdiensten im neuen EU-Kodex unverändert fortgeschrieben.[646]

## 2. Bandbreiten jenseits des universaldienstrechtlich gewährleisteten Grundversorgungsniveaus als zusätzlicher Pflichtdienst

Fraglich ist, ob im Rahmen von zusätzlichen Pflichtdiensten auf nationaler Ebene die Auferlegung von Bandbreiten, die die universaldienstrechtlich zu gewährleistenden Mindestbandbreiten übersteigen, zulässig ist.

### a. Unzulässige Bandbreitenfestlegung wegen bereits universaldienstrechtlich zu gewährleistender Mindestbandbreiten

Denkbar wäre zunächst, dass eine Bandbreitenfestlegung im Rahmen von zusätzlichen Pflichten wegen bereits universaldienstrechtlich zu gewährleistender Mindestbandbreiten unzulässig ist.
Zu der universaldienstrechtlich zu gewährleistenden Grundversorgung gehört nämlich die Bereitstellung eines „*angemessenen Breitbandinternetzugangsdienst[es]*", sodass bestimmte Mindestbandbreiten bereits als Universaldienstverpflichtung sichergestellt sind. Die Auferlegung von höheren Bandbreiten – also solchen, die über die Grundversorgungsgewährleistung des Universaldienstes hinausgehen – im Rahmen von zusätzlichen Pflichtdiensten würde daher eine ohnehin schon bestehende Verpflichtung erweitern. Die Bezeichnung *zusätzliche* Pflichtdienste und die Erläuterungen in den Erwägungsgründen der UDRL bzw. des EU-Kodex (etwa „*andere besondere Dienstleistungen*" oder „*besondere Maßnahmen (außerhalb der Universaldienstverpflichtungen)*") können aber so verstanden werden, dass eine lediglich quantitative (und eben nicht qualitative) Verpflichtungsmöglichkeit für die Mitgliedstaaten im Rahmen von

---

[645] Das Fehlen des Zusatzes „*nach eigenem Ermessen*" führt zu keiner Abweichung im Regelungsgehalt der Vorschrift. Denn es handelt sich ohnehin um eine Kann-Vorschrift, welche Ermessen einräumt. Dem Zusatz „nach eigenem Ermessen" ist deswegen nur deklaratorischer Wert beizumessen. In den englischen Fassungen des UDRL und des EU-Kodex sind die Artikel daher insoweit auch vollständig gleichlautend.
[646] Siehe auch *Neumann*, Optionen für die Ausgestaltung eines rechtlich abgesicherten Anspruchs auf schnelles Internet, S. 17 f.

zusätzlichen Pflichtdiensten im Verhältnis zum Universaldienst bestehen soll.[647] Nach diesem Verständnis können als zusätzliche Pflichtdienste nur solche Dienste auferlegt werden, die in keiner Weise bereits durch den Universaldienst sichergestellt sind.

Wäre es hingegen zulässig, bereits universaldienstrechtlich festgelegte Grundversorgungsdienste – vorliegend bestimmte Mindestbandbreiten – im Rahmen von zusätzlichen Pflichtdiensten qualitativ zu erweitern, so würden diese (als Minus) die universaldienstrechtlichen Grundversorgungsdienste sicherstellen.[648] Es würde sich um eine Erfüllung von Universaldienstverpflichteten Leistungen handeln, obwohl diese doch gerade als „*besondere Maßnahmen (außerhalb der Universaldienstverpflichtungen)*" sicherzustellen sind.[649] Eine Festlegung von Bandbreiten im Rahmen von zusätzlichen Pflichtdiensten, die das Universaldienstniveau überschreiten, wäre damit eine qualitative Ausweitung der bereits bestehenden Universaldienstverpflichtungen und insofern unzulässig.[650]

### b. Das EuGH-Urteil „Base Company NV und Mobistar NV"

Die Rechtsprechung hat sich bislang noch nicht explizit mit der Frage beschäftigt, welche Dienste zulässigerweise als zusätzliche Pflichtdienste qualifiziert werden können. In dem Urteil *Base Company NV und Mobistar NV*[651] hat sich der EuGH im Rahmen eines Vorabentscheidungsverfahrens zumindest mit der Frage befasst, ob auch mobile Kommunikationsdienste bzw. Internetabonnements unter die in Kapitel II der UDRL genannten Universaldienstverpflichtungen fallen und ob insofern der universaldienstrechtliche Ausgleichsmechanismus nach Art. 13 Abs. 1 lit. b) UDRL anwendbar ist.[652] Hintergrund ist eine Klage der Base Company NV und der Mobistar NV auf Nichtigerklärung von Bestimmungen des nationalen Rechts, die mobile Kommunikationsdienste

---

[647] *Fetzer*, MMR 2011, 707, 709; *Neumann*, Optionen für die Ausgestaltung eines rechtlich abgesicherten Anspruchs auf schnelles Internet, S. 18.
[648] *Neumann*, Optionen für die Ausgestaltung eines rechtlich abgesicherten Anspruchs auf schnelles Internet, S. 18.
[649] *Neumann*, Optionen für die Ausgestaltung eines rechtlich abgesicherten Anspruchs auf schnelles Internet, S. 18; Richtlinie 2002/22/EG, ABl. L 108/51 (UDRL), Erwägungsgrund 25; siehe auch gleichlautend Richtlinie (EU) 2018/1972, ABl. L 321/36 (EU-Kodex), Erwägungsgrund 245.
[650] *Fetzer*, MMR 2011, 707, 709; *Cornils*, in: Beck TKG, § 78 Rn. 40; *Neumann*, Optionen für die Ausgestaltung eines rechtlich abgesicherten Anspruchs auf schnelles Internet, S. 18; in diese Richtung auch *Neumann/Sickmann*, N&R 2018, 1, 5.
[651] EuGH, Urt. v. 11.6.2015, Rs. C-1/14, ECLI:EU:C:2015:378 – *Base Company NV und Mobistar NV*.
[652] EuGH, Urt. v. 11.6.2015, Rs. C-1/14, ECLI:EU:C:2015:378, Rn. 23, 32 – *Base Company NV und Mobistar NV*.

und/oder Internetabonnements für Verbraucher als Universaldienst festlegten, sodass diese Betreiber zur Finanzierung der Nettokosten dieser Dienste über den Umlagemechanismus nach Art. 13 Abs. 1 lit. b) UDRL beitragen sollten.[653] Der EuGH entschied, dass zumindest wegen der Bindung an einen *„festen Anschluss"* nach Art. 4 Abs. 1, 2 UDRL mobile Kommunikationsdienste einschließlich Internetabonnements, die mittels mobiler Kommunikationsdienste erbracht werden, nicht vom Universaldienst umfasst sein können und mithin keine sektorale Umlagefinanzierung erfolgen durfte.[654] Denn die Universaldienstgewährleistung knüpft insbesondere an den Anschluss an ein öffentliches Kommunikationsnetz an einem festen Standort an.[655] Der EuGH führt hierzu aus, dass *„die Sondertarife und der Finanzierungsmechanismus, die in Art. 9 bzw. Art. 13 Abs. 1 Buchst. b der Universaldienstrichtlinie vorgesehen sind, nur auf die in Kapitel II dieser Richtlinie aufgeführten Universaldienste anwendbar sind."*[656]. Dienste, die außerhalb der in Kapitel II der UDRL genannten stehen, können demnach keine Universaldienstverpflichtungen sein. Daher können auch nur solche Dienste dem Universaldienst unterfallen, die nicht mobil sind.[657] Mobile Kommunikationsdienste sowie Internetabonnements, die mittels mobiler Kommunikationsdienste erbracht werden, gehören damit nicht zum universaldienstrechtlichen Mindestumfang.[658] Den Mitgliedstaaten steht es aber frei, diese öffentlich zugänglich zu machen und damit als zusätzliche Pflichtdienste iSv. Art. 32 der UDRL zu qualifizieren.[659]

Im Mittelpunkt steht also die Frage nach der Reichweite der Universaldienstverpflichtungen nach Kapitel II der UDRL und die damit zusammenhängende Möglichkeit einer brancheninternen Umlagefinanzierung nach Art. 13 Abs. 1 lit. b) UDRL. Nicht behandelt wird, ob Dienste, die zwar einen Anschluss an ein öffentliches Kommunikationsnetz an einem festen Standort erfordern und damit nicht bereits außerhalb der Universaldienstverpflichtungen nach Kapitel II der UDRL liegen, aber über das Mindestangebot des Universaldienstes hinausgehen, für eine Qualifizierung als zusätzliche Pflichtdienste gesperrt sind. Die Frage,

---

[653] EuGH, Urt. v. 11.6.2015, Rs. C-1/14, ECLI:EU:C:2015:378, Rn. 2 – *Base Company NV und Mobistar NV*.
[654] EuGH, Urt. v. 11.6.2015, Rs. C-1/14, ECLI:EU:C:2015:378, Rn. 43 – *Base Company NV und Mobistar NV*.
[655] EuGH, Urt. v. 11.6.2015, Rs. C-1/14, ECLI:EU:C:2015:378, Rn. 32 ff. – *Base Company NV und Mobistar NV*.
[656] EuGH, Urt. v. 11.6.2015, Rs. C-1/14, ECLI:EU:C:2015:378, Rn. 31 – *Base Company NV und Mobistar NV*.
[657] EuGH, Urt. v. 11.6.2015, Rs. C-1/14, ECLI:EU:C:2015:378, Rn. 43 – *Base Company NV und Mobistar NV*.
[658] EuGH, Urt. v. 11.6.2015, Rs. C-1/14, ECLI:EU:C:2015:378, Rn. 37, 43 – *Base Company NV und Mobistar NV*.
[659] EuGH, Urt. v. 11.6.2015, Rs. C-1/14, ECLI:EU:C:2015:378, Rn. 40, 43 – *Base Company NV und Mobistar NV*.

inwieweit universaldienstrechtliche Pflichten qualitativ erweitert werden dürfen, wurde damit nicht beantwortet.[660]

### c. Zusätzliche Pflichtdienste als zulässige Erweiterung der universaldienstrechtlich gewährleisteten Mindestbandbreiten

Zutreffend dürfte sein, dass Bandbreiten jenseits des universaldienstrechtlich zu gewährleistenden Grundversorgungsniveaus auch im Rahmen von zusätzlichen Pflichtdiensten auferlegt werden können.[661] Zunächst sind nämlich die (eingangs unter G. II. 1. näher behandelten) Ausführungen der UDRL bzw. des EU-Kodex in Bezug auf die Bereitstellung von zusätzlichen Pflichtdiensten neutral gehalten. Es ist daraus nicht erkennbar, dass die Auferlegung von das Universaldienstniveau übersteigenden Verpflichtungen im Rahmen von zusätzlichen Pflichtdiensten ausgeschlossen sein soll. Vielmehr können die Ausführungen der UDRL bzw. des EU-Kodex auch so verstanden werden, dass *zusätzlich* zu den Universaldienstverpflichtungen im Rahmen von zusätzlichen Pflichtdiensten eben weitere – qualitativ höherwertige – Verpflichtungen als *„andere besondere Dienstleistungen"* oder *„besondere Maßnahmen (außerhalb der Universaldienstverpflichtungen)"*[662] auferlegt werden können. Deren Erfüllung erfolgt dann begrifflich wie systematisch getrennt von Universaldienstverpflichtungen.

Daneben hat der EuGH in seinem Urteil *TDC A/S* in Bezug auf Universal- und zusätzliche Pflichtdienste ausgeführt, dass *„die Bereitstellung eines zusätzlichen Pflichtdienstes [...] ebenso wie der Universaldienst eine Dienstleistung von allgemeinem wirtschaftlichem Interesse im Sinne von Art. 106 Abs. 2 AEUV dar[stellt]"*.[663] Es handelt sich mithin sowohl bei Universaldiensten als auch bei zusätzlichen Pflichtdiensten um DAWI iSv. Art. 106 Abs. 2 AEUV.[664] Bei der Festlegung von DAWI wiederum haben die Mitgliedstaaten einen weiten Er-

---

[660] *Neumann/Sickmann*, N&R 1/2018, 1, 5.
[661] So auch *Kühling/Toros*, in: Rechtliche Herausforderungen bei der Schaffung von Anreizen für einen flächendeckenden Ausbau von Glasfaserinfrastrukturen, S. 74; *Reents*, Ausbau und Finanzierung einer flächendeckenden Breitbandversorgung in Deutschland, S. 290, *Schumacher*, MMR 2011, 711, 715.
[662] Richtlinie 2002/22/EG, ABl. L 108/51 (UDRL), Erwägungsgrund 25; siehe auch gleichlautend Richtlinie (EU) 2018/1972, ABl. L 321/36 (EU-Kodex), Erwägungsgrund 245.
[663] EuGH, Urt. v. 21.12.2016, Rs. C 327/15, ECLI:EU:C:2016:974, Rn. 50 – *TDC A/S*; hierzu auch *Neumann/Sickmann*, N&R 1/2018, 1, 5.
[664] Zu den Universaldiensten als DAWI siehe auch *Bartosch*, EU-Beihilfenrecht, AEUV Art. 107 Abs. 1 Rn. 67; *Knauff*, in: Loewenheim/Meessen/Riesenkampff/Kersting/Meyer-Lindemann, AEUV Art. 106 Rn. 63.

messensspielraum, der nur auf offenkundige Fehler hin überprüft werden darf.[665] Harmonisierungsmaßnahmen können den mitgliedstaatlichen DAWI-Festlegungsspielraum einschränken.[666] Zwar wird mit den Universaldienstleistungen ein Grundversorgungsniveau seitens der Union vorgeschrieben.[667] Dieses wird aber bereits nicht konkret festgelegt und kann von den Mitgliedstaaten näher definiert werden.[668] Eine darüber hinausgehende Vereinheitlichung des Versorgungsgrades ist abgesehen davon weder mit Blick auf das Verhältnismäßigkeits- und Subsidiaritätsprinzip (Art. 5 Abs. 3, 4 EUV) noch mit Blick auf eine Vereinheitlichung des Binnenmarktes iSv. Art. 114 AEUV erforderlich.[669] Die UDRL bzw. der EU-Kodex ermöglichen vielmehr im Rahmen von zusätzlichen Pflichtdiensten selbst die verpflichtende Auferlegung weiterer Dienste. Der mitgliedstaatliche DAWI-Festlegungsspielraum ist mithin nicht durch Harmonisierungsmaßnahmen eingeschränkt. Da die Mitgliedstaaten im Rahmen ihres DAWI-Festlegungsspielraumes auch eine leistungsfähige Breitbandversorgung als DAWI definieren können, muss es grundsätzlich auch im Rahmen von zusätzlichen Pflichtdiensten möglich sein, Bandbreiten jenseits des universaldienstrechtlich zu gewährleistenden Grundversorgungsniveaus verpflichtend aufzuerlegen. In diesem Sinne formuliert die Kommission auch in ihrem DAWI-Leitfaden: *„Im Sektor der elektronischen Kommunikation beispielsweise sind die Mitgliedstaaten verpflichtet, die in der Richtlinie vorgesehenen Universaldienstverpflichtungen zugrunde zu legen, können aber bei der Einstufung von elektronischen Kommunikationsdienstleistungen als DAWI über die Anforderungen der betreffenden Richtlinie hinausgehen."*[670].

---

[665] EuG, Urt. v. 12.02.2008, Rs. T-289/03, ECLI:EU:T:2008:29, Rn. 166 ff. – *BUPA*; siehe hierzu ausführlich unter F. II.
[666] Siehe hierzu unter F. II. 2.
[667] *Bartosch*, EU-Beihilfenrecht, AEUV Art. 107 Abs. 1 Rn. 67; siehe hierzu auch *Knauff*, in: Loewenheim/Meessen/Riesenkampff/Kersting/Meyer-Lindemann, AEUV Art. 106 Rn. 63: Universaldienste generell meinen Grundversorgungsleistungen, zu denen der Zugang bei einem kontinuierlichen Angebot für alle Bürger diskriminierungsfrei gegen ein vertretbares Entgelt zu ermöglichen ist. Universaldienste sind nicht mit DAWI gleichzusetzen, sondern als nur ein Teil von DAWI zu sehen.
[668] Siehe hierzu unter G. I. 1. und 2; die Regelungen zum Universaldienst in der UDRL bzw. im EU-Kodex dürften lediglich eine Teilharmonisierung (möglicherweise als Mindestharmonisierung) und keine Vollharmonisierung darstellen. Denn auch wenn der Universaldienst stets eine Grundversorgungsgewährleistung bleiben muss, so haben die Mitgliedstaaten bei der Festlegung des konkreten Universaldienstumfanges einen gewissen Spielraum. Siehe zu dem Begriff der Harmonisierung etwa *Schröder*, in: Streinz, EUV/AEUV, AEUV Art. 114 Rn. 46 ff.
[669] *Mestmäcker/Schweitzer*, in: Immenga/Mestmäcker, Wettbewerbsrecht, AEUV Art. 106 Abs. 2 Rn. 16.
[670] Kommission, Leitfaden zur Anwendung der Vorschriften der EU über staatliche Beihilfen, öffentliche Aufträge und den Binnenmarkt auf DAWI, SWD(2013) 53 final/2, S. 23 Nr. 6.

## 3. Zwischenergebnis

Zusätzliche Pflichtdienste sind Dienste, die von den Mitgliedstaaten neben Universaldienstverpflichtungen öffentlich zugänglich gemacht, also Telekommunikationsunternehmen verpflichtend auferlegt werden können. Sie stellen ebenso wie Universaldienstleistungen DAWI iSv. Art. 106 Abs. 2 AEUV dar. Da für die Festlegung von DAWI ein weiter Ermessensspielraum der Mitgliedstaaten besteht, muss eine qualitative wie quantitative Erweiterung der universaldienstrechtlichen Verpflichtungen im Rahmen zusätzlicher Pflichtdienste möglich sein. Im Rahmen von zusätzlichen Pflichtdiensten können mithin auf nationaler Ebene Bandbreiten auferlegt werden, die die universaldienstrechtlich zu gewährleistenden Mindestbandbreiten übersteigen.

## III. Finanzierung

### 1. Unionsrechtliche Finanzierungsoptionen von Universal- und zusätzlichen Pflichtdiensten

#### a. Finanzierungsoptionen nach der UDRL bzw. dem EU-Kodex

Die Erbringung von Universaldienstleistungen ist zu entschädigen, wenn dies eine unzumutbare Belastung für die Anbieter solcher Dienste darstellt (Art. 90 Abs. 1 EU-Kodex bzw. Art. 13 Abs. 1 UDRL).[671] Hierzu eröffnet Art. 90 Abs. 1 EU-Kodex (wie auch schon Art. 13 Abs. 1 UDRL) den Mitgliedstaaten zwei Optionen. Es kann ein Verfahren eingeführt werden, mit dem der Anbieter von Universaldienstleistungen für die nach Maßgabe von Art. 89 EU-Kodex bzw. Art. 12 UDRL ermittelten Nettokosten unter transparenten Bedingungen aus öffentlichen Mitteln (also über den allgemeinen Staatshaushalt) entschädigt wird (Art. 90 Abs. 1 lit. a) EU-Kodex bzw. Art. 13 Abs. 1 lit. a) UDRL).[672] Alternativ können die Nettokosten der Universaldienstverpflichtungen aber auch unter den Anbietern von elektronischen Kommunikationsnetzen und -diensten über ein brancheninternes Umlageverfahren aufgeteilt werden (Art. 90 Abs. 1 lit. b) EU-Kodex bzw. Art. 13 Abs. 1 lit. b) UDRL).[673] Die Entschädigungsverfahren kön-

---

[671] Zu der Unschärfe des Begriffs der unzumutbaren Belastung siehe etwa *Cornils*, in: Beck TKG, § 82 Rn. 26 ff.
[672] In Art. 13 Abs. 1 Richtlinie 2002/22/EG, ABl. L 108/51 (UDRL) heißt es noch „*Unternehmen*" und nicht „*Anbieter*".
[673] In Art. 13 Abs. 1 Richtlinie 2002/22/EG, ABl. L 108/51 (UDRL) heißt es noch „*Betreiber*" und nicht „*Anbieter*". Der vormalige Ausdruck „*Betreiber*" der UDRL erscheint unglücklich, da nicht nur auf elektronische Kommunikationsnetze sondern auch auf ebensolche Dienste

nen auch kombiniert oder je nach Universaldienstverpflichtung aufgeteilt werden.[674]

Entschließen sich die Mitgliedstaaten dazu, außerhalb der Universaldienstverpflichtungen zusätzliche Pflichtdienste in ihrem Hoheitsgebiet aufzuerlegen, so ist es nach Art. 92 S. 2 EU-Kodex – wie schon nach Art. 32 UDRL – untersagt, zur Finanzierung dieser Dienste ein *„Entschädigungsverfahren mit Beteiligung bestimmter Unternehmen"* vorzuschreiben. Erwägungsgrund 245 des EU-Kodex erläutert diese Vorgabe – wiederum wie auch schon Erwägungsgrund 25 der UDRL – wie folgt: *„Den Mitgliedstaaten ist es nicht erlaubt, den Marktteilnehmern Finanzbeiträge für Maßnahmen aufzuerlegen, die nicht Teil der Universaldienstverpflichtungen sind. Einzelnen Mitgliedstaaten bleibt es freigestellt, besondere Maßnahmen (außerhalb der Universaldienstverpflichtungen) aufzuerlegen und sie im Einklang mit dem Unionsrecht zu finanzieren, nicht jedoch durch Beiträge der Marktteilnehmer."*. Der EuGH hat – noch zu der Vorgängerregelung Art. 32 UDRL – in dem Urteil *Base Company NV und Mobistar NV*[675] diese Formulierungen aufgegriffen und klargestellt, dass der in Art. 13 Abs. 1 lit. b) der UDRL für Universaldienstleistungen vorgesehene Finanzierungsmechanismus eines brancheninternen Umlageverfahrens nicht auf zusätzliche Pflichtdienste ausgeweitet werden kann.[676] Art. 92 EU-Kodex untersagt damit – wie bereits Art. 32 UDRL – die Finanzierung von zusätzlichen Pflichtdiensten über das im Rahmen von Universaldienstverpflichtungen mögliche brancheninterne Umlageverfahren.

### b. Die Finanzierung von zusätzlichen Pflichtdiensten: Verbot der Anlastung an das einzelne benannte Unternehmen

In dem Urteil *TDC A/S*[677] befasst sich der EuGH mit den nach der UDRL bestehenden Finanzierungsvorgaben für Universal- und zusätzliche Pflichtdienste. Er legt Art. 32 UDRL dahingehend aus, *„dass das für die Bereitstellung eines zusätzlichen Pflichtdienstes benannte Unternehmen nicht gezwungen werden darf,*

---

Bezug genommen wird. Zu den Begrifflichkeiten der elektronischen Kommunikationsnetze und –dienste siehe Richtlinie (EU) 2018/1972, ABl. L 321/36 (EU-Kodex), Art. 2 Nr. 4, 16 sowie hinsichtlich der umstrittenen Frage, welche Dienste als Telekommunikationsdienste gelten etwa *Wüsthof*, N&R 2019, 275; *Kühling/Schall/Biendl*, Telekommunikationsrecht, Rn. 123 ff.
[674] Siehe insbesondere Richtlinie (EU) 2018/1972, ABl. L 321/36 (EU-Kodex), Erwägungsgrund 242.
[675] EuGH, Urt. v. 11.6.2015, Rs. C-1/14, ECLI:EU:C:2015:378 – *Base Company NV und Mobistar NV*.
[676] EuGH, Urt. v. 11.6.2015, Rs. C-1/14, ECLI:EU:C:2015:378, Rn. 41 – *Base Company NV und Mobistar NV*.
[677] EuGH, Urt. v. 21.12.2016, Rs. C 327/15, ECLI:EU:C:2016:974 – *TDC A/S*.

*die mit der Erbringung dieses Dienstes verbundenen Kosten zu tragen."*[678]. Damit hat der EuGH entschieden, dass zusätzliche Pflichtdienste nicht entschädigungslos einzelnen benannten Unternehmen auferlegt werden dürfen, auch nicht unterhalb einer – im Rahmen der Finanzierung von Universaldiensten bestehenden – Unzumutbarkeitsschwelle.[679] Die Maßgabe, dass das Verbot der Beteiligung bestimmter Unternehmen – was jedenfalls den brancheninternen universaldienstrechtlichen Finanzierungsmechanismus meint – auch die Anlastung der entstehenden Defizite an das jeweils einzeln benannte Unternehmen verbietet, begründet der EuGH mit dem (knappen) Hinweis darauf, dass „*ein Entschädigungsverfahren mit Beteiligung bestimmter Unternehmen nicht zulässig [ist]*"[680]. Jedenfalls ausdrücklich untersagt die UDRL dies jedoch nicht, wenn sie in Art. 32 die Anwendung eines „*Entschädigungsverfahren[s] mit Beteiligung bestimmter Unternehmen*" untersagt.[681] Der Begründungsansatz des EuGH kann jedoch wie folgt aufgegriffen und ausgeführt werden: Wenn schon bestimmte – im Sinne von ganz oder teilweise dem Sektor des benannten Unternehmens angehörende[682] – Unternehmen die Finanzierungslast der Erbringung von zusätzlichen Pflichtdiensten nicht tragen dürfen, so muss dies erst recht für das einzelne benannte Unternehmen gelten. Denn anderenfalls würde gerade einem bestimmten – eben nur einem einzelnen – Unternehmen die Finanzierungslast auferlegt werden. Damit wäre das einzelne benannte Unternehmen gegenüber seinen direkten Wettbewerbern erheblich schlechter gestellt, da diese die Kosten für die Erbringung der zusätzlichen Pflichtdienste nicht zu tragen hätten. Die Vorgabe, dass bestimmten Unternehmen aber keine Defizite angelastet werden dürfen, dürfte aber gerade im Hinblick darauf getroffen worden sein, die Telekommunikationsbranche nicht über Gebühr zu belasten – es können ja bereits im Rahmen des universaldienstrechtlichen Umlageverfahrens brancheninterna Kosten umverteilt werden. Die Möglichkeit einer Anlastung der Kosten für die Erbringung von zusätzlichen Pflichtdiensten an das einzelne benannte Unternehmen ist daher – nach den Vorgaben der UDRL, aber auch nach den insoweit entsprechenden Vorgaben des EU-Kodex – abzulehnen.

### c. Die Finanzierung von zusätzlichen Pflichtdiensten: weitergehende Möglichkeiten?

Fest steht somit, dass zusätzliche Pflichtdienste jedenfalls nicht über das universaldienstrechtliche brancheninterne Umlageverfahren finanziert werden können

---

[678] EuGH, Urt. v. 21.12.2016, Rs. C 327/15, ECLI:EU:C:2016:974, Rn. 43 – *TDC A/S*.
[679] EuGH, Urt. v. 21.12.2016, Rs. C 327/15, ECLI:EU:C:2016:974, Rn. 62 ff. – *TDC A/S*.
[680] EuGH, Urt. v. 21.12.2016, Rs. C 327/15, ECLI:EU:C:2016:974, Rn. 43 – *TDC A/S*.
[681] *Neumann/Sickmann*, N&R 1/2018, 1, 5; *Neumann*, Optionen für die Ausgestaltung eines rechtlich abgesicherten Anspruchs auf schnelles Internet, S. 19.
[682] EuGH, Urt. v. 21.12.2016, Rs. C 327/15, ECLI:EU:C:2016:974, Rn. 85 – *TDC A/S*.

und auch die Anlastung der Kosten an das einzelne, für die Erbringung von zusätzlichen Pflichtdiensten benannte Unternehmen unzulässig ist. Möglich und auch üblich ist die Finanzierung von zusätzlichen Pflichtdiensten hingegen (unter Beachtung des Unions-, insbesondere des Beihilfenrechts) über den allgemeinen staatlichen Haushalt.[683]

Fraglich ist, ob darüber hinaus weitere Finanzierungsmechanismen in Betracht kommen können. Hierfür spricht, dass der EU-Kodex bzw. die UDRL im Unterschied zum Universaldienst kein konkretes Verfahren für die Entschädigung der Erbringung von zusätzlichen Pflichtdiensten vorsehen. Es wird lediglich festgelegt, dass zur Finanzierung dieser Dienste kein Finanzierungsverfahren mit Beteiligung bestimmter Unternehmen vorgeschrieben werden darf. In diesem Sinne schreibt der EuGH in seinem Urteil *TDC A/S*: *„Sodann ist festzustellen, dass Art. 32 der Universaldienstrichtlinie im Unterschied zu dem Universaldienst nach Kapitel II der Richtlinie kein Verfahren für die Entschädigung der zusätzlichen Pflichtdienste vorsieht, da er nur festlegt, dass für diese Dienste kein Finanzierungsverfahren mit Beteiligung bestimmter Unternehmen vorgeschrieben werden darf."*[684]. Auch im Erwägungsgrund 245 des EU-Kodex findet sich nur die Vorgabe, dass zusätzliche Pflichtdienste *„im Einklang mit dem Unionsrecht, nicht jedoch durch Beiträge der Marktteilnehmer"* zu finanzieren sind. Wenn also nur festgelegt ist, welche Art der Finanzierung unzulässig ist, so sollten im Umkehrschluss weitere Arten der Finanzierung, die die Sperrwirkung nicht erfasst – unter Beachtung sonstigen Unionsrechts – von den Mitgliedstaaten festgelegt werden können. Denn anderenfalls müssten nicht *bestimmte* Unternehmen oder Marktbeteiligte entsprechend dem universaldienstrechtlichen Umlageverfahren von der Finanzierung durch Art. 92 EU-Kodex bzw. Art. 32 UDRL ausgenommen werden. Es bliebe allein die Möglichkeit einer Finanzierung über den allgemeinen staatlichen Haushalt, obwohl doch gerade Art. 92 EU-Kodex bzw. Art. 32 UDRL offen gehalten ist und keine Festlegung auf ein bestimmtes Finanzierungsverfahren vornimmt.

Sofern Marktteilnehmer – ganz oder teilweise dem Sektor des benannten Unternehmens angehörende Unternehmen – also nicht mit Beiträgen an der Finanzierung beteiligt werden, sollten (neben der Finanzierung aus dem allgemeinen staatlichen Haushalt) weitere Finanzierungsmechanismen im Einklang mit den Vorgaben des EU-Kodex bzw. der UDRL entwickelt werden können.[685]

---

[683] Siehe etwa im Fall EuGH, Urt. v. 21.12.2016, Rs. C 327/15, ECLI:EU:C:2016:974 – *TDC A/S*.
[684] EuGH, Urt. v. 21.12.2016, Rs. C 327/15, ECLI:EU:C:2016:974, Rn. 41 – *TDC A/S*.
[685] Denkbar wäre die Bildung eines in der Literatur vorgeschlagenen Breitbandfonds, welcher über Finanzbeiträge der Endnutzer gespeist wird; siehe *Kühling/Neumann*, in: Inderst/Kühling/Neumann/Peitz, Der Ausbau neuer Netze in der Telekommunikation, S. 282 f.

## 2. Beihilfenrechtliche Aspekte von Umlagefinanzierungen

Unzweifelhaft beihilfenrechtlich relevant ist – wie im Rahmen der vorliegenden Arbeit bereits umfassend behandelt – die Finanzierung von Breitbandausbauprojekten aus dem allgemeinen staatlichen Haushalt.[686] Aber auch Umlagefinanzierungssysteme, welche in Form des brancheninternen Umlageverfahrens zur Finanzierung von Universaldienstleistungen möglich sind oder in Form eines in der Literatur vorgeschlagenen endnutzerfinanzierten Breitbandfonds zur Finanzierung von zusätzlichen Pflichtdiensten oder außerhalb der sektorspezifischen Verpflichtungsoptionen jedenfalls als Fonds-basierte Mittelbeschaffungen für die Förderung von Breitbandausbauprojekten eingesetzt werden könnten, sind aus beihilfenrechtlicher Perspektive von Bedeutung. Auch wenn die Mittel nämlich von Privaten (Endnutzern und/oder Unternehmen) erhoben werden, so kann es sich um beihilfenrechtlich relevante *staatliche Mittel* handeln, die für den Ausbau von Breitbandinfrastrukturen gewährt werden. Es wären in diesem Fall auch hier die sektorspezifischen Vorgaben zur Anwendung der Beihilfenvorschriften auf Ausgleichsleistungen für die Erbringung von DAWI bzw. die beihilfenrechtlichen Kompatibilitätsvorgaben auf Grundlage von Art. 107 Abs. 3 AEUV zu beachten.

### a. Universaldienstrechtliches brancheninternes Umlageverfahren

Der Verbotstatbestand des Art. 107 Abs. 1 AEUV erfasst nur „*staatliche oder aus staatlichen Mitteln gewährte Beihilfen*". Daraus ergeben sich die kumulativ zu erfüllenden Voraussetzungen der Gewährung staatlicher (und nicht privater) Mittel durch an den Staat einerseits und die Zurechenbarkeit einer solchen Maßnahme andererseits.[687]

---

[686] Dies gilt insbesondere auch für die Finanzierung von Universal- und zusätzlichen Pflichtdiensten aus dem allgemeinen staatlichen Haushalt. Erwägungsgrund 239 EU-Kodex (wie auch schon gleichlautend Erwägungsgrund 18 der UDRL) klar, dass das Beihilfenrecht zu beachten ist. Auch zusätzliche Pflichtdienste sollen nach Erwägungsgrund 245 EU-Kodex (bzw. entsprechend Erwägungsgrund 46 UDRL) im Einklang mit dem Unionsrecht und mithin auch im Einklang mit dem Beihilfenrecht finanziert werden.
[687] Siehe beispielsweise Kommission, Bekanntmachung zum Begriff der staatlichen Beihilfe, ABl.EU C 262/1, Rn. 38; *Mestmäcker/Schweitzer*, in: Immenga/Mestmäcker, Wettbewerbsrecht, AEUV Art. 107 Abs. 1 Rn. 247; *Bartosch*, EU-Beihilfenrecht, Art. 107 Abs. 1 Rn. 138.

aa. Staatliche Mittel

Die an benannte Unternehmen als Universaldiensterbringer zugeleiteten Ausgleichsleistungen, welche über das brancheninterne universaldienstrechtliche Umlageverfahren von den privaten Marktteilnehmern finanziert werden, sind als beihilfenrechtlich relevante staatliche Mittel anzusehen, wenn sie unter staatlicher Kontrolle und somit den zuständigen nationalen Behörden zur Verfügung stehen.[688] Zentral für eine Qualifizierung der eingesetzten Mittel als staatlich ist, dass der Staat in irgendeiner Form die Kontrolle über die eingesetzten Mittel ausübt.[689] Dass die transferierten Mittel aus privaten Umlagen stammen, ist dann nicht mehr von Bedeutung.[690] Werden die gewährten Mittel durch Zwangsbeiträge finanziert, so erfolgt die Finanzierung beihilfenrechtlich eindeutig über staatliche Mittel, wenn die Mittel vom Staat – insbesondere Behörden – verwaltet und zugewiesen werden.[691]

Der EU-Kodex bestimmt in Art. 90 Abs. 2 UAbs. 1 (wie auch schon die UDRL in Art. 13 Abs. 2), dass das universaldienstrechtliche Umlageverfahren *„von der nationalen Regulierungsbehörde oder einer Stelle verwaltet wird, die von den Begünstigten unabhängig ist und von der nationalen Regulierungsbehörde überwacht wird."*. Der Mitteltransfer im Rahmen des universaldienstrechtlichen Umlageverfahrens kann also der (direkten) Kontrolle einer staatlichen Behörde unterliegen, sodass die Staatlichkeit der Mittel zu bejahen ist. Aber auch bei der Verwaltung des universaldienstrechtlichen Umlageverfahrens durch eine von der nationalen Regulierungsbehörde überwachten – und vom EU-Kodex bzw. der UDRL nicht näher in ihrer Eigenschaft definierten – Stelle ist von staatlicher Kontrolle über die Mittel und damit von staatlichen Mitteln auszugehen. Denn diese Stelle muss lediglich von den Begünstigten – und nicht vom Staat – unabhängig sein und führt ausweislich Anhang VII Teil B EU-Kodex (bzw. Anhang IV Teil B UDRL) administrative Tätigkeit aus, während der materielle Einfluss auf das universaldienstrechtliche Umlageverfahren – insbesondere ob und in

---

[688] EuGH, Urt. v. 19.12.2013, Rs. C-262/12, ECLI:EU:C:2013:851, Rn. 21 – *Vent De Colère u.a.* und die dort angeführte Rspr.; Kommission, Bekanntmachung zum Begriff der staatlichen Beihilfe, ABl.EU C 262/1, Rn. 57; *Mestmäcker/Schweitzer*, in: Immenga/Mestmäcker, Wettbewerbsrecht, AEUV Art. 107 Abs. 1 Rn. 271 m.w.N., insbes. zur Rspr.
[689] *Bartosch*, EU-Beihilfenrecht, Art. 107 Abs. 1 Rn. 141.
[690] Kommission, Bekanntmachung zum Begriff der staatlichen Beihilfe, ABl.EU C 262/1, Rn. 57.
[691] Kommission, Bekanntmachung zum Begriff der staatlichen Beihilfe, ABl.EU C 262/1, Rn. 58; *Pache/Pieper*, in: Birnstiel/Bungenberg/Heinrich, Europäisches Beihilfenrecht, Art. 107 Abs. 1 Rn. 65; *Arhold*, N&R 2019, 130, 137; *Mestmäcker/Schweitzer*, in: Immenga/Mestmäcker, Wettbewerbsrecht, AEUV Art. 107 Abs. 1 Rn. 271 ff.; EuGH, Urt. v. 17.7.2008, Rs. C-206/06, ECLI:EU:C:2008:413, Rn. 58–74 – *Essent Netwerk Noord BV*.

welchem Ausmaß Beiträge erhoben werden sollen[692] – bei der nationalen staatlichen Regulierungsbehörde verbleibt. Die Mittel stehen mithin stets unter staatlicher Kontrolle, und zwar unabhängig davon, ob das universaldienstrechtliche Umlageverfahren direkt von der nationalen Regulierungsbehörde verwaltet wird oder von einer Stelle, die von der nationalen Regulierungsbehörde überwacht wird. Im Rahmen des universaldienstrechtlichen Umlageverfahrens an benannte Unternehmen transferierte Mittel sind daher in jedem Falle als staatliche Mittel anzusehen.

Nach bislang geltendem nationalen Recht – die Vorgaben von Richtlinien sind in nationales Recht umzusetzen – verwaltet die BNetzA als staatliche nationale Regulierungsbehörde das universaldienstrechtliche Umlageverfahren im Einklang mit vorgenannten EU-rechtlichen Vorgaben und leitet benannten Unternehmen Ausgleichsleistungen für die Erbringung von Universaldiensten zu (vgl. etwa § 82 Abs. 1, 2 TKG).

bb. Zurechenbarkeit

Der Mitteltransfer ist dem Staat auch zuzurechnen, wenn öffentliche Stellen am Erlass dieser Maßnahme beteiligt waren.[693] Die Möglichkeit des staatlichen Einflusses muss im konkreten Fall auch wahrgenommen worden sein.[694] Dies ist unproblematisch bei der Ausführung des Mitteltransfers durch Behörden oder von staatlich beauftragten unabhängigen Stellen der Fall.[695] Im Übrigen folgt bei gesetzlichen Regelungen, welche die Umverteilung von Mitteln zwischen privaten Unternehmen anordnen, die Zurechnung des Mitteltransfers an den Staat bereits aus der Gesetzeseigenschaft.[696] Die Ausgleichsleistungen an benannte Un-

---

[692] Siehe EuGH, Urt. v. 19.12.2013, Rs. C-262/12, ECLI:EU:C:2013:851, Rn. 22 ff. – *Vent De Colère u.a.*
[693] EuGH, Urt. v. 19.12.2013, Rs. C-262/12, ECLI:EU:C:2013:851, Rn. 17 – *Vent De Colère u.a.*
[694] *Mestmäcker/Schweitzer*, in: Immenga/Mestmäcker, Wettbewerbsrecht, AEUV Art. 107 Abs. 1 Rn. 248; *Arhold*, N&R 2019, 130, 136.
[695] Kommission, Bekanntmachung zum Begriff der staatlichen Beihilfe, ABl.EU C 262/1, Rn. 39; *Mestmäcker/Schweitzer*, in: Immenga/Mestmäcker, Wettbewerbsrecht, AEUV Art. 107 Abs. 1 Rn. 249; EuGH, Urt. v. 28.3.2019, Rs. C-405/16 P, ECLI:EU:C:2019:268, Rn. 52 m.w.N. – *Deutschland/Kommission EEG*; weiterführend für die weniger eindeutigen Fälle der Gewährung von Vorteilen aus staatlichen Mitteln durch öffentliche Unternehmen siehe etwa *Soltész*, in: Münchener Kommentar Beihilfenrecht, Teil 2. Art. 107 Rn. 351 ff.; Kommission, Bekanntmachung zum Begriff der staatlichen Beihilfe, ABl.EU C 262/1, Rn. 39 (Stardust Marine-Rechtsprechung).
[696] EuGH, Urt. v. 19.12.2013, Rs. C-262/12, ECLI:EU:C:2013:851, Rn. 18 – *Vent De Colère u.a.*; *Mestmäcker/Schweitzer*, in: Immenga/Mestmäcker, Wettbewerbsrecht, AEUV Art. 107 Abs. 1 Rn. 248 m.w.N., Rn. 249 m.w.N.; *Arhold*, N&R 2019, 130, 136 m.w.N.; siehe hierzu

ternehmen als Universaldiensterbringer im Rahmen des universaldienstrechtlichen Umlageverfahrens werden – wie unter aa) dargelegt – gemäß Art. 90 Abs. 2 UAbs. 1 (bzw. Art. 13 Abs. 2 UDRL) entweder direkt von der nationalen Regulierungsbehörde oder aber von einer die Vorgaben der nationalen Regulierungsbehörde konkret ausführenden Stelle auf Basis gesetzlicher Vorgaben gewährt. Der Mitteltransfer an benannte Unternehmen für die Erbringung von Universaldienstleistungen im Rahmen des universaldienstrechtlichen Finanzierungsmechanismus ist dem Staat also auch eindeutig zuzurechnen.

Dem nicht entgegenstehend ist, dass die nationalen gesetzlichen Regelungen – wie das TKG – einen Rechtsakt des Unionsgesetzgebers (nämlich die UDRL bzw. künftig den EU-Kodex) umsetzen. Denn auf Unionsrecht basierende Maßnahmen sind nur dann dem Staat nicht zuzurechnen, wenn der Mitgliedstaat nach dem Unionsrecht zur Durchführung dieser Maßnahme verpflichtet ist und dabei über keinerlei Ermessen verfügt.[697] Den Mitgliedstaaten steht es bei der Umsetzung der UDRL (bzw. künftig beim EU-Kodex) jedoch frei, Universaldienstleistungen auch über den allgemeinen staatlichen Haushalt zu finanzieren (Art. 13 Abs. 1 lit. a) UDRL bzw. Art. 90 Abs. 1 lit. a) EU-Kodex), sodass die Mitgliedstaaten nicht zum Einsatz des universaldienstrechtlichen Umlageverfahren verpflichtet sind. Vielmehr bestehen auch keine konkreten Vorgaben für die Gestaltung des Umlageverfahrens selbst.[698] Die Mitgliedstaaten sind in der Gestaltung insoweit frei, als jedenfalls die Grundsätze der Transparenz, der geringstmöglichen Marktverfälschung, der Nichtdiskriminierung und der Verhältnismäßigkeit einzuhalten sind (Art. 13 Abs. 3 UDRL bzw. Art. 90 Abs. 2 UAbs. 2 EU-Kodex). Da es dem Mitgliedstaat also überlassen bleibt, ob und zugleich auch wie er die Maßnahme konkret ausgestaltet, bleibt sie dem Staat zurechenbar.[699]

cc. Zwischenergebnis

Bei der Finanzierung von Universaldiensten über das universaldienstrechtliche brancheninterne Umlageverfahren handelt es sich um staatliche oder aus staatlichen Mitteln gewährte Zuwendungen iSv. Art. 107 Abs. 1 AEUV. Im Rahmen der Universaldienstleistungen ist jedoch davon auszugehen, dass es sich bei der

---

auch *Bartosch*, EU-Beihilfenrecht, Art. 107 Abs. 1 Rn. 151; *Soltész*, in: Münchener Kommentar Beihilfenrecht, Teil 2. Art. 107 Rn. 367.
[697] Kommission, Bekanntmachung zum Begriff der staatlichen Beihilfe, ABl.EU C 262/1, Rn. 44.
[698] Siehe Richtlinie (EU) 2018/1972, ABl. L 321/36 (EU-Kodex), Art. 90 Abs. 2 UAbs. 2.
[699] Zur Zurechenbarkeit siehe Kommission, Bekanntmachung zum Begriff der staatlichen Beihilfe, ABl.EU C 262/1, Rn. 45; siehe hierzu *Mestmäcker/Schweitzer*, in: Immenga/Mestmäcker, Wettbewerbsrecht, AEUV Art. 107 Abs. 1 Rn. 248 m.w.N.; *Soltész*, in: Münchener Kommentar Beihilfenrecht, Teil 2. Art. 107 Rn. 381 ff.

Finanzierung nach den in der UDRL bzw. im EU-Kodex vorgesehenen Finanzierungsmechanismen um eine beihilfenrechtlich zulässige Kompensation für die Erbringung von DAWI handelt.[700] Der Beihilfentatbestand ist bei einer Finanzierung von Universaldiensten über das universaldienstrechtliche brancheninterne Umlageverfahren nicht erfüllt.

### b. Endnutzerfinanzierter Breitbandfonds

Neben der Finanzierung von Breitbandausbauprojekten über das universaldienstrechtliche brancheninterne Umlageverfahren wurde in der Literatur die Finanzierung von Breitbandausbauprojekten über einen endnutzerfinanzierten Breitbandfonds diskutiert.[701] Fraglich ist, ob ein Ausschluss des beihilfenrechtlichen Staatlichkeitsmerkmals und damit eine beihilfenfreie Ausgestaltung in Betracht kommt.

aa. Keine staatlichen Mittel bei gesetzlicher Verwendungsanordnung bei Fonds- bzw. Umlagefinanzierungen

(1) Das *Preussen-Elektra*-Urteil und weitere Rechtsprechung

Im *Preussen-Elektra*-Urteil hat der EuGH entschieden, dass die *gesetzlich* geregelte Abnahmepflicht zu Mindestpreisen von Strom, der aus erneuerbaren Energien erzeugt wurde, keinen Transfer staatlicher Mittel darstellt. Bei den Vergütungen, zu denen die Elektrizitätsunternehmen im Fall *PreussenElektra* gegenüber den Erzeugern von Strom aus erneuerbaren Energien per Gesetz zu zahlen verpflichtet waren, handelte es sich nicht um beihilfenrechtlich relevante staatliche Mittel. Der Umstand der gesetzlichen Anordnung der unmittelbaren Übertragung von finanziellen Mitteln zwischen privaten Marktteilnehmern – im Fall *PreussenElektra* zwischen privaten Elektrizitätsversorgungsunternehmen und Erzeugern von Strom aus erneuerbaren Energien – führt danach nicht zur Staatlichkeit der transferierten Mittel.[702] Dieser Beurteilung nicht entgegenstehend

---

[700] Kommission, Leitfaden zur Anwendung der Vorschriften der EU über staatliche Beihilfen, öffentliche Aufträge und den Binnenmarkt auf DAWI, SWD(2013) 53 final/2, S. 96 Nr. 197; *Kühling/Toros*, in: Rechtliche Herausforderungen bei der Schaffung von Anreizen für einen flächendeckenden Ausbau von Glasfaserinfrastrukturen, S. 75; *Baake/Pavel/Schumacher*, Universaldienstverpflichtung für flächendeckenden Breitbandzugang in Deutschland, S. 78; *Fetzer*, Staat und Wettbewerb in dynamischen Märkten, S. 400 f.
[701] Siehe etwa *Kühling/Neumann*, in: Inderst/Kühling/Neumann/Peitz, Der Ausbau neuer Netze in der Telekommunikation, S. 282 f.
[702] EuGH, Urt. v. 13.03.2001, Rs. C-379/98, ECLI:EU:C:2001:160, 2099, Rn. 61 – *PreussenElektra*.

ist, wenn die gesetzliche Vorgabe zu einer Erhöhung der Preise für (jedenfalls in vergleichsweise geringer Anzahl auch staatlichen) Endkunden führt.[703] Eine gesetzliche Verwendungsanordnung, ohne dass in irgendeiner Weise (über die gesetzliche Regelung hinaus) staatliche Kontrolle auf die transferierten Mittel ausgeübt wird, reicht also nicht aus, um die Staatlichkeit von transferierten privaten Mitteln zu begründen.[704] Entscheidend für eine Qualifizierung der transferierten Mittel als staatlich ist somit, dass die Mittel in irgendeiner Weise unter staatlicher Kontrolle stehen und mithin der Verfügungsgewalt staatlicher Stellen unterliegen.[705] Es kommt auf den Umfang der Beteiligung öffentlicher Stellen bei der Festlegung der betreffenden Maßnahmen und ihre Einbindung in den Finanzierungsmechanismus an.[706] Ob staatliche Kontrolle über die Mittel ausgeübt wird, ist im Wege einer Gesamtbetrachtung zu ermitteln.[707] In dem Urteil *Essent Network Noord BV* etwa ging es um staatlich festgelegte Tarifaufschläge für Stromendkunden, welche an ein öffentliches Unternehmen zu leisten waren und der Bestreitung von Kosten dienten, die durch bestimmte gemeinwirtschaftliche Investitionen verursacht worden waren. Hierbei begründeten im Wesentlichen die Umstände, dass es sich um ein öffentliches Unternehmen handelte, die staatlich auferlegten Tarifaufschläge als staatliche Abgaben iSv. Art. 25 und 90 EG (nunmehr Art. 30 und 110 AEUV) zu qualifizieren waren, überschüssige Beträge an den Staat abgeführt werden mussten und durch diesen eine strenge Überprüfung der Verwendung der Mittel erfolgte, die zur Annahme von staatlichen Mitteln erforderliche staatliche Kontrolle.[708] Im Fall des Urteils *Österreich/Kommission* erhielten Erzeuger von Strom aus erneuerbaren Energien – ähnlich gelagert zum *PreussenElektra*-Urteil – staatlich festgelegte Mindestvergütungen für ihren Strom. Da die Vergütungen insbesondere über eine staatlich konzessionierte (privatrechtlich organisierte) Stelle flossen, die die Mittel als Mittelsperson unter sorgfältiger staatlicher Überwachung verteilte und zudem allein zu diesem Zwecke tätig war (und nicht etwa als Marktakteur mit Gewinnerzielungsabsicht), wurde auch hier die Staatlichkeit der Mittel begründende staatliche Kontrolle aufgrund einer Gesamtbetrachtung bejaht.[709]

---

[703] Generalanwalt Jacobs, Schlussanträge v. 26.10.2000, Rs. C-379/98, ECLI:EU:C:2001:585, Rn. 175 – *PreussenElektra*; *Kreße*, N&R 2020, 202, 203.
[704] *Arhold*, N&R 2019, 130, 137 m.w.N.
[705] *Bartosch*, EU-Beihilfenrecht, Art. 107 Abs. 1 AEUV Rn. 141.
[706] EuG, Urt. v. 27.9.2012, Rs. T-139/09, ECLI:EU:T:2012:496, Rn. 63 – Frankreich/Kommission; *Mestmäcker/Schweitzer*, in: Immenga/Mestmäcker, Wettbewerbsrecht, AEUV Art. 107 Abs. 1 Rn. 272.
[707] *Mestmäcker/Schweitzer*, in: Immenga/Mestmäcker, Wettbewerbsrecht, AEUV Art. 107 Abs. 1 Rn. 272.
[708] EuGH, Urt. v. 17.7.2008, Rs. C-206/06, ECLI:EU:C:2008:413, Rn. 66-75 – *Essent Netwerk Noord ua/Kommission*; *Kreße*, N&R 2020, 202, 204.
[709] EuG, Urt. v. 11.12.2014, Rs. T-251/11, ECLI:EU:T:2014:1060, Rn. 67-83 – *Österreich/Kommission*; *Arhold*, N&R 2019, 130, 136.

(2) Das *EEG-2012*-Urteil

In dem jüngst ergangenen Urteil zum EEG-2012-Umlagesystem hat der EuGH auch das EEG-2012-Umlagesystem als Nachfolgemodell des im *Preussen-Elektra*-Urteil untersuchten Fördersystems mangels Staatlichkeit der transferierten Mittel nicht als Beihilfe eingestuft.[710] Der EuGH hat – in einer Linie mit dem *Preussen-Elektra*-Urteil – bekräftigt, dass die in einer gesetzlichen Bestimmung liegende staatliche Kontrolle, die den Mittelfluss zwischen privaten Marktteilnehmern festlegt, nicht ausreicht, um die danach transferierten privaten Mittel als beihilfenrechtlich relevante staatliche Mittel zu qualifizieren.[711] Konkret führt der Umstand, dass private Marktteilnehmer, die bei einem Mitteltransfer von einem Marktteilnehmer zum anderen zwischengeschaltet sind, aufgrund detaillierter gesetzlicher Vorgaben die privaten Mittel verwalten und allein zur Finanzierung der Förder- und Ausgleichsregelung verwenden, nicht dazu, dass staatliche Verfügungsgewalt vorliegt und damit die Mittel als staatlich anzusehen sind.[712] Vielmehr kann eine detaillierte gesetzliche Verwendungsregelung der Mittel eher *gegen* eine staatliche Verfügungsmöglichkeit sprechen.[713] Es müssen in jedem Falle weitere Umstände hinzukommen, um eine hinreichende staatliche Kontrolle (durch die Exekutive und nicht die Legislative) zu bejahen.[714] Auch eine strenge Kontrolle staatlicher Stellen über den ordnungsgemäßen Vollzug der gesetzlichen Vorschriften lässt nicht den Schluss zu, dass die Mittel unter staatlicher Kontrolle stehen.[715] Allein die gesetzliche Verpflichtung, private Mittel in bestimmter Weise zu verwenden, vermittelt also keine Kontrolle über die dieser Verpflichtung unterworfenen Stellen.[716]

Zwar hat der EuGH in dem Urteil *Vent De Colère* noch ausgeführt, *„dass Fonds, die nach den Rechtsvorschriften eines Mitgliedstaats durch Zwangsbeiträge gespeist und gemäß diesen Rechtsvorschriften verwaltet und verteilt werden, als*

---

[710] EuGH, Urt. v. 28.3.2019, Rs. C-405/16 P, ECLI:EU:C:2019:268 – *Deutschland/Kommission EEG*.
[711] *Arhold*, N&R 2019, 130, 138.
[712] EuGH, Urt. v. 28.03.2019, Rs. C-405/16 P, ECLI:EU:C:2019:268, Rn. 74 f. – *Deutschland/Kommission EEG*; *Arhold*, N&R 2019, 130, 140.
[713] EuGH, Urt. v. 28.03.2019, Rs. C-405/16 P, ECLI:EU:C:2019:268, Rn. 76 – *Deutschland/Kommission EEG*.
[714] Siehe hierzu etwa die Rspr. EuGH, Urt. v. 17.7.2008, Rs. C-206/06, ECLI:EU:C:2008:413 – *Essent Netwerk Noord ua/Kommission*; EuGH, Urt. v. 19.12.2013, Rs. C-262/12, ECLI:EU:C:2013:851 – *Vent De Colère u.a.*; EuG, Urt. v. 11.12.2014, Rs. T-251/11, ECLI:EU:T:2014:1060 – *Österreich/Kommission*; allgemein auch *Nettesheim*, NJW 2014, 1847.
[715] EuGH, Urt. v. 28.3.2019, Rs. C-405/16 P, ECLI:EU:C:2019:268, Rn. 80 – *Deutschland/Kommission EEG*; Rechtsaufsicht für Qualifizierung als staatlich nicht ausreichend: EuGH, Urt. v. 30.5.2013, Rs. C-677/11, ECLI:EU:C:2013:348, Rn. 38 ff. – *Doux Élevage*.
[716] *Arhold*, N&R 2019, 130, 139.

*staatliche Mittel im Sinne von Art. 107 Abs. 1 AEUV betrachtet werden können, selbst wenn ihre Verwaltung nichtstaatlichen Organen anvertraut ist."*[717]. Für diese Aussage hat der EuGH in seinem EEG-Urteil jedoch klargestellt, dass auch im Fall *Vent De Colère* zusätzliche Umstände hinzutraten, die beim EEG-Umlagesystem nicht bestanden: Die Mittel waren einer unabhängigen (staatlichen) Verwaltungsbehörde anvertraut und im Falle nicht ausreichender Mittel war der französische Staat verpflichtet, die Differenz zu übernehmen.[718] Die zitierte Aussage des EuGH in dem Urteil *Vent De Colère* ist mithin nur im Kontext des Urteils gültig. Deutlicher in der Formulierung war der EuGH bereits in dem Urteil *Doux Élevage*. Danach lag keine die Staatlichkeit der Umlagemittel begründende Kontrolle über gesetzlich normierte brancheninterne Pflichtbeiträge vor, weil die *„fragliche Regelung der zuständigen Behörde nämlich nicht die Befugnis [übertrug], die Zuweisung der Gelder zu lenken oder zu beeinflussen."*[719]. Die Entscheidung über die Verwendung der erhobenen Pflichtbeiträge lag bei der Branchenorganisation, welche die Beiträge erhob. Die Behörden nahmen lediglich eine Recht- und Gesetzmäßigkeitskontrolle vor.[720]

Das Urteil des EuGH zum EEG-Umlagesystem unterbindet letztlich die extensive Auslegung des beihilfenrechtlichen Staatlichkeitsmerkmals, wie sie von der Kommission bzw. dem EuG bei der beihilfenrechtlichen Beurteilung des EEG-2012-Umlagesystems vorgenommen worden war.[721] Würde – wie von der Kommission und dem EuG angenommen – allein der Umstand, dass in Umverteilungssystemen Mittel von zwischengeschalteten Intermediären nach gesetzlichen Vorschriften verwaltet werden, die Annahme der Staatlichkeit von Mitteln im Grundsatz rechtfertigen können, so erscheint die Abgrenzung von staatlich kontrollierten zu staatlich nicht kontrollierten und somit weiterhin privaten Mitteln willkürlich und in der Tat nicht rechtssicher.[722] Ein solches Verständnis würde die Grenzziehung von staatlichen zu nicht staatlichen Mitteln erheblich erschweren und dem Grundsatz widersprechen, dass die gesetzgeberische Einwirkung auf den Transfer von Mitteln nicht zur Staatlichkeit führt.[723] Der EuGH

---

[717] EuGH, Rs. C-262/12, ECLI:EU:C:2013:851, Rn. 25 – *Vent De Colère/Fédération nationale*.
[718] EuGH, Urt. v. 28.03.2019, Rs. C-405/16 P, ECLI:EU:C:2019:268, Rn. 82 ff. – *Deutschland/Kommission EEG*; siehe hierzu auch *Arhold*, N&R 2019, 130, 139.
[719] EuGH, Urt. v. 30.5.2013, Rs. C-677/11, ECLI:EU:C:2013:348, Rn. 38 – *Doux Élevage*; *Soltész*, in: Münchener Kommentar Beihilfenrecht, Teil 2. Art. 107 AEUV Rn. 414.
[720] EuGH, Urt. v. 30.5.2013, Rs. C-677/11, ECLI:EU:C:2013:348, Rn. 38 – *Doux Élevage*.
[721] *Arhold*, N&R 2019, 130, 140; Kommission, Beschl. v. 25.11.2014, Förderung der Stromerzeugung aus erneuerbaren Energien und Begrenzung der EEG-Umlage für energieintensive Unternehmen, ABl. EU 2015 L 250, 122; EuG, Urt. v. 10.05.2016, Rs. T-47/15, E-CLI:EU:T:2016:281 – *Deutschland/Kommission*; siehe hierzu etwa *Soltész*, in: Münchener Kommentar Beihilfenrecht, Teil 2. Art. 107 AEUV Rn. 416.
[722] *Arhold*, N&R 2019, 130, 140; *Soltész*, in: Münchener Kommentar Beihilfenrecht, Teil 2. Art. 107 AEUV Rn. 416.
[723] *Arhold*, N&R 2019, 130, 140.

führt in seinem Urteil zum EEG-2012-Umlagesystem die im *PreussenElektra*-Urteil und in der Folgerechtsprechung zum Merkmal der Staatlichkeit entwickelten Grundsätze also konsequent fort. Damit bleibt es dabei, dass allein durch eine gesetzliche Regelung keine hinreichende staatliche Kontrolle vermittelt werden kann, vielmehr zusätzliche Umstände hinzutreten müssen, um eine staatliche Kontrolle über transferierte Mittel zu begründen.

bb. Bedeutung für eine Finanzierung über einen endnutzerfinanzierten Breitbandfonds im Breitbandbereich

Auf Grundlage vorstehender Beurteilungsmaßstäbe zum beihilfenrechtlichen Staatlichkeitsmerkmal können folgende Überlegungen zu einem bislang nicht konkret ausgestalteten Finanzierungsmechanismus mittels eines endnutzerfinanzierten Breitbandfonds angestellt werden.

- Eine Ausgestaltung des Finanzierungssystems eines endnutzerfinanzierten Breitbandfonds als direkte Nachbildung des als beihilfenfrei erklärten EEG-Umlagesystems in Form einer gesetzlich angeordneten Verteilung der Ausbaukosten mit Leistungspflichten ausschließlich zwischen den beteiligten Wirtschaftsteilnehmern erscheint wegen der Spezifika des Telekommunikationssektors, der sich kraft Natur der Sache vom Energiesektor unterscheidet, als nicht realisierbar. Das verdeutlicht folgende Überlegung: Im Rahmen des EEG-Umlagesystems werden die Kosten der Erzeugung von Strom aus erneuerbaren Energien über einen mehrstufigen Ausgleichsmechanismus auf die Stromverbraucher umgelegt. Erzeuger von Strom aus erneuerbaren Energien haben einen Anspruch auf Zahlung einer über dem Marktpreis liegenden Vergütung gegenüber (Verteiler-)Netzbetreibern (Stufe 1). Die vorgelagerten Übertragungsnetzbetreiber wiederum sind zur Vergütung des Stromes den aufnehmenden (Verteiler-)Netzbetreibern gegenüber verpflichtet (Stufe 2). Es erfolgt ein Ausgleich zwischen den (unterschiedliche Strommengen abnehmenden und Vergütungen leistenden) Übertragungsnetzbetreibern (Stufe 3). Die höheren Stromkosten leiten die Übertragungsnetzbetreiber an die Elektrizitätsversorgungsunternehmen weiter (Stufe 4). Die Elektrizitätsversorgungsunternehmen schließlich schlagen die höheren Stromkosten in einem den stromverbrauchenden Endkunden entsprechend erhöhten Strompreis nieder.[724] Die Kosten der Erzeugung von Strom aus erneuerbaren Energien werden dadurch bundesweit gleichmäßig (jedoch abhängig von der von ihnen verbrauchten Menge) auf alle Endkunden verteilt.

---

[724] Teilweise als gesetzlich nicht geregelte „fünfte Stufe" bezeichnet, siehe *Böhme*, in: BeckOK EEG, EEG 2017 § 56 Rn. 9.

Auch die für die Errichtung von leistungsfähiger (gigabitfähiger) Breitbandinfrastruktur anfallenden Kosten der ausbauenden Unternehmen müssten gleichmäßig auf alle Endnutzer bundesweit umgelegt werden. In Anlehnung an das EEG-Umlagesystem wäre etwa zunächst denkbar, dass die ausbauenden Unternehmen diese Kosten über erhöhte Zugangsentgelte für die Nutzung dieser Infrastrukturen refinanzieren könnten. Die Zugangspetenten ihrerseits – bzw. bei vertikal integrierten ausbauenden Unternehmen diese auch selbst – würden diese Kosten den Endnutzern gegenüber in Form entsprechend erhöhter Preise für die Inanspruchnahme von Internetzugangsdiensten (als eine Art „Ausbauaufschlag") niederschlagen können. Dieser „Ausbauaufschlag" würde dann jedoch nur für die Endnutzer des neu ausgebauten Zugangsnetzes gelten und würde die Ausbaukosten nicht auf alle Endnutzer bundesweit verteilen. Selbst wenn die Ausbaukosten auf alle Kunden eines ausbauenden Unternehmens umgelegt würden, schlösse dies eine gleichmäßige Verteilung auf alle Endnutzer bundesweit aus. Vor- oder höhergelagerte Ebenen wie beim EEG-Umlagesystem, welche eine gleichmäßige Verteilung der Kosten auf alle Endverbraucher bundesweit ermöglichen, existieren nicht.

- Es wäre vielmehr die Errichtung einer neuen unabhängigen Stelle erforderlich, welche die Mittel sammelt (Breitbandfonds) und verwaltet. Die Mittel würden von dort dann bedarfsabhängig für konkrete Breitbandausbauprojekte wieder ausgeschüttet. Der Beihilfencharakter bei diesem Finanzierungssystem wäre letztlich davon abhängig, inwieweit die Verwaltung der erhobenen privaten Mittel der neuen unabhängigen Stelle unter staatlichem (exekutivem und nicht allein legislativem) Einfluss stünde. Ein Ausschluss des Beihilfentatbestandes erscheint hierbei jedoch nicht realistisch: Die Erhebung und Verwendung der erhobenen Mittel wäre Teil einer vom Staat festgesetzten Politik,[725] und zwar möglichst flächendeckend und zeitnah leistungsfähige (gigabitfähige) Breitbandanschlüsse zu erreichen. Ist dies der Fall, spricht dies sehr deutlich für die Staatlichkeit der Mittel.[726] Auch der Umstand, dass es sich um in der Höhe vom Staat festgesetzte Pflichtabgaben und keine freiwilligen Beiträge zur Breitbandfinanzierung handeln würde, legt dies nahe.[727] Die Kommission bestimmt schließlich, dass eine Übertragung staatlicher Mittel vorliegt,

---

[725] Siehe Generalanwältin Kokott v. 16.12.2004, Rs. C-283/03, ECLI:EU:C:2004:820, Rn. 71 – *Kuipers*.
[726] EuGH, Urt. v. 15.7.2004, Rs. C-345/02, ECLI:EU:C:2004:448, Rn. 36 – *Pearle*; Generalanwältin Kokott v. 16.12.2004, Rs. C-283/03, ECLI:EU:C:2004:820, Rn. 71 – *Kuipers*; hierzu *Soltész*, in: Münchener Kommentar Beihilfenrecht, Teil 2. Art. 107 AEUV Rn. 406.
[727] EuGH, Urt. v. 17.7.2008, Rs. C-206/06, ECLI:EU:C:2008:413, Rn. 47 – *Essent Netwerk Noord ua/Kommission*; hierzu *Arhold*, N&R 2019, 130, 138 f.; Kommission, Bekanntmachung zum Begriff der staatlichen Beihilfe, ABl.EU C 262/1, Rn. 58.

wenn – wie vorliegend – die von Privaten gezahlten Abgaben über eine entsprechend beauftragte öffentliche oder private Stelle an die Empfänger weitergeleitet werden.[728] Die vorzunehmende Gesamtbetrachtung spricht mithin sehr deutlich dafür, dass eine – die Staatlichkeit der Mittel im beihilfenrechtlichen Sinn begründende – staatliche Kontrolle bei dem Finanzierungssystem unabdingbar wäre. Um die Unabhängigkeit der Stelle von den privaten Marktteilnehmern zu gewährleisten, sollte die Stelle sogar unter staatlicher Kontrolle stehen. Die konkrete Verwendung der Mittel könnte nämlich nicht gesetzlich (exakt) vorbestimmt werden, sondern müsste immer jeweils in Bezug auf das konkrete Ausbauprojekt durch die neue unabhängige Stelle entschieden werden.

- Die Errichtung einer neuen und unabhängigen (staatlichen oder staatlich kontrollierten) Stelle, die die zu erhebenden Mittel sammelt, den Ausbau koordiniert und bedarfsabhängig wieder ausschüttet, wäre insoweit auch zweckmäßig. Denn Ausbaubedarfe könnten von neutraler Seite ausgewiesen und etwa über Ausschreibungen dasjenige Telekommunikationsunternehmen für die Vornahme des Ausbaus ermittelt werden, welches die vergleichsweise geringsten Kosten hierfür veranschlagt. Dadurch würden die letztlich vom Endnutzer über seine Abgabe zu tragenden Ausbaukosten so gering wie möglich gehalten. Bei einer Koordinierung des Ausbaus hingegen durch die Marktteilnehmer selbst, also die Telekommunikationsunternehmen, wäre nicht sichergestellt, dass dasjenige Unternehmen den Ausbau vornimmt, welchem der Ausbau – etwa aufgrund von Synergieeffekten – zu den geringstmöglichen Kosten möglich wäre. Es wäre bei den Ausbauprojekten zu erwarten, dass eigene (unternehmerische) Interessen verfolgt würden und nicht allein der wirtschaftlichste Ausbau zu den geringstmöglichen Kosten für die den Ausbau finanzierenden Endnutzer im Fokus stünde. Dies gilt insbesondere vor dem Hintergrund, dass die Unternehmen für den Ausbau keine eigenen Mittel, sondern eben die der Endnutzer aufwenden würden und somit weniger Anreize für maximal kosteneffiziente Ausbaulösungen bestünden. Vielmehr könnten die Unternehmen verleitet sein, ihre eigenen Netzinfrastrukturen über den geförderten Ausbau auszuweiten, um sich dadurch Wettbewerbsvorteile zu verschaffen.

- Im Folgenden soll daher – wie in der Literatur vorgeschlagen – von einem öffentlich verwalteten und somit von den Marktteilnehmern unabhängigen Sondervermögen ausgegangen werden. Denkbar wäre etwa, dass die Endnutzer pro Anschluss einen monatlichen „Ausbauaufschlag" zur Einstel-

---

[728] Kommission, Bekanntmachung zum Begriff der staatlichen Beihilfe, ABl.EU C 262/1, Rn. 63.

lung in das öffentlich verwaltete Sondervermögen, also den Breitbandfonds, leisten.[729]

- Die staatliche Mittelgewährung ist schließlich bei Fonds- bzw. Umlagefinanzierungssystemen unproblematisch dem Staat zurechenbar. Sie ergibt sich jedenfalls aus der Gesetzeseigenschaft der gesetzlichen Regelungen, welche die Umverteilung von Mitteln zwischen Privaten anordnen.[730] Insgesamt ist vom Vorliegen des beihilfenrechtlichen Staatlichkeitsmerkmals auszugehen.

cc. Zwischenergebnis

Bei einer Finanzierung von Breitbandausbauprojekten über einen endnutzerfinanzierten Breitbandfonds handelt es sich um staatliche oder aus staatlichen Mitteln gewährte Zuwendungen iSv. Art. 107 Abs. 1 AEUV. Kann der Beihilfentatbestand nicht wegen der Erbringung von DAWI nach den *Altmark-Trans*-Kriterien ausgeschlossen werden, so liegen tatbestandliche Beihilfen vor. Die sektorspezifischen Vorgaben zur Anwendung der Beihilfenvorschriften auf Ausgleichsleistungen für die Erbringung von DAWI bzw. die beihilfenrechtlichen Vereinbarkeitsvorgaben auf Grundlage von Art. 107 Abs. 3 lit. c) AEUV wären mithin zu beachten.

## 3. Finanzverfassungsrechtliche Aspekte

### a. Universaldienstrechtliches brancheninternes Umlageverfahren

Die zur Finanzierung der Universaldienstleistungen von den Marktteilnehmern (nach § 83 TKG) zu leistende Universaldienstabgabe könnte als nichtsteuerliche Sonderabgabe den vom Bundesverfassungsgericht aufgestellten Rechtfertigungsvoraussetzungen nicht genügen und damit verfassungswidrig sein.

---

[729] *Kühling/Neumann*, in: Inderst/Kühling/Neumann/Peitz, Der Ausbau neuer Netze in der Telekommunikation, S. 279; siehe hierzu auch *Schöfthaler*, Rechtliche Rahmenbedingungen des Breitbandausbaus, S. 316.
[730] EuGH, Urt. v. 28.03.2019, Rs. C-405/16 P, ECLI:EU:C:2019:268, Rn. 50, 63 – *Deutschland/Kommission EEG*; EuGH, Rs. C-262/12, ECLI:EU:C:2013:851, Rn. 18 – *Vent De Colère/Fédération nationale*; *Mestmäcker/Schweitzer*, in: Immenga/Mestmäcker, Wettbewerbsrecht, AEUV Art. 107 Abs. 1 Rn. 248 m.w.N., Rn. 249 m.w.N.; *Arhold*, N&R 2019, 130, 136 m.w.N.; siehe hierzu auch *Bartosch*, EU-Beihilfenrecht, Art. 107 Abs. 1 AEUV Rn. 151; *Soltész*, in: Münchener Kommentar Beihilfenrecht, Teil 2. Art. 107 AEUV Rn. 367.

aa. Die finanzverfassungsrechtliche Einordnung der Universaldienstabgabe als Sonderabgabe

Der Finanzbedarf des Staates wird in erster Linie durch Steuern auf Grundlage der Art. 105 ff. GG gedeckt (Prinzip des Steuerstaates).[731] Daneben stehen ergänzend nichtsteuerliche Abgaben, welche auf Grundlage der allgemeinen Gesetzgebungskompetenzen (Art. 70 ff. GG) erhoben werden und im Hinblick auf das in Art. 104a ff. GG verankerte Prinzip des Steuerstaates besonderen Rechtfertigungsvoraussetzungen unterliegen.[732] Hierzu zählen neben Gebühren und Beiträgen insbesondere auch Sonderabgaben.

Öffentliche Abgaben und damit auch insbesondere Sonderabgaben sind durch eine Aufkommenswirkung zugunsten der öffentlichen Hand gekennzeichnet.[733] Das Geld muss – bildlich gesprochen – durch die öffentliche Hand rinnen.[734] Dies ist jedenfalls der Fall, wenn der Abgabengläubiger öffentlich-rechtlich organisiert ist oder dem öffentlichen Haushaltswesen unterliegt.[735] Lässt sich eine förmliche Beteiligung der öffentlichen Hand an der Erhebung, Verwaltung und Verteilung der Mittel feststellen, so handelt es sich um eine öffentliche Abgabe.[736] Der BGH spricht insofern von einer die Aufkommenswirkung zugunsten der öffentlichen Hand begründende „*Verfügungsgewalt der öffentlichen Hand [...] über die generierten Geldmittel*".[737] Das BVerfG hat hierzu grundlegend ausgeführt, dass es für die rechtliche Beurteilung, ob eine zu entrichtende Geldleistung im Rahmen eines Umlagesystems eine Aufkommenswirkung zugunsten der öffentlichen Hand erreiche, erst dann näherer Darlegung bedürfe, wenn sie keinem öffentlich-rechtlichen Sonderfonds zugutekomme.[738] Die Universal-

---

[731] *Kube*, in: BeckOK Grundgesetz, Art. 105 Rn. 2 m.w.N.
[732] *Kube*, in: BeckOK Grundgesetz, Art. 105 Rn. 2, 10 m.w.N.; *Seiler*, in: Maunz/Dürig, Grundgesetz, Art. 105 Rn. 80.
[733] *Kerssenbrock*, EnWZ 2014, 467, 467, Rn. 14 m.w.N.
[734] *Bösche*, IR 2013, 180, 180.
[735] *Riedel/Weiss*, EnWZ 2013, 402, 405.
[736] *Riedel/Weiss*, EnWZ 2013, 402, 405.
[737] *Kerssenbrock*, EnWZ 2014, 467, 468, Rn. 17.
[738] *Däupner/Lachmann*, EnWZ 2018, 3, 5; BVerfG, NJW 1997, 573, 573; siehe hierzu etwa BVerfGE 91, 186: Hier wurde die Ausgleichsabgabe im Rahmen des Umlagesystems zur Finanzierung des Steinkohleabbaus („Kohlepfennig") vom BVerfG als verfassungswidrige Sonderabgabe eingestuft. In einem dem EEG-2012 ähnlichen Umlagesystem waren die Abgaben der Energieversorgungsunternehmen in einen Sonderfonds des Bundes zu leisten, woraus der Steinkohleeinsatz finanziert wurde. Die Abgaben konnten die Energieversorgungsunternehmen auf gesetzlicher Grundlage an Stromverbraucher weiterreichen. Es handelte sich hierbei um eine Sonderabgabe: Die Abgaben flossen in ein unselbständiges Sondervermögen des Bundes („Ausgleichsfonds zur Sicherung des Steinkohleneinsatzes"), das durch das Bundesamt für gewerbliche Wirtschaft verwaltet und ausgegeben wurde. Da das Dritte Verstromungsgesetz, welches die in Rede stehende Regelung enthielt, nach seiner Zielsetzung, seinem Regelungsgehalt und seinen flankierenden Vorkehrungen darauf angelegt war, dass die

dienstabgaben kommen jedoch einem öffentlich-rechtlichen Sonderfonds zugute; sie bilden ein Sondervermögen, welches der Regulierungsbehörde zum Ausgleich entstandener Defizite zusteht (§ 82 Abs. 1, 2 TKG).[739] Die Aufkommenswirkung zugunsten der öffentlichen Hand kann mithin angenommen werden.

Da die in § 83 TKG geregelte Universaldienstabgabe aber nicht in den Staatshaushalt eingestellt wird, sie also auch nicht der Deckung des allgemeinem staatlichen Finanzbedarfes dient, sondern zur Finanzierung einer spezifischen Sachaufgabe erhoben wird (und zwar den Universaldienstleistungen), ist sie keine Steuer.[740] Die Universaldienstabgabe wird auch nicht als Gegenleistung für – konkret in Anspruch genommene oder jedenfalls in Anspruch nehmbare – staatliche Leistungen auferlegt, weswegen sie keine Gebühr oder Beitrag ist.[741]

Sie erfüllt im Bereich der nichtsteuerlichen Abgaben vielmehr die Merkmale von (Finanzierungs-[742])Sonderabgaben. Sonderabgaben sind regelmäßig dadurch gekennzeichnet, dass sie einer bestimmten Gruppe über ihre Steuerpflicht hinaus ohne unmittelbare Gegenleistung auferlegt werden, aber nicht in den allgemeinen Haushalt fließen, sondern in einen eigenen Fonds eingestellt werden, der zweckgebunden für konkrete Aufgaben genutzt wird.[743] Die Universaldienstabgaben fließen nicht in den allgemeinen Staatshaushalt (sondern bilden ein Sondervermögen, welches der Regulierungsbehörde zum Ausgleich entstandener

---

Abgabe an die Stromverbraucher weitergereicht wird, handelte es sich um eine (nicht gerechtfertigte) Sonderabgabe zulasten der Stromverbraucher. Demgegenüber hat der BGH die Aufkommenswirkung zugunsten der öffentlichen Hand beim EEG-2012-Umlagesystem – mit der wohl herrschenden Meinung – abgelehnt. Das EEG-2012-Umlagesystem wird als (bloße) gesetzliche Preisregelung zwischen Privaten und die EEG-Umlage nicht als Sonderabgabe eingeordnet. Siehe etwa BGHZ 201, 355, 358 u. 361; *Riedel/Weiss*, EnWZ 2013, 402; *Kerssenbrock*, EnWZ 2014, 467, 467, Rn. 14 m.w.N.; a.A. *Manssen*, DÖV 2012, 499.

[739] *von Danwitz*, NVwZ 2000, 615, 616.

[740] Siehe etwa *von Danwitz*, NVwZ 2000, 615, 616; *Cornils*, in: Beck TKG, § 83 Rn. 8; kennzeichnend für Steuern ist nach § 3 Abs. 1 AO die Gegenleistungsfreiheit sowie der Finanzierungszweck. Die Erzielung von Einnahmen für den Staat muss hierbei zumindest Nebenzweck sein. Die Steuer als Gemeinlast ist aus konkreten Sachzusammenhängen entbunden und ist eine allgemeine, sachlich neutrale wie verwendungsunabhängige Mittelbeschaffung. Siehe *Seiler*, in: Maunz/Dürig, Grundgesetz, Art. 105 Rn. 38 sowie *Kube*, in: BeckOK Grundgesetz, Art. 105 Rn. 4.

[741] *Cornils*, in: Beck TKG, § 83 Rn. 8; *Windthorst*, in: Scheuerle/Mayen, TKG, § 83 Rn. 9; zu den Eigenschaften von Gebühren und Beiträgen siehe BVerfGE 92, 91, 115.

[742] Für eine Ausdifferenzierung innerhalb der Unterformen von Sonderabgaben (etwa zu den weniger „problematischen" Lenkungssonderabgaben) siehe etwa *von Danwitz*, NVwZ 2000, 615; *Kühling/Neumann*, in: Inderst/Kühling/Neumann/Peitz, Der Ausbau neuer Netze in der Telekommunikation, S. 203.

[743] *Seiler*, in: Maunz/Dürig, Grundgesetz, Art. 105 Rn. 84; näher zum Begriff siehe *Siekmann*, in: Sachs, Grundgesetz, Vorbemerkungen zu Abschnitt X, Rn. 147 ff.

Defizite zusteht, § 82 Abs. 1, 2 TKG[744]), sind nur von einem bestimmten Kreis von abgabepflichtigen Unternehmen ohne Gegenleistung zu zahlen (den universaldienstverpflichteten Telekommunikationsunternehmen) und sind für den gesetzlich vorbestimmten Zweck zu verwenden.[745] Dieser Zweck liegt primär in der Finanzierung wirtschaftlich unrentabler Universaldienstleistungen.[746] Bei der Universaldienstabgabe handelt es sich nach wohl einhelliger Auffassung um eine (Finanzierungs-)Sonderabgabe.[747]

Die Erhebung von (Finanzierungs-)Sonderabgaben unterliegt strengen Zulässigkeitsvoraussetzungen.[748] Denn das in den Art. 104a ff. GG angelegte finanzverfassungsrechtliche Grundprinzip des Steuerstaates darf durch die Erhebung von (Finanzierungs-)Sonderabgaben, welche eine große Ähnlichkeit zu Steuern aufweisen, nicht umgangen werden.[749] Mit der Auferlegung von (Finanzierungs-)Sonderabgaben weicht der Gesetzgeber von drei grundlegenden Prinzipien der Finanzverfassung in Art. 104a ff. GG ab: Erstens beansprucht er außerhalb der Finanzverfassung liegende Gesetzgebungskompetenzen.[750] Zweitens gefährdet die Haushaltsflüchtigkeit von (Finanzierungs-)Sonderabgaben das Budgetrecht des Parlaments.[751] Drittens stellt er die Lastengleichheit der Bürger durch die spezifische Finanzierungsverantwortlichkeit einer bestimmten (mit der Sonderabgabe) belasteten Gruppe in Frage.[752] Die Finanzverfassung in Art. 104a ff. GG hat insofern auch eine Begrenzungs- und Schutzfunktion zugunsten von Abgabepflichtigen.[753] Sonderabgaben müssen vor diesem Hintergrund eine „*seltene Ausnahme*" bleiben; die vom Bundesverfassungsgericht aufgestellten Rechtfertigungsvoraussetzungen sind entsprechend strikt auszulegen und anzuwenden.[754]

---

[744] *von Danwitz*, NVwZ 2000, 615, 616.
[745] BVerfGE 101, 141, 148; *Seiler*, in: Maunz/Dürig, Grundgesetz, Art. 105 Rn. 84.
[746] *Windthorst*, in: Scheuerle/Mayen, TKG, § 83 Rn. 9; *von Danwitz*, NVwZ 2000, 615, 619.
[747] Wohl ganz h.M.; siehe statt vieler: *Windthorst*, in: Scheuerle/Mayen, TKG, § 83 Rn. 9; *von Danwitz*, NVwZ 2000, 615; *Cornils*, in: Beck TKG, § 83 Rn. 8; *Mager*, in: Säcker, TKG, § 83 Rn. 7.
[748] BVerfGE 67, 256, 278; BVerfGE 93, 319, 344; weiterführend *von Danwitz*, NVwZ 2000, 615, 616.
[749] BVerfGE 93, 319, 343 f.; weiterführend *von Danwitz*, NVwZ 2000, 615, 616; *Seiler*, in: Maunz/Dürig, Grundgesetz, Art. 105 Rn. 84.
[750] BVerfGE 91, 186, 202; BVerfGE 93, 319, 344; *von Danwitz*, NVwZ 2000, 615, 616.
[751] BVerfGE 91, 186, 202; BVerfGE 93, 319, 344; *von Danwitz*, NVwZ 2000, 615, 616.
[752] BVerfGE 91, 186, 202; BVerfGE 93, 319, 344; *von Danwitz*, NVwZ 2000, 615, 616.
[753] *Kube*, in: BeckOK Grundgesetz, Art. 105 Rn. 27.
[754] BVerfGE 55, 274, 308; dazu *Seiler*, in: Maunz/Dürig, Grundgesetz, Art. 105 Rn. 84.

### bb. Verfassungsrechtliche Rechtfertigung

Die folgenden vier Rechtfertigungsvoraussetzungen sind nach der Rechtsprechung des Bundesverfassungsgerichts an die Erhebung von (Finanzierungs-)Sonderabgaben zu stellen:[755] Bei den Abgabepflichtigen muss es sich *erstens* um eine homogene Gruppe handeln, die von der Allgemeinheit und von anderen Gruppen abgrenzbar ist (Gruppenhomogenität).[756] Erforderlich sind *zweitens* eine hinreichende Sachnähe zum Abgabenzweck und eine daraus resultierende spezifische Gruppenverantwortung der Abgabepflichtigen.[757] *Drittens* müssen die Abgaben gruppennützig verwendet werden und *viertens* bedürfen sie regelmäßiger Überprüfung durch den Gesetzgeber; es muss sich grundsätzlich um temporäre Abgaben handeln.[758]

Das Vorliegen der *ersten* Rechtfertigungsvoraussetzung, der Gruppenhomogenität der Abgabepflichtigen,[759] kann bei der Universaldienstabgabe angenommen werden. Die Telekommunikationsunternehmen als Angehörige einer Wirtschaftsbranche – dem Telekommunikationssektor – bilden nämlich eine homogen abgrenzbare Gruppe, welche insbesondere auch durch Art. 87f Abs. 2 GG in der Rechtsordnung materiell vorgegeben ist.[760] Eine durch den Gesetzgeber beliebig nach nicht in der Rechts- und Sozialordnung materiell vorgegebenen Gesichtspunkten vorgenommene Gruppenbildung wäre insoweit unzulässig.[761]

Fraglich hingegen ist, ob *zweitens* eine hinreichende Sachnähe zum Abgabenzweck und eine daraus resultierende spezifische Gruppenverantwortung der abgabepflichtigen Telekommunikationsunternehmen vorliegen. Die Gruppe der Abgabepflichtigen muss dem mit der Abgabenerhebung verfolgten Zweck evident näherstehen als jede andere Gruppe oder die Allgemeinheit der Steuerzahler, sodass die Aufgabe, die mit Hilfe des Abgabeaufkommens erfüllt werden soll, ganz überwiegend in die Sachverantwortung der belasteten Gruppe und

---

[755] Etwa BVerfGE 55, 274, 304 ff.; 82, 159, 179 ff.; siehe *Kube*, in: BeckOK Grundgesetz, Art. 105 Rn. 17 und 19.1 bis 19.3 für weitere Rechtsprechungsnachweise zu den Voraussetzungen. Da nichtsteuerliche Abgaben auf Grundlage der Art. 70 ff. GG erhoben werden, folgt daraus auch die Aufteilung der Gesetzgebungskompetenzen zwischen Bund und Ländern für die Auferlegung nicht steuerlicher Abgaben. Die Sachgesetzgebungskompetenz ist insofern keine eigenständige Rechtfertigungsvoraussetzung für die Auferlegung von Sonderabgaben. Unproblematisch ist vorliegend aber der Bund zur Regelung der Universaldienstabgabe nach Art. 71, 73 Abs. 1 Nr. 7 Var. 2, 87f GG befugt.
[756] BVerfGE 82, 159, 180; BVerfGE 82, 159, 179.
[757] BVerfGE 82, 159, 180 f.
[758] BVerfGE 82, 159, 181.
[759] Siehe etwa BVerfGE 82, 159, 179.
[760] BVerfGE 82, 159, 183 f.; *von Danwitz*, NVwZ 2000, 615, 619.
[761] BVerfGE 55, 274, 306.

nicht in die der staatlichen Gesamtverantwortung fällt.[762] Wie die Homogenität der Gruppe kann der Gesetzgeber auch die Sachnähe und die daraus erwachsende Gruppenverantwortung nicht durch gezielte (einfach-gesetzliche) Normierung beeinflussen; vielmehr ist diese unter Anknüpfung an vorgegebene Strukturen der Lebenswirklichkeit bei Berücksichtigung der Rechts- und Sozialordnung zu bestimmen.[763] Allein die Tatsache der Regelung im TKG vermag daher eine solche Sachnähe der Telekommunikationsunternehmen für die Bereitstellung von Universaldienstleistungen nicht zu begründen.[764] Eine hinreichende Sachnähe und eine damit einhergehende Finanzierungsverantwortlichkeit der Telekommunikationsunternehmen vermittelt aber auch nicht Art. 87f GG. Nach Art. 87f Abs. 1 GG liegt die Gewährleistungsverantwortung für die flächendeckende Verfügbarkeit angemessener und ausreichender Telekommunikationsdienstleistungen beim Bund, während die Erbringungsverantwortung nach Art. 87f Abs. 2 S. 1 GG bei privaten Telekommunikationsunternehmen liegt.[765] Art. 87f Abs. 2 S. 1 GG ordnet im Kern die Leistungserbringung von Telekommunikationsdienstleistungen im (privatwirtschaftlichen) Wettbewerb an.[766] Wenn dadurch die Entwicklung des Versorgungsgrades dem privatwirtschaftlichen Wettbewerb überlassen wird, so kann die Gewährleistung eines bestimmten – und im konkreten Umfang vom Gesetzgeber im Rahmen eines weiten Einschätzungsspielraumes festzulegenden[767] – Mindestversorgungsgrades gerade nicht mehr den privaten Telekommunikationsunternehmen obliegen. Werden keine angemessenen und ausreichenden Dienstleistungen im Wettbewerb bereitgestellt, so hat der Staat korrigierend in den Markt – der insofern nicht versagt, sondern eben nur für den Gesetzgeber keine zufriedenstellenden Ergebnisse hervorbringt[768] – einzugreifen. Als Annex dazu muss auch die Finanzierungsverantwortung allgemeine Staatsaufgabe sein. Wenn der Allgemeinheit die Vorteile einer wettbewerblichen Leistungserbringung – geringere Preise und verbesserte Leistungen – zugutekommen, so muss sie umgekehrt auch etwaige Nachteile daraus tragen.[769] Die grundgesetzliche Anordnung der Liberalisierung des Telekommunikationssektors spricht also gerade gegen eine rechtfertigende Sachnähe und Gruppenverantwortlichkeit. Vielmehr handelt es sich um eine der staatlichen Gesamtverantwortung unterfallende Grundversorgungsgewährleistung. Der Umstand wettbewerblicher Leistungserbringung in einem Bereich kann alleine

---

[762] BVerfGE 55, 274, 306.
[763] BVerfGE 55, 274, 307.
[764] *Cornils*, in: Beck TKG, § 83 Rn. 25.
[765] *von Danwitz*, NVwZ 2000, 615, 620.
[766] Hierzu *Kühling/Neumann*, in: Inderst/Kühling/Neumann/Peitz, Der Ausbau neuer Netze in der Telekommunikation, S. 189 ff., 196 ff.; *Möstl*, in: Maunz/Dürig, Grundgesetz, Art. 87f Rn. 36.
[767] *Uerpmann-Wittzack*, in: v. Münch/Kunig, Grundgesetz, Art. 87f, Rn. 12 m.w.N.
[768] A.A. *Mager*, in: Säcker, TKG, § 83 Rn. 13 ff.
[769] In diese Richtung *Schöfthaler*, Rechtliche Rahmenbedingungen des Breitbandausbaus, S. 305.

noch nicht dazu führen, dass die tätigen Unternehmen eine evident größere Sachnähe zum Finanzierungszweck der Abgabe haben.[770] Eine rechtfertigende spezifische Sachnähe und Gruppenverantwortlichkeit der Telekommunikationsunternehmen für die Erbringung von Universaldienstleistungen ist mithin abzulehnen.[771]

Auch *drittens*, eine gruppennützige Verwendung der Abgabe, kann bei der Universaldienstabgabe nicht angenommen werden: Bei dem mit der Universaldienstabgabe finanziertem Ausbau handelt es sich um unrentable und für die privaten Telekommunikationsunternehmen wirtschaftlich uninteressante Gebiete, in denen das Wettbewerbsprinzip gerade nicht zu einer – aus gesetzgeberischer Sicht angemessenen und ausreichenden – Versorgung geführt hat.[772] Die Finanzierung einer wirtschaftlich uninteressanten Leistung kann – zumal keine Finanzierungsverantwortung besteht – keine (überwiegend[773]) gruppennützige Verwendung darstellen.[774]

Schließlich bedarf es *viertens* einer fortlaufenden Legitimation durch den Gesetzgeber; die – grundsätzlich temporäre – Abgabe ist nur zulässig, wenn und solange die zu finanzierende Aufgabe auf eine Sachverantwortung der belasteten Gruppe trifft.[775] Auch wenn der universaldienstrechtliche Finanzierungsmechanismus nur in Fällen ausgewiesener Unterversorgung aktiviert wird, so spricht der Umstand, dass es sich um eine auf Dauer angelegte Entstaatlichung der Finanzierung unrentabler Daseinsvorsorgeleistungen handelt, deutlich dafür, auch das Vorliegen der letzten Rechtfertigungsvoraussetzung abzulehnen.[776]

Die Universaldienstabgabe genügt den vom Bundesverfassungsgericht aufgestellten Rechtfertigungsanforderungen nicht und steht daher mit der Verfassung nicht in Einklang.

---

[770] *Cornils*, in: Beck TKG, § 83 Rn. 24; siehe auch BVerfGE 82, 159, 183.
[771] *Cornils*, in: Beck TKG, § 83 Rn. 24; *Windthorst*, in: Scheuerle/Mayen, TKG, § 83 Rn. 11 f.; *von Danwitz*, NVwZ 2000, 615, 619 ff.; a.A. *Mager*, in: Säcker, TKG, § 83 Rn. 9 ff.; für eine Darstellung der im Einzelnen vertretenen Auffassungen und Begründungsansätze siehe *Reents*, Ausbau und Finanzierung einer flächendeckenden Breitbandversorgung in Deutschland, S. 334 ff.; a.A. *Heimlich*, NVwZ 1998, 122, 124.
[772] *Cornils*, in: Beck TKG, § 83 Rn. 26.
[773] BVerfGE 55, 274, 307 ff.
[774] *Cornils*, in: Beck TKG, § 83 Rn. 26.
[775] BVerfGE 82, 159, 181; BVerfGE 55, 274, 308.
[776] *Cornils*, in: Beck TKG, § 83 Rn. 27; a.A. *Heimlich*, NVwZ 1998, 122, 125; *Mager*, in Säcker, TKG, § 83 Rn. 14.

### b. Endnutzerfinanzierter Breitbandfonds

Auch die Finanzierung über einen endnutzerfinanzierten Breitbandfonds ist auf die Vereinbarkeit mit finanzverfassungsrechtlichen Maßstäben hin zu überprüfen.

#### aa. Sonderabgaben im Rahmen der Finanzierung über einen endnutzerfinanzierten Breitbandfonds

Ebenso wie die Universaldienstabgabe könnte es sich auch bei einer von den Endnutzern zu zahlenden Abgabe zur Einstellung in ein öffentlich verwaltetes Sondervermögen (Breitbandfonds) um eine Sonderabgabe im finanzverfassungsrechtlichen Sinn handeln.

Zunächst ist festzustellen, dass die Grundvoraussetzung einer jeden öffentlichen Abgabe, die Aufkommenswirkung zugunsten der öffentlichen Hand, auch hier anzunehmen ist: Die Abgaben der Endnutzer flössen in einen öffentlich-rechtlichen Sonderfonds, welcher bedarfsabhängig Mittel für konkrete Breitbandausbauprojekte ausschüttet. Von einer Aufkommenswirkung zugunsten der öffentlichen Hand kann mithin ausgegangen werden.[777]

Abgesehen davon wären die Abgaben der Endnutzer keine Steuer, da sie eben nicht in den Staatshaushalt zur Deckung des allgemeinen Finanzbedarfes eingestellt, sondern der Finanzierung einer spezifischen Sachaufgabe – Ausbau von leistungsfähigen (gigabitfähigen) Breitbandinfrastrukturen – dienen würden und in ein selbstständiges, öffentlich verwaltetes Sondervermögen außerhalb des Staatshaushalts flössen. Die Abgaben würden auch nicht als Gegenleistung für – konkret in Anspruch genommene oder jedenfalls in Anspruch nehmbare – *staatliche* Leistungen auferlegt, weswegen sie keine Gebühren oder Beiträge wären.[778] Der mit den erhobenen Mitteln finanzierte Ausbau der Breitbandinfrastrukturen würde schließlich privatwirtschaftlich vorgenommen.[779]

Die Umstände sprechen vielmehr sehr deutlich dafür, dass die von Endnutzern zu zahlende Abgabe – ebenso wie die Universaldienstabgabe – als verfassungs-

---

[777] Siehe hierzu oben unter G. III. 3. a. aa und *Däupner/Lachmann*, EnWZ 2018, 3, 5; BVerfG, NJW 1997, 573, 573.

[778] Siehe hierzu auch *Reents*, Ausbau und Finanzierung einer flächendeckenden Breitbandversorgung in Deutschland, S. 354; zu den Eigenschaften von Gebühren und Beiträgen siehe BVerfGE 92, 91, 115.

[779] Nach dem Privatwirtschaftlichkeitsgebot des Art. 87f Abs. 2 S. 1 GG müssen Telekommunikationsdienstleistungen bzw. auch die (vorgelagerte) Errichtung neuer Telekommunikationsinfrastrukturen stets privatwirtschaftlich erbrachte Leistungen sein; siehe hierzu *Möstl*, in: Maunz/Dürig, Grundgesetz, Art. 87f Rn. 33.

rechtlich rechtfertigungsbedürftige (Finanzierungs-)Sonderabgabe zu qualifizieren wäre.[780] Die vorliegende Haushaltsflüchtigkeit, also der Fluss der Abgaben in ein vom allgemeinen Bundes- oder Landeshaushalt getrenntes Sondervermögen, ist typisches Charakteristikum von Sonderabgaben.[781] Damit im Zusammenhang steht der vorbestimmte (Finanzierungs-)Sachzweck von Sonderabgaben: Er liegt vor, wenn „*die Abgabepflicht dem Grunde und der Höhe nach vom Gesetzgeber mit dem Anfall bestimmter Kosten für die Erledigung einer speziellen Aufgabe tatbestandlich verknüpft [ist]*"[782]. So liegt auch hier der Fall: Die erhobenen Mittel sollen ausschließlich für den Ausbau von leistungsfähigen (gigabitfähigen) Breitbandinfrastrukturen eingesetzt werden. Zuletzt träfe die Abgabepflicht – ebenfalls typisch für Sonderabgaben – auch eine bestimmte Gruppe, und zwar die Endnutzer von Breitbandinfrastrukturen.[783]

bb. Verfassungsrechtliche Rechtfertigung

Bereits an dem Vorliegen der *ersten* Rechtfertigungsvoraussetzung, der Gruppenhomogenität der Abgabepflichtigen, bestehen erhebliche Zweifel. Um die abgabepflichtigen Endnutzer von Breitbandinfrastrukturen zu erfassen, kann an das Innehaben eines Breitbandanschlusses angeknüpft werden.[784] Da Anschlussinhaber und damit Endnutzer von Breitbandinfrastrukturen aber quasi alle Haushalte bundesweit sind, wäre auch nahezu jeder Bundesbürger von der Abgabe betroffen.[785] Dies gilt erst recht, wenn man nicht nur stationäre, sondern auch mobile Breitbandanschlüsse als Anknüpfungsmerkmal wählen würde.[786] Es würde sich mithin um keine – oder jedenfalls nur mit einem sehr kleinen Anteil – von der Allgemeinheit und anderen Gruppen abgrenzbare Gruppe handeln. Die Endnutzer sind nicht auf Grundlage der Rechtsordnung oder durch eine in der gesellschaftlichen Wirklichkeit vorgegebene Interessenlage oder durch be-

---

[780] Siehe *Reents*, Ausbau und Finanzierung einer flächendeckenden Breitbandversorgung in Deutschland, S. 354; *Schöfthaler*, Rechtliche Rahmenbedingungen des Breitbandausbaus, S. 316 f.; *Kühling/Neumann*, in: Inderst/Kühling/Neumann/Peitz, Der Ausbau neuer Netze in der Telekommunikation, S. 282 f.
[781] *Jachmann-Michel/Vogel*, in: v. Mangoldt/Klein/Starck, GG, Art. 105 Rn. 15.
[782] BVerfGE, 110, 370, 384; hierzu *Elsner/Kaltenborn*, JA 2005, 823, 825.
[783] Siehe hierzu *Jachmann-Michel/Vogel*, in: v. Mangoldt/Klein/Starck, GG, Art. 105 Rn. 15.
[784] *Kühling/Neumann*, in: Inderst/Kühling/Neumann/Peitz, Der Ausbau neuer Netze in der Telekommunikation, S. 283 f.; *Fetzer*, Staat und Wettbewerb in dynamischen Märkten, S. 396.
[785] *Schöfthaler*, Rechtliche Rahmenbedingungen des Breitbandausbaus, S. 318.
[786] *Kühling/Neumann*, in: Inderst/Kühling/Neumann/Peitz, Der Ausbau neuer Netze in der Telekommunikation, S. 283 f.

sondere gemeinsame Gegebenheiten von der Allgemeinheit der Steuerzahler und anderen Gruppen abgrenzbar.[787] Sie stellen keine homogene Gruppe dar.

Auch eine hinreichende Sachnähe zum Abgabenzweck und eine daraus resultierende spezifische Gruppenverantwortung der Abgabepflichtigen als *zweite* Rechtfertigungsvoraussetzung sind nicht erkennbar. Die abgabepflichtigen Endnutzer stehen – unter Anknüpfung an vorgegebene Strukturen der Lebenswirklichkeit bei Berücksichtigung der Rechts- und Sozialordnung – dem mit der Abgabenerhebung verfolgten Zweck nicht evident näher als jede andere Gruppe oder die Allgemeinheit der Steuerzahler. Sie gehen gerade mehr oder minder in der Allgemeinheit der Steuerzahler auf, weswegen schwerlich eine spezifische Gruppenverantwortlichkeit auszumachen wäre.[788] Allein die Nachfrage nach dem gleichen Wirtschaftsgut reicht zudem nach der Rechtsprechung des Bundesverfassungsgerichts nicht aus, um die Verbraucher zu einer Gruppe zu formen, die eine Finanzierungsverantwortlichkeit für eine bestimmte Aufgabe trifft.[789]

Weniger eindeutig zu beurteilen ist das Vorliegen der *dritten* Rechtfertigungsvoraussetzung, die gruppennützige Verwendung der erhobenen Abgaben. Eine vom Endnutzer von Breitbandinfrastrukturen erhobene Abgabe würde insbesondere zum Ausbau von leistungsfähigen (gigabitfähigen) Breitbandinfrastrukturen in Gebieten eingesetzt, in denen der Ausbau (wegen fehlender Rentabilität) nicht eigeninvestiv vorgenommen würde. Die durch diesen Ausbau versorgten Endnutzer erhalten schnellere Internetzugangsdienste und profitieren dadurch von der Verwendung des von ihnen erhobenen „Ausbauaufschlages".[790] Erforderlich ist dabei nicht, dass das Abgabeaufkommen im spezifischen Interesse jedes einzelnen Abgabepflichtigen zu verwenden ist; es genügt, wenn es überwiegend im Interesse der Gesamtgruppe verwendet wird.[791] Ein umfassender – maßgeblich über einen vom Endnutzer zu entrichtenden „Ausbauaufschlag" finanzierter – Ausbau mit leistungsfähigen (gigabitfähigen) Breitbandinfrastrukturen könnte damit als im (überwiegenden) Interesse der Abgabepflichtigen und mithin als gruppennützig angesehen werden.

Schließlich ist in Bezug auf *viertens*, dem Erfordernis einer fortlaufenden Legitimation im Bewusstsein einer grundsätzlich temporären Abgabe durch den Gesetzgeber anzumerken, dass die Ausbaufinanzierung zwar ihr Ende bei einer flä-

---

[787] *Fetzer*, Staat und Wettbewerb in dynamischen Märkten, S. 396.
[788] *Kühling/Neumann*, in: Inderst/Kühling/Neumann/Peitz, Der Ausbau neuer Netze in der Telekommunikation, S. 283 f.
[789] BVerfGE 91, 186, 205.
[790] A.A. *Kühling/Neumann*, in: Inderst/Kühling/Neumann/Peitz, Der Ausbau neuer Netze in der Telekommunikation, S. 286 ff. mit der Begründung, der Nutzen von höheren Bandbreiten könne von abgabepflichtigen Endnutzern (noch) nicht (voll) internalisiert werden.
[791] BVerfGE 55, 274, 308 f.

chendeckenden Verfügbarkeit von leistungsfähigen (gigabitfähigen) Breitbandinfrastrukturen fände. Der Ausbaubedarf ist jedoch erheblich, sodass fraglich wäre, ob dem vorgenannten Erfordernis einer nur vorübergehenden Abgabenfinanzierung tatsächlich entsprochen werden könnte.

Damit ist festzuhalten, dass eine Finanzierung über einen endnutzerfinanzierten Breitbandfonds verfassungsrechtlich nicht zu rechtfertigen und daher unzulässig wäre.[792]

## 4. Ergebnis

Im Bereich des sektorspezifischen Telekommunikationsregulierungsrechts können die Mitgliedstaaten den Telekommunikationsunternehmen die flächendeckende Verfügbarkeit bestimmter Datenübertragungsraten im Rahmen von Universaldienstleistungen und zusätzlichen Pflichtdiensten vorschreiben. Die Finanzierung der dabei den Telekommunikationsunternehmen entstehenden Defizite kann – unter Beachtung beihilfenrechtlicher Maßgaben – über den allgemeinen Staatshaushalt erfolgen. Daneben ist es im Bereich der Universaldienstverpflichtungen möglich, die anfallenden Kosten auf alle Telekommunikationsunternehmen umzulegen. Im Rahmen von zusätzlichen Pflichtdiensten hingegen darf dieses brancheninterne Umlageverfahren nicht angewendet werden. Erst recht untersagt ist hierbei die Anlastung der Kosten an das einzelne verpflichtete Unternehmen. Da der EU-Kodex bzw. auch schon die UDRL aber nur vorsehen, dass bestimmte, also ganz oder teilweise dem Telekommunikationssektor angehörende Unternehmen nicht belastet werden dürfen, erscheint eine Finanzierung von zusätzlichen Pflichtdiensten über Finanzierungsmechanismen, die diese Unternehmen nicht belasten, neben einer Finanzierung über den allgemeinen staatlichen Haushalt als möglich.

Aber auch bei Umlagefinanzierungssystemen, welche in Form des brancheninternen Umlageverfahrens zur Finanzierung von Universaldienstleistungen möglich sind oder in Form eines in der Literatur vorgeschlagenen endnutzerfinanzierten Breitbandfonds zur Finanzierung von zusätzlichen Pflichtdiensten oder außerhalb der sektorspezifischen Verpflichtungsoptionen jedenfalls als Fondsbasierte Mittelbeschaffungen für die Förderung von Breitbandausbauprojekten eingesetzt werden könnten, sind beihilfenrechtliche Maßgaben ebenso wie bei finanziellen Leistungen aus dem allgemeinen Staatshaushalt zu beachten. Denn es werden in jedem Falle staatliche Mittel iSv. Art. 107 Abs. 1 AEUV gewährt,

---

[792] So auch *Kühling/Neumann*, in: Inderst/Kühling/Neumann/Peitz, Der Ausbau neuer Netze in der Telekommunikation, S. 283 ff.; *Schöfthaler*, Rechtliche Rahmenbedingungen des Breitbandausbaus, S. 319; *Reents*, Ausbau und Finanzierung einer flächendeckenden Breitbandversorgung in Deutschland, S. 355.

auch wenn diese von Privaten herrühren. Eine beihilfenfreie Gestaltung von Umlagefinanzierungssystemen in Anlehnung an das jüngst vom EuGH als beihilfenfrei eingestufte EEG-2012-Umlagesystem kommt im Breitbandbereich nicht in Betracht.

Ihr endgültiges Ende finden die Überlegungen zu einem – abseits des allgemeinen Staatshaushalts – umlagefinanzierten Breitbandausbau schließlich im nationalen Finanzverfassungsrecht. Sowohl die brancheninterne Universaldienstabgabe als auch von Endnutzern geleistete Abgaben zur Finanzierung des Breitbandausbaus sind Sonderabgaben im finanzverfassungsrechtlichen Sinn. Die hohen, vom Bundesverfassungsgericht aufgestellten Rechtfertigungshürden können nicht überwunden werden.

## H. Zusammenfassung

Abschließend sollen die Ergebnisse der einzelnen Abschnitte der Arbeit zusammengeführt werden:

1. Breitbandzugänge lassen sich mit unterschiedlichen Technologien realisieren. Als besonders leistungsfähige, zukunftssichere und jedenfalls gegenwärtig technisch überlegene Zugangstechnologie, welche Datenübertragungsraten im Gigabitbereich bereitstellen kann, gilt die FTTB/H-Technologie. Glasfaserleitungen werden hierbei bis an bzw. in die Räumlichkeiten der Endnutzer verlegt. Grundsätzlich ebenfalls leistungsfähige (gigabitfähige) Breitbandzugänge können – jedenfalls perspektivisch – über das Kabelnetz ermöglicht werden. Neben den leitungsgebundenen stationären Breitbandzugängen werden parallel mobile Breitbandzugänge über Mobilfunk bereitgestellt. Sowohl für den Aufbau einer flächendeckenden leitungsgebundenen stationären Breitbandversorgung als auch für den Aufbau einer mobilen – 5G-basierten – Mobilfunkversorgung sind erhebliche Investitionen erforderlich, welche im Markt nicht ohne Weiteres getätigt werden.

2. Die staatliche Förderung greift hier ein, indem durch den Einsatz staatlicher Mittel Rentabilitätslücken von Breitbandausbauprojekten geschlossen werden. Die Förderung kann unterschiedliche Ausgestaltungsformen annehmen, erfolgt aber in der Regel über die Gewährung direkter finanzieller Zuschüsse an private Telekommunikationsunternehmen. Es handelt sich vergleichsweise eindeutig um staatliche Beihilfen iSv. Art. 107 Abs. 1 AEUV.
Es werden *staatliche Mittel* für den Ausbau von Breitbandinfrastrukturen an *Unternehmen* zu Konditionen bereitgestellt, die der Markt nicht bietet, etwa nicht rückzahlbare finanzielle Zuschüsse. Die staatliche Förderung ist gerade auf Fälle ausgerichtet, in denen private Investoren wegen unzureichender Renditeaussichten keine Ausbaumaßnahmen tätigen. Der Staat stellt hier Mittel bereit, die marktwirtschaftlich handelnde Wirtschaftsbeteiligte gerade nicht aufwenden. Erhalten Unternehmen jedoch – wie vorliegend – Leistungen zu marktunüblich günstigen Konditionen, die private Wirtschaftsbeteiligte so nicht vereinbart hätten, so ist das beihilfenrechtliche *Begünstigungs*merkmal erfüllt. Wettbewerbliche Ausschreibungen helfen die Begünstigungshöhe auf das erforderliche Minimum zu begrenzen. Begünstigt sind in erster Linie private Netzbetreiber, aber auch (mittelbar) dritte Unternehmen, die zu vergünstigten Konditionen Zugang auf

Vorleistungsebene zu den geförderten Infrastrukturen erhalten, sowie gewerbliche Endnutzer, die leistungsfähige Breitbandzugänge erhalten. Auch die übrigen Beihilfentatbestandsmerkmale – *Selektivität* der Begünstigung, *Handelsbeeinträchtigung* sowie zumindest drohende *Wettbewerbsverfälschung* – sind ohne Weiteres erfüllt.

3. Die tatbestandlichen Beihilfen zur Förderung des Breitbandausbaus können ermessenabhängig von der Kommission auf Grundlage von Art. 107 Abs. 3 lit. c) AEUV genehmigt werden. Die Kommission nimmt eine Abwägungsprüfung vor, welche die Breitbandleitlinien der Kommission als zentraler Vereinbarkeitsmaßstab im Bereich der Breitbandförderung sektorspezifisch ausdifferenzieren.
Zentral ist dabei die förderzielgebietsweise Differenzierung der Genehmigungsvoraussetzungen – abhängig von der Marktsituation im Förderzielgebiet – in weiße, graue und schwarze Flecken. In unversorgten weißen Flecken sind Förderungen grundsätzlich zulässig. In bereits versorgten grauen Flecken kommt es für die Zulässigkeit von Beihilfen maßgeblich darauf an, dass die avisierten Zielgeschwindigkeiten des geförderten Netzes die bereits verfügbaren *wesentlich* – um mindestens das Doppelte – übersteigen. In bereits versorgten wettbewerblichen, d.h. mehr als einen Marktteilnehmer erfassenden schwarzen Flecken, sind Förderungen grundsätzlich unzulässig. Die Kommission geht hier nämlich davon aus, dass hohe Übertragungsgeschwindigkeiten durch den Markt selbst hervorgebracht werden. Auch wenn hier eine wesentliche Erhöhung der Übertragungsgeschwindigkeiten in Aussicht gestellt wird, so kann nur über die Durchführung einer eingehenden Analyse der Marktsituation die Regelvermutung eines funktionierenden Wettbewerbs widerlegt werden. Dies erscheint in der Praxis äußerst unrealistisch. Neben die förderzielgebietsbezogenen Genehmigungsvoraussetzungen treten allgemeine (unabhängig von der Gebietsfarbe bestehende) Voraussetzungen, wozu insbesondere beihilfenrechtliche Zugangsverpflichtungen gehören.

4. Keine erweiterten Möglichkeiten für die Förderung des Breitbandausbaus bietet eine Freistellung von Beihilfen zur Förderung des Breitbandausbaus auf Grundlage der AGVO, welche in Art. 52 AGVO Vorgaben zur Vereinbarkeit von Beihilfen für den Ausbau von Breitbandinfrastrukturen normiert. Sie ist nur auf Förderungen in unversorgten weißen Flecken anwendbar, die zudem bestimmte Beihilfenhöhen nicht überschreiten dürfen. Förderungen von Breitbandausbauprojekten als Regionalbeihilfen sind ebenfalls auf weiße Flecken beschränkt und unterliegen strengen

weiteren Zulässigkeitsanforderungen, weswegen ihnen keine praktische Bedeutung zukommt.

5. Auch nachfrageseitig ansetzende staatliche Breitbandfördermaßnahmen über Gutscheine sind beihilfenrechtlich relevant. Im Hinblick auf die gewerblichen Endnutzer als unmittelbare Zuwendungsempfänger unterfallen die in Form von Gutscheinen gewährten Förderungen zwar als De-Minimis-Beihilfen nicht dem Beihilfenverbot des Art. 107 Abs. 1 AEUV. Die Förderungen werden jedoch an die die Gutscheine einlösenden und den Ausbau vornehmenden Telekommunikationsunternehmen weitergeleitet, weswegen diese indirekte Beihilfenempfänger sind. Dies gilt auch für dritte Unternehmen, welche die geförderten Infrastrukturen auf Vorleistungsebene nutzen.

6. Die Breitbandleitlinien als zentraler sektorspezifischer Vereinbarkeitsmaßstab beziehen sich – wie die Kommission in ihrer bislang einzigen Entscheidung zu einem ausschließlich nachfrageseitig ansetzenden Breitbandförderprogramm in Griechenland klargestellt hat – auf die herkömmliche angebotsseitige Förderung. Die Kommission führt ihre ermessenabhängige Abwägungs- bzw. Vereinbarkeitsprüfung von nachfrageseitig ansetzenden Fördermaßnahmen auf Grundlage von Art. 107 Abs. 3 lit. c) AEUV durch. Die in den Breitbandleitlinien enthaltenen Vereinbarkeitsanforderungen, etwa das Erfordernis beihilfenrechtlicher Zugangsverpflichtungen, finden hierbei aber Berücksichtigung. Weitere einzelfallabhängige Genehmigungsentscheidungen der Kommission in diesem Bereich bleiben abzuwarten. Die Kommission steht nachfrageseitigen Fördermaßnahmen grundsätzlich positiv gegenüber.

7. Beihilfen zur Förderung des Mobilfunknetzausbaus werden auf Grundlage von Art. 107 Abs. 3 lit. c) AEUV und in analoger Anwendung der Breitbandleitlinien geprüft. Die Besonderheit im Bereich Mobilfunknetzausbau liegt in regulatorischen Versorgungsauflagen, welche den Frequenzinhabern eine bestimmte Mindestabdeckung von mit Mobilfunk zu versorgenden Gebieten in einer bestimmten Mindestversorgungsqualität vorschreiben. Förderungen des Mobilfunknetzausbaus beziehen sich allein auf die vergleichsweise wenigen, nicht von Versorgungsauflagen betroffenen Gebiete.

8. Der Ausbau von Breitbandnetzen kann im Rahmen von DAWI als Ausnahme vom Beihilfenverbot des Art. 107 Abs. 1 AEUV finanziert werden. Die Mitgliedstaaten verfügen über einen weiten Spielraum bei der Festlegung von DAWI, so auch in Bezug auf die konkret als DAWI bereitzustellende Breitbandversorgung. Eine Leistungserbringung durch den Markt bleibt aber auch hier stets vorrangig. Die Kommission akzeptiert eine Breitbandversorgung daher nur dann als DAWI, wenn die Marktsituation keine eigenständige Erbringung erwarten lässt und geringstmögliche negative Auswirkungen auf den Wettbewerb zu erwarten sind. Ein Entfallen des Beihilfentatbestandes bei der Finanzierung von DAWI nach den *Altmark-Trans*-Kriterien ist an hohe Anforderungen gebunden, welche in ähnlicher Weise auch bei den übrigen Instrumenten des DAWI-Pakets auf Rechtfertigungsebene bestehen. Die Förderung des Breitbandausbaus im Rahmen von DAWI ist für die Praxis kaum von Bedeutung.

9. Im Bereich des sektorspezifischen Telekommunikationsregulierungsrechts können die Mitgliedstaaten privaten Telekommunikationsunternehmen die Bereitstellung von bestimmten Telekommunikationsdiensten auf ihrem Hoheitsgebiet als Verpflichtung auferlegen. Als Universaldienstverpflichtung kann die Verfügbarkeit bestimmter Mindest-Übertragungsgeschwindigkeiten vorgeschrieben werden, welche jedoch stets im Bereich einer basalen Breitbandgrundversorgung liegen müssen. Dienste, die über das universaldienstrechtliche Grundversorgungsniveau hinausgehen, und damit insbesondere auch höherwertige Breitbanddienste, können als zusätzliche Pflichtdienste verpflichtend auferlegt werden.

10. Die den privaten Telekommunikationsunternehmen bei der Erfüllung der auferlegten Verpflichtungen entstehenden Defizite müssen kompensiert werden. Die Finanzierung ist – unter Beachtung insbesondere des Beihilfenrechts – über den allgemeinen Staatshaushalt möglich. Universaldienstverpflichtungen können daneben über ein brancheninternes Umlageverfahren (Universaldienstfonds) finanziert werden; für zusätzliche Pflichtdienste hingegen ist diese Art der Finanzierung unzulässig.

11. Wird jedoch das universaldienstrechtliche brancheninterne Umlageverfahren zur Finanzierung von Breitband-Universaldienstleistungen herangezogen, so ist dies – ebenso wie eine in der Literatur vorgeschlagene Umlagefinanzierung des Breitbandausbaus über Abgaben von Endnutzern – beihilfenrechtlich relevant. Denn auch wenn die Mittel von Privaten erho-

ben werden, so handelt es sich beihilfenrechtlich um *staatliche Mittel*, die für den Ausbau von Breitbandinfrastrukturen gewährt werden. Während beihilfenrechtlich noch auf Rechtfertigungsebene oder im Rahmen von DAWI eine Zulässigkeit der Finanzierungen angenommen werden könnte, so finden die Überlegungen zu einem umlagefinanzierten Breitbandausbau ihr Ende im nationalen Finanzverfassungsrecht. Denn finanzverfassungsrechtlich handelt es sich um verfassungswidrige Sonderabgaben, welche den hohen, vom Bundesverfassungsgericht aufgestellten Rechtfertigungsanforderungen nicht genügen.

# Literaturverzeichnis

*Arhold, Christoph*, Beihilfenfreie Fördersysteme bei fehlendem Transfer staatlicher Mittel – Zugleich Anmerkung zum Urteil des EuGH vom 28. März 2019 – Rs. C-405/16 P, N&R 2019, S. 130-140

*Baake, Pio/Pavel, Ferdinand/Schumacher, Pascal*, Universaldienstverpflichtung für flächendeckenden Breitbandzugang in Deutschland, Studie im Auftrag der Bundestagsfraktion Bündnis 90/Die Grünen, Berlin 2011, abrufbar unter: https://diw-econ.de/wp-content/uploads/405_Studie-Breitband-USO-v3.0cc.pdf [zuletzt abgerufen am 20.02.2021] (zitiert: *Baake/Pavel/Schumacher*, Universaldienstverpflichtung für flächendeckenden Breitbandzugang in Deutschland)

*Bartosch, Andreas*, Die Selektivität der Selektivität – Wie ist es um die Gestaltungsfreiräume der Mitgliedstaaten in der Wirtschaftsförderung bestellt?, EuZW 2015, S. 99-104

*Bartosch, Andreas*, EU-Beihilfenrecht, Kommentar, 2. Auflage, München 2016 (zitiert: *Bartosch*, EU-Beihilfenrecht)

*Bartosch, Andreas*, Sozialer Wohnungsbau und europäische Beihilfenkontrolle, EuZW 2007, S. 559-564

*Bary, Tarek-Leander*, Kommunaler Netzausbau in der Telekommunikation – Nationale und europäische Rahmenbedingungen für den Infrastrukturausbau, Hamburg 2014 (zitiert: *Bary*, Kommunaler Netzausbau in der Telekommunikation)

*Bauer, Stefan*, Rechtssicherheit bei der Finanzierung gemeinwirtschaftlicher Leistungen? Zum Verhältnis zwischen Art. 87 I EG und Art. 86 II EG nach der Altmark-Entscheidung des EuGH, EuZW 2006, S. 7-11

*Becker, Ulrich/Hatje, Armin/Schoo, Johann/Schwarze, Jürgen (Hrsg.)*, EU-Kommentar, 4. Auflage, Baden-Baden 2019 (zitiert: *Bearbeiter*, in: Becker/Hatje/Schoo/Schwarze, EU-Kommentar)

*Bertenrath, Roman/Fritsch, Manuel*, Fördermodelle für den Breitbandausbau, Investitionskostenzuschuss oder Betreibermodell? – Ein Leitfaden für Kommunen, Köln 2015, abrufbar unter: https://www.iwconsult.de/fileadmin/user_upload/projekte/2015/Foerdermodelle_fuer_den_Breitbandausbau/Breitband_Foerdermodelle.pdf [zuletzt abgerufen am 20.02.2021] (zitiert: *Bertenrath/Fritsch*, Fördermodelle für den Breitbandausbau)

*Birnstiel, Alexander/Bungenberg, Marc/Helge, Heinrich (Hrsg.)*, Europäisches Beihilfenrecht, Baden-Baden 2013 (zitiert: *Bearbeiter*, in: Birnstiel/Bungenberg/Heinrich, Europäisches Beihilfenrecht)

*Boewe, Marius/Greb, Klaus (Hrsg.)*, BeckOK EEG, 11. Edition, München 2020 (zitiert: *Bearbeiter*, in: BeckOK EEG)

*Bonhage, Jan D./Dieterich, Peter*, (Neue) Beihilfenrechtliche Maßstäbe für lokale Infrastrukturförderung, EuZW 2018, S. 716-723

*Bornkamm, Joachim/Montag, Frank/Säcker, Franz Jürgen/Meier-Beck, Peter (Hrsg.)*, Münchener Kommentar Europäisches und Deutsches Wettbewerbsrecht, Band 5, Beihilfenrecht, 2. Auflage, München 2018 (zitiert: *Bearbeiter*, in: Münchener Kommentar Beihilfenrecht)

*Bösche, Anna-Lena*, EEG-Umlage ist nicht verfassungswidrig, IR 2013, S. 180-181

*Briglauer, Wolfgang/Schmitz, Peter*, Gutachten zur ökonomischen und rechtlichen Sinnhaftigkeit von nachfrageseitigen Förderungen im Ausbau moderner Breitbandnetze über „Voucher-Systeme", ZEW und Juconomy, 2019, abrufbar unter: http://ftp.zew.de/pub/zew-docs/gutachten/ZEW_Juconomy_AusbauBreitbandnetze_2019.pdf [zuletzt abgerufen am 20.02.2021] (zitiert: *Briglauer/Schmitz*, Gutachten zur ökonomischen und rechtlichen Sinnhaftigkeit von nachfrageseitigen Förderungen)

*Bundesnetzagentur für Elektrizität, Gas, Telekommunikation, Post und Eisenbahnen (BNetzA)*, Jahresbericht 2018, 20 Jahre Verantwortung für die Netze, abrufbar unter: https://www.bundesnetzagentur.de/SharedDocs/Downloads/DE/Allgemeines/Bundesnetzagentur/Publikationen/Berichte/2019/JB2018.pdf?__blob=publicationFile&v=6 [zuletzt abgerufen am 20.02.2021] (zitiert: *BNetzA*, Jahresbericht 2018)

*Bundesnetzagentur für Elektrizität, Gas, Telekommunikation, Post und Eisenbahnen (BNetzA)*, Jahresbericht 2017, 20 Jahre Verantwortung für die Netze, abrufbar unter: https://www.bundesnetzagentur.de/SharedDocs/Downloads/DE/Allgemeines/Bundesnetzagentur/Publikationen/Berichte/2018/JB2017.pdf?__blob=publicationFile [zuletzt abgerufen am 20.02.2021] (zitiert: *BNetzA*, Jahresbericht 2017)

*Calliess, Christian/Ruffert, Matthias (Hrsg.)*, EUV/AEUV, Das Verfassungsrecht der Europäischen Union mit Europäischer Grundrechtecharta,

Kommentar, 5. Auflage, München 2016 (zitiert: *Bearbeiter*, in: Calliess/Ruffert, EUV/AEUV)

*Chirico, Filomena/Gaal, Norbert*, A Decade of State Aid Control in the Field of Broadband, EStAL 2014, S. 28-38

*Däupner, Olaf/Lachmann, Hans-Christian*, Rechtliche Optionen für die Weiterentwicklung der EEG-Umlage und eine neue Finanzierung der Energiewende, EnWZ 2018, S. 3-12

*Dauses, Manfred/Markus, Ludwigs (Hrsg.)*, Handbuch des EU-Wirtschaftsrechts, Band 1 und 2, 48. EL, München 2019 (zitiert: *Bearbeiter*, in: Dauses/Ludwigs, Handbuch des EU-Wirtschaftsrechts)

*Deutscher Landkreistag*, Flächendeckende Breitbandversorgung zu wirtschaftlichen Bedingungen sicherstellen, Berlin 2017, abrufbar unter: https://www.landkreistag.de/images/stories/publikationen/170620_Pospap_Breitband.pdf [zuletzt abgerufen am 20.02.2021] (zitiert: *Deutscher Landkreistag*, Flächendeckende Breitbandversorgung zu wirtschaftlichen Bedingungen sicherstellen)

*Dialog Consult/Verband der Anbieter von Telekommunikations- und Mehrwertdiensten e.V. (VATM)*, 20. TK-Marktanalyse Deutschland 2018, Berlin 2018, abrufbar unter: https://www.vatm.de/wp-content/uploads/2018/12/VATM_TK-Marktstudie-2018_091018_f.pdf [zuletzt abgerufen am 20.02.2021] (zitiert: *Dialog Consult/VATM*, 20. TK-Marktanalyse 2018)

*Dialog Consult/Verband der Anbieter von Telekommunikations- und Mehrwertdiensten e.V. (VATM)*, 21. TK-Marktanalyse Deutschland 2019, Köln 2019, abrufbar unter: https://www.vatm.de/wp-content/uploads/2019/10/VATM_TK-Marktstudie_2019_091019.pdf [zuletzt abgerufen am 20.02.2021] (zitiert: *Dialog Consult/VATM*, 21. TK-Marktanalyse 2019)

*Eitner, Sebastian/Jennert, Carsten*, Seehafenkonzessionen und Hafennutzungsgebühren im Lichte des EU-Beihilferecht, EuZW 2014, S. 172-177

*Elixmann, Dieter/Neumann, Karl-Heinz*, The broadband State aid rules explained, An eGuide for Decision Makers, A Study prepared for the European Commission, 2013, abrufbar unter: https://ec.europa.eu/regional_policy/sources/conferences/state-aid/broadband_rulesexplained.pdf [zuletzt abgerufen am 20.02.2021] (zitiert: *Elixmann/Neumann*, The broadband State aid rules explained)

*Elsner, Bernd R./Kaltenborn, Markus*, Sonderabgaben im Steuerstaat, JA 2005, S. 823-828

*Epping, Volker/Hillgruber, Christian (Hrsg.)*, BeckOK Grundgesetz, 42. Edition, München 2019 (zitiert: *Bearbeiter*, in: BeckOK Grundgesetz)

*Fechtner, Sonja Cäcilia Maria*, Breitband-Förderung im Lichte des EG-Beihilfenrechts, Diss., Bonn 2009 (zitiert: *Fechtner*, Breitband-Förderung im Lichte des EG-Beihilfenrechts)

*Fehling, Michael*, Das europäische Beihilfenrecht in der Wirtschaftskrise, EuR 2010, S. 598-618

*Fetzer, Thomas*, Breitbandinternetzugangsdienst als Universaldienst? Rechtliche Zulässigkeit und ökonomische Angemessenheit einer Universaldienstverpflichtung, MMR 2011, S. 707-711

*Fetzer, Thomas*, Diensteanbieterverpflichtung für Mobilfunknetzbetreiber, Rechtmäßigkeit der Auferlegung bei Frequenzneuvergabe, MMR 2018, S. 63-68

*Fetzer, Thomas*, Staat und Wettbewerb in dynamischen Märkten, Tübingen 2013 (zitiert: *Fetzer*, Staat und Wettbewerb in dynamischen Märkten)

*Fetzer, Thomas*, Verwendung von Frequenzauktionserlösen zur Förderung des Breitbandausbaus? Rechtliche Vorgaben und Gestaltungsoptionen, MMR 2015, S. 369-373

*Fornefeld, Martin/Breide, Stephan/Holznagel, Bernd*, Nachhaltiger NGA-Netzausbau als Chance für Nordrhein-Westfalen, Studie im Auftrag der NRW.BANK, Düsseldorf 2015, abrufbar unter: https://www.nrwbank.de/export/sites/nrwbank/de/corporate/downloads/presse/publikationen/sonstige-downloads/Nachhaltiger-NGA-Netzausbau-als-Chance-fuer-Nordrhein-Westfalen.pdf [zuletzt abgerufen am 20.02.2021] (zitiert: *Fornefeld/Breide/Holznagel*, Nachhaltiger NGA-Netzausbau als Chance für Nordrhein-Westfalen)

*Freese, Benedikt*, Mobilfunknetzausbau 5. Generation (5G) – Eine rechtliche Potentialanalyse, N&R 2020, S. 22-29

*Frenz, Walter*, Dienste von allgemeinem wirtschaftlichen Interesse, Neuerungen durch Art. 16 EG, EuR 2000, S. 901-925

*Freund, Matthias/Bary, Tarek-Leander*, Beihilfen im Breitbandsektor, Vorteile und Probleme der überarbeiteten Allgemeinen Gruppenfreistellungsverordnung (AGVO) der Europäischen Kommission, MMR 2015, S. 230-234

*Freund, Matthias/Bary, Tarek-Leander*, Rechtliche Herausforderungen für Breitbandprojekte in Überbaukonstellationen, N&R 2013, S. 256-260

*Geppert, Martin/Schütz, Raimund (Hrsg.)*, Beck'scher TKG-Kommentar, 4. Auflage, München 2013 (zitiert: *Bearbeiter*, in: Beck TKG)

*Ghazarian, Lucyne*, Quersubventionen und Verbundvorteile im EU-Beihilferecht – unter besonderer Berücksichtigung der beihilferechtlichen Zugangsregulierung, Berlin 2018 (zitiert: *Ghazarian*, Quersubventionen und Verbundvorteile im EU-Beihilferecht)

*Grabitz, Eberhard/Hilf, Meinhard/Nettesheim, Martin (Hrsg.)*, Das Recht der Europäischen Union, Kommentar, EUV/AEUV, 68. EL, München 2019 (zitiert: *Bearbeiter*, in: Grabitz/Hilf/Nettesheim, EUV/AEUV)

*Gundel, Jörg*, Der prozessuale Status der Beihilfenleitlinien der EU-Kommission, EuZW 2016, S. 606-610

*Haratsch, Andreas/Koenig, Christian/Pechstein, Matthias*, Europarecht, 10. Auflage, Tübingen 2016 (zitiert: *Haratsch/Koenig/Pechstein*, Europarecht)

*Heidenhain, Martin*, Mittelbare Beihilfen, EuZW 2007, S. 623-626

*Heimlich, Jörn*, Die Abgabepflichten des Telekommunikationsgesetzes, NVwZ 1998, S. 122-125

*Heinickel, Caroline/Scherer, Joachim*, Die Entwicklung des Telekommunikationsrechts in den Jahren 2016-2018, NVwZ 2018, S. 1014-1022

*Henseler-Unger, Iris*, Ausbau im Spannungsfeld von privatwirtschaftlicher Initiative und politischen Zielen, ifo Schnelldienst 7/2018, S. 15-18

*Holtmann, Clemens*, Beihilfenrechtliche Aspekte des DigiNetzG, EuZW 2017, S. 589-593

*Holtmann, Clemens*, Die unterschiedliche Wertigkeit (kommunaler) Infrastrukturen in der Allgemeinen Gruppenfreistellungsverordnung für staatliche Beihilfen, EuZW 2016, S. 927-930

*Holtmann, Clemens*, Vorfahrt für Elektroautos – eine Betrachtung aus Sicht des EU-Beihilferechts, KommJur 2015, S. 201-203

*Holznagel, Bernd/Beine, Heinrich*, Rechtsrahmen staatlicher Breitbandförderung, Herausforderungen für Bund, Länder und Kommunen im „Regelungsgestrüpp", MMR 2015, S. 567-571

*Holznagel, Bernd/Deckers, Sebastian/Schramm, Marc*, Erschließung des ländlichen Raums mit Breitband, Die Leitlinien der Kommission zum Breitbandausbau, NVwZ 2010, S. 1059-1065

*Huber, Andrea*, Europäischer TK-Kodex: Stabübergabe an die Mitgliedstaaten, MMR 2019, S. 1-2

*Immenga, Ulrich/Mestmäcker, Ernst-Joachim (Begr.)*, Wettbewerbsrecht, Band 3, Beihilfenrecht/Sonderbereiche, Kommentar, 5. Auflage, München 2016 (zitiert: *Bearbeiter*, in: Immenga/Mestmäcker, Wettbewerbsrecht)

*Inderst, Roman/Kühling, Jürgen/Neumann, Karl-Heinz/Peitz, Martin*, Der Ausbau neuer Netze in der Telekommunikation, Institutionelle ökonomische und juristische Betrachtungen, Baden-Baden 2012 (zitiert: *Bearbeiter*, in: Inderst/Kühling/Neumann/Peitz, Der Ausbau neuer Netze in der Telekommunikation)

*Kämmerer, Jörn Axel*, Strategien zur Daseinsvorsorge, Dienste im allgemeinen Interesse nach der „Altmark"-Entscheidung des EuGH, NVwZ 2004, S. 28-34

*Kerssenbrock, Trutz Graf*, Die EEG-Umlage ist eine Sonderabgabe, EnWZ 2014 – zum Urteil BGH, v. 25.6.2014 – VIII ZR 169/13, S. 467-470

*Kleve, Guido/Gayger, Michael*, Die Rekommunalisierung in der Beihilfenrechtsfalle?, NVwZ 2018, S. 273-279

*Kliemann, Annette/Stehmann, Oliver*, EU State Aid Control in the Broadband Sector – The 2013 Broadband Guidelines and Recent Case Practice, EStAL 2013, S. 493-515

*Knapp, Sven*, Das Breitbandförderprogramm des Bundes, Wohl und Wehe für den Breitbandausbau?, N&R 2017, S. 199-207.

*Koenig, Christian*, … erfordert eine gesamtwirtschaftlich sinnvolle Breitbandförderung gerade in der Finanzkrise ein ex ante regulatorisch justiertes Beihilfenmaß!, N&R 2009, S. 136

*Koenig, Christian*, …ist Regulierung auch rechtsethisch – ohne Marktversagen – begründbar! N&R 2015, S. 320

*Koenig, Christian/Kühling, Jürgen*, EG-beihilfenrechtlicher »Switch-Off« für das digitale terrestrische Fernsehen (DVB-T)?, Zugleich ein Beitrag zur EG-beihilfenrechtlichen Qualifikation staatlich benannter Einrichtungen, K&R 2004, S. 202-208

*Koenig, Christian/Kühling, Jürgen/Ritter, Nicolai*, EG-Beihilfenrecht, 2. Auflage, Frankfurt a. M. 2005 (zitiert: *Koenig/Kühling/Ritter*, EG-Beihilfenrecht)

*Koenig, Christian/Prior, Carl*, Zu den EU-beihilferechtlichen Anforderungen an Eigenausbauansagen im Marktkundungsverfahren bei der Förderung des Breitbandausbaus, N&R 2019, S. 77-84

*Koenig, Christian/Sander, Claude*, Die verbrauchervermittelte Unternehmensbegünstigung auf dem Prüfstand des EG-Beihilfenrechts, EuR 2000, S. 743-767

*Krämer, Jan*, Der Weg in die Gigabit-Gesellschaft bis 2025: Eine Abwägung zwischen technologischer Machbarkeit, tatsächlichem Bedarf und regulatorischer Pfadabhängigkeit, ifo Schnelldienst 7/2018, S. 12-15

*Kreße, Bernhard*, Die beihilferechtliche Bewertung von umlagebasierten Maßnahmen zur Förderung erneuerbarer Energien, N&R 2020, S. 202-208

*Kühling, Jürgen/Biendl, Michael*, Zulässiger Universaldienstumfang im Zeitalter des Breitbandausbaus, DÖV 2012, S. 409-417

*Kühling, Jürgen/Schall, Tobias/Biendl, Michael*, Telekommunikationsrecht, 2. Auflage, Heidelberg 2014 (zitiert: *Kühling/Schall/Biendl*, Telekommunikationsrecht)

*Kühling, Jürgen/Toros, Fabian*, Universaldienst der Zukunft, Zur Novellierung der §§ 78 ff. TKG, N&R 2019, S. 258-263

*Kühling, Jürgen/Toros, Fabian/Wiegand, André/Kaack, Jürgen/Enaux, Christoph*, Rechtliche Herausforderungen bei der Schaffung von Anreizen für einen flächendeckenden Ausbau von Glasfaserinfrastrukturen, Rechtsgutachten im Auftrag des Bundesministeriums für Verkehr und digitale Infrastruktur, 2019, abrufbar unter: https://www.bmvi.de/SharedDocs/DE/Anlage/DG/Digitales/rechtsgutachten-ausbauanreize-glasfaser-goldmedia-kuehling.pdf?__blob=publicationFile [zuletzt abgerufen am 20.02.2021] (zitiert: *Bearbeiter*, in: Rechtliche Herausforderungen bei der Schaffung von Anreizen für einen flächendeckenden Ausbau von Glasfaserinfrastrukturen)

*Loewenheim, Ulrich/Meessen, Karl M./Riesenkampff, Alexander/Kersting, Christian/Meyer-Lindemann, Hans Jürgen (Hrsg.)*, Kartellrecht, Kommentar, 3. Auflage, München 2016 (zitiert: *Bearbeiter*, in: Loewenheim/Meessen/Riesenkampff/Kersting/Meyer-Lindemann)

*Manssen, Gerrit*, Die EEG-Umlage als verfassungswidrige Sonderabgabe, DÖV 2012, S. 499-503

*Maunz, Theodor/Dürig, Günter (Begr.)*, Grundgesetz, Kommentar, 89. EL, München 2019 (zitiert: *Bearbeiter*, in: Maunz/Dürig, Grundgesetz)

*Monopolkommission*, 11. Sektorgutachten Telekommunikation, Staatliches Augenmaß beim Netzausbau, Sektorgutachten der Monopolkommission gemäß § 121 Abs. 2 TKG, 2019, abrufbar unter: https://www.monopolkommission.de/images/PDF/SG/11sg_telekommunikation.pdf [zuletzt abgerufen am 20.02.2021] (zitiert: *Monopolkommission*, 11. Sektorgutachten Telekommunikation)

*Monopolkommission*, Telekommunikation 2017: Auf Wettbewerb bauen!, Sondergutachten 78, Sondergutachten der Monopolkommission gemäß § 121 Abs. 2 TKG, 2017, abrufbar unter: https://www.monopolkommission.de/images/PDF/SG/s78_volltext.pdf [zuletzt abgerufen am 20.02.2021] (zitiert: *Monopolkommission*, Sondergutachten 78)

*Nettesheim, Martin*, EU-Beihilferecht und nichtfiskalische Finanzierungsmechanismen, NJW 2014, S. 1847-1851

*Neumann, Andreas*, Das Ergebnis der Trilog-Verhandlungen zum Kodex für die elektronische Kommunikation im Bereich der Marktregulierung, N&R 2018, S. 204-211

*Neumann, Andreas*, Der Kommissionsvorschlag für einen europäischen Kodex für die elektronische Kommunikation, Geplante Änderungen im Bereich der Marktregulierung, N&R 2016, S. 262-271

*Neumann, Andreas*, Optionen für die Ausgestaltung eines rechtlich abgesicherten Anspruchs auf schnelles Internet aus telekommunikationsrechtlicher Sicht, Kurzgutachten im Auftrag des Bundesverbands Breitbandkommunikation e.V., Bonn 2019, abrufbar unter: http://www.irnik.de/publikationen/gutachten/2019-02-01_BREKO_Gutachten_rechtlich_abgesicherter_Anspruch_auf_schnelles_Internet.pdf [zuletzt abgerufen am 20.02.2021] (zitiert: *Neumann*, Optionen für die Ausgestaltung eines rechtlich abgesicherten Anspruchs auf schnelles Internet)

*Neumann, Andreas/Koch, Alexander*, Telekommunikationsrecht, 2. Auflage, Frankfurt a. M. 2013 (zitiert: *Neumann/Koch*, Telekommunikationsrecht)

*Neumann, Andreas/Sickmann, Jörn*, Schaffung eines rechtlich abgesicherten Anspruchs auf einen Zugang zum schnellen Internet, Eine Analyse der Zielvorgabe im Koalitionsvertrag zwischen CDU, CSU und SPD, N&R Beilage 1/2018, S. 1-12

*Nicolaides, Phedon/Kleis, Maria*, Where Is the Advantage?, The Case of Public Funding of Infrastructure and Broadband Networks, EStAL 4/2007, S. 615-631

*Nigge, Ralf/Horstmann, Niklas*, Marktregulierung und Investitionsanreize im europäischen Kodex für elektronische Kommunikation, Neue Ansätze der Regulierung von Unternehmen mit beträchtlicher Marktmacht, MMR 2018, S. 721-726

*Offenbächer, Philipp*, Die Regulierung des Vectoring, Der entbündelte Zugang zum Teilnehmeranschluss im Kräftefeld von Wettbewerb und hochleistungsfähigen Telekommunikationsnetzen, Baden-Baden 2019 (zitiert: *Offenbächer*, Die Regulierung des Vectoring)

*Offenbächer, Philipp*, Einschränkung des TAL-Zugangs zu Gunsten des Vectoring, Neuorientierung der TK-Regulierung im Anschlussnetz, MMR 2019, S. 294-298

*Petzold, Hans Arno*, Kommunale Infrastrukturen und Europäisches Beihilfenrecht, KommJur 2017, S. 401-405

*Plöger, Iris*, Fairer Wettbewerb im Breitbandausbau, N&R 2018, Editorial

*Reents, Reent Ricklef*, Ausbau und Finanzierung einer flächendeckenden Breitbandversorgung in Deutschland, Diss. Tübingen 2016 (zitiert: *Reents*, Ausbau und Finanzierung einer flächendeckenden Breitbandversorgung in Deutschland)

*Riedel, Martin/Weiss, Peter*, Ausgleichsmechanismus des Erneuerbare-Energien-Gesetzes: Finanzverfassungsrechtliche Grenzen einer Einbeziehung der Eigenversorgung, EnWZ 2013, S. 402-409

*Rossi, Matthias/Sandhu, Aqilah*, National Roaming zur Sicherung einer effizienten Frequenznutzung, Verbindliche Auflage oder Anreiz zur Verhandlung als Regelungsalternativen bei der 5G-Frequenzen-Vergabe, MMR 2019, S. 90-95

*Sachs, Michael (Hrsg.)*, Grundgesetz, Kommentar, 8. Auflage, München 2018 (zitiert: *Bearbeiter*, in: Sachs, Grundgesetz)

*Säcker, Franz Jürgen*, TKG, Telekommunikationsgesetz, 3. Auflage, Frankfurt a. M. 2013 (zitiert: *Bearbeiter*, in: Säcker, TKG)

*Scherer, Joachim*, Ein europäischer Kodex für die Gigabit-Gesellschaft, MMR 2016, S. 713-714

*Scherer, Joachim/Heinickel, Caroline*, Ein Kodex für den digitalen Binnenmarkt, Vorschlag der EU-Kommission für eine Reform des Rechts der elektronischen Kommunikation, MMR 2017, S. 71-77

*Scheuerle, Klaus-Dieter/Mayen, Thomas (Hrsg.)*, Telekommunikationsgesetz, Kommentar, 3. Auflage, München 2018 (zitiert: *Bearbeiter*, in: Scheuerle/Mayen, TKG)

*Schöfthaler, Jochen*, Rechtliche Rahmenbedingungen des Breitbandausbaus, Hamburg 2018 (zitiert: *Schöfthaler*, Rechtliche Rahmenbedingungen des Breitbandausbaus)

*Schuler, Andreas*, Die geplante Mobilfunkinfrastrukturgesellschaft, Zulässigkeit, Herausforderungen und offene Frage, N&R 2019, S. 269-274

*Schumacher, Pascal*, Breitband-Universaldienst: Möglichkeiten und Grenzen deutscher Politik, Funktionales Internet endlich für alle?, MMR 2011, S. 711-715

*Schütz, Raimund/Schreiber, Kristina*, 5G-Wettbewerb in der Fläche, Gestaltungsspielräume und rechtliche Anforderungen an Frequenzzuteilungen, MMR 2019, S. 19-24

*Soltész, Ulrich/Hellstern, Mara*, „Mittelbare Beihilfen" – Indirekte Begünstigungen im EU-Beihilferecht, EuZW 2013, S. 489-493

*Sonder, Nicolas/Hübner, Jenny*, Rechtliche Herausforderungen für Kommunen beim Breitbandausbau, KommJur 2015, S. 441-446

*Sörries, Bernd*, Die Ausweitung des Universaldienstes aus Sicht des Mobilfunks: Eulen nach Athen tragen?, K&R 2011, S. 380-385

*Spies, Axel*, Universaldienstfonds und Breitband – Fehler vorab vermeiden, MMR 2019, S. 277-278

*Streinz, Rudolf (Hrsg.)*, EUV/AEUV, Vertrag über die Europäische Union, Vertrag über die Arbeitsweise der Europäischen Union, Charta der Grundrechte der Europäischen Union, 3. Auflage, München 2018 (zitiert: *Bearbeiter*, in: Streinz, EUV/AEUV)

*Thomas, Stefan*, Die Bindungswirkung von Mitteilungen, Bekanntmachungen und Leitlinien der EG-Kommission, EuR 2009, S. 423-444

*von Danwitz, Thomas*, Die Universaldienstfinanzierungsabgaben im Telekommunikationsgesetz und im Postgesetz als verfassungswidrige Sonderabgaben, NVwZ 2000, S. 615-622

*von der Groeben, Hans/Schwarze, Jürgen/Hatje, Armin (Hrsg.)*, Europäisches Unionsrecht, Vertrag über die Europäische Union, Vertrag über die Arbeitsweise der Europäischen Union, Charta der Grundrechte der Europäischen Union, Band 3, Art. 106 bis 173 AEUV, 7. Auflage, Baden-Baden

2015 (zitiert: *Bearbeiter*, in: von der Groeben/Schwarze/Hatje, Europäisches Unionsrecht)

*von Graevenitz, Albrecht*, Mitteilungen, Leitlinien, Stellungnahmen – Soft Law der EU mit Lenkungswirkung, EuZW 2013, S. 169-173

*von Mangoldt, Hermann/Klein, Friedrich/Starck, Christian (Begr.)*, Grundgesetz, Band 3, Artikel 83-146, Kommentar, 7. Auflage, München 2018 (zitiert: *Bearbeiter*, in: v. Mangoldt/Klein/Starck, GG)

*von Münch, Ingo/Kunig, Philip (Hrsg.)*, Grundgesetz, Kommentar, Band 2, Art. 70-146 GG, 6. Auflage, München 2012 (zitiert: *Bearbeiter*, in: v. Münch/Kunig, Grundgesetz)

*Wilms, Heiner*, Die abgabenrechtliche Qualifizierung des „Kohlepfennigs", NVwZ 1995, S. 550-551

*Wüsthof, Lucas*, OTT-Dienste und Telekommunikationsregulierung, N&R 2019, S. 275-279

# Neue Juristische Beiträge

herausgegeben von
Prof. Dr. Klaus-Dieter Drüen (Ludwig-Maximilians-Universität München)
Prof. Dr. Georg Steinberg (Universität Potsdam)
Prof. Dr. Fabian Wittreck (Westfälische Wilhelms-Universität Münster)

Band 135: Carl Prior: **Die Förderung des Breitbandausbaus im EU-beihilfenrechtlichen Fokus**
2021 · 222 Seiten · ISBN 978-3-8316-4907-5

Band 134: Kai-Klemens Wehlage: **Die Anforderungen an den Sorgfaltsmaßstab von Vorstandsmitgliedern und Aufsichtsratsmitgliedern bei der Einholung externer Beratung**
2021 · 222 Seiten · ISBN 978-3-8316-4899-3

Band 133: Alpercan Öz: **Das Spannungsverhältnis zwischen dem Selbstbestimmungsrecht des Opfers und dem strafrechtlichen Lebensschutz** · Eine Bewertung der höchstrichterlichen Rechtsprechung
2021 · 294 Seiten · ISBN 978-3-8316-4895-5

Band 132: Dominic Reitner: **Die Kenntnis vom Steueranspruch und ihr Nachweis in der Rechtsprechung zu § 370 AO**
2020 · 162 Seiten · ISBN 978-3-8316-4887-0

Band 131: Ramona Seufer: **Fiskalentstrickung als Strukturproblem im Binnenmarkt**
2019 · 254 Seiten · ISBN 978-3-8316-4832-0

Band 130: Anja Lausberg: **Voraussetzungen und Rechtsfolgen der unzulässigen Begünstigung von Betriebsratsmitgliedern**
2019 · 508 Seiten · ISBN 978-3-8316-4805-4

Band 129: Juliane Gröper: **The Mutual Agreement Procedure in International Taxation** · The Need for Procedural and Administrative Rules
2019 · 246 Seiten · ISBN 978-3-8316-4809-2

Band 128: Katharina Schmitt: **Das österreichische ÄsthOpG als Vorbild für Deutschland?** · Eine vergleichende Untersuchung zu rechtlichen Anforderungen an die Durchführung von Schönheitsoperationen und ästhetischen Behandlungen
2019 · 406 Seiten · ISBN 978-3-8316-4802-3

Band 127: Jonathan Möller: **Die Einführung von Volksgesetzgebung in das Grundgesetz mit Blick auf Quoren und Finanzierung**
2019 · 336 Seiten · ISBN 978-3-8316-4793-4

Band 126: Florian Jacobi: **Steuerhinterziehung durch aktives Tun und durch Unterlassen**
2019 · 174 Seiten · ISBN 978-3-8316-4791-0

Band 125: Erne Jessica Meise: **Steuerpublizität bei natürlichen Personen**
2019 · 300 Seiten · ISBN 978-3-8316-4789-7

Band 124: Silvio Schulze: **Daten als Kreditsicherungsmittel mit Bestand in der Insolvenz**
2019 · 274 Seiten · ISBN 978-3-8316-4786-6

Band 123: Britta Janina Lewendel-Harde: **Geschlossene Stromverteilernetze im EnWG 2011 – Neue Optionen für Betreiber bisheriger Objektnetze**
2019 · 234 Seiten · ISBN 978-3-8316-4741-5

Band 122: Oliver Hieke: **Vorvertragliche Aufklärungspflichten des Verkäufers beim Unternehmenskauf**
2018 · 324 Seiten · ISBN 978-3-8316-4704-0

Band 121: Andreas Zürn: **Das Mediationsgesetz im Lichte der europäischen Mediationsrichtlinie**
2018 · 242 Seiten · ISBN 978-3-8316-4657-9

Band 120: Michael Gläsner: **Grenzen der Beschränkung von Patent- und Markenrechten zum Schutz der öffentlichen Gesundheit nach WTO-Recht** · Unter besonderer Betrachtung des Zwangslizenzregimes nach dem TRIPS und der Vereinbarkeit von Plain-packaging-Vorschriften für Tabakwaren mit dem WTO-Recht
2018 · 312 Seiten · ISBN 978-3-8316-4670-8

Band 119: Sarah Krampitz: **Das allgemeine Persönlichkeitsrecht von Sportvereinen**
2017 · 342 Seiten · ISBN 978-3-8316-4666-1

Band 118: Nana K. A. Baidoo: **Die dienstliche Beurteilung und ihre Kontrolle durch Gerichte** · Anmerkungen zur Verbesserung der Personalauswahl im öffentlichen Dienst
2018 · 234 Seiten · ISBN 978-3-8316-4661-6

Band 117: Hannah Rehage: **Der Einsatz deutscher Streitkräfte** · Unter besonderer Berücksichtigung der verfassungsmäßigen Prüfung innerstaatlicher Verwendungen bei terroristischen Angriffen
2018 · 162 Seiten · ISBN 978-3-8316-4653-1

Band 116: David Chrobok: **Zur Strafbarkeit nach dem Anti-Doping-Gesetz**
2017 · 264 Seiten · ISBN 978-3-8316-4648-7

Band 115: Florian Keller: **Das Finanzamt als Partner des Steuerpflichtigen** · Dargestellt am Beispiel der Korrekturvorschrift des § 173 Abs. 1 Nr. 1 AO
2017 · 280 Seiten · ISBN 978-3-8316-4627-2

Band 114: Johanna Küpper: **Personenbezug von Gruppendaten?** · Eine Untersuchung am Beispiel von Scoring- und Geo-Gruppendaten
2016 · 222 Seiten · ISBN 978-3-8316-4597-8

Band 113: Christine Lanwehr: **Faktische Selbstveranlagung und Fehlerkorrektur im Besteuerungsverfahren von Arbeitnehmern**
2016 · 320 Seiten · ISBN 978-3-8316-4545-9

Band 112: Sonja Dudek: **Auskunfts- und Urkundenvorlageersuchen von Finanzbehörden an Kreditinstitute**
2016 · 214 Seiten · ISBN 978-3-8316-4527-5

Band 111: Janina Fellmeth: **Das lohnsteuerrechtliche Abgrenzungsmerkmal des ganz überwiegend eigenbetrieblichen Arbeitgeberinteresses** · Bestandsaufnahme und Neuorientierung
2015 · 232 Seiten · ISBN 978-3-8316-4526-8

Band 110: Barbara Thiemann: **Kooperation und Verfassungsvorbehalte im Ausgleich** · Anleihen aus dem europäischen Verfassungsgerichtsverbund für eine Kooperation des EuGH mit den WTO-Rechtsprechungsorganen
2016 · 488 Seiten · ISBN 978-3-8316-4560-2

Band 109: Franziska Dautert: **Beweisverwertungsverbote und ihre Drittwirkung**
2015 · 302 Seiten · ISBN 978-3-8316-4479-7

Band 108: Florian Eder: **Beweisverbote und Beweislast im Strafprozess**
2015 · 396 Seiten · ISBN 978-3-8316-4469-8

Band 107: Martina Achzet: **Sanierung von Krisenunternehmen** · Ablauf und Personalentwicklung in Unternehmenssanierungen unter Konkursordnung, Vergleichsordnung und Insolvenzordnung
2015 · 304 Seiten · ISBN 978-3-8316-4467-4

Erhältlich im Buchhandel oder direkt beim Verlag:
utzverlag GmbH, München
089-277791-00 · info@utzverlag.de

Gesamtverzeichnis mit mehr als 3000 lieferbaren Titeln: www.utzverlag.de